汽车维修快速入门丛书

汽车维修基础实战 28 天

夏雪松 编

电子工业出版社

Publishing House of Electronics Industry

北京·BEIJING

内 容 简 介

本书是汽车维修人员的入门读物，以一天一个项目的表现形式向汽车维修人员讲述汽车维修基础知识和基本技能，具体项目采用"任务目标→知识准备→实际操作"的叙述形式，并配有相关内容实际操作的视频资料供读者观看。本书内容直观、形象，有很强的实用性和针对性，力求为读者提供全面解决方案，使他们快速实现从新手到高手的转变。

本书适合初级汽车维修人员阅读，也可作为职业院校汽车维修相关专业及汽车培训机构的教材。

未经许可，不得以任何方式复制或抄袭本书之部分或全部内容。

版权所有，侵权必究。

图书在版编目（CIP）数据

汽车维修基础实战 28 天 / 夏雪松编. —北京：电子工业出版社，2020.8
（汽车维修快速入门丛书）
ISBN 978-7-121-39314-3

Ⅰ．①汽…　Ⅱ．①夏…　Ⅲ．①汽车－车辆修理　Ⅳ.①U472.4

中国版本图书馆 CIP 数据核字（2020）第 137496 号

责任编辑：夏平飞
印　　刷：三河市华成印务有限公司
装　　订：三河市华成印务有限公司
出版发行：电子工业出版社
　　　　　北京市海淀区万寿路 173 信箱　邮编　100036
开　　本：787×1 092　1/16　印张：16.5　字数：412 千字
版　　次：2020 年 8 月第 1 版
印　　次：2020 年 8 月第 1 次印刷
定　　价：58.00 元

凡所购买电子工业出版社图书有缺损问题，请向购买书店调换。若书店售缺，请与本社发行部联系，联系及邮购电话：（010）88254888，88258888。

质量投诉请发邮件至 zlts@phei.com.cn，盗版侵权举报请发邮件至 dbqq@phei.com.cn。

本书咨询联系方式：（010）88254498。

目　录

第一天　汽车维修常用手动工具

任务目标

1. 了解汽车维修操作中常用的手动工具。
2. 掌握各种手动工具正确的使用方法。

知识准备

一、扳手类工具

扳手是一种利用杠杆原理拧转螺栓、螺钉、螺母和其他螺纹紧固件的手工工具。扳手通常在柄部的一端或两端制有夹持螺栓或螺母的开口或套孔。使用时，沿螺纹旋转方向在柄部施加外力，就能拧转螺栓或螺母。

1．开口扳手

开口扳手是扳手中最常见的一种，主要用来拆装六角形或方头的螺栓、螺母或螺钉，是汽车维修中用途非常广泛的工具之一。根据开口数量可将开口扳手分为单头开口扳手和双头开口扳手，单头开口扳手就是只在手柄一端有扳子口，双头开口扳手是在手柄两端均有扳子口，如图 1-1 所示。汽车拆装工作中常用的开口扳手是双头开口扳手。

使用注意事项：

（1）在使用开口扳手时，要注意扳手的规格要与所要拆装的螺母、螺栓相适应；如果过大，扳手开口的内侧面就不能与螺栓头部或螺母贴紧，操作时就会使扳手脱离螺栓头部或螺母，从而把螺栓头部或螺母的棱角拧圆，如图 1-2 所示。

（2）在拆装螺栓时，要按照图 1-3 所示将开口扳手的肉厚部分放在旋转方向的上方，使旋转力的方向从扳手的肉厚部分指向肉薄部分。

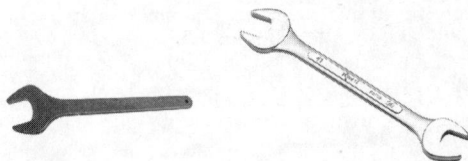

| 单头开口扳手 | 双头开口扳手 | 正确用法 | 错误用法 |

图 1-1　单头和双头开口扳手　　　　　图 1-2　选择大小合适的开口扳手

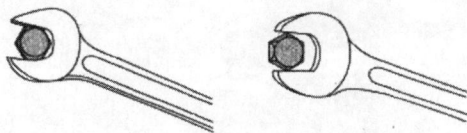

（3）开口扳手还可用来起到固定作用，比如在拆装凸轮轴链轮螺栓时，为防止凸轮轴转动，可用尺寸合适的开口扳手固定住凸轮轴六角头部位，使凸轮轴无法转动，从而顺利拆装凸轮轴链轮螺栓，如图 1-4 所示。

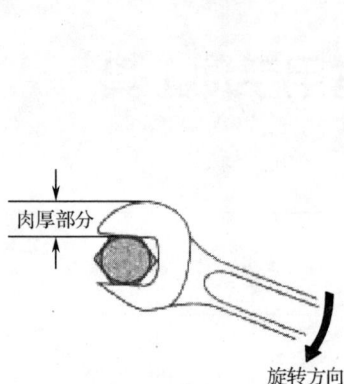

图 1-3　开口扳手旋转方向　　　图 1-4　用开口扳手固定凸轮轴（本田雅阁轿车）

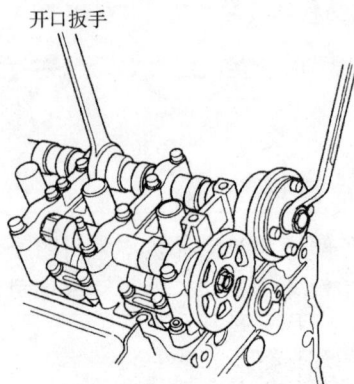

2．梅花扳手

梅花扳手的扳子口是花环形的，环的内孔一般由两个正六边形同心错转 30°而成，可以把螺栓、螺钉完全包围住，因此在紧固或旋松作业时，与开口扳手相比，梅花扳手不易打滑或脱落。尤其适合在狭窄场合下进行操作。梅花扳手也有单头和双头之分，如图 1-5 所示。很多梅花扳手带有弯头，常见的弯头角度为 10°～45°，从侧面看梅花扳手的旋转螺栓部分和手柄部分是错开的，这种弯头结构便于拆卸安装在凹陷空间上的螺栓和螺母，并可以为手指提供足够的操作空间，防止擦伤。在汽车维修操作中，梅花扳手主要用来在狭窄空间拆装螺栓或螺母，如图 1-6 所示。

3．两用扳手

两用扳手是指把开口扳手和梅花扳手制成一体，一端是梅花扳手，另一端是开口扳手，如图 1-7 所示。在维修操作中，遇到需要快速拧动螺栓或螺母时，可使用开口端，遇到需要大力矩紧固操作时，可使用另一端的梅花扳手执行操作，集两种扳手的功能于一身，操作灵活方便，因此工作效率高。两用扳手在维修工作中使用非常普遍。

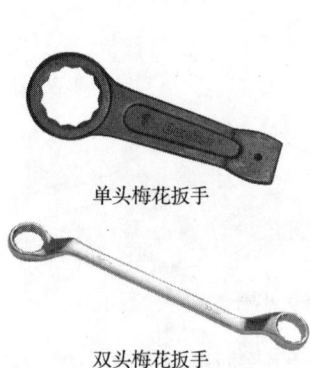

图 1-5　单头和双头梅花扳手　　图 1-6　用梅花扳手拆卸机油滤　　　图 1-7　两用扳手
　　　　　　　　　　　　　　　　　　　清器螺母（讴歌 MDX 轿车）

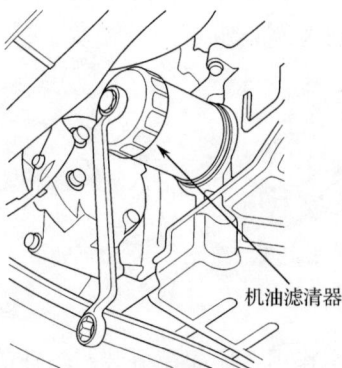

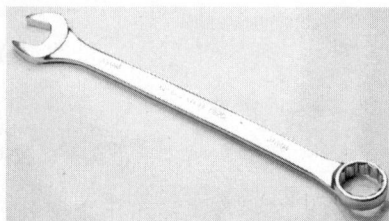

4．套筒扳手

套筒扳手由套筒、滑杆、延长杆、万向接头和棘轮扳手等组成，由于可以将其作为组件使用，因此用途广泛，工作效率高，如图 1-8 所示。在维修工作中，套筒扳手适用于拆卸和安装位置隐蔽、工作区狭小的螺栓和螺母，比如曲轴皮带轮螺栓，如图 1-9 所示。

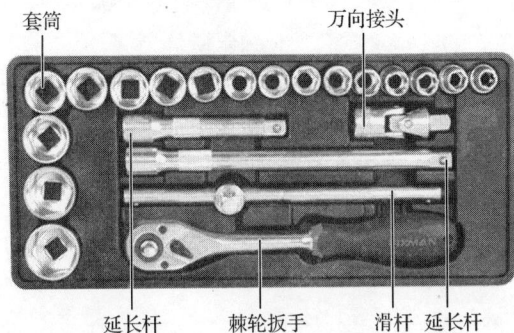

图1-8　套筒扳手

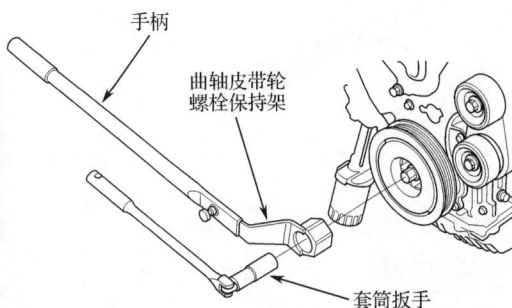

图1-9　使用套筒扳手拆卸曲轴皮带轮螺栓（讴歌 TL 轿车）

5．活动扳手

活动扳手的开口可以在一定范围内任意调整，可用于拆装尺寸较大的螺栓和螺母，如图 1-10 所示。其规格以手柄长度或最大开口尺寸来表示，比如规格为 150mm×19mm，就表示扳手的手柄长度为 150mm，最大开口尺寸为 19mm。活动扳手特别适用于一些不规则的螺栓、螺母的拆装，如图 1-11 所示。

图1-10　活动扳手

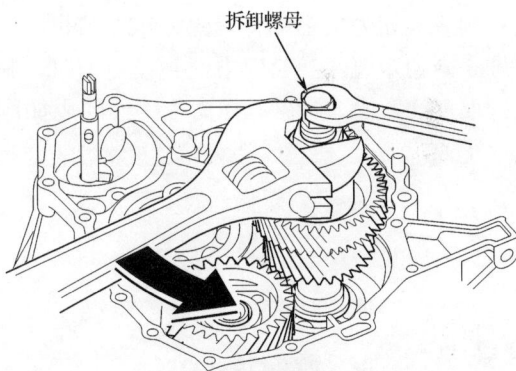

图1-11　用活动扳手拆卸螺母（讴歌 TL 轿车）

6．管子扳手

管子扳手也叫管钳，是用来拧动管子、圆棒以及其他扳手难以夹持的光滑圆柱形工作物的，如图 1-12 所示。在汽车维修中，当调整车轮前束时，可用管钳转动转向横拉杆。

7．内六角扳手

内六角扳手的断面为六边形，如图 1-13 所示。内六角扳手是用来紧固或旋松内六角螺栓或螺钉的，如图 1-14 所示。

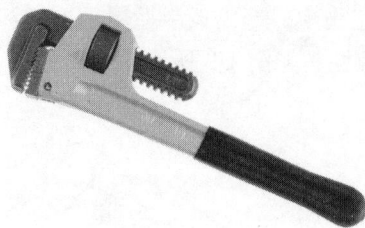

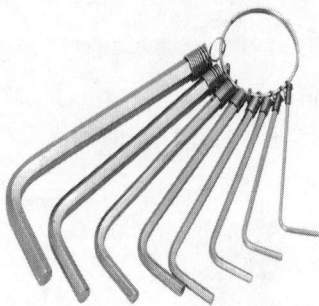

图 1-12　管子扳手　　　图 1-13　内六角扳手　　　图 1-14　用内六角扳手转动正时
皮带张紧轮螺栓（上汽荣威轿车）

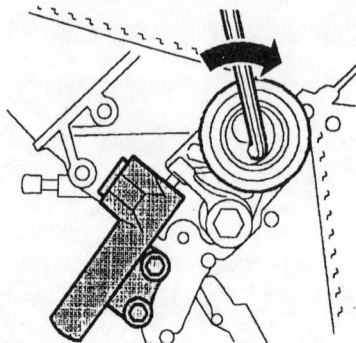

8. 扭力扳手

　　扭力扳手是用来拧紧规定力矩大小的螺栓或螺母的扳手。在紧固螺栓、螺母等螺纹紧固件时，需要控制施加力矩的大小，以保证螺纹紧固且不至于因力矩过大而破坏螺纹，因此需要使用扭力扳手来操作。比如紧固车轮固定螺母、紧固气缸盖螺栓和曲轴轴承螺栓时都需要使用扭力扳手。它可以读出所施力矩的大小，常与套筒扳手的套筒配合使用。汽车维修工作中常用的扭力扳手有刻度式扭力扳手、数字液晶显示式扭力扳手和预置式扭力扳手等，如图 1-15 所示。刻度式扭力扳手的手柄就是棒状的弹簧，给手柄加力时发生弯曲，其弯曲量使指针指示出刻度，这种扭力扳手结构简单，使用方便，故障少，在汽车修理中使用广泛。数字液晶显示式扭力扳手通过扭力扳手上配备的数字液晶显示板显示扭矩数据，显示起来清晰直观。预置式扭力扳手配有紧固力矩调节机构，旋转端部的套筒即可调节紧固力矩，可预先设定好紧固力矩值，当紧固力达到设定值时，扭力扳手会发出声音或手感信号提示操作者已经达到设定的紧固力矩了。扭力扳手的使用如图 1-16～图 1-18 所示。

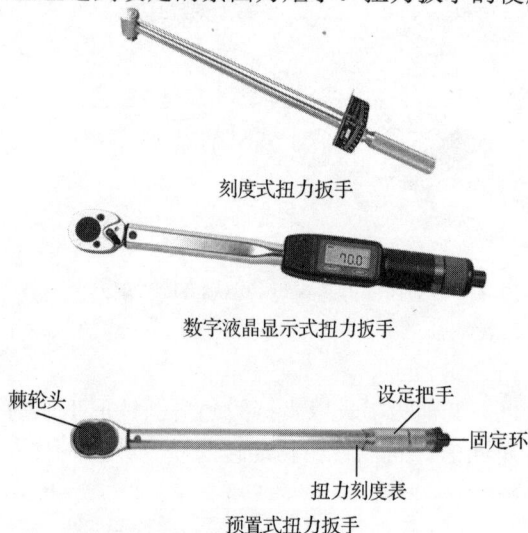

刻度式扭力扳手

数字液晶显示式扭力扳手

棘轮头　　　　　　　　　　设定把手
　　　　　　　　　　　　　固定环
　　　　　　　　扭力刻度表
预置式扭力扳手

图 1-15　扭力扳手

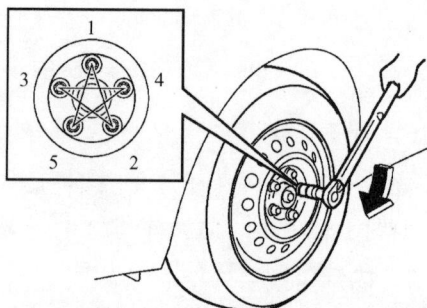

图 1-16　用预置式扭力扳手按照紧固顺序紧固
车轮螺母（日本铃木轿车）

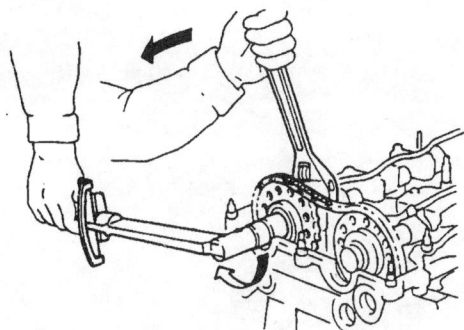

图1-17　用刻度式扭力扳手紧固凸轮轴螺栓
（日产阳光轿车）

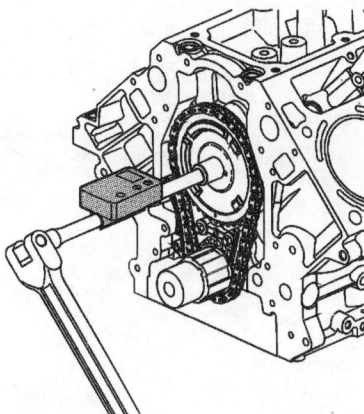

图1-18　用数字液晶显示式扭力扳手紧固
凸轮轴链轮螺栓（悍马 H3 汽车）

9．冲击扳手

冲击扳手是一种由电力或压缩空气驱动的手提工具，利用快速的冲击力量来拆卸或紧固螺母和螺栓，如图 1-19 所示。在汽车维修工作中，这种工具常用来拆卸或紧固车辆上的大号螺栓和螺母，如图 1-20 所示。由于采用电动或气动驱动方式，这种工具在拆装车辆上的大号螺栓和螺母时比使用手工工具要高效得多。

气动冲击扳手　　　　　　电动冲击扳手

图1-19　冲击扳手

图1-20　用冲击扳手紧固车轮螺母

二、钳子类工具

1．鲤鱼钳

鲤鱼钳因外形酷似鲤鱼而得名（见图 1-21），其特点是钳口的开口宽度有两挡调节位置，可放大或缩小使用，主要用于夹持零件。比如，在判断曲轴箱强制通风阀工作是否正常时，可按照图 1-22 所示，用鲤鱼钳轻轻夹紧曲轴箱强制通风阀与进气歧管之间的软管，如果曲轴箱强制通风阀工作正常，应能听到通风阀发出的"咔哒"声。鲤鱼钳钳头前部是平口细齿，可夹持尺寸较小的零件；中部是凹口粗齿，适于夹持圆柱形零件；钳口后部刃口可用于切断金属丝。鲤鱼钳的公称尺寸用钳子的全长表示，一般有 150mm、200mm、250mm 等规格。使用时可按照工作物的情况选用适当规格的鲤鱼钳进行操作，以免钳子因受力过大而损坏。在用鲤鱼钳夹持零件时，如果零件表面硬度较低，可用防护布或其他防护罩遮盖零件，防止锯齿状钳口对零件造成伤害。使用时需要注意，不要把鲤鱼钳当成扳手使用，因为锯齿状钳口会损坏螺栓或螺母的棱角。

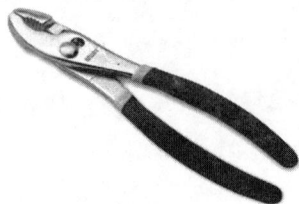

图 1-21　鲤鱼钳

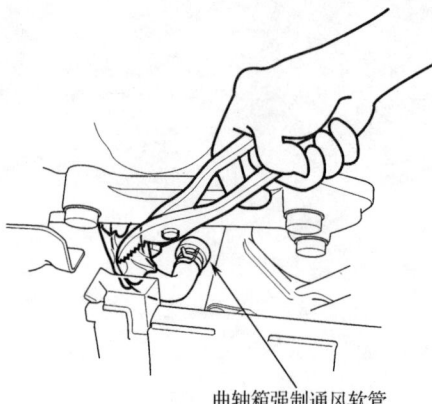

曲轴箱强制通风软管

图 1-22　夹紧曲轴箱强制通风阀与进气歧管之间的软管（本田飞度轿车）

2. 尖嘴钳

尖嘴钳体型小巧，由于钳子的头部非常细长，因此可以在狭小的工作空间内操作使用，如图 1-23 所示。如果带有刃口，还可以用来剪切线径较细的单股导线和剥除导线的塑料绝缘层。其钳柄上一般带有绝缘套管。尖嘴钳在汽车电器维修中经常用到。在使用中要注意，尖嘴钳钳嘴细长，因此操作时不要用力太猛，以免导致钳口变形或销轴松动。尖嘴钳的公称尺寸用钳子的全长表示，一般有 125mm、150mm、175mm 等规格。在汽车维修中常用它夹持比较细小的零件，如图 1-24 所示。

图 1-23　尖嘴钳

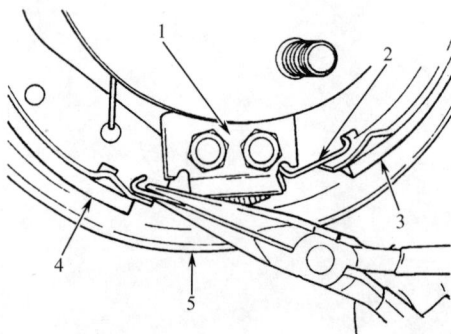

1-固定板；2-制动蹄下回位弹簧；3-后制动蹄；4-前制动蹄；5-制动底板。

图 1-24　用尖嘴钳拆装制动蹄下回位弹簧（克莱斯勒凯领轿车）

3. 锁定钳

锁定钳又称为大力钳，如图 1-25 所示。这种钳子可以通过钳爪给工件施加一个较大的夹紧力。它在汽车维修中常用来固定零件，以便顺利开展维修作业，如图 1-26 所示。

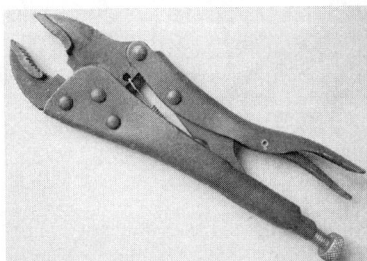

图 1-25　锁定钳

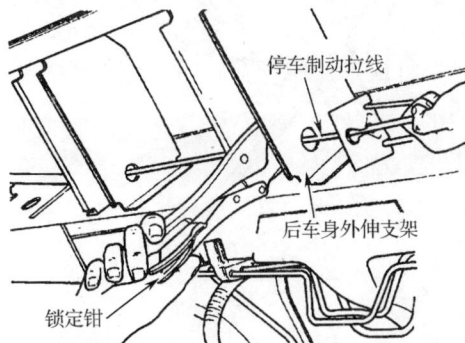

图 1-26　用锁定钳锁定停车制动器自动调整器（克莱斯勒凯领轿车）

4．弯嘴钳

顾名思义，弯嘴钳的钳嘴成弯曲状，如图 1-27 所示。它的功能和尖嘴钳类似，主要用于在狭小的工作空间内操作使用，用来夹持比较细小的部件，比如可以夹持拆卸细长的驻车制动拉线，如图 1-28 所示。其公称尺寸也用钳子的全长表示。

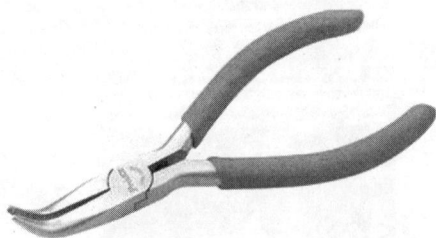

图 1-27　弯嘴钳

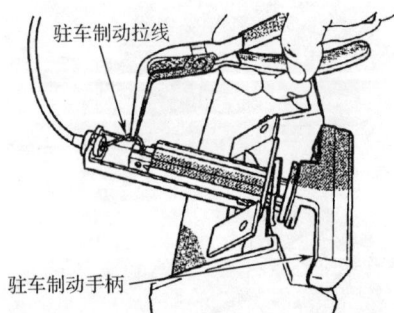

图 1-28　用弯嘴钳夹持驻车制动拉线（克莱斯勒凯领轿车）

5．断线钳

断线钳是利用一组复合杠杆，能比较省力地剪断较粗的金属线材的工具，如图 1-29 所示。在汽车维修操作中，常用断线钳剪断锈死的螺栓。断线钳的钳刃一般用非常优质的钢材制成，有很高的硬度和韧性；刃口锋利、耐磨、剪切阻力小，钳子握把一般采用 PVC（聚氯乙烯）材料制成，手感舒适。

6．水泵钳

水泵钳也称为鸟嘴钳，其结构和作用与鲤鱼钳类似，如图 1-30 所示。在汽车维修中，常把鲤鱼钳与水泵钳配合使用，用于拆卸发动机散热器软管和使制动系统活塞复位。

7．斜口钳

斜口钳又称剪钳，其钳口有刃口，头部为圆形，如图 1-31 所示。这种钳子不具备夹持零件的作用，只能用于切割金属丝或导线。在汽车维修中，它主要用来剪切细导线或线束中的导线；但不能用来切割过硬或过粗的金属丝，以免损坏刃口。

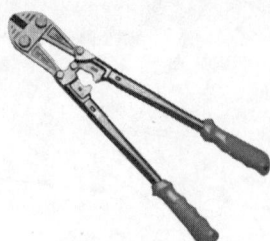

图 1-29　断线钳

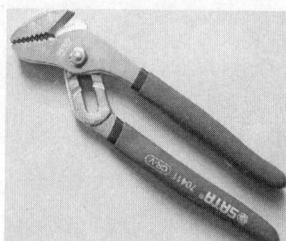

图 1-30　水泵钳

8. 钢丝钳

钢丝钳如图 1-32 所示，是对金属丝进行剪切作业的常用工具，可用来剪断铜丝、铁丝等。使用时一般用拇指扣住一个钳柄，食指、中指勾住另一个钳柄，无名指和小指放在两个钳柄中间，握住钳柄尾端发力剪断金属丝。

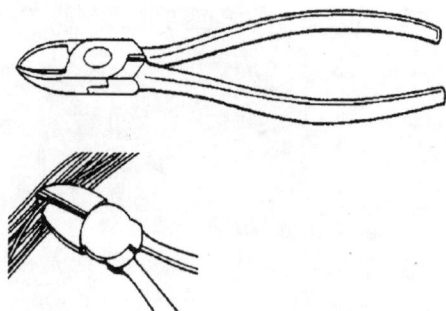

图 1-31　斜口钳

图 1-32　钢丝钳剪切金属丝

9. 挡圈钳

挡圈钳是专门用来拆装弹性挡圈的工具，根据挡圈的用途可分为轴用挡圈钳和孔用挡圈钳，挡圈钳的钳嘴有直嘴和弯嘴两种形式。挡圈钳的公称尺寸用全长表示，有 125mm、175mm、225mm 等几种，在汽车维修中最常用的是 175mm。

轴用挡圈钳与孔用挡圈钳主要区别在于：轴用挡圈钳是用来拆装轴用弹簧挡圈的，当其手柄被握紧时，钳口成张开状态；孔用挡圈钳则是用来拆装孔用弹簧挡圈的，当其手柄被握紧时，钳口成闭合状态，如图 1-33 所示。

直嘴轴用挡圈钳　　　　弯嘴轴用挡圈钳　　　　直嘴孔用挡圈钳　　　　弯嘴孔用挡圈钳

图 1-33　挡圈钳

挡圈钳在汽车维修中主要用来拆装弹簧挡圈，比如万向节中的弹簧挡圈，如图 1-34 所示。

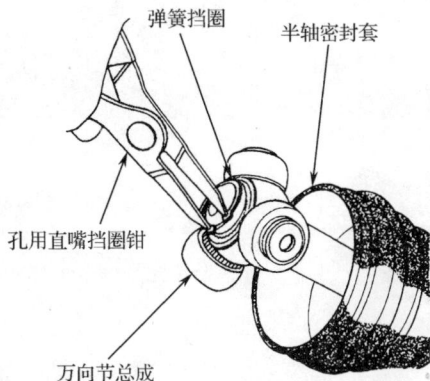

图 1-34　用挡圈钳拆装万向节弹簧挡圈（克莱斯勒凯领轿车）

三、手锤、螺丝刀和拉具

1．软手锤

顾名思义，软手锤的锤头是使用材质较软的材料（比如牛皮、木头、塑料或黄铜等）制成的，如图 1-35 所示。在汽车维修作业中，常用软手锤敲击需要装配的工件或金属薄片；由于软手锤材质较软，因此使用这种锤子敲击时不会在受敲击的工件表面留下伤痕。在汽车零部件装配中也可用软手锤敲击零部件，使零部件之间形成更好的配合。比如，有的汽车发动机在将

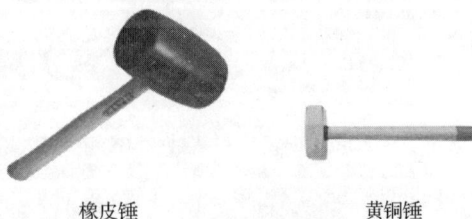

图 1-35　软手锤

活塞销安装到活塞销孔的时候，就需要用塑料锤敲击安装；使用橡皮锤还有一个非常突出的优点，即敲击金属工件时不会产生敲击火花，因此可以避免引燃维修场地的汽油、机油等易燃物品。

2．圆头锤

圆头锤又称钳工锤，是汽车维修中广泛使用的工具，这种锤子一头为圆头，一头为平头，如图 1-36 所示。平头用来锤击冲子或錾子等工具，如图 1-37 所示；圆头用来铆接和锤击垫片。圆头锤的规格一般用锤头质量表示，如 0.5kg、0.75kg 等。

手锤的握法有两种：一种是紧握法，如图 1-38 所示，右手五指紧握锤柄，大拇指合在食指上，虎口方向对准锤头方向，手锤木柄尾端露出 15～30mm，在锤击过程中五指始终保持紧握状态；另一种是松握法，如图 1-39 所示，只有大拇指和食指始终握紧锤柄，其余 3 个手指在挥动手锤时按小指、无名指、中指顺序依次放松，在敲击时又按照相反的次序收拢握紧 3 个手指，这种方法在操作时手不易疲劳，且产生的敲击力度较大。

在实际操作中，根据对加工工件锤击力量的不同要求，有三种挥动方法，如图 1-40 所示。

图 1-36　圆头锤

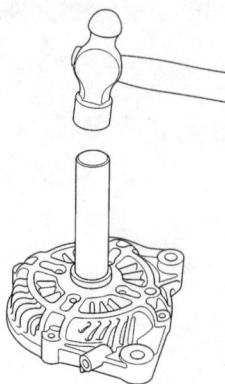

图 1-37　用圆头锤敲击黄铜棒拆卸交流发电机前轴承（本田锋范轿车）

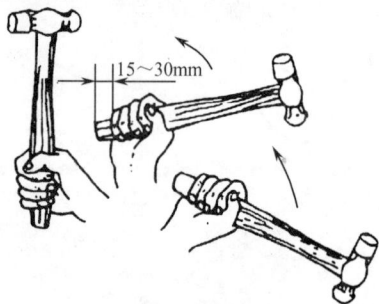

15～30mm

图 1-38　手锤紧握法

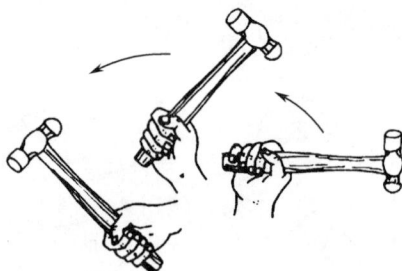

图 1-39　手锤松握法

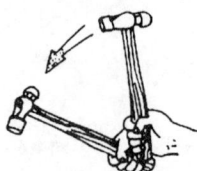

腕挥

挥动时只用手腕的动作来
进行锤击运动，撞击力较
小，采用紧握法握锤，一
般用于对要求锤击力较小
的加工工件进行锤击。

肘挥

挥动手锤时手腕和肘部一
起挥动完成锤击，敲击力
量较大，采用松握法握锤。

臂挥

挥动手锤时手腕、肘部和
手臂联合动作，锤击力量
最大，适用于需要大力锤
击的工作。

图 1-40　手锤的挥动方法

3．组合锤

组合锤是一种将硬锤锤头和软锤锤头组合在一体的手锤。它采用双锤头设计，可根据工作需要灵活替换，因此使用起来方便灵活，如图 1-41 所示。

4．螺丝刀

螺丝刀又称改锥或起子，用来拧紧或旋松带有槽口的螺钉。其种类有木柄螺丝刀、穿心螺丝刀、夹柄螺丝刀和偏置螺丝刀等，还可根据螺丝刀口不同分为一字螺丝刀和十字螺丝刀，如图 1-42 所示。其规格用其长度表示。螺丝刀在使用时要使其刀口与螺钉槽口的宽度、长度和深度相适应，如图 1-43 所示，不可当作凿子或撬棒使用。

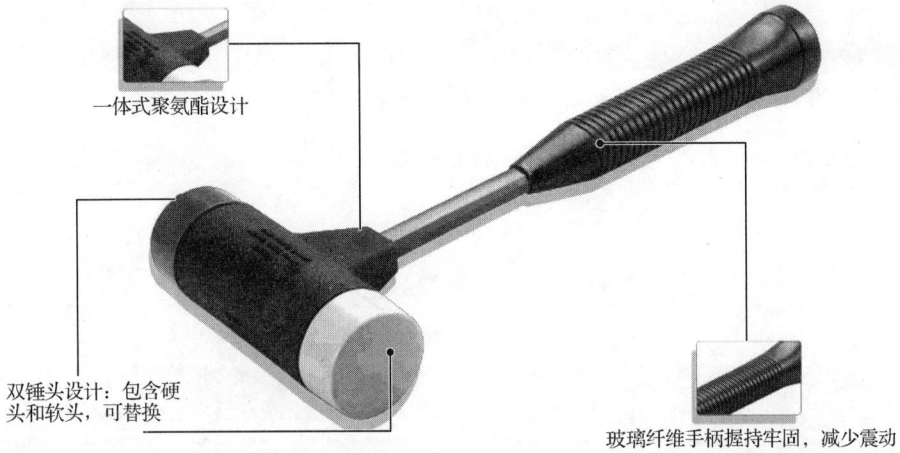

一体式聚氨酯设计

双锤头设计：包含硬头和软头，可替换

玻璃纤维手柄握持牢固，减少震动

图 1-41　组合锤

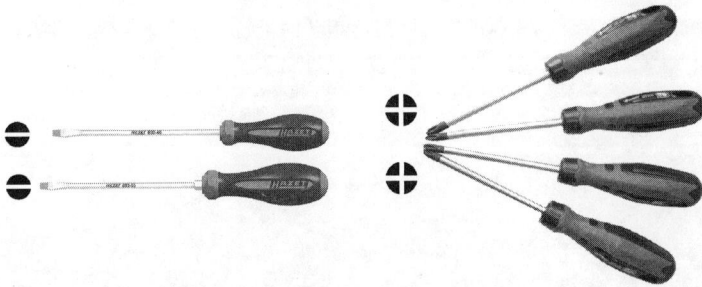

图 1-42　一字螺丝刀和十字螺丝刀

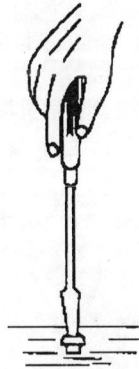

图 1-43　用螺丝刀拆卸螺钉

5. 拉具

　　拉具是在汽车维修中用来拆卸紧装配件所使用的特种工具，也称拉马。一般配有 2 到 3 个拉爪，可拉住工件，附有螺杆，旋转螺杆逐渐施加力量，将工件拉出，如图 1-44 所示。在汽车部件中，有些齿轮和轴的装配非常紧密，有的部件还装有键销起到固定作用，因此在拆卸这些部件时，就要根据具体情况灵活选用不同的拉具，避免在拆卸时使齿轮遭受损伤。以丰田 LEXUS（雷克萨斯）GS300 轿车为例，当拆卸发动机曲轴皮带轮时，就需要采用拉具执行拆卸操作，如图 1-45 所示；当拆卸转向横拉杆时，由于转向横拉杆与转向节装配得非常严密紧固，因此也常常要用到拉具进行拆卸，如图 1-46 所示。

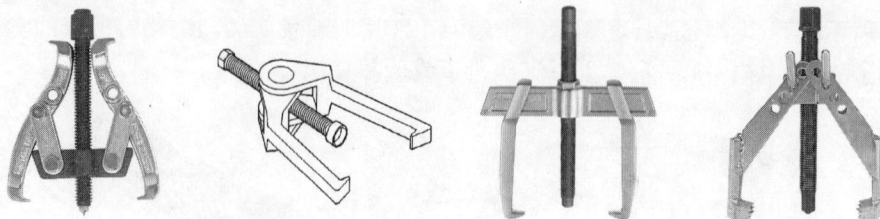

图 1-44   不同类型的拉具

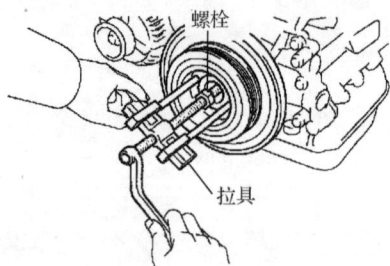

图 1-45   用拉具拆卸发动机曲轴皮带轮
（LEXUS GS300 轿车）

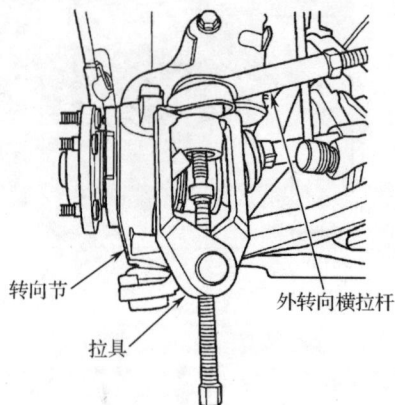

图 1-46   用拉具拆卸转向横拉杆（克莱斯勒凯领轿车）

第二天　汽车维修常用测量工具

任务目标

1. 了解汽车维修操作中常用的测量工具。
2. 掌握各种测量工具的使用方法。

知识准备

1. 钢尺

钢尺是汽车维修中使用非常广泛的基本测量工具之一，它由薄钢板制成，一般用于精度要求不高的测量，可以直接测量出工件的尺寸。钢尺一般有钢直尺和钢卷尺两种，如图 2-1 所示。

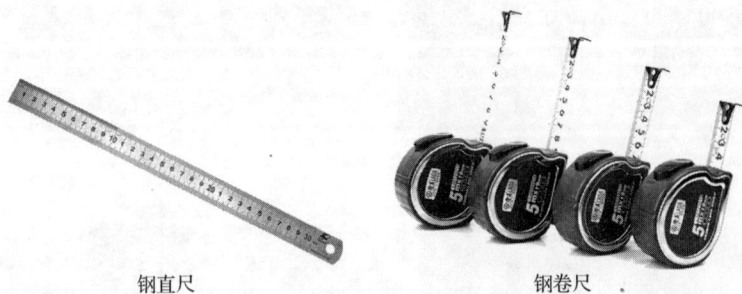

钢直尺　　　　　　　　　钢卷尺

图 2-1　钢直尺与钢卷尺

（1）钢直尺

钢直尺一般用钢材或不锈钢制作而成，长度多分为 150mm、200mm 和 300mm 等几种，在汽车维修行业中，最常用的是 150mm 和 300mm 规格的钢直尺。使用钢直尺测量工件尺寸时，要以钢直尺端边的"0"刻线作为测量基准，测量时用拇指将钢直尺按住，使其牢固贴靠在需要测量的工件上（见图 2-2），这样不但容易找到测量基准，而且便于读取和计算测量数值。

钢直尺一般配有悬挂孔，如图 2-3 所示。使用完毕后，应使用干净的棉丝将钢直尺擦拭干净，然后悬挂起来，使钢直尺自然下垂，这样可以有效防止钢直尺发生变形或弯曲而影响测量精度。

（2）钢卷尺

钢卷尺是由一条富有弹性的薄钢带制成，在钢带上刻有长度标志（见图 2-4），钢带两边的最小刻度为毫米（mm），总长度有 2m、3m、5m、10m 等各种不同的规格。在汽车维修中，主要使用钢卷尺测量长度超过 1m 的零部件。

图 2-2　用钢直尺测量

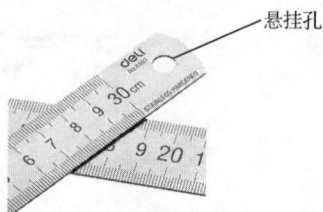

图 2-3　钢直尺的悬挂孔

图 2-4　钢卷尺刻度识别

2．直角尺

直角尺一般用来检查工件的内外角或直角度研磨加工核算，尺子带有一个长边和一个短边，两个边形成 90°的直角，如图 2-5 所示。在汽车维修中，直角尺可测量气门弹簧的倾斜度是否超出规范，如图 2-6 所示。

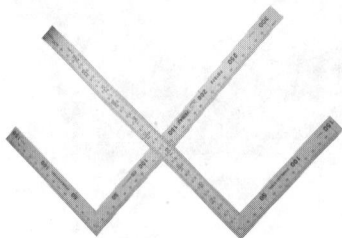

图 2-5　直角尺

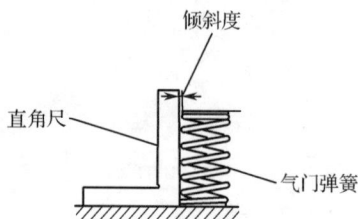

图 2-6　用直角尺测量气门弹簧的倾斜度

3．厚薄规

厚薄规也叫塞尺或测隙规，是用来检验两个接合面之间间隙大小的片状量规，如图 2-7 所示。使用前必须先清除塞尺和工件上的污垢与灰尘。使用时可用一片或数片重叠插入间隙，以稍感拖滞为宜。测量时动作要轻，不允许硬插，也不允许测量温度较高的零件。厚薄规在汽车维修中用途广泛，测量间隙时经常用到，用法举例如图 2-8～图 2-10 所示。使用后应将厚薄规擦拭干净，并涂上薄薄一层工业凡士林，防止发生锈蚀。

4．游标卡尺

游标卡尺是一种用途很广的精密量具，根据其最小读数值有 0.05mm 和 0.02mm 等规格，汽车维修工作中常用的游标卡尺的规格为 0.02mm。游标卡尺种类很多，根据游标卡尺测量值的显示方式可分为有游标刻度的游标卡尺（见图 2-11）；带千分表刻度的游标卡尺（见图 2-12）；数字液晶显示型游标卡尺（见图 2-13）等几种。数字液晶显示型游标卡尺精度较高，可以达到 0.01mm，而且能保留测量值。

图 2-7　厚薄规

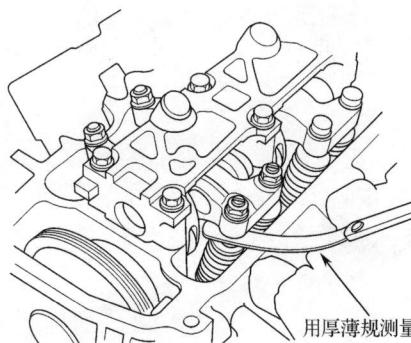

用厚薄规测量气门间隙

图 2-8　用厚薄规测量气门间隙（本田锋范轿车）

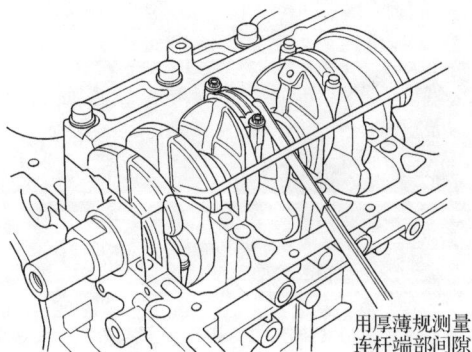

用厚薄规测量
连杆端部间隙

图 2-9　用厚薄规测量连杆端部间隙
（本田飞度轿车）

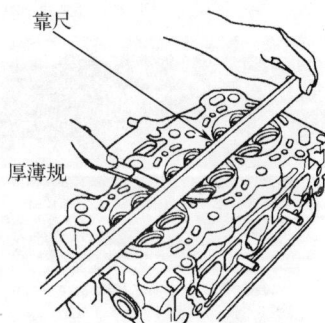

靠尺

厚薄规

图 2-10　将厚薄规与靠尺配合使用检测气缸盖翘曲
（本田雅阁轿车）

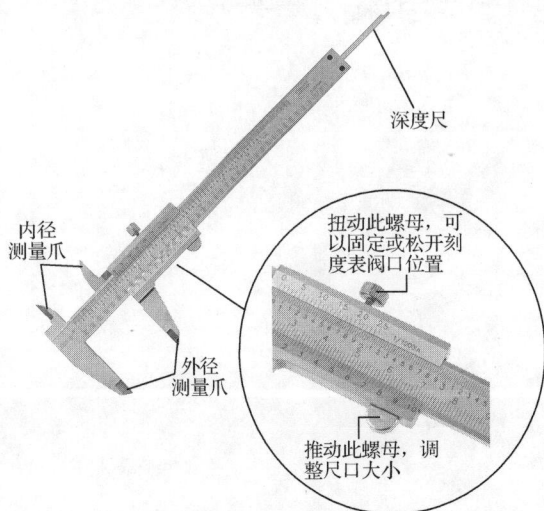

深度尺

内径
测量爪

外径
测量爪

扭动此螺母，可
以固定或松开刻
度表阀口位置

推动此螺母，调
整尺口大小

图 2-11　有游标刻度的游标卡尺

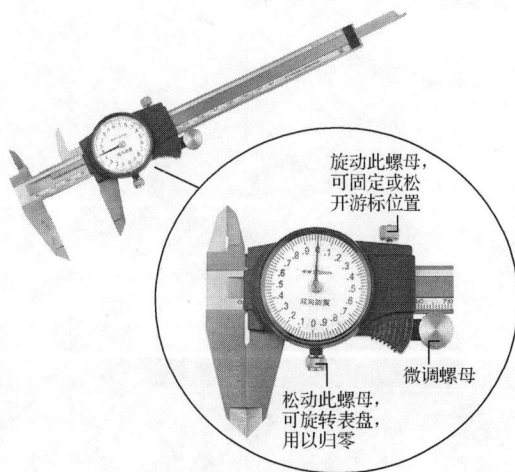

旋动此螺母，
可固定或松
开游标位置

微调螺母

松动此螺母，
可旋转表盘，
用以归零

图 2-12　带千分表刻度的游标卡尺

游标卡尺的主要功能是测量工件的外径（见图 2-14）、内径和深度（见图 2-15）。

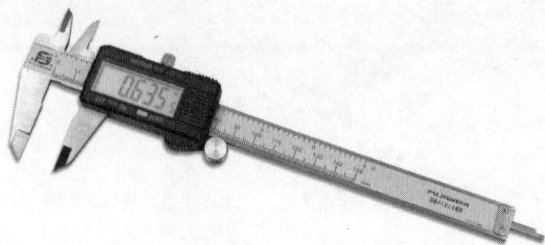

图 2-13 数字液晶显示型游标卡尺

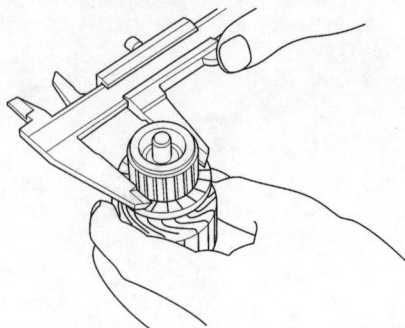

图 2-14 测量起动机换向器直径（本田飞度轿车）

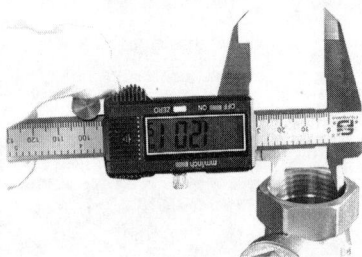

内径测量

深度测量

图 2-15 使用游标卡尺测量工件的内径和深度

5. 千分尺

千分尺是一种精密量具，也称螺旋测微计。其精度比游标卡尺要高，测量精度可以达到 0.01mm，而且比较灵敏。加工精度较高的零件多用千分尺测量。千分尺有内径千分尺和外径千分尺两种，如图 2-16 所示。千分尺可用来测量零件的内径、外径或厚度等，如图 2-17 和图 2-18 所示。

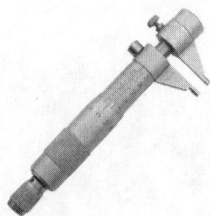

内径千分尺

外径千分尺

图 2-16 千分尺

（1）千分尺结构

千分尺的结构如图 2-19 所示。

（2）千分尺测量操作步骤（见表 2-1）

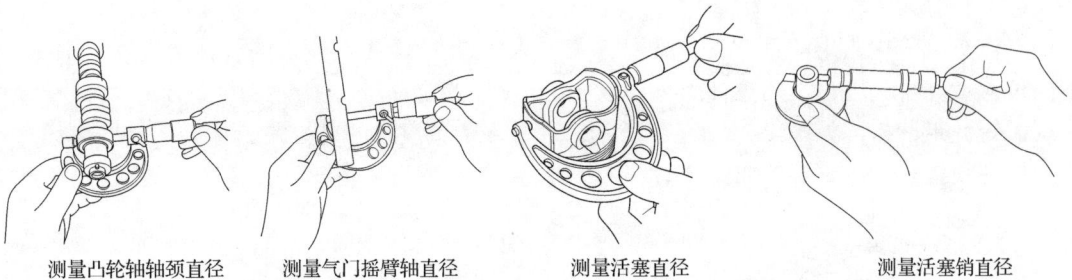

测量凸轮轴轴颈直径　　测量气门摇臂轴直径　　测量活塞直径　　　测量活塞销直径

图 2-17　用外径千分尺测量零部件直径（本田飞度轿车）

图 2-18　用内径千分尺测量工件内径

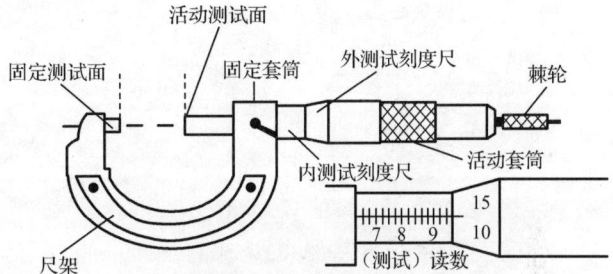

图 2-19　千分尺的结构

表 2-1　千分尺测量操作步骤

步　骤	操 作 方 法
1	将千分尺的测试面擦拭干净，确认千分尺零位准确
2	将工件的被测表面擦拭干净
3	把千分尺的测砧抵住被测物，旋转套筒，直至轴端测试面轻轻接触到被测物
4	千分尺的测量面一接触到工件表面就转动棘轮，直至测力控制装置发出"咔哒"声时停止（见图 2-20）
5	读取测量值，读数时，要先从内测试刻度尺上读取毫米数或半毫米数，再从外测试刻度尺（即活动套筒）与固定套筒上基准线对齐的刻线上读取格数（每一格为 0.01mm），将两个读数相加就是测量值（见图 2-21），其测量值为 55.5mm＋0.45mm＝55.95mm

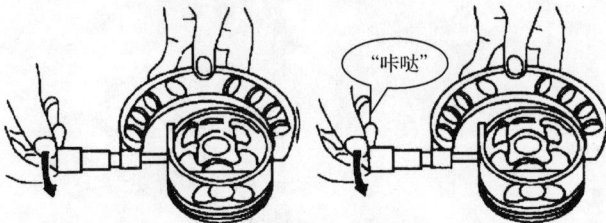

图 2-20　转动棘轮测量工件

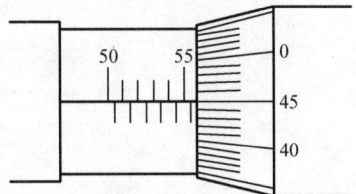

图 2-21　读取测量值

6. 百分表

百分表是一种测量精度可以达到 0.01mm 的齿轮传动式测微量具，一般常把百分表和百分表架配合使用，用来执行多种测量工作，比如测量轴承弯曲、偏摆、齿轮间隙、平行度及平面状态是否良好等。

（1）百分表结构

在汽车维修中常用的百分表一般配有大小两个刻度盘，大刻度盘的长针用来读取 1mm 以下的位移量，小刻度盘上的短针用来读取 1mm 以上的位移量。测量头移动 1mm 时，长针转一周，短针走一格，如图 2-22（左）所示。百分表的刻度盘和外框是一体的，外框可任意转动，以便使指针对准零位，如图 2-22（右）所示。

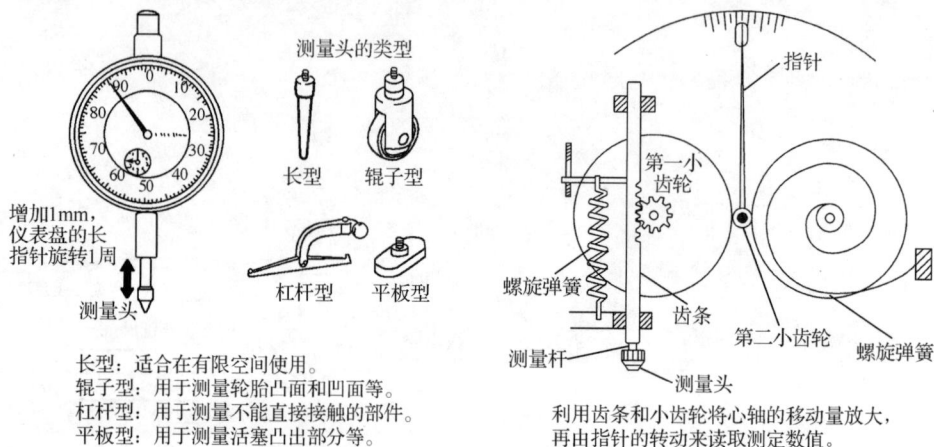

图 2-22　百分表部件与工作原理

（2）使用方法举例

① 使用百分表测量发动机凸轮轴轴向间隙。

以本田雅阁轿车 2.0L 发动机为例。测量时用百分表顶着凸轮轴端部，将百分表调零，前后推动凸轮轴，读取百分表测量的轴向间隙，如图 2-23 所示。

② 使用百分表测量凸轮轴跳动量。

凸轮轴跳动量必须保持在规范范围内，如果测量时发现超出规范，应更换凸轮轴。以本田雅阁轿车 2.0L 发动机为例，可将凸轮轴放置在 V 形块上，转动凸轮轴，将百分表和百分表表架配合使用，执行测量操作，如图 2-24 所示。

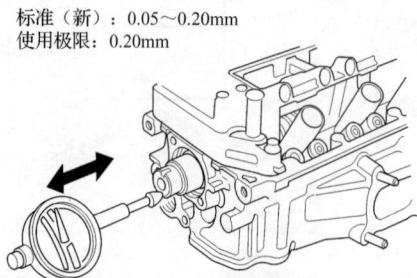

图 2-23　用百分表测量本田雅阁轿车 2.0L 发动机凸轮轴轴向间隙

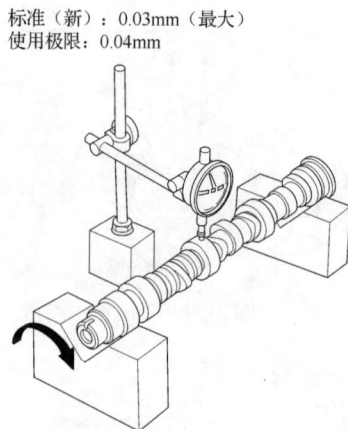

图 2-24　本田雅阁轿车 2.0L 发动机凸轮轴跳动量测量

③ 用百分表检测发动机飞轮平面度。

以本田飞度轿车为例，可按照图 2-25 所示，将飞轮至少转动 2 周，用百分表测量飞轮平面度。转动时应推紧飞轮，如果测量值超过维修极限，则更换飞轮。

④ 用百分表测量制动盘振摆。

以讴歌 RL 轿车为例，该车制动盘的检查操作步骤如表 2-2 所示。

表 2-2 制动盘振摆检查操作步骤

步　骤	操　作　方　法
1	举升车辆，将安全架放置在恰当位置，把车辆支撑住
2	拆下车轮
3	拆卸制动片
4	检查制动盘表面是否破损或开裂，彻底清洁制动盘，将制动盘上的锈蚀和脏污均清理干净
5	如图 2-26 所示，安装平垫圈 A 和车轮螺母，将螺母紧固至规定的力矩，使制动盘紧靠轮毂
6	如图 2-26 所示，把百分表紧靠制动盘放置，转动制动盘，测量自制动盘外缘起 10mm 处的振摆

标准（新）：0.05mm（最大）
维修极限：0.15mm

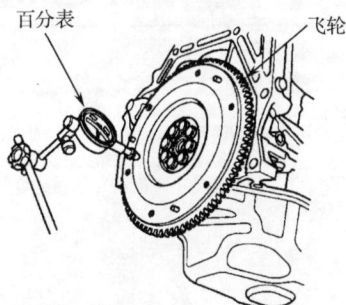

图 2-25 用百分表检测飞轮平面度

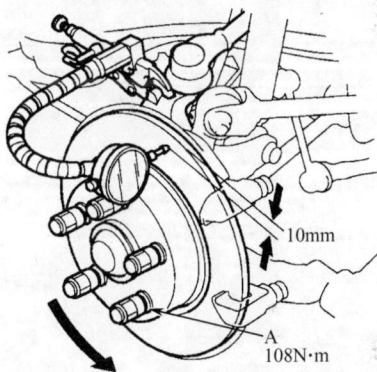

图 2-26 用百分表测量制动盘振摆

7. 塑料间隙测量片

塑料间隙测量片是一种在汽车维修中用来测量曲轴主轴承或连杆轴承间隙时使用的特制塑料条。塑料条在轴承间隙中夹扁后，用特种量尺测量出夹扁后的塑料条宽度，尺上表示的数字即是轴承间隙的数据。以美国克莱斯勒凯领轿车为例，测量该车发动机轴承间隙时，可按照图 2-27 所示：首先在轴承上放置塑料间隙测量片；然后安装轴承，轴承安装后塑料间隙测量片即被夹扁；最后拆卸轴承，测量夹扁后的塑料条宽度。

8. 弹簧秤

弹簧秤利用的是弹簧变形原理，当在其钩子上加上荷重时弹簧受力伸长，并指示出与伸长量相应的刻度。由于检测荷重的装置使用了弹簧，受热膨胀影响容易产生测量误差，因此精度不很高。在汽车维修中，弹簧秤常用于检测方向盘转向力。以讴歌 RL 轿车为例，该车方向盘转向力检测步骤如表 2-3 所示。

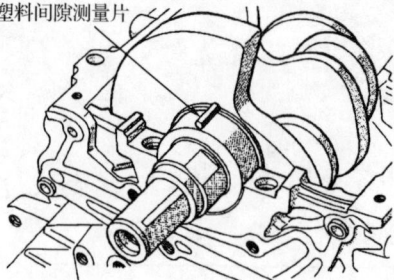
放置塑料间隙测量片

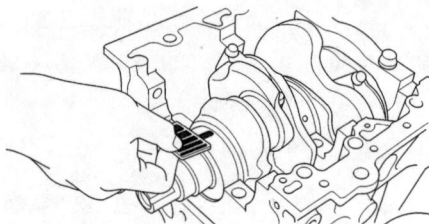
测量夹扁后的塑料间隙片宽度

图 2-27　用塑料间隙测量片测量轴承间隙（克莱斯勒凯领轿车）

表 2-3　讴歌 RL 轿车方向盘转向力检测步骤

步　骤	操　作
1	检查动力转向系统储液罐液位，确保液位处于正常范围
2	起动发动机，怠速运行，将方向盘从一个极限位置转到另一个极限位置，重复操作几次，以预热部件和动力转向液
3	把弹簧秤连接到方向盘上，发动机保持怠速运转状态，如图 2-28 所示，拉动弹簧秤，当方向盘开始转动时读取弹簧秤的测量值
4	方向盘初始转向力应为 30N

9．角尺

角尺用来检测工件的直角面、直度、平面度，有平形角尺、I 形角尺、带平台角尺等类型，如图 2-29 所示。各类型角尺都有成直角的两边，直角的精度均经过精密加工，并根据直角度的精度规定等级；各面的平行度、平面度也都经过精密加工。

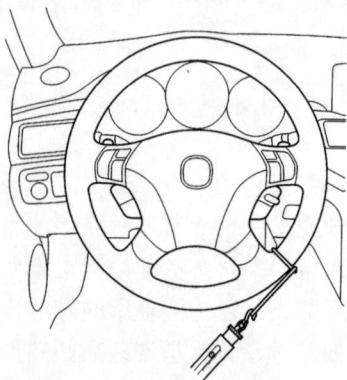

图 2-28　测量方向盘转向力

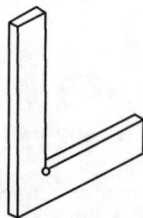
平形角尺

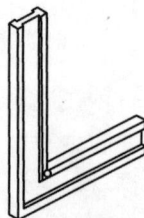
I 形角尺

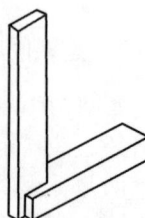
带平台角尺

图 2-29　角尺

在汽车维修工作中，角尺可以用于检查气门弹簧直角度，如图 2-30 所示。

10．靠尺

靠尺是一种长方形断面或 I 字形断面的钢质直尺，汽车维修操作中经常使用规格为 0.5m 或 1m 的靠尺，可用来测量气缸体或气缸盖的平直度，如图 2-31 所示。

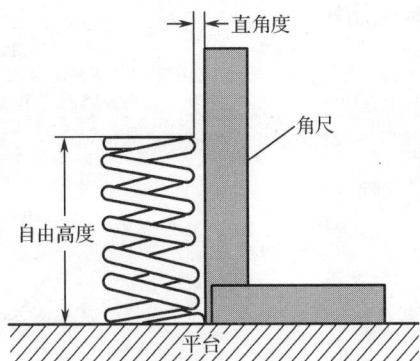

图 2-30　用角尺检查气门弹簧直角度

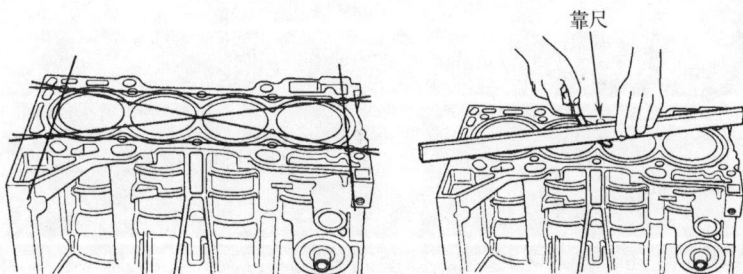

图 2-31　用厚薄规和靠尺配合使用检测气缸体平直度

11．弹簧测量器

弹簧测量器在汽车维修中主要用来检测气门弹簧、离合器弹簧等，测量这些弹簧的自由长度和加荷重时的长度。弹簧测量器由荷重计、承台、标尺、操作手柄等组成，如图 2-32 所示。使用时可将弹簧固定在承台上，然后转动操作手柄对弹簧施加荷重，并读取弹簧的收缩量。

12．温度计

温度计大致可分为与被测物体直接接触以及与被测物体不接触两种类型。汽车维修中常用的温度计一般有直接接触式的棒状玻璃温度计、电气式温度计和非接触式红外测温枪。

（1）玻璃温度计

玻璃温度计利用物体受热膨胀原理，一般分为有机液体（酒精等）温度计和水银温度计两种。其中，使用有机液体的温度计测量范围为-100～100℃，水银温度计的测量范围为-35～60℃，这两种温度计均为棒状，使用方便。玻璃温度计在汽车维修中经常与万用表配合使用，用来检测发动机冷却液温度传感器是否正常，通过测量不同冷却液温度下的传感器电阻阻值来判断冷却液温度传感器是否工作正常，如图 2-33 所示，其中阴影部分即为传感器规范的阻值范围。

（2）电气式温度计

电气式温度计将仪表本体与温度感应部件用导线连接，可以在非常狭窄的空间或难以靠近被测物体的场合进行温度测量。汽车维修中最常用的电气式温度计是热电偶温度计，这种温度计采用镍及合金等构成的热电偶所产生的热电势来测量温度，其最高测量温度可达

1000℃。热电偶温度计如图 2-34 所示。

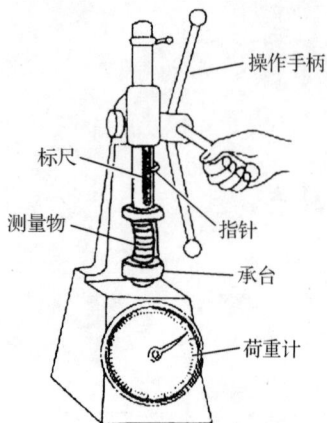

图 2-32 弹簧测量器的组成

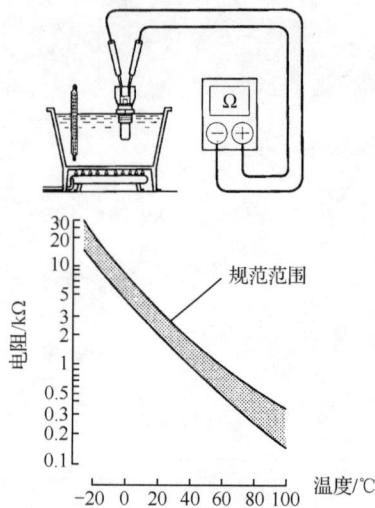

图 2-33 用温度计和万用表检测发动机冷却液温度传感器

（3）非接触式红外测温枪

任何物体当其温度高于绝对零度时，都会向外辐射红外线。红外线也是一种电磁波，具有很强的温度效应，其能量与物体的大小和物体表面的温度有着十分密切的关系。非接触式红外测温枪的工作原理就是根据物体的这种红外辐射特性，通过透镜将红外能量汇聚到传感器，经传感器把热能转换成电信号，再由微处理器对电信号进行处理后，转换成温度值显示在液晶屏上。由于采用红外测温原理，这种温度测量工具在使用时不必和被测物体直接接触，因此测量操作非常方便，效率很高。美国 ACTRON 公司生产的 CP7876 红外测温枪如图 2-35 所示。

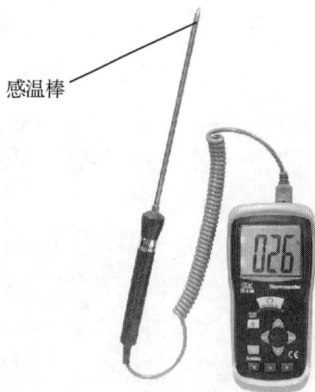

图 2-34 热电偶温度计

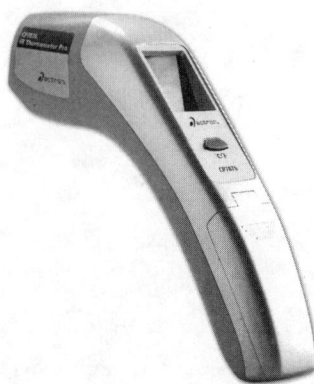

图 2-35 美国 ACTRON 公司生产的 CP7876 红外测温枪

第三天　发动机维修工具与检修设备

任务目标

1. 了解发动机常用维修工具及使用方法。
2. 了解发动机检修设备及使用方法。

知识准备

一、发动机维修工具说明与使用方法

1．火花塞套筒扳手

火花塞套筒扳手如图 3-1 所示，是用来安装或拆卸汽车发动机火花塞的。使用时，应将套筒正对火花塞，确认套筒与火花塞六角螺套嵌合牢固，再逐渐加力扭转。火花塞套筒扳手配有薄筒形扳头，筒身很长，可将整个火花塞套进，上端用手柄旋松或旋紧，使火花塞瓷质部分不受损伤，是拆装火花塞时必备的工具。

2．火花塞测试仪

火花塞测试仪专门用来安全快速检测火花塞的性能和好坏。使用时，将火花塞放在测试仪上，测试仪连接电源后，按下测试按钮，即可产生高性能稳定的点火高压，从而使火花塞产生连续的跳火，维修人员可以观察和比较火花塞跳火的强弱来快速直观地判断火花塞工作性能的好坏，如图 3-2 所示。

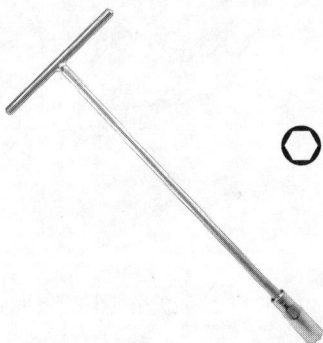

图 3-1　火花塞套筒扳手

图 3-2　火花塞测试仪

3．火花塞间隙调节工具

火花塞间隙调节工具主要由火花塞间隙调节圆盘和夹具组成。在调节火花塞间隙时，首先将圆盘（圆盘的截面为锥形，由厚向薄逐渐过渡）插入火花塞间隙中，转动圆盘，根据圆盘上的刻度可使火花塞间隙达到需要的设定值，然后用夹具夹紧，使设定值固定，如图 3-3 所示。

4．气门弹簧压缩器

气门弹簧压缩器是用来拆卸或安装气门弹簧的，用此工具，可以防止气门弹簧弹出伤人。使用该工具将气门弹簧压缩后，装入气门和护圈，再安装上气门锁片，如图 3-4 所示。

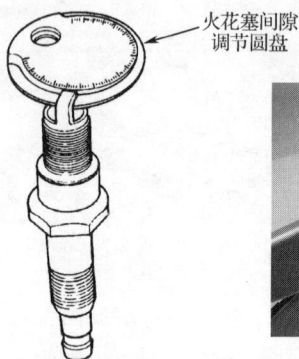

图 3-3　火花塞间隙调节工具

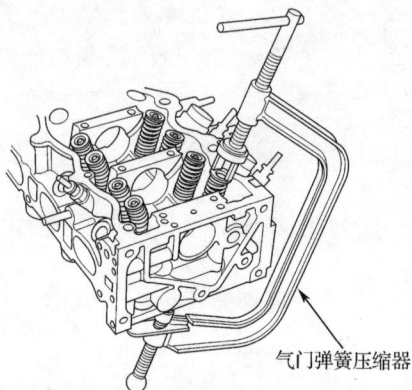

图 3-4　气门弹簧压缩器

5．活塞环拆装钳

活塞环拆装钳如图 3-5 所示，可以用来拆装发动机活塞环，以免活塞环因受力不均匀而折断。将活塞环放入钳的圆圈中，握紧钳柄便可将环口张开，但因受到圆圈的限制，活塞环不致伸张过度也不致变形，用活塞环拆装钳可以非常方便地将活塞环从环槽中拆下或装入。

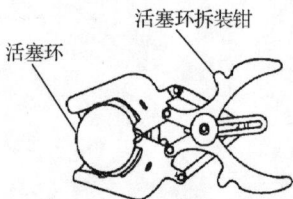

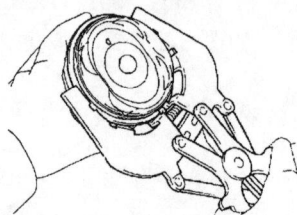

图 3-5　活塞环拆装钳

6．气门座铰刀

气门座铰刀有 30° 和 45° 两种，它有锋利的切削刃，可将气门座铰光并修整到规定的角度，如图 3-6 所示。

7．气门导管铰刀

气门导管铰刀是用来修整气门导管的。使用时，将铰刀和气门导管上均涂抹切削油，在气门导管孔全长范围内顺时针旋转铰刀进行切削，操作完毕后用清洗剂彻底清洗气门导管，将切屑清理干净，如图 3-7 所示。

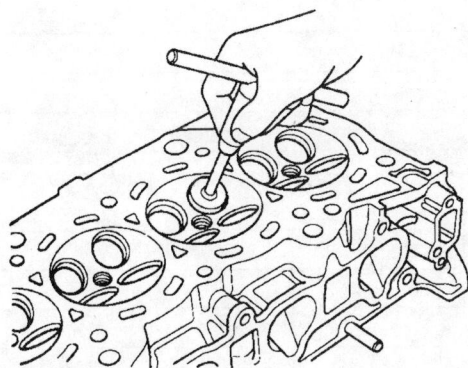

图 3-6　气门座铰刀

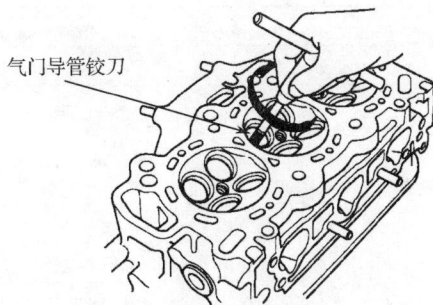

图 3-7　气门导管铰刀

8．发动机气缸压力表

气缸压力表是测量气缸压力的测量工具。在测量时，可将发动机各个气缸的火花塞拆下，将气缸压力表的橡胶套抵住火花塞塞孔，使用起动机旋转发动机，即可测量出该气缸的压力，如图 3-8 所示。通过使用气缸压力表，可以检测发动机气缸压力，从而判断气缸磨损程度、是否有积炭、活塞环及进气门/排气门密封状况。

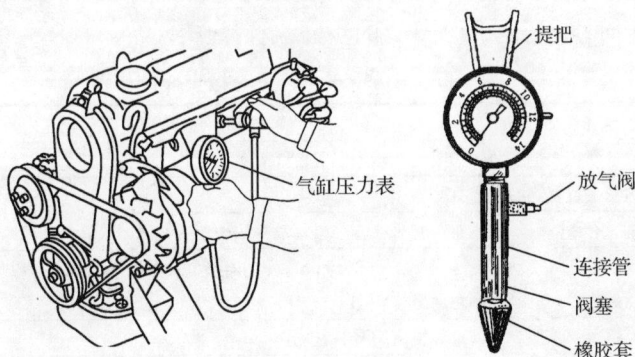

图 3-8　气缸压力表

气缸压力表使用方法如表 3-1 所示。

表 3-1　气缸压力表使用方法

步　骤	操　作　方　法
1	起动发动机，使发动机达到正常的工作温度
2	拆下火花塞
3	拆下点火线圈初级电源线
4	把气缸压力表连接到火花塞座孔处
5	用起动机带动发动机曲轴旋转 3～5s
6	读取气缸压力表测量的气缸压力数值

步　骤	操 作 方 法
7	重复读取气缸压力2～3次
8	计算平均值
9	将平均值与规范值进行比照，如果发动机压缩压力正常，各个气缸之间的误差不应该超过气缸压力规范值的10%或各缸平均压力的8%。气缸压缩压力故障症状与故障原因如下：

症　状	故 障 原 因
气缸压缩压力不稳定	气门卡滞
相邻两个气缸气缸压力均低	气缸之间的密封衬垫损坏
一个或几个气缸压力很低	气门损坏，气门与气门座配合不良，活塞漏气
所有气缸压力均低	配气相位不正确
所有气缸压力均过高	积炭过多

9．点火正时测试灯

点火正时测试灯是一种试验点火正时的工具，如图 3-9 所示。使用时，正时灯的一端接在发动机第一缸的高压线上，另一端接在火花塞上，起动发动机后，将正时灯凑近飞轮壳上的小圆孔，每次一缸点火时，正时灯发出的灯光正好照耀点火正时的记号。

点火正时测试灯主要用来检查发动机的点火正时是否正确。以本田 ACURA（讴歌）RL 轿车为例，其点火正时检查应按照表 3-2 的步骤执行操作。

表 3-2　讴歌 RL 轿车点火正时检查操作步骤

步　骤	操 作 方 法
1	把故障诊断仪连接到故障诊断连接器上（见图 3-10）
2	将点火开关设置到 ON 位置
3	检查是否有故障码，如果有，则先检查和维修故障码表示的故障
4	起动发动机，将发动机转速保持在 3000r/min，变速器挡位设置到 P 挡或 N 挡，直至发动机冷却风扇开始转动，然后将发动机设置到怠速运行状态
5	用故障诊断仪跨接 SCS（维修检查信号）线路
6	把点火正时测试灯连接到 1 号点火线圈线束上（见图 3-11）
7	将点火正时灯瞄准正时皮带罩上的指针（见图 3-11），查看点火正时
8	点火正时应为上止点前（图 3-11 中的红色标记）10°±2°
9	检查完毕后，拆下故障诊断仪和点火正时测试灯

图 3-9　点火正时测试灯

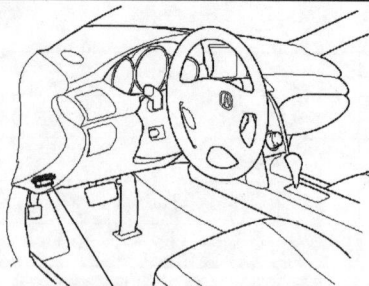

故障诊断连接器

图 3-10　讴歌 RL 轿车故障诊断连接器位置识别

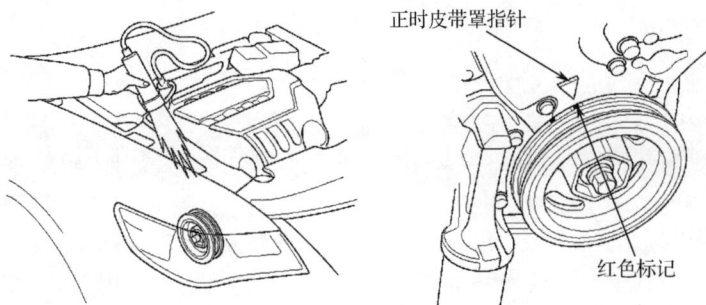

图 3-11　用点火正时测试灯检测讴歌 RL 轿车点火正时

10．燃油压力表

燃油压力表用来测试发动机工作状态下的燃油压力，通过读取发动机燃油压力，可以判断出燃油导轨、燃油滤芯、燃油喷射、燃油压力调节阀和燃油泵的工作状况，如图 3-12 所示。

以本田讴歌 MDX 轿车为例，该车发动机燃油压力检测如表 3-3 所示。

表 3-3　燃油压力检测操作步骤

步　骤	检　测　方　法	规　范　值
1	泄放发动机燃油压力	
2	按照图 3-13 所示安装燃油压力表	
3	起动发动机怠速运行	
4	查看压力表显示的燃油压力读数	380～430kPa

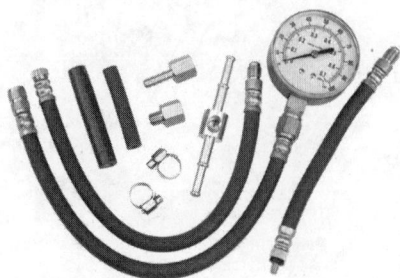

图 3-12　燃油压力表

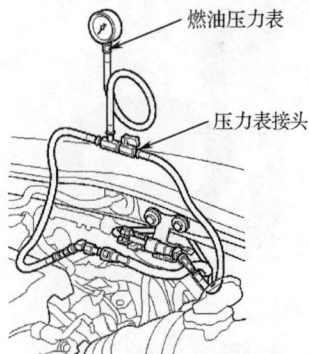

图 3-13　使用燃油压力表测量发动机燃油压力

11．真空表

真空表是用来检测汽车发动机进气歧管入口处产生的负压（即进气管真空度）的测量工具。通过对发动机进气歧管真空度的变化进行观察进而判断发动机机械部分的工作状况。真空测试在汽车维修中非常重要，它不需要拆卸火花塞或检查气缸压力或漏气即可反映出气缸压力的状况。进气管真空度是指进气管内的进气压力与外界大气压力之间的差值。汽车发动机进气管的真空度是随着发动机进气管密封性和气缸密封性的变化而变化的，因此在维修作业中，在确认进气管密封性良好的情况下，可以利用真空表检测到的进气管真空度来表征发动机气缸的密封性。检测进气管真空度，一般是在发动机处于怠速运行条件下执行的。因为在发动机工作正常时，其进气管真空度一般为一较为稳定的数值，同时在怠速运行条件下，进气管真空度高，因此对因进气管、气缸密封性不良导致的真空度下降较为敏感。

（1）真空表结构

真空表如图 3-14 所示，它由表头、各种规格的连接管和软管组成。真空表表头内安装有波登管、游丝等，当真空（负压）进入表头内弯管时，弯管会更加弯曲，通过杠杆和齿轮机构带动真空表指针动作，在表盘上指示出真空度的大小。软管的一头固定在表头上，另一头连接在发动机节气门后方的进气管专用接头上。

（2）真空表使用（见表 3-4）

表 3-4　用真空表测量发动机进气歧管吸入负压

步　骤	检 测 方 法
1	安装发动机转速表
2	起动发动机，使发动机运行至正常的工作温度
3	如图 3-15 所示，将真空表软管连接至发动机节气门后方的进气管专用接头上
4	使发动机怠速运行
5	读取真空表的测量值

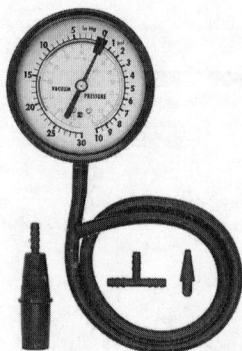

图 3-14　真空表

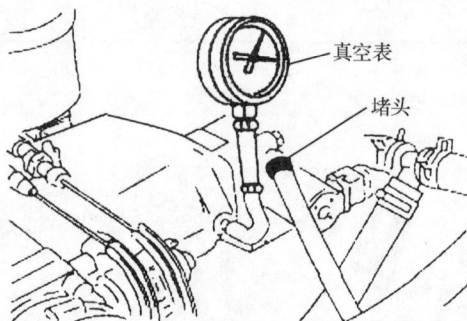

图 3-15　连接真空表

12．手动式真空泵

手动式真空泵如图 3-16 所示，可以用于检查发动机各种真空系统或尾气控制系统的负压泄漏，以及真空阀动作检查等。

（1）构造

手动式真空泵构造如图 3-17 所示，它由气缸、气泵（活塞）、真空表、单向阀等组成。使用者捏握手柄时拉动活塞，被测零件内的空气经过单向阀 B 被吸入气缸内，松开手柄时单向阀 B 关闭，被压缩的空气经过打开的单向阀 C 排出。这样重复操作，即可使零件内形成负压。前后扳动放气扳手即可使真空表指针回零。

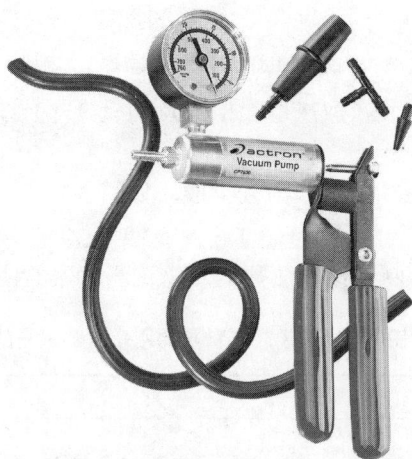

图 3-16　手动式真空泵（美国艾克强公司产品）

（2）使用方法

手动式真空泵在汽车维修中用途很多，可以用作真空表，用于测量进气歧管入口的负压；也可以用作产生压力，来检测燃油蒸发排放活性炭罐净化阀是否正常。以本田飞度轿车为例，可按照表 3-5 的操作步骤执行检测。

表 3-5　用手动式真空表检测燃油蒸发排放活性炭罐净化阀

步　　骤	检　测　方　法
1	如图 3-18 所示，将真空软管从燃油蒸发排放活性炭罐净化阀上断开，然后将真空泵连接到软管上
2	起动发动机，使发动机怠速运行
3	当发动机冷却液温度低于 60℃时进行测量
4	检查真空泵的真空表是否有真空
5	如果有真空，可检查真空软管，如果真空软管正常，则说明燃油蒸发排放活性炭罐净化阀损坏，应予以更换

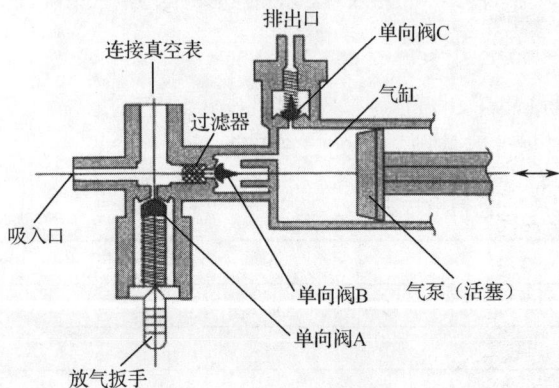

图 3-17　手动式真空泵构造

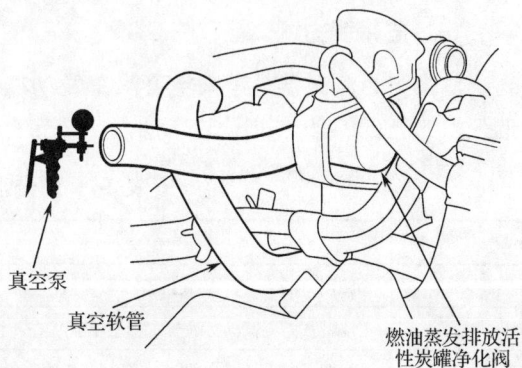

图 3-18　用真空表检测燃油蒸发排放活性炭罐净化阀

13．散热器水箱盖测试器

散热器水箱盖测试器是一种可以对散热器盖执行加压测试，检查散热器水箱盖压力是否正常的测试工具，也可以直接装在散热器上检查发动机冷却系统是否发生泄漏。

（1）构造

散热器水箱盖测试器由手动泵和压力表组成，如图 3-19 所示。

（2）使用方法

以本田讴歌 MDX 轿车为例，该车散热器水箱盖测试器的使用方法如表 3-6 所示。

表 3-6　本田讴歌 MDX 轿车散热器水箱盖测试器的使用方法

步　骤	检 测 方 法
1	从发动机散热器水箱上把水箱盖拆下
2	把发动机冷却液涂抹到水箱盖密封处
3	如图 3-20 所示，把水箱盖安装到测试器上
4	用手动泵施加 93～123kPa 的压力
5	仔细观察测试器上的压力表，查看有无压力下降的情况
6	如果有压力下降的情况，说明水箱盖密封不良，应予以更换

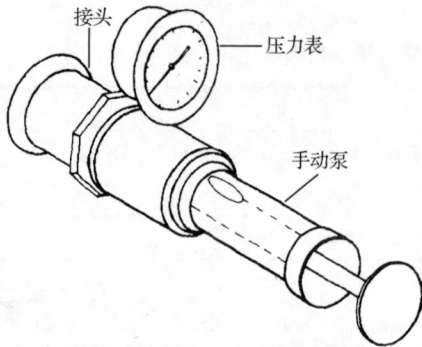

图 3-19　散热器水箱盖测试器构造　　　　图 3-20　用散热器水箱盖测试器检测水箱盖

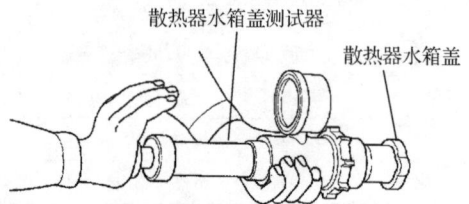

14．皮带张力测试器

皮带张力测试器是用来检查汽车发动机风扇皮带、液压动力转向泵皮带、空调压缩机皮带张力的测试工具，如图 3-21 所示。皮带张力测试器使用方法如表 3-7 所示。

表 3-7　皮带张力测试器使用方法

步　骤	检 测 方 法
1	如图 3-22 所示，彻底按下球形手柄，让张力测试器的挂钩咬合到需测试的皮带上
2	皮带张力测试器必须与皮带呈垂直状态，挂钩压到皮带边上，然后释放球形手柄，如图 3-23 所示
3	如图 3-24 所示，读取测试器刻度盘的张力数值，确认皮带张力是否正常

图 3-21　美国 OTC 公司生产的
指针式皮带张力测试器

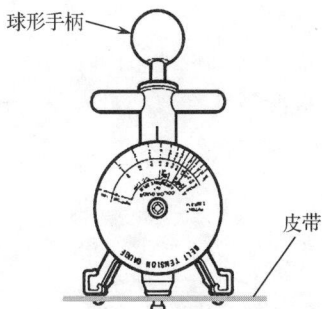

图 3-22　按下球形手柄

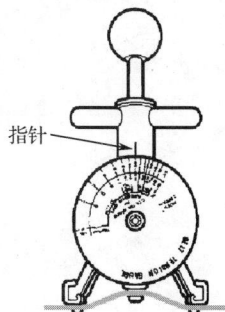

图 3-23　释放球形手柄

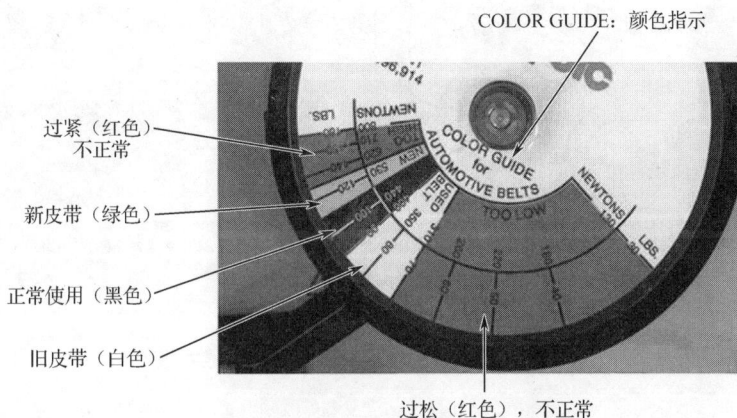

图 3-24　读取测试器刻度盘张力数值

15. 排气背压测试表

排气背压测试表是用来测试发动机排气背压，从而判断发动机排气系统是否发生堵塞的测量工具，如图 3-25 所示。

以美国 OTC 公司生产的排气背压测试表为例，其使用方法如表 3-8 所示。

表 3-8　排气背压测试表使用方法

步　骤	检 测 方 法
1	如图 3-26 所示，将氧传感器从排气管上拆下
2	如图 3-26 所示，把氧传感器适配器安装到排气背压测试表的一端
3	将排气背压测试表连接到排气管上
4	起动发动机怠速运行，使发动机达到正常工作温度，查看排气背压测试表的测量值，如果排气系统正常，测量值不应超过 1.25psi（1psi=6.89kPa）
5	如果测量值高于 1.25 psi，则说明发动机排气系统堵塞，应立即停止测试，彻底检查发动机排气系统，清除堵塞
6	如果测量值没有超过 1.25psi，则踩下发动机加速踏板，使发动机转速提高到 2500r/min，再次查看排气背压测试表的测量值，测量值不应高于 3psi。如果测量值高于 3psi，则说明发动机排气系统堵塞，应彻底检查发动机排气系统，清除堵塞

16．发动机机油压力表

发动机机油压力表是用来检测发动机机油泵向发动机润滑系输入的机油压力的。油压的大小与发动机转速、运转温度和机油黏度有关，如图 3-27 所示。

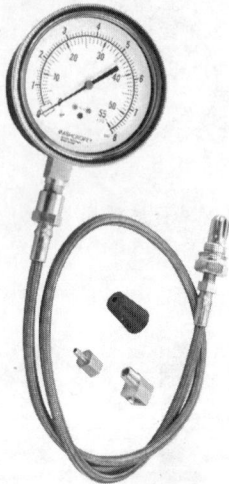

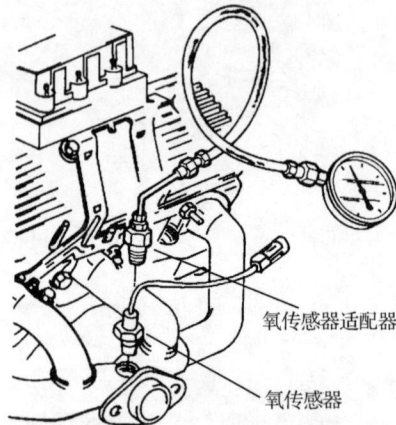

机油压力测量接头

氧传感器适配器

氧传感器

机油压力表

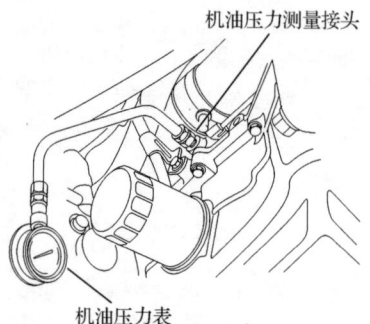

图 3-25　排气背压测试表　　　　图 3-26　排气背压测试表的使用　　　图 3-27　用机油压力表测量机油压力

以本田车系雅阁轿车为例，该车发动机机油压力测试方法如表 3-9 所示。

表 3-9　雅阁轿车发动机机油压力测试方法

步　骤	检 测 方 法
1	如果发动机运行时，仪表板上的机油压力告警灯闪亮，应及时检查机油油位
2	如果油位正常，则参照图 3-27 所示，拆卸机油压力开关，连接发动机机油压力表
3	起动发动机，查看机油压力表的测量值，如果压力没有显示机油压力，应立即关闭发动机
4	使发动机达到正常运行温度（发动机的冷却风扇起动 2 次）
5	查看机油压力表的测量值，在怠速状态下，机油压力应为 70kPa 以上；发动机转速达到 3000r/min 时，机油压力至少应为 300kPa
6	如果测量值不符合规范值，应检查机油滤网是否堵塞、检查机油泵是否工作不良

17．部件加热工具

在维修过程中，拆卸发动机零件时需要使用加热工具，利用部件的热胀冷缩特性，通过加热部件，使部件受热膨胀，从而便于拆装。比如更换气门导管时，由于导管与气缸盖接合非常紧密，因此需要用电炉加热气缸盖，使其受热膨胀后能方便地更换气门导管；拆卸活塞销时也要使用热风枪，将活塞和连杆总成加热，使活塞销孔受热变大，从而能方便地拆卸活塞销，如图 3-28 所示。

18．气门油封拆卸钳

气门油封是一种耐油橡胶环，安装在气门杆凹槽中，防止过量的机油进入气门杆和气门导管中间，由于气门油封安装位置非常隐蔽，因此拆卸时，均要使用气门油封拆卸钳进行，如图 3-29 所示。

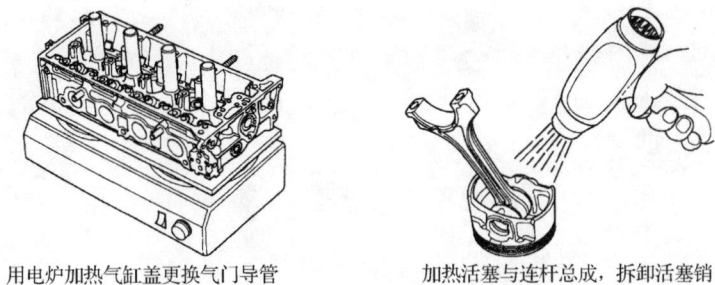

用电炉加热气缸盖更换气门导管　　　加热活塞与连杆总成，拆卸活塞销

图 3-28　使用加热工具加热部件

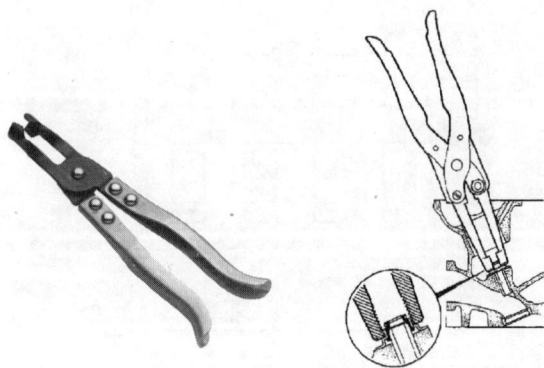

图 3-29　气门油封拆卸钳

19．发动机机油滤清器扳手

发动机机油滤清器扳手是专门用来拆卸发动机机油滤清器的工具，根据其外形，分为帽式、三爪式、旋转式和钳式几种常见类型，如图 3-30 所示。其中帽式机油滤清器扳手使用效果最好，因为它能和机油滤清器做到紧密连接。以讴歌 MDX 轿车为例，拆卸机油滤清器时就采用帽式机油滤清器扳手，如图 3-31 所示。

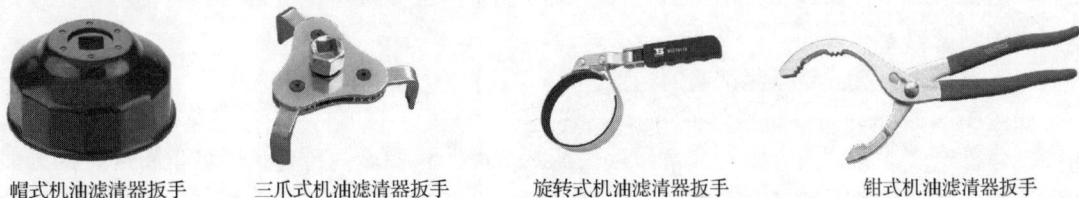

帽式机油滤清器扳手　　三爪式机油滤清器扳手　　旋转式机油滤清器扳手　　钳式机油滤清器扳手

图 3-30　不同类型的机油滤清器扳手

20．发动机听诊器

发动机听诊器是一种用来侦听发动机运行异响的工具，维修工使用这种工具，可以快速准确地判断出发动机发生异响的部位和部件，以便准确进行诊断维修，如图 3-32 所示。听诊

器的主要听诊部位如图 3-33 所示。

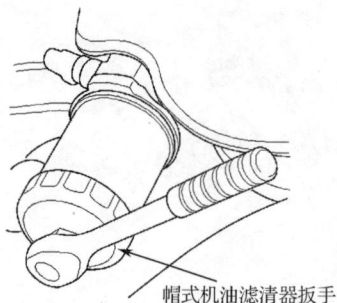

帽式机油滤清器扳手　　机械式听诊器　　电子式听诊器

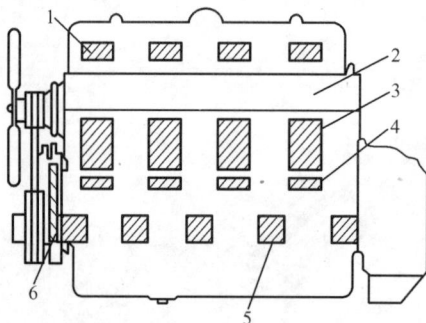

图 3-31　用帽式机油滤清器扳手拆卸
机油滤清器（讴歌 MDX 轿车）

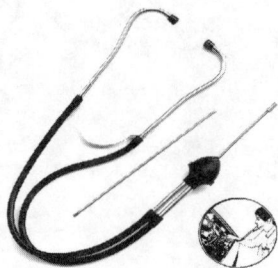

图 3-32　发动机听诊器

1-气门区，可听诊气门、气门弹簧、气门座圈脱离导致的异响；2-气缸盖区，可听诊活塞顶撞气缸盖、气缸上部凸肩（因磨损导

致）的异响；3-气缸区，听诊敲缸等异响；4-气门挺杆区，可听诊气门挺杆、凸轮轴等部件异响；

5-曲轴区，可听诊曲轴主轴承、连杆轴承等异响；6-正时齿轮区，可听诊正时系统发出的异响。

图 3-33　发动机听诊器主要听诊部位

21．发动机空气滤清器测试器

发动机空气滤清器测试器是专门用来测试发动机空气滤清器中滤纸元件阻塞程度的测试工具，测试器的工作原理是：用滤纸元件被堵塞的程度改变吸进空气量，并用指针将此变化量标示在刻度板上。

（1）发动机空气滤清器测试器的构造

如图 3-34 所示，发动机空气滤清器测试器由排风扇、电动机及带有刻度板（见图 3-35）的排风导管组成，导管内安装有调节空气量的节流阀。按照图示位置将发动机空气滤清器的滤纸放置在盖子下方，然后开启开关使电动机运行，滤纸即可吸入排风扇的空气，并由导管排放出去，由于空气的流量和滤纸的阻塞程度成比例，因此节流阀能够随着空气流量的多少而相应动作，与节流阀直接连接的指针摆动并标示在刻度板上，最后再与新的滤纸元件摆动量比较，即可判断滤纸阻塞的程度。

（2）使用方法

发动机空气滤清器测试器使用方法如表 3-10 所示。

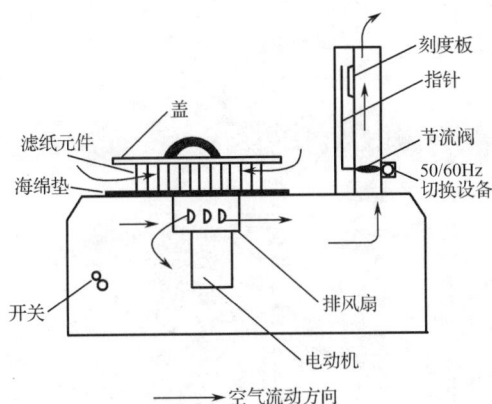

图 3-34　发动机空气滤清器测试器构造

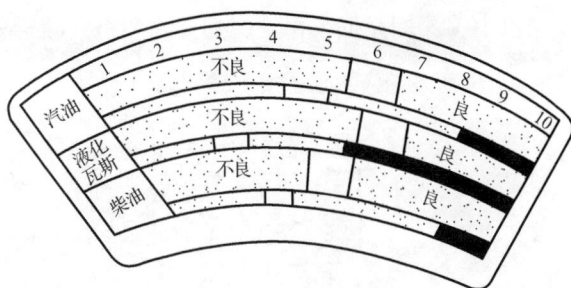

图 3-35　刻度板

表 3-10　发动机空气滤清器测试器使用方法

步　骤	检 测 方 法
1	装上新的滤纸元件，盖好护盖后起动电动机开关
2	调整风量，使刻度板上的指针能在设定位置摆动
3	把新滤纸元件取下，换上测试滤纸元件，读取指针刻度位置

22．活塞环压缩器

在装配发动机的活塞环时，由于活塞环向外伸张，抵住气缸口外边，因此活塞头部便不能装入气缸中，此时使用活塞环压缩器，就是使活塞环勒紧，使其缩进环槽中，再将活塞对正气缸口，便可向下推入气缸中，如图 3-36 所示。具体用法如图 3-37 所示。

图 3-36　活塞环压缩器

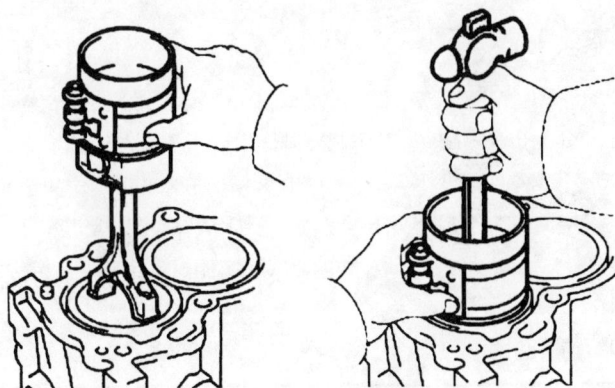

图 3-37　活塞环压缩器的使用

二、发动机检修设备介绍及使用方法

1．喷油器清洗检测仪

喷油器清洗检测仪是一种对汽车发动机喷油器采用超声波清洗和功能检测的机电一体化

检测设备，在汽车维修工作中广泛使用。这种仪器可以模拟发动机的各种工况，对汽车的喷油器进行清洗、检测。

（1）结构

以中国深圳元征公司生产的台式和柜式喷油器清洗检测仪为例，其结构如图 3-38 所示。

元征CNC-602A台式喷油器清洗检测仪

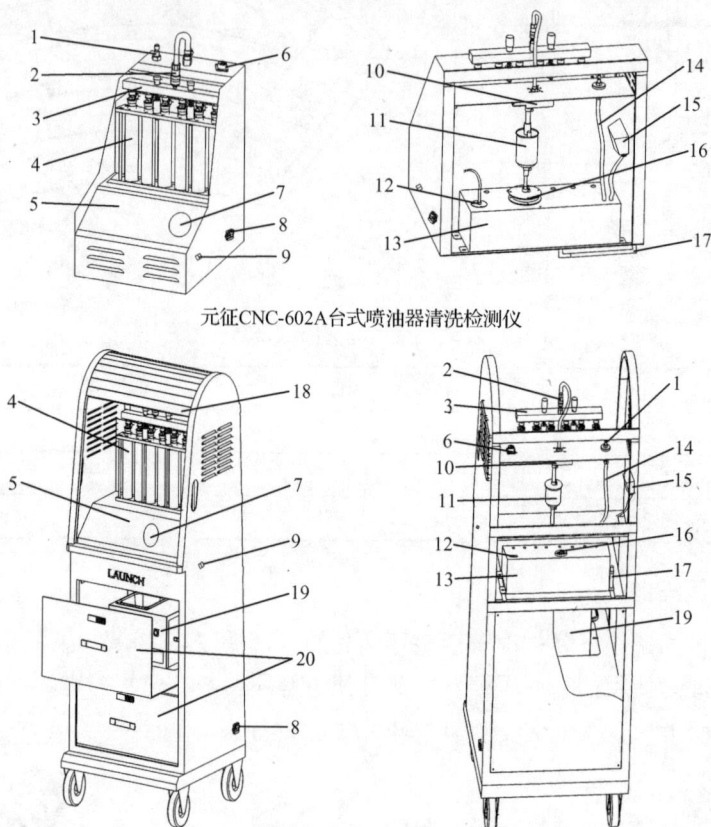

元征CNC-601A/801A柜式喷油器清洗检测仪

1-回油快速接头；2-出油快速接头；3-直排油分油器组件；4-玻璃管；5-控制面板（控制台）；6-航空插座（脉冲信号线插座）；

7-压力表；8-一体式电源插座和保险管座（内配保险管）；9-电源开关；10-油路块；11-滤清器；12-液位开关；13-油箱；

14-回油管；15-加油漏斗；16-油泵；17-液位显示/排油管；18-滑动式防尘罩；19-超声波清洗机；20-抽屉。

图 3-38 台式和柜式喷油器的结构

（2）功能说明

主 要 功 能	说 明
超声波清洗	可同时对多个喷油器进行超声波清洗作业，可利用超声波在介质传播时所产生的穿透性和空化冲击波，将带有复杂外形、内腔和细孔的物体进行强力清洗来彻底清除喷油器上的积炭
喷油器喷油均匀性/雾化性检测功能	检测各个喷油器喷油的均匀性，同时可利用背景灯全面观察喷油器雾化情况，还可对喷油器进行反向冲洗

主　要　功　能	说　　　明
密封性测试	可以检测喷油器在系统压力下的密封性和滴漏情况
喷油量检测	可以检测喷油器在 15s 常喷情况下的喷油量
自动清洗检测功能	在特定的工况参数下，真实模拟喷油器在各种工况下的测试
免拆清洗功能	配有多种免拆清洗接头，可对多种不同车型进行免拆清洗维护

2. 视频内窥镜

视频内窥镜是一种用来检查和诊断汽车发动机、气缸、燃油管、差速器、水箱、油箱、齿轮箱的磨损、积炭、堵塞等情况的工具，它配有数字式彩色 CCD 成像器件、可弯曲的插入管、LED 照明灯、显示屏等，操作简单，灵活、小巧，便于携带；柔软、细小、可弯曲的插入管可以到达需要检查的任何隐蔽部位；使用这种视频内窥镜能直观准确地发现内部部件的损伤，有利于将安全隐患排除在萌芽阶段；可避免对机件多次拆装而造成的损害，从而能提高工作效率；降低修理费用。典型的视频内窥镜如图 3-39 所示。

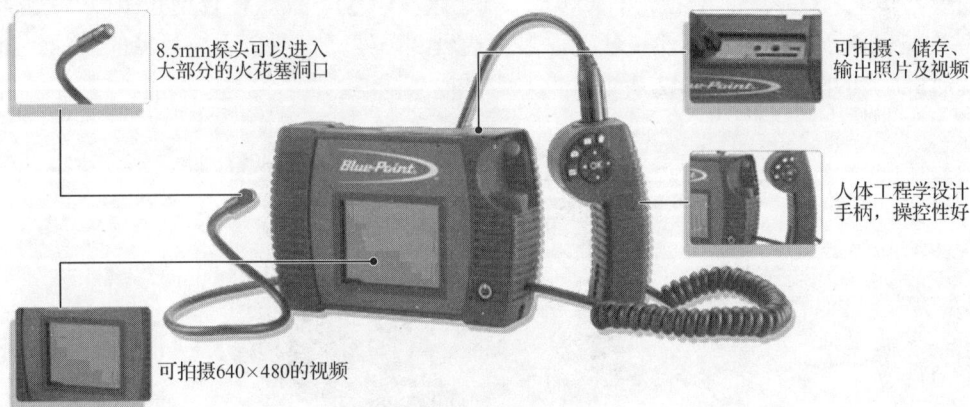

8.5mm探头可以进入大部分的火花塞洞口

可拍摄、储存、输出照片及视频

人体工程学设计手柄，操控性好

可拍摄640×480的视频

图 3-39　视频内窥镜

3. 发动机吊机

发动机吊机是一种在汽车发动机维修中吊装发动机的工具，维修工使用发动机吊具，可以方便地将发动机从发动机舱内吊装出来，使维修工可以在一个非常宽松、便于操作的空间进行发动机大修、零件拆卸等维修工作。使用这种吊装工具，可以大大减轻维修工的体力劳动，提高操作的便利性，如图 3-40 所示。

以维修法国标致 307 轿车发动机为例，当需要把发动机从汽车发动机舱吊装出来进行发动机大修时，就需要使用发动机吊机执行吊装操作，如图 3-41 所示。

4. 发动机尾气分析仪

汽车尾气成分与发动机的工况有着密切联系，所以通过汽车尾气的检测可初步分析发动机的工作状况、性能好坏。更为重要的是，当发动机各系统出现故障时，尾气中某种成分必然偏离正常值，通过检测发动机不同工况下尾气中不同气体成分的含量，可判断发动机故障

图 3-40　发动机吊机

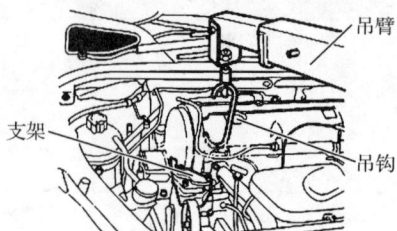

图 3-41　用发动机吊机吊装标致 307 轿车发动机

所在的部位。在多种排放成分中 HC 是未燃燃料、可燃混合气不完全燃烧或裂解的碳氢化合物及少量的氧化反应的中间产物。CO 主要来自在空气不足的情况下可燃混合气的不完全燃烧，是汽油机尾气中有害成分浓度最大的物质。CO_2 是可燃混合气燃烧的产物，它能够反映出燃烧的效率。尾气分析法就是通过对汽车尾气中的 CO、HC、CO_2 和 O_2 等排放成分作为主要分析参数来对发动机故障进行诊断的一种方法。

　　发动机尾气分析仪是对汽车故障进行诊断的重要设备，它可以通过对汽车所排放的尾气 5 种成分，即氧（O_2）、一氧化碳（CO）、二氧化碳（CO_2）、碳氢化合物（HC）和氮氧化物（NO_x）的测试进而分析发动机燃烧状况，最终达到判断发动机各个系统故障的目的。典型的汽车发动机尾气分析仪如图 3-42 所示。

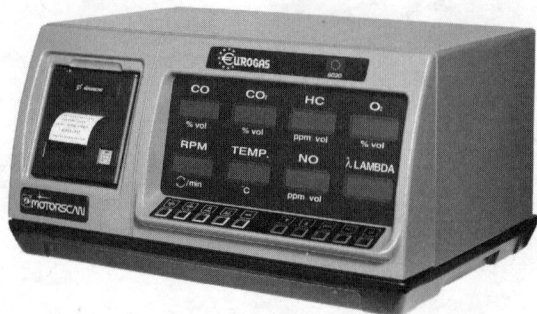

图 3-42　意大利 MOTROSCAN 公司生产的 EUROGAS 8020 汽车发动机尾气分析仪

　　尾气分析仪主要的测试功能说明：

　　CO：可测量汽车尾气中的一氧化碳。CO 是一种无色、无味，容易和人体血液中的血红蛋白接合，导致人体缺氧、引起头痛、头晕、呕吐等中毒症状的有害气体。CO 是因为燃烧不完全引起的。混合气过浓将产生大量的 CO，混合气过稀引起失火，将生成过多 HC。高的 CO 值表示燃油系统发生了故障，如混合气不洁净、活塞环胶结阻塞、燃油供应太多、空气太少以及点火太迟等。如果电喷发动机的 CO 过高，则很可能是喷油器漏油、燃油压力过高或电控系统产生了故障。

　　CO_2：可测量汽车尾气排放中的二氧化碳。CO_2 是一种无色无毒气体，对人体无直接危害，但可吸收红外辐射而形成温室效应。尾气中 CO_2 可以反映出燃烧的效率。当发动机中的混合气充分燃烧时，CO_2 将达到峰值，不管是否装有三元催化转换器，CO_2 峰值均为 13.8%～14.8%。在点火失灵或发动机故障被排除之后，通过 CO_2 便可以检测出混合气燃烧的好坏。当混合气变浓或变稀时，CO_2 均会降低。

HC：可测量汽车尾气中的碳氢化合物。HC 是发动机尾气中没有充分燃烧的成分，是产生光化学烟雾的重要成分。HC 的读数高则说明燃油没有充分燃烧。尾气中的 HC 主要由燃烧室内壁的激冷而形成。

气缸压力不足、发动机温度过低、油箱中的燃油蒸发、混合气由燃烧室向曲轴箱泄漏、混合气过浓或过稀、点火正时不对、间歇性失火、冷却液温度传感器不良、喷油器泄漏或堵塞以及油压过高或过低等因素都将导致 HC 读数过高。

O_2：可测量汽车尾气排放中的氧。汽车排气中的含氧量是电控汽车的控制电脑监控空燃比、控制排放、保护三元催化反应器正常工作的重要参考信号。O_2 是反映空燃比的最好指标。燃烧正常时，排气中应含有 1%～2%的 O_2。燃油滤清器滤芯太脏、燃油压力低、喷油器堵塞、真空泄漏以及 EGR 阀泄漏等，都可能导致混合气过稀。如果混合气过浓，O_2 的读数就低，CO 的读数就高；反之，混合气稀，O_2 的读数就高，CO 的读数就低。若混合气偏向失火点，O_2 的读数就会上升得很快，同时，CO 值低，HC 值高，而且不稳定。

RPM：可测量发动机转速。

TEMP：可测量发动机机油温度。尾气分析仪带有发动机机油测试探头，测试时可以将探头伸入发动机机油中测量油温。

NO：可测量尾气中氮氧化物。这种气体是发动机大负荷工作时产生的一种褐色、带有臭味的气体，对人体有害，且容易形成光化学烟雾。

LAMB：可测量过量空气系数。在尾气分析仪上，经常用 LAMB 和 λ 来表示过量空气系数。过量空气系数可以直观地告诉人们空燃比的情况，过量空气系数为 0.97～1.04，可以看成是理想的匹配。大于该值，说明空燃比过大，混合气过稀；小于该值，则为空燃比过小，混合气过浓。

5. 发动机气缸漏气检测仪

发动机气缸漏气检测仪是一种用来检测发动机气缸密封性是否在允许漏气范围以内的检测工具，使用这种检测仪可以分析判断其漏气部位及原因，以便采取措施排除故障。美国 ACTRON 公司生产的 KAL2509 气缸漏气检测仪就是一款典型的气缸漏气检测工具，如图 3-43 所示。

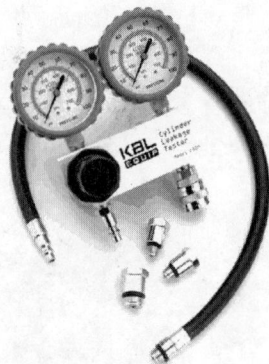

图 3-43　发动机气缸漏气检测仪

（1）测量原理

在气缸压缩终了活塞处于上止点位置时，将压缩空气充入气缸内，通过测量气缸内压力变化情况，来检查整个气缸组的密封性。

（2）使用方法（见表 3-11）

表 3-11　发动机气缸漏气检测仪使用方法

步　骤	操 作 方 法
1	起动发动机，使发动机达到正常的工作温度，然后将发动机关闭
2	把发动机上的火花塞全部取下
3	转动曲轴，将所测气缸的活塞调节到压缩行程上止点位置
4	在发动机火花塞孔上安装好合适的适配器
5	将检测仪的快速安装接头安装到适配器上
6	将压缩空气气源连接到检测仪上，气源压力应比左侧压力表调节的压力大 10psi，比如使用压力为 100psi 的压缩空气时，可将测试仪左侧的压力表调节到 90psi
7	观察检测仪右侧压力表的读数，该压力表显示的读数即是被测气缸的压力
8	将右侧压力表测试读数与左侧压力表对比，即可得出气缸的漏气率，比如如果左侧压力表读数为 90psi，而右侧压力表读数为 81psi，即说明被测气缸存在 10% 的漏气率
9	继续测量其他的气缸，并将各个气缸的测量值相互对照，各个气缸之间的测量值差异应在 5psi 左右；如果测量值之间的差异超出 10～15psi，则表示应对发动机气缸进行进一步的检修
10	执行测试时应仔细听气缸哪些部位有漏气的声音，如果听到曲轴通风管处有漏气，则说明气缸壁磨损或活塞环不良；如果听到发动机排气系统有漏气，则说明排气门处发生泄漏

6. 发动机翻转台架

发动机翻转台架是发动机拆装修理的基本工具，如图 3-44 所示。维修工将发动机从发动机舱内吊装出来后，可将发动机放在发动机翻转台架上执行发动机解体大修、拆卸等维修工作，翻转台架具备自锁和调节功能，提高了发动机大修操作的方便性和安全性。它具有结构简单、拆装方便的特点，并带有万向脚轮，便于移动，不仅可以减轻劳动者的工作强度，而且也提高了工作效率。以上海通用君威轿车为例，对君威轿车的发动机执行解体检修时，就需要将发动机从车辆的发动机舱内吊装出来，拆下发动机的飞轮壳体，然后把气缸体安装到发动机翻转台架上进行解体检修，如图 3-45 所示。

图 3-44　发动机翻转台架

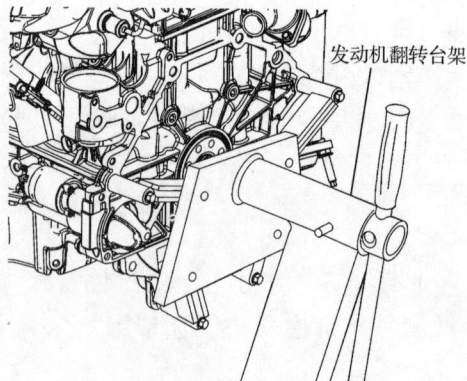

图 3-45　把发动机安装到发动机翻转台架上执行检修
（上海通用君威轿车）

7. 发动机分析仪

汽车发动机分析仪是一种拥有强大的测量和诊断功能的检测设备。可用来对车辆电控系统执行故障查询与诊断，汽车发动机分析仪的种类很多，既有功能齐全、体形硕大、适合于在维修车间使用的台式发动机分析仪，也有精致小巧、适合于随车检测或在野外及事故现场使用的便携式发动机分析仪，如图 3-46 所示。发动机分析仪功能说明如表 3-12 所示。

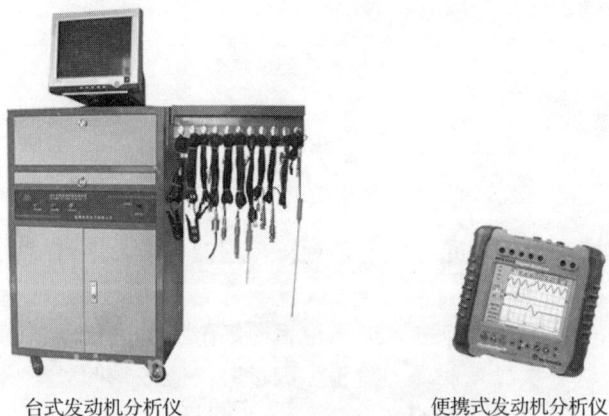

台式发动机分析仪　　　　　　　　便携式发动机分析仪

图 3-46　台式和便携式发动机分析仪

表 3-12　发动机分析仪功能说明

测试功能菜单	可检测的部件	测试功能菜单	可检测的部件
传感器测试	通用传感器	示波器功能测试	单通道输入
	双路氧传感器		双通道输入
	温度传感器		缸压（非同步）
	爆震传感器		缸压（同步）
	电位器	万用表测试功能	电压　直流/交流
空气/燃油系统测试	喷油器		电阻
	电位器		发动机转速
	步进电动机		频率
	氧传感器		占空比
	通用传感器		脉宽
点火系统测试	初级点火电路		电流　直流/交流
	次级点火电路		温度
	点火提前		
	闭合角		
电气系统测试	充电系统		
	蓄电池		
	电磁线圈和二极管		
	电压降		

第四天　汽车底盘维修工具与设备

任务目标

了解汽车底盘维修常用工具及设备的功能。

知识准备

1. 轮胎压力表

轮胎压力表可用来测量轮胎充气压力是否符合规范要求，还可对充气过量的轮胎进行放气操作，如图 4-1 所示。

使用时，可以将轮胎压力表连接到车辆轮胎的气门嘴上进行测量。以上海通用别克轿车为例，可按照图 4-2 所示执行轮胎压力测量。测量时，应在轮胎处于冷态的状态下进行，即车辆停放 3h 以上或行驶距离不足 1.6km。

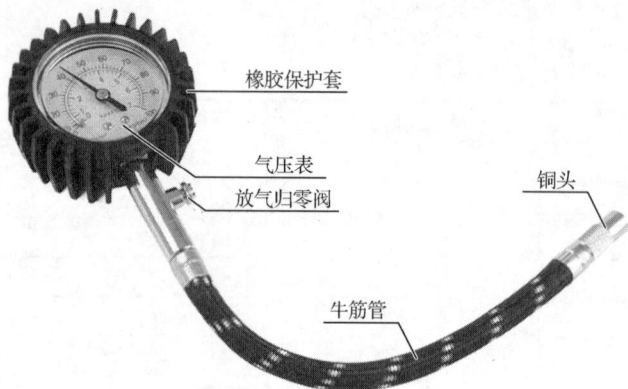

橡胶保护套

气压表

放气归零阀

铜头

牛筋管

图 4-1　轮胎压力表

图 4-2　测量别克轿车轮胎压力

2. 轮胎花纹深度尺

轮胎花纹深度尺是用来测量胎冠花纹深度以估算轮胎磨损状态的测量工具。测量时，如果发现测量值超出规范，则说明轮胎磨损过度，应及时更换轮胎，保障行车安全。使用时，将测头插入花纹沟中即可进行测量。轮胎花纹深度尺的类型和使用方法如图 4-3 所示。

3. 十字扳手

十字扳手是一种常用来拆卸车轮螺栓的扳手，如图 4-4 所示。扳手的各个端头配有规格不同的套筒，便于拆卸各种不同规格的车轮螺栓。扳手采用优质铬钒钢整体锻造，非常坚固，由于采用十字形结构，因此使用这种扳手拆卸轮胎螺栓时，操作者可双手同时用力操作，比较省力，工效较高。

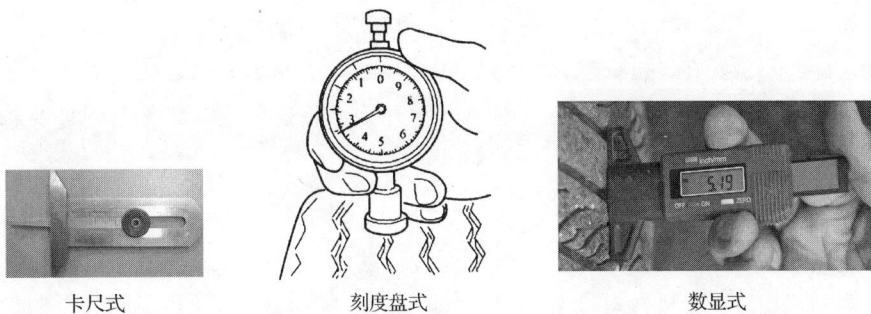

卡尺式　　　　　　　　刻度盘式　　　　　　　　数显式

图 4-3　轮胎花纹深度尺的类型和使用方法

图 4-4　十字扳手

4．轮胎拆装机

　　轮胎拆装机（也称扒胎机或拆胎机）是一种能将汽车轮胎从轮辋上拆下、安装和充气的设备，主要用于汽车轮胎的修补、更换、安装等，是汽车维修厂必备的维修设备之一。维修工使用轮胎拆装机，可以很方便地执行轮胎拆卸、安装及轮胎充气工作，能大大降低维修工的体力劳动，提高工作效率。在拆装轿车等中小型汽车轮胎时，一般使用立式轮胎拆装机；在拆装大型客车、重型载重汽车轮胎时，应使用卧式轮胎拆装机，如图 4-5 所示。

立式轮胎拆装机　　　　　　卧式轮胎拆装机

图 4-5　轮胎拆装机

5. 扩胎机

扩胎机是一种将轮胎两侧胎圈之间的距离扩开，并可拨动回转的维修设备，维修人员使用扩胎机可在轮胎翻修的过程中将轮胎固定、举升并将胎口扩张，以便于对轮胎执行整孔、打磨、吸尘及胶片粘贴修补等工作，如图 4-6 所示。

6. 轮胎充氮机

轮胎充氮机是一种专门为汽车轮胎充氮而设计的制氮设备，氮气遇热后膨胀系数比空气低 50%，渗透性比空气低 90%，不易漏气，汽车轮胎充填氮气后能延缓胎体橡胶的老化，增加轮胎使用寿命，减少对轮胎的氧化腐蚀，改善轮胎的吸振弹性，加强轮胎在转弯、驱动或刹车时的贴地性能，减少噪声及振动，降低因为受压遇热而增加爆胎概率，增加车辆行驶的安全性。典型的轮胎充氮机如图 4-7 所示。

图 4-6　扩胎机　　　　　　　　　图 4-7　轮胎充氮机

7. 车轮动平衡机

汽车的车轮是由轮胎和轮辋组成的一个整体，但由于制造上的原因，这个整体各部分的质量分布不可能达到绝对均匀的程度。当车辆高速行驶时，车轮处于高速旋转状态，就会形成动不平衡状态，造成车轮发生抖动、方向盘发生振动的现象，影响驾驶舒适度和行驶安全。为了避免这种情况的发生，就要使车轮在动态情况下通过增加配重的方法，使车轮校正各个边缘部分的平衡，校正的过程就称为动平衡。

在以下情况下需要执行动平衡：

（1）车轮更换新轮胎或发生碰撞事故维修后。

（2）车轮轮胎发生单侧偏磨。

（3）驾车行驶时方向盘过重或漂浮发抖。

（4）车辆直线行驶时发生向左或向右跑偏。

车辆在做动平衡检查时，要使用车轮动平衡机执行检查操作。车轮动平衡机的主要作用有两个：一是测量车轮的不平衡量，二是指示出不平衡量的位置。维修人员使用动平衡机对车轮执行动平衡测量后，动平衡机会测量出轮辋内侧和外侧需要增加的平衡块（一般用铅或锡制成，常用的平衡块有 5g、10g、15g、20g、25g、30g、50g、100g 等几种）重量和安装位置，维修人员根据动平衡机测出的数值和指示出的平衡块安装位置，将相应重量的平衡块嵌扣或贴装到轮辋上。典型的车轮动平衡机如图 4-8 所示。

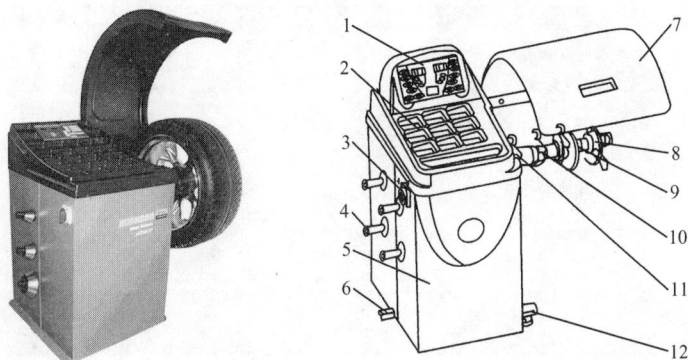

1-操作面板；2-平衡块盛放盒；3-电源开关；4-锥体挂杆；5-动平衡机箱体；6-固定底脚；7-安全护罩；
8-快速紧固螺母；9-专用锥体；10-平衡轴；11-自动测量尺；12-制动脚刹。

图 4-8　典型的车轮动平衡机

车轮动平衡机操作流程如表 4-1 所示。

表 4-1　车轮动平衡机操作流程

步　　骤	操　作　方　法
1	将被测车轮上的平衡块全部取下
2	在车轮还没有安装到动平衡机上时，先检查动平衡机的精度（转动后测试平衡情况，应该为 0g）
3	选择合适的适配器，安装上车轮，将适配器旋紧，防止松动
4	测量被测车轮的轮辋宽度、轮辋直径，将测量值输入到动平衡机中，如图 4-9 所示
5	把被测车轮胎纹中的杂物（如石子等）清理干净
6	盖上安全护罩
7	按下动平衡机的启动按钮，使动平衡机带动车轮旋转，等动平衡机发出提示音后，踩下动平衡机上的制动脚刹
8	动平衡机即可显示车轮内侧、外侧的不平衡值，如图 4-10 所示
9	根据被测车轮轮辋的类型，选择合适的平衡块，如图 4-11 所示
10	按照动平衡机的测试结果，将重量合适的平衡块安装到轮辋外侧的指定位置
11	按照动平衡机的测试结果，将重量合适的平衡块安装到轮辋内侧的指定位置

8．平衡块拆装钳

平衡块拆装钳是汽车轮胎动平衡操作中常用的维修工具，一般和车轮动平衡机一起使用，用于拆装汽车轮辋的平衡块、剪切平衡块或敲击、安装平衡块以及去除轮胎表面的杂质等。如图 4-12 所示。

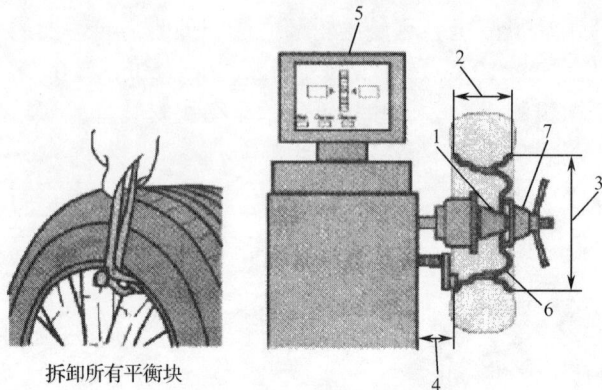

1-车轮中心；2-轮辋宽度；3-轮辋直径；4-轮辋内侧与动平衡机之间的距离；5-动平衡机；6-车轮；7-适配器。

图 4-9 输入车轮参数

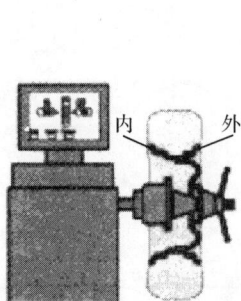

图 4-10 动平衡测量

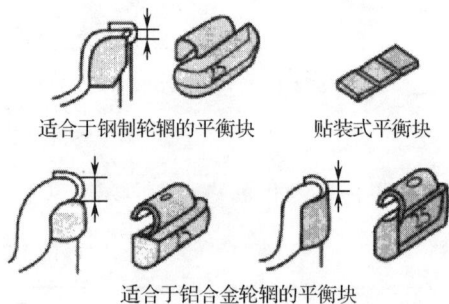

图 4-11 不同类型的平衡块

9. 球头拆卸器

球头拆卸器是汽车悬架机构维修作业中专门用来拆卸球头的工具，使用这种工具拆卸球头可以避免损坏球头，如图 4-13 所示。

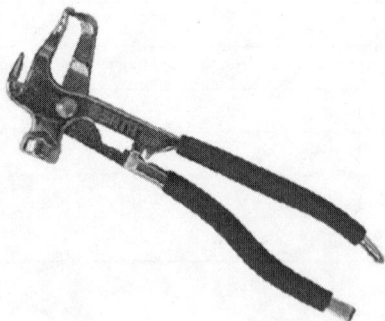

图 4-12 平衡块拆装钳

图 4-13 球头拆卸器

以本田雅阁 2.4L 轿车为例，球头拆卸器操作方法如表 4-2 所示。

表4-2　球头拆卸器操作方法

步　骤	操 作 方 法
1	如图4-14所示，在球头的螺杆上安装一个六角形螺母，使螺母与球头销端部齐平，避免拆卸时损伤球头销的螺纹端
2	在图4-15所示部位涂抹润滑脂，使球头拆卸器能很容易地安装到球头上，而且也能避免损伤压紧螺栓的螺纹
3	拧松压紧螺栓，按图4-16所示安装球头拆卸器。转动调节螺栓，调节卡爪间距
4	调节螺栓调整完毕后，确保调节螺栓头部位于图4-16所示的位置，以便卡爪能绕轴旋转
5	用扳手锁紧压紧螺栓，直至球头销从转向臂或转向节上松脱弹出
6	拆下球头拆卸器和安装在球头螺杆上的那个六角形螺母

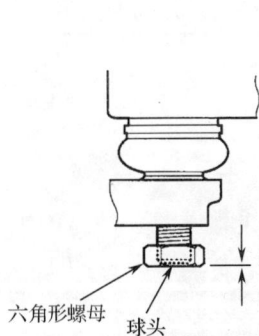

图4-14　安装六角形螺母　　　　图4-15　涂抹润滑脂　　　　图4-16　用球头拆卸器拆卸球头

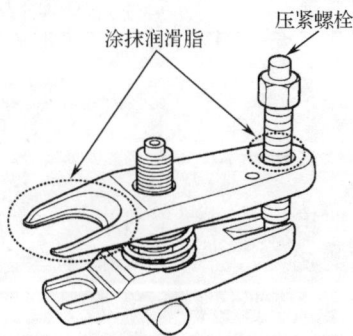

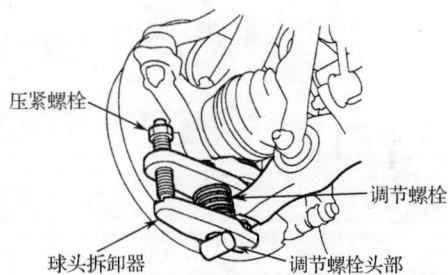

10．减振器弹簧压缩器

对车辆悬架系统的减振器进行拆卸分解检测时，要使用减振器弹簧压缩器将减振器弹簧压缩，然后用六角扳手松开减振器轴上的自锁螺母，这样才能将减振器拆下，如图4-17所示。

11．转角仪

转角仪也叫转盘，是用来测量汽车前轮最大转向角和左右轮转角关系的测量工具。通过测量外侧前轮的最大转向角，可以计算出车辆的最小转弯半径。转角仪有固定式和移动式，一般采用两个独立的移动式转盘来测量，如图4-18所示。转角仪构造如图4-19所示。转角仪测量步骤如表4-3所示。

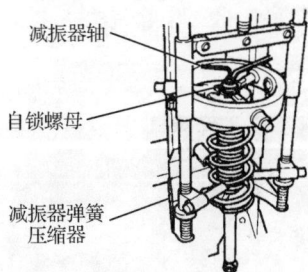

图4-17　减振器弹簧压缩器　　　　　　　图4-18　转角仪

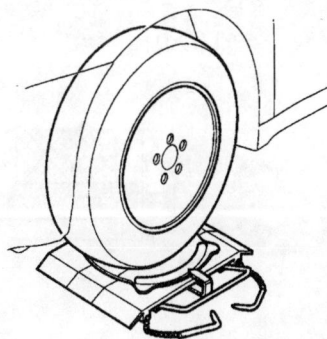

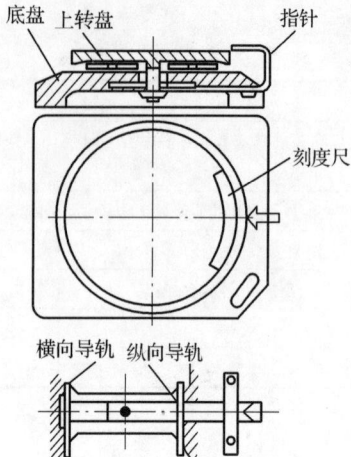

图 4-19 转角仪构造

表 4-3 转角仪测量步骤

步　　骤	操 作 方 法
1	将两个转角仪放置在平坦的场地，两个转角仪之间应与前轮轮距一致
2	用千斤顶抬起汽车前轮，将方向盘转动到直行状态
3	把转角仪放置在前轮下，转盘中心与车轮中心重合，将抬起的车辆缓缓放下，使前轮平稳落在转盘上
4	调整转角仪刻度的零点
5	将方向盘分别向左和向右转动到底，读取两个刻度值

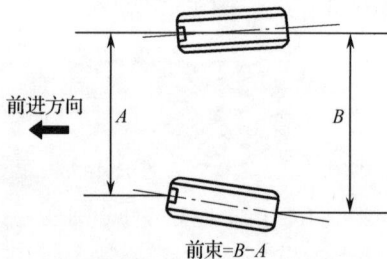

前束=B-A

图 4-20 前束

12. 前束尺

前束尺是对汽车前束进行调整和测量的工具。由于车轴的挠度，左右车轮都有外倾角而发生侧滑，为了防止侧滑，就要像图 4-20 那样，使车轮前端的间距 A 小于后端的间距 B，这个差值就称为前束。如果前束失调，轮胎就会发生偏磨，因此在检查和调节车轮定位时一定要检查前束。

前束尺是由一根棒的两端带有表示轮胎宽度的两个指针及数据读出部分构成的，如图 4-21 所示。

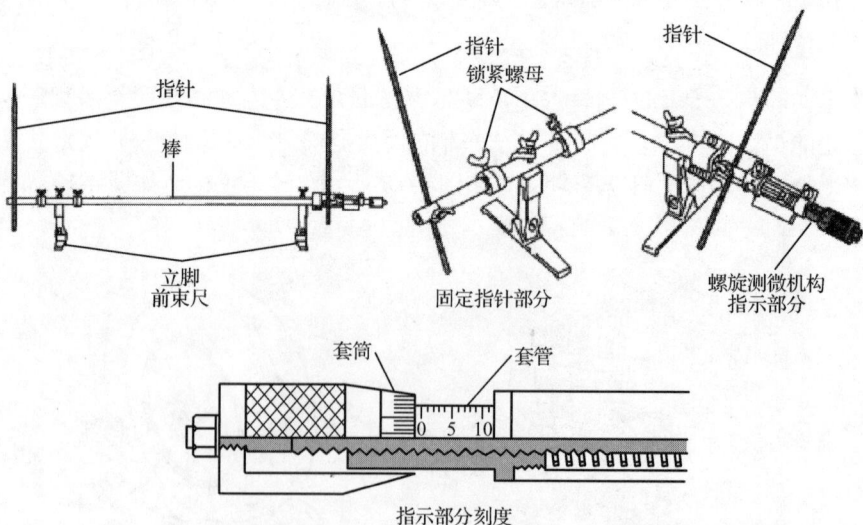

图 4-21 前束尺的组成

使用前束尺测量前束如表 4-4 所示。

表 4-4　使用前束尺测量前束

步　骤	操　作　方　法
1	选取平坦的测量场地，将车辆轮胎清洁干净并检查轮胎压力，确认轮胎压力符合规范
2	使前轮处于直行状态
3	将前束尺的指针尖端对准轮胎中心高度位置，如图 4-22 所示
4	在左右轮胎后侧的胎冠面上粘贴标记，将指针尖端对准标记
5	使车辆慢慢前进，直至贴在轮胎后面的标记转动到轮胎前面的中心高度位置（即轮胎转动了 180°）
6	使前束尺的一根指针对准标记，选择指示部的套筒使另一指针对准标记
7	读取刻度读数

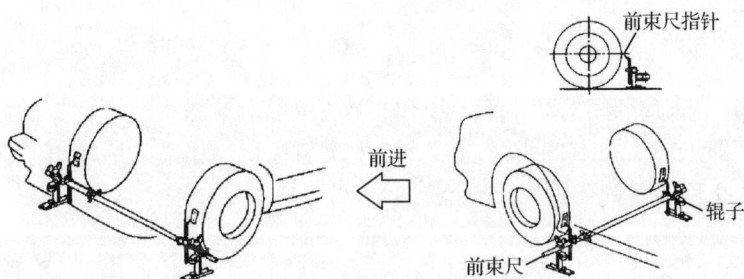

图 4-22　用前束尺测量前束

13.四轮定位仪

由于车辆的四轮、转向机构、前后车轴之间的安装应具有一定的相对位置，这个相对位置是由厂家制定的标准值。调整恢复这个位置的安装，就是车轮定位。

当车辆发生事故引起底盘或悬架系统损伤、轮胎发生异常磨损、悬架部件执行了更换操作等，都需要用四轮定位仪执行车轮定位。典型的四轮定位仪如图 4-23 所示。

图 4-23　典型的四轮定位仪

车轮定位常见的检测项目如下：

（1）外倾角。外倾角指穿过轮胎的中心线，相对于垂直的轮胎中心线的轮胎的倾斜程度，如图 4-24 所示。负外倾角过大将导致轮胎内侧胎面磨损；正外倾角过大将导致轮胎外侧胎面磨损。

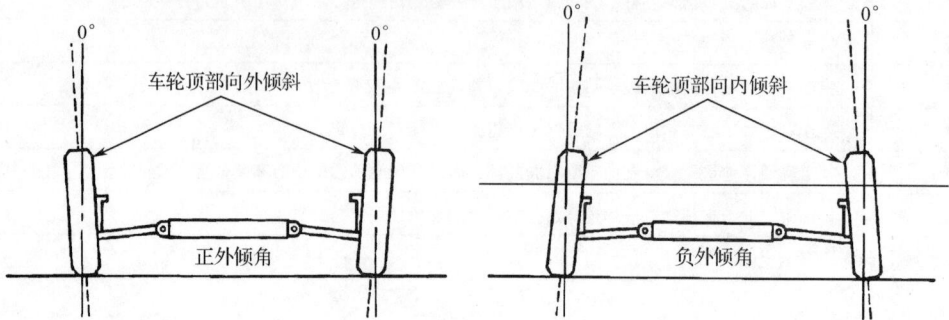

图 4-24　外倾角

（2）后倾角。后倾角是指从侧面看去，转向节相对上下球头的位置而前后倾斜的角度。如果向前倾斜，即上球头在下球头前面，就产生负后倾角；如果向后倾斜，即上球头在下球头后面，就产生正后倾角，如图 4-25 所示。

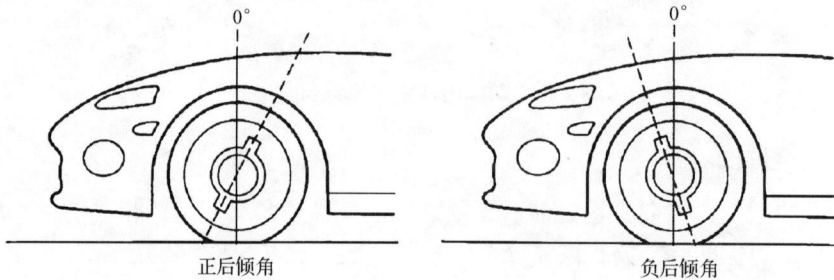

图 4-25　后倾角

（3）前束。前束是指两轮之间的后距离数值与前距离数值之差，也指前轮中心线与纵向中心线的夹角。前轮前束的作用是保证汽车的行驶性能，减少轮胎的磨损。前轮在滚动时，其惯性力会自然将轮胎向内偏斜，如果前束适当，轮胎滚动时的偏斜方向就会抵消，轮胎内外侧磨损的现象会减少。不同的汽车前束调校值是不一样的。前轮前束可通过转向横拉杆长度来调整，如图 4-26 所示。

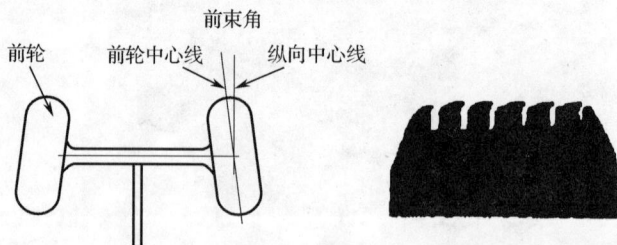

图 4-26　前束及前束调整不当所引起的轮胎羽毛状磨损

（4）转向轴线内倾角。转向轴线内倾角又叫主销内倾角，是指汽车前轮的主销在横向平面内与垂直的轮胎中心线所形成的角度，如图 4-27 所示。在一些货车的前悬架中，转向节是绕安装在工字梁式前轴上的主销旋转的，这种悬架上的转向轴线也叫主销内倾线。汽车的主销内倾角在设计转向节时已经设定好，绝大部分车辆的主销内倾角均不能调节。

（5）包容角。包容角是指主销内倾角和车轮外倾角的和，如图 4-28 所示。

（6）摩擦弧径。摩擦弧径指主销内倾角线与轮胎中心线在路面交点之间的距离。它的作用是保证车辆行驶方向的稳定性，如图 4-29 所示。

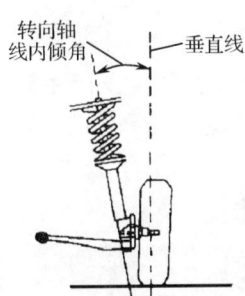

图 4-27　转向轴线内倾角示意图　　图 4-28　包容角示意图　　图 4-29　摩擦弧径示意图

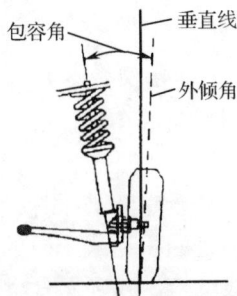

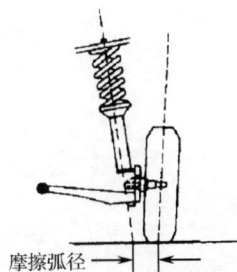

（7）车辆离地间隙。车辆离地间隙是指车门的门槛与地面之间的距离，又称行驶高度或悬吊高度，如图 4-30 所示。

四轮定位仪中一般存储有很多车型的车轮定位数据，如果接修的车型很新，四轮定位仪的数据库中还没有存储该车的四轮定位数据时，可在该车配备的使用说明手册中查询，维修人员在平时的工作中也要注意搜集新款车型的四轮定位数据，及时补充到定位数据库中。

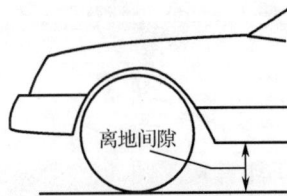

图 4-30　车辆离地间隙示意图

14. 千斤顶

千斤顶用来顶起并支撑车辆，便于维修人员在车下检修操作。千斤顶可分为机械式千斤顶和液压千斤顶，如图 4-31 所示。

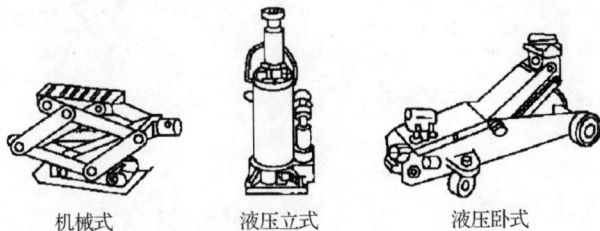

机械式　　液压立式　　液压卧式

图 4-31　千斤顶

机械齿条式千斤顶体型小巧，便于随车携带，但支撑的重量有限，一般用于支撑家用轿车之类的小型车辆，如图 4-32 所示。

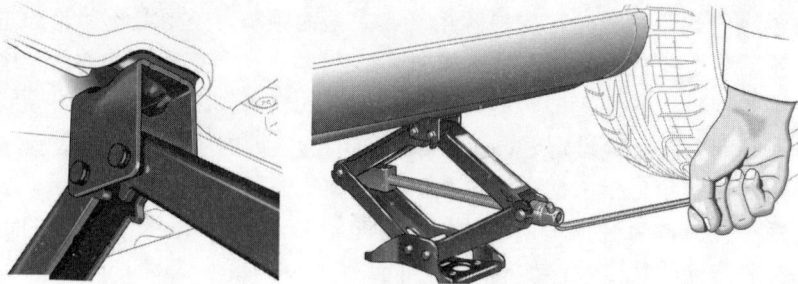

图 4-32　用机械式千斤顶顶起车辆

卧式液压千斤顶体型较大，操作方便快捷，举升重量比机械式千斤顶大，可用于支撑不同种类的车辆，是维修车间经常使用的千斤顶，如图 4-33 所示。

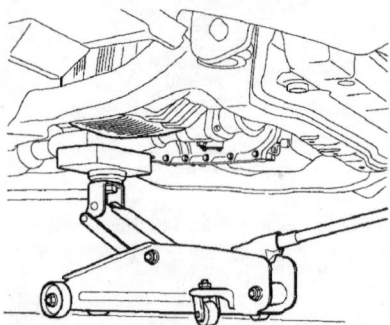

当车辆被千斤顶顶起时，绝不能起动发动机，因为发动机的振动或车轮的转动，都会使车辆从千斤顶上滑落造成危险。为确保安全，使用千斤顶时不能用千斤顶支在保险杠、横梁等部位。维修人员不能在没有支撑的车辆下工作。当用千斤顶支撑车辆时，乘客不能逗留在车上，因为他们的运动可能引起车辆从千斤顶上滑落下来。当用千斤顶支撑车辆时，要将千斤顶顶在车身底部的千斤顶托架上。如果要举升车辆前部，应拉起驻车制动器；如果举升车辆后部，应将换挡杆设置到 P 挡位置，卡住未举升

图 4-33　用卧式液压千斤顶顶起车辆

的车轮并按照图 4-34 所示执行操作。用千斤顶将车顶起后，应将安全支架放置在车辆支撑点下，并对安全支架的高度进行调整，使车辆保持水平。

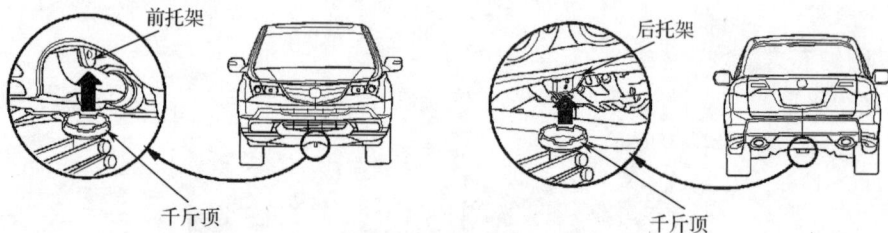

图 4-34　千斤顶支撑点位置

15．安全支架

安全支架也称千斤顶支架或马凳，当用千斤顶将车辆顶起后，可在车辆的支撑部位放置安全支架，以防千斤顶突然失灵导致液压压力泄放造成安全事故。安全支架带有定位孔和销子，能灵活调节支撑高度，常和千斤顶配合使用，如图 4-35 所示。

16．汽车举升机

汽车举升机是一种专门用来举升车辆，以便使维修人员能在车下具备充足的操作空间和

舒适姿势工作的举升设备，汽车举升机种类繁多，有平板式举升机、双柱摆臂式举升机和四柱提升式举升机等，如图4-36所示。

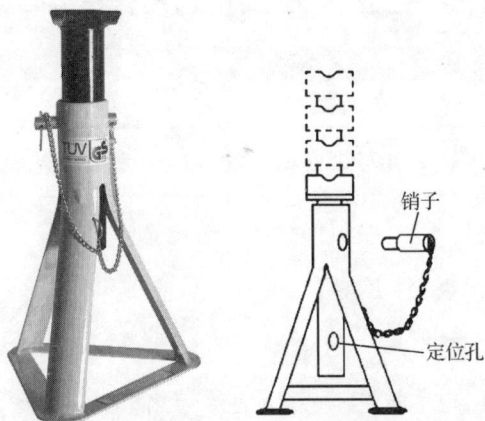

销子

定位孔

图4-35　安全支架

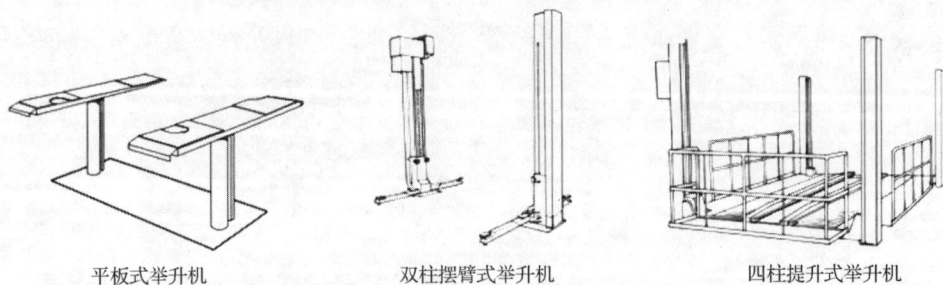

平板式举升机　　　　　双柱摆臂式举升机　　　　　四柱提升式举升机

图4-36　汽车举升机

当使用平板式或四柱提升式举升机举升车辆时，要将车轮固定，防止滑动，然后操作举升机平稳举升到维修所需高度；当使用摆臂式举升机时，要按照图4-37所示将举升机的举升器摆臂调节到车辆的举升点上，然后举升车辆。

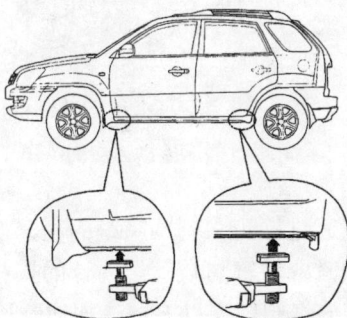

图4-37　车辆举升点识别

第五天　汽车空调系统常用维修工具与设备

任务目标

了解空调系统常用维修工具与设备的用途和使用方法。

知识准备

1. 空调系统高低压力表组

空调系统高低压力表组也称歧管压力计，是维修汽车空调制冷系统必不可少的重要工具。由 2 个压力表（低压表和高压表）、2 个手动阀（低压手动阀和高压手动阀）、3 个软管接头（一个接低压工作阀、一个接高压工作阀、一个接制冷剂罐或真空泵吸入口）和歧管座等组成，如图 5-1 所示。可用来对空调系统抽真空、充注或放出制冷剂以及判定空调系统故障。

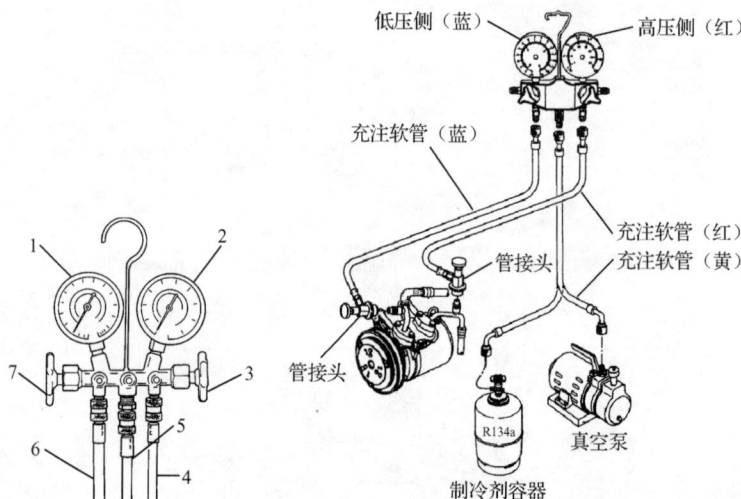

1-低压表；2-高压表；3-高压手动阀；4-高压侧软管；5-维修用软管；6-低压侧软管；7-低压手动阀。

图 5-1　空调系统高低压力表组

使用时，高、低压接头分别通过软管与制冷系统的高、低压阀相接，中间接头与真空泵或制冷剂钢瓶相接。只能用手拧紧各软管与歧管压力计的接头，不可用扳手，否则，会拧坏接头螺纹。有些在中间管道设有放气阀门，以方便在加注制冷剂时，排尽软管内空气。

（1）空调系统高低压力表组使用方法

● 当低压手动阀 7 开启、高压手动阀 3 关闭时，此时低压管路、中间管路、低压表相通，这时可以向低压侧管道加注制冷剂或排放制冷剂，并同时监控高、低压侧的压力。

● 当低压手动阀 7 关闭、高压手动阀 3 开启时，此时高压管路、中间管路、高压表相通，这时可以向高压侧管道加注制冷剂（压缩机不能工作）或排放制冷剂，并同时监控高、低压侧的压力。

- 当低压手动阀 7 和高压手动阀 3 均关闭时，可监控高、低压侧的压力，并依据得到的高、低压的压力来诊断制冷系统。
- 当低压手动阀 7 和高压手动阀 3 都开启时，可进行加注制冷剂（此时压缩机不能工作）、抽真空、加注压缩机油，并检测高、低压侧的压力（真空）。

（2）使用空调系统高低压力表组诊断空调故障

在汽车维修诊断工作中，压力表组最主要的功能就是检查空调高压和低压侧的压力，并根据压力检测值对空调系统进行故障诊断。以日产天籁轿车为例，用空调压力表组执行空调故障诊断的方法如表 5-1～表 5-5 所示。

表 5-1　高压和低压侧压力均过高的诊断

压力计显示	制冷循环	可能的原因	校正措施
高压侧和低压侧的压力都太高	水溅到冷凝器上后，压力迅速降低	制冷剂加注过多	减少制冷剂直至获得规定的压力
	冷却风扇吸入的空气量不足	冷凝器制冷性能不足：(1) 冷凝器散热片堵塞。(2) 冷却风扇旋转异常	● 清洁冷凝器。 ● 必要时检查并修理冷却风扇
	● 低压管不冷。 ● 压缩机停止工作后，高压值迅速降低大约 196kPa，此后又逐渐降低	冷凝器内热交换不良（压缩机停止工作后，高压降低过慢）：制冷循环系统中有空气	反复抽真空并重新加注制冷剂
	发动机有过热的趋势	发动机冷却系统故障	检查并维修发动机冷却系统
	● 低压管区域的温度低于靠近蒸发器出口附近区域的温度。 ● 冷凝器盘片有时结霜	● 低压侧的液态制冷剂过多。 ● 制冷剂排出量过多。 ● 与规定值相比，膨胀阀的开度偏小：膨胀阀调整不当	更换膨胀阀

表 5-2　高压和低压侧压力均过高的诊断

压力计显示	制冷循环	可能的原因	校正措施
高压侧压力太高、低压侧压力太低	冷凝器的上侧及高压侧很热，但是储液罐却不热	压缩机及冷凝器之间的高压管或零部件堵塞或损坏	● 检查、修理或更换故障零部件。 ● 检查润滑剂是否被污染

表 5-3　高压侧压力太低、低压侧压力太高的诊断

压力计显示	制冷循环	可能的原因	校正措施
高压侧的压力太低、低压侧压力太高 	压缩机停止工作后,高压侧和低压侧压力很快相等	压缩机加压操作不正常、压缩机内部填料损坏	更换压缩机
	高压侧和低压侧的温度没有差异	压缩机加压操作不正常;压缩机内部填料损坏	更换压缩机

表 5-4　高压侧和低压侧压力都太低的诊断

压力计显示	制冷循环	可能的原因	校正措施
高压侧和低压侧压力都太低 	● 储液罐出口与进口处有巨大的温差。出口处温度太低。 ● 储液罐进口处与膨胀阀处结霜	储液罐内部有轻微堵塞	● 更换储液罐。 ● 检查润滑剂是否被污染
	● 与靠近储液罐的区域温度相比,膨胀阀进口处的温度极低。 ● 膨胀阀进口处可能结霜。 ● 高压侧的某些地存在温差	位于储液罐与膨胀阀之间的高压管阻塞	● 检查并修理故障部件。 ● 检查润滑剂是否被污染
	用手触摸膨胀阀及储液罐,感觉发温或只是发凉	制冷剂加注较少:装置或元件泄漏	检查制冷剂是否泄漏
	膨胀阀本身结霜时,其进口与出口处有较大温差	与规定值相比,膨胀阀的关闭角度较小: (1)膨胀阀调整不当。 (2)膨胀阀失效。 (3)出口和进口可能阻塞	● 用压缩空气清除异物。 ● 检查润滑剂是否被污染。 ● 更换膨胀阀
	低压管区域的温度低于蒸发器出口附近的温度	低压管阻塞或破损	● 检查并修理故障部件。 ● 检查润滑剂是否被污染

表 5-5　低压侧有时变为负值的诊断

压力计显示	制冷循环	可能的原因	校正措施
低压侧有时变成负值 	● 空调系统不起作用,并且不能循环冷却车厢内的空气。 ● 当压缩机停止工作又重新起动后,系统只连续工作一段时间	制冷剂不能循环排出: (1)湿气在膨胀阀出口及进口处冻结。 (2)水与制冷剂混合	● 排出制冷剂中的水分或更换制冷剂。 ● 更换储液罐

续表

压力计显示	制冷循环	可能的原因	校正措施
低压侧有时变成负值 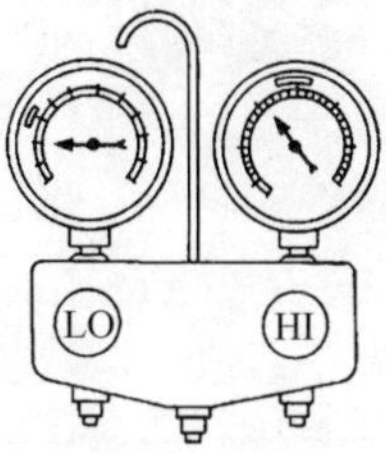	储液罐或膨胀阀管路的前/后侧结霜或结冰	高压侧关闭导致制冷剂不能流动:膨胀阀或储液罐结霜	使系统停止工作,直至不再结霜。重新起动系统,检查这个问题是否是由水或异物造成的。 ● 如果是水造成的,那么开始制冷时应该没有问题。随后由于水冻结,造成阻塞。排出制冷剂中的水分或更换制冷剂。 ● 如果是异物造成的,拆下膨胀阀并用干燥的压缩空气（标准空气）清除异物。 ● 如果以上两种方法都不能解决问题,就更换膨胀阀。 ● 更换储液罐。 ● 检查润滑剂是否被污染

2. 空调系统检漏仪

汽车空调制冷系统的各个部件和管路均采用可拆式连接,压缩机也是开式结构,而空调制冷剂的渗透能力很强,因此制冷系统的泄漏很难避免。根据统计,汽车空调不制冷或制冷不足的故障中,有 70%～80%的故障原因都是由于系统泄漏造成的。因此在汽车空调系统维修工作中,使用检漏仪器对容易发生泄漏的部位,比如拆修过的制冷系统部件及连接部位、压缩机轴封、检修阀、制冷系统管路及连接部位和冷凝器散热片等进行泄漏检查是一个非常重要的环节。常用的检漏仪器有以下两种。

（1）电子式卤素检漏仪

电子式卤素检漏仪是根据卤素原子在一定的电场中极易发生电离而产生电流的原理制成的。检测空调系统时,如果制冷剂发生泄漏,电离就越容易发生,电子式卤素检漏仪检测到的电流也就越大,检测到制冷剂泄漏后,通过蜂鸣器、指针或 LED 灯均可指示发生了泄漏。这种检漏仪使用非常简单,只需把电源开关打开,经过短时间预热后把探头伸入需要检测的部位即可。美国 SPX 公司生产的 TIFXP-1A 电子式卤素检漏仪就是一种非常典型的电子式卤素检漏设备,如图 5-2 所示。

TIFXP-1A 的操作面板如图 5-3 所示,其使用方法如表 5-6 所示。

（2）荧光式检漏仪

荧光式检漏仪采用将荧光剂加注到空调系统中,使荧光剂和制冷剂一起在空调系统管路中循环流动,当系统管路或部件发生泄漏时,加入的荧光剂也会随制冷剂泄漏出来并黏附在泄漏部位上,此时戴上滤色镜用射灯照射,就可以很清楚地发现泄漏部位,如图 5-4 所示。

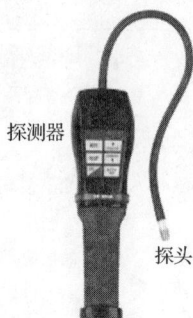

图 5-2　TIFXP-1A 电子式卤素检漏仪（美国 SPX 公司制造）

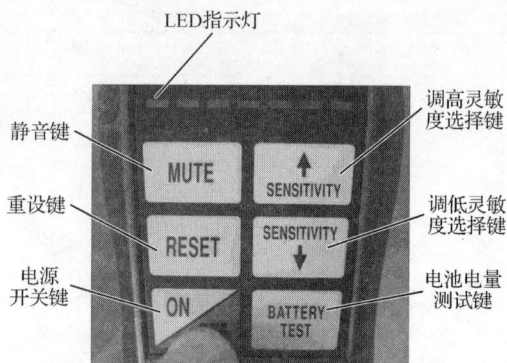

图 5-3　TIFXP-1A 的操作面板

表 5-6　TIFXP-1A 电子式卤素检漏仪使用方法

步　　骤	操 作 方 法
1	按下电源开关键，使检漏仪开机
2	按动灵敏度选择键，使第一个 LED 灯点亮，并使检漏仪发出低频声响
3	将检测探头指向需要检测泄漏的部位（探头不用直接接触），如果 LED 灯点亮增多，同时检漏仪声音频率增高，则说明该部位有泄漏

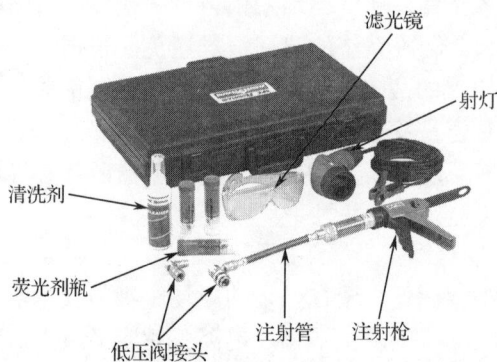

图 5-4　荧光式检漏仪

荧光式检漏仪的使用方法如表 5-7 所示。

表 5-7　荧光式检漏仪使用方法

步　　骤	操 作 方 法
1	首先将荧光剂瓶安装到注射管上，如图 5-5 所示
2	如图 5-6 所示，将荧光剂注射到空调系统中
3	抽空、加注冷冻机油和制冷剂，运行空调系统 15min 以上，以便使荧光剂同制冷剂充分混合
4	如图 5-7 所示，连接射灯，戴上滤光镜，查找漏点
5	漏点如图 5-8 所示

图 5-5　安装荧光剂瓶

图 5-6　向空调系统中加注荧光剂

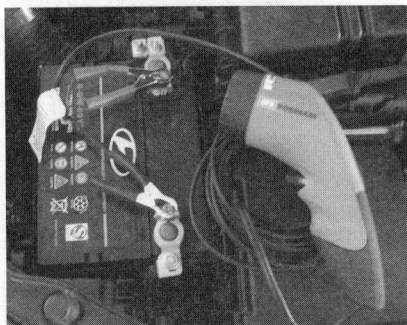

图 5-7　连接射灯

图 5-8　发现漏点

3. 制冷剂注入阀

为便于维修汽车空调和随车携带方便，制冷剂生产厂制造了一种小罐制冷剂（一般为 350g 左右），如若将它注入汽车空调制冷系统中去，则要有注入阀才能打开此罐，如图 5-9 所示。

制冷剂罐内装有制冷剂，接头用软管与歧管压力计的中间接头相连，其具体使用方法如下：

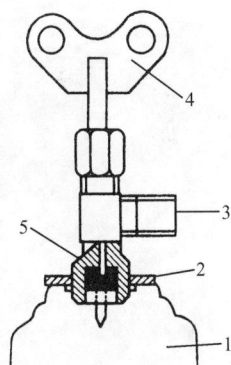

1-制冷剂罐；2-板状螺母；3-注入阀接头；

4-制冷剂注入阀手柄；5-阀针。

图 5-9　制冷剂注入阀

- 按逆时针方向旋转注入阀手柄 4，直到阀针退回到位为止。
- 逆时针方向旋转板状螺母 2 直到最高位置，将注入阀装到制冷剂罐上。
- 将板状螺母 2 按顺时针方向拧紧，再将歧管压力计上的中间软管固定到注入阀的接头上。
- 顺时针拧动制冷剂注入阀手柄 4，直到注入阀嵌入并刺穿制冷剂罐密封塞。
- 若要充注制冷剂，则逆时针方向旋转制冷剂注入阀手柄 4，使阀针升高，并放出软管中的空气，然后打开歧管压力计上的手动阀（在压缩机工作时，只能打开歧管压力计的低压阀门）。
- 若要停止加注制冷剂，则顺时针方向旋转手柄，使阀针再次进入密封塞，起到密封作用，并同时关闭歧管压力计上的高压阀门和低压阀门。

4．制冷剂鉴别仪

制冷剂鉴别仪是用来鉴别汽车空调系统中所用的制冷剂种类和纯度的测量设备。美国 ROBINNAIR 公司生产的 16910 制冷剂鉴别仪就是一台典型的制冷剂鉴别设备，如图 5-10 所示。制冷剂鉴别仪组成部件的识别如图 5-11 所示。

图 5-10　制冷剂鉴别仪（ROBINNAIR 16910）　　　　图 5-11　制冷剂鉴别仪组成部件的识别

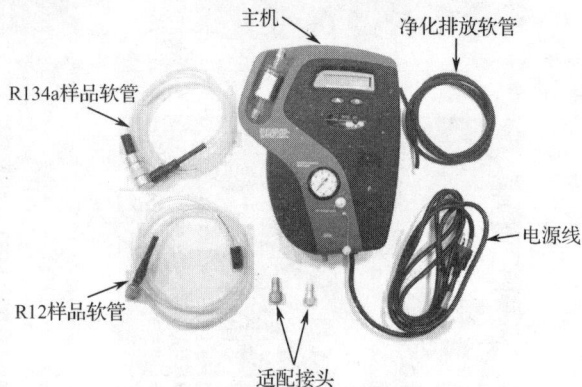

制冷剂鉴别仪操作流程如图 5-12 所示，其使用方法如表 5-8 所示。

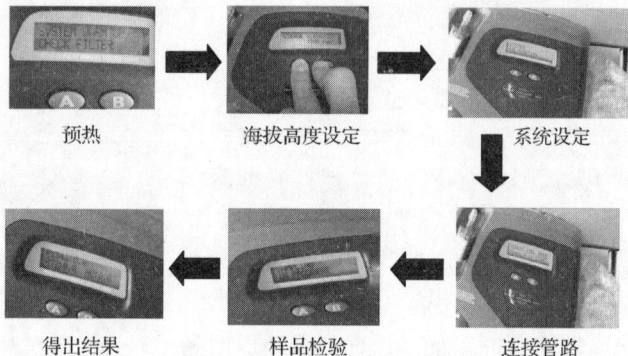

图 5-12　ROBINNAIR 16910 制冷剂鉴别仪操作流程

表 5-8　ROBINNAIR 16910 制冷剂鉴别仪使用方法

步　　骤	操 作 方 法
1	开机预热
2	在预热过程中，按住鉴别仪上的 A 和 B 两个按键，直至显示屏显示 "USEAGE ELEVATION 400 FEET" 信息，制冷剂鉴别仪出厂时的默认海拔高度设定值为 400 英尺（约 120m）。如果维修人员使用鉴别仪的地点的海拔高度与原厂默认设定值有很大差异，则需要按动 A 键和 B 键进行调节，每按动一次 A 键，海拔高度会增加 100 英尺；每按动一次 B 键，海拔高度设定值会降低 100 英尺。将海拔高度设定值确定好后，静置 20s，鉴别仪会自动切换到预热状态
3	鉴别仪进入系统标定模式，显示屏会显示 "SYSTEM CALIBRATION" 信息
4	按照鉴别仪的使用说明，连接管路到空调系统低压侧维护端口。管路连接完毕后，鉴别仪的显示屏会显示 "READY CON.HOSE PRESS A to START" 信息
5	按下 A 键，制冷剂样品会从管路中被送入鉴别仪内

步　骤	操 作 方 法
6	查看鉴别仪的显示屏，读取制冷剂样品的检测结果： 显示屏显示"PASS"信息，表示制冷剂纯度测量结果合格，可以回收； 显示屏显示"FAIL"信息，表示制冷剂纯度没有达到98%，属于不合格

5. 制冷剂回收加注机

制冷剂回收加注机是集成了制冷剂回收（把所有制冷剂从系统中清除，以液态的形式存储在容器里）、再循环（从制冷剂中清除湿气、油和空气，使其符合新制冷剂的标准）功能于一身的设备，它能高效省力地完成汽车空调制冷剂的回收、再循环操作，如图5-13所示。制冷剂回收加注机内部结构如图5-14所示。

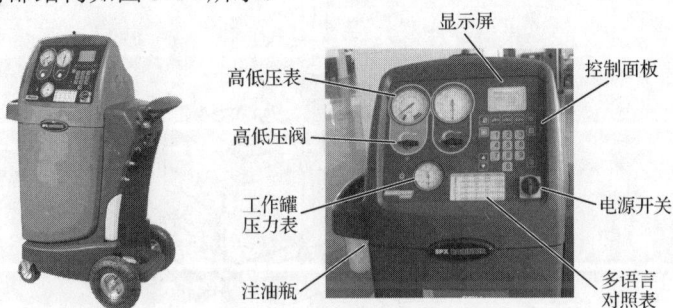

图5-13　制冷剂回收加注机

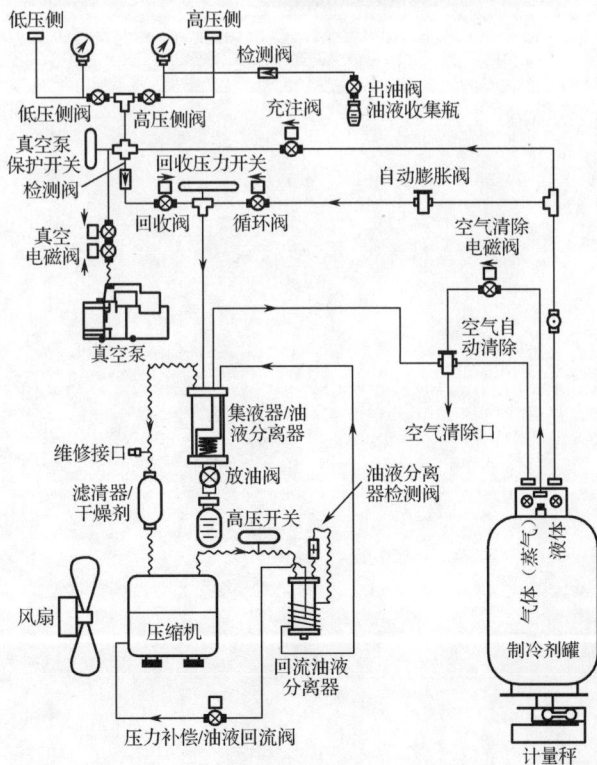

图5-14　制冷剂回收加注机内部结构

6. 真空泵

汽车的空调系统在检修过程中如果打开过，就很难避免混入空气和水分，混入空调系统内的空气和水分会阻碍制冷剂流动，导致空调工作不良，因此对汽车空调系统执行完维修后，要使用真空泵对空调系统执行抽真空作业，把混入的空气和水分彻底抽取干净。真空泵一般为叶片式旋转泵，靠偏置旋转的叶片产生抽吸作用，使被抽系统形成真空条件，从而降低系统内的压力，排除系统内的空气和水分。这种方式使系统中的水分在低压时冷凝，然后和残留的空气一起排出。真空泵有单级泵和双级泵两种。单级泵应用范围广，真空度能达到100.3kPa，而且重量轻、价格低。双级泵能生成更高的真空度，真空先从一级开始，再排到二级，好的双级真空泵能在长时间内保持101kPa的真空度。真空泵如图5-15所示。

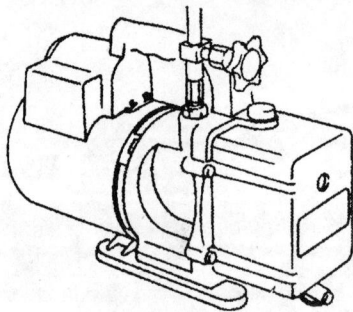

图5-15　真空泵

第六天 汽车维修电子检测工具与设备

任务目标

1. 了解汽车维修工作中常用的电子检测工具与设备的功能。
2. 了解汽车维修工作中常用的电子检测工具与设备的使用方法。

知识准备

1. 汽车专用数字式万用表

汽车专用数字式万用表是现代电控汽车维修人员在维修工作中不可或缺的检测仪器。数字式万用表与指针式万用表相比，具有测试读数精确、功能多的特点；更重要的是数字式万用表的阻抗很高，一般均在 10MΩ以上，在对现代电控汽车进行检测时不易对汽车的控制电脑和传感器造成危害。以美国艾克强（ACTRON）公司生产的 Sunpro CP7678 型汽车专用数字万用表为例介绍汽车专用数字式万用表的功能。

Sunpro CP7678 型汽车专用数字万用表的操作面板如图 6-1 所示。

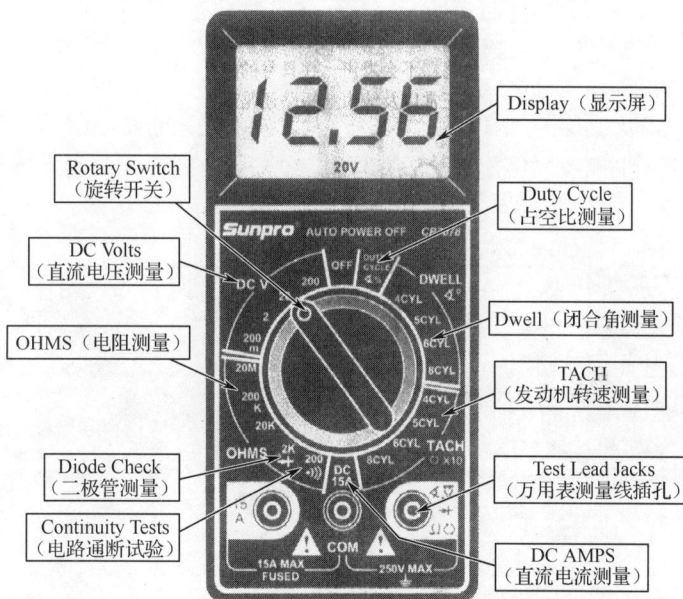

图 6-1　Sunpro CP7678 型汽车专用数字万用表的操作面板

操作面板功能说明：

Rotary Switch（旋转开关）　使用者转动这个开关可以打开或关闭万用表的电源并选择测试功能。

DC Volts（直流电压测量）　该项功能可以测量直流电压。测量直流电压时的连线方法及旋转开关的位置如图 6-2 所示。

OHMS（电阻测量）　用于测量汽车电子元件如点火线圈、火花塞线束和电控发动机的传感器的电阻。测量电阻时的测量线连接方法及旋转开关的位置如图 6-3 所示。如果所测得的电阻为无穷大，万用表的显示屏上会显示"1"。

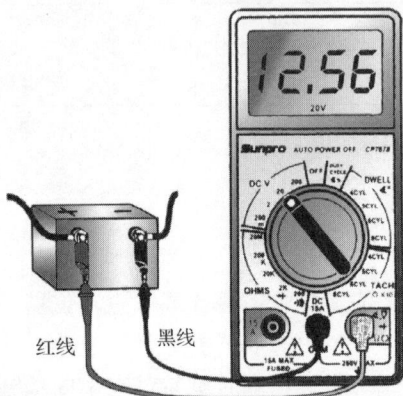

图 6-2　测量直流电压

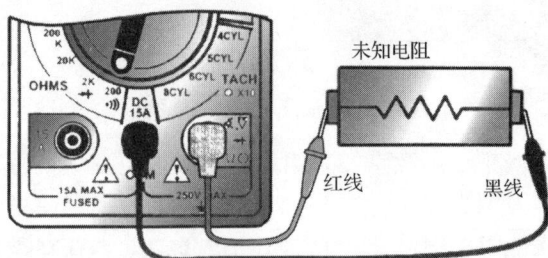

图 6-3　测量电阻

Diode Check（二极管测量）　用来检测二极管是否工作正常。在汽车的电子设备中，发电机一般带有二极管，测量二极管时的连线方式及旋转开关的位置如图 6-4 所示。

Continuity Tests（电路通断试验）　电路通断测试是通过测量电阻来判断一个电路的通断。如果电路处于闭合状态或短路状态，则万用表中内置的蜂鸣器会发声。如果电路断路，则蜂鸣器不会发声。在日常的汽车维修工作中，该功能经常被用来判断熔断器是否烧毁、开关是否正常以及线束是短路还是断路。电路通断试验时的连线方法及旋转开关的位置如图 6-5 所示。

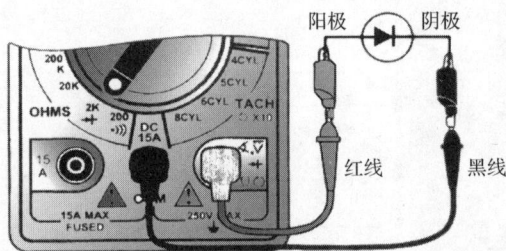

图 6-4　测量二极管

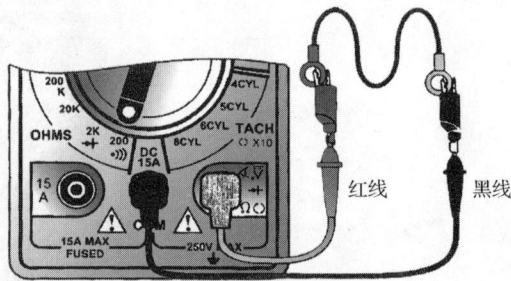

图 6-5　电路通断试验

DC AMPS（直流电流测量）　用于测量汽车电路的直流电流的大小。测量时的连线方法及旋转开关的位置如图 6-6 所示。

Test Lead Jacks（万用表测量线插孔）　使用时，黑色的测量线必须插入标有 COM 的插孔中，红色的测量线则要根据所测量的信号种类而定，测量直流电流的强度时，可以插入标有 15A DC AMPS 字样的插孔中；测量发动机转速、闭合角、占空比、直流电压、电阻、二极管和电路通断时，必须把红色的测量线插入标有表示电阻、闭合角等符号的插孔中。

TACH（发动机转速测量）　用于测量发动机转速，面板上的 4CYL、5CYL、6CYL 和 8CYL 表示发动机的气缸数是 4、5、6、8。CYL 是英文 cylinder（气缸）的缩写。如果要测量一台 4 缸发动机的转速，可将旋转开关拧至 4CYL 处。测量发动机转速时的连线方法及旋转开关的位置如图 6-7 所示。万用表的显示屏显示出测量读数后，操作者必须将该读数乘以 10，这个读数才是发动机的真实转速。

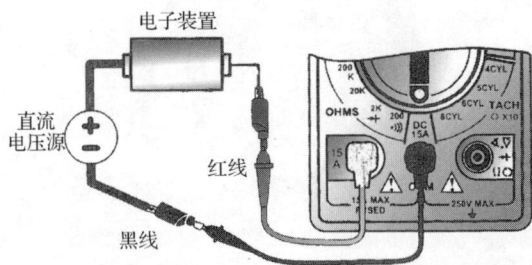

图 6-6　测量直流电流　　　　　　　　　　图 6-7　测量发动机转速

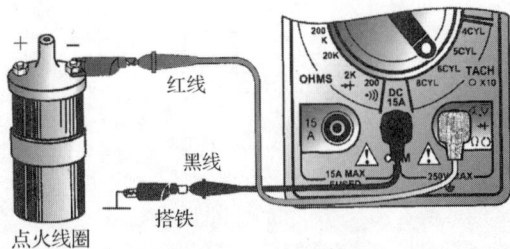

Dwell（闭合角测量）　用来对分电器点火系统中的闭合角和电磁线圈进行测量。测量分电器点火系统的闭合角时，万用表的红色测试线要接在被测车初级点火线圈的负极侧。测量闭合角时的连线方法及旋转开关的位置如图 6-8 所示。

Duty Cycle（占空比测量）　用来测量继电器、电磁线圈、喷油器和其他开关型电子设备。测量占空比时的连线及旋转开关位置如图 6-9 所示。

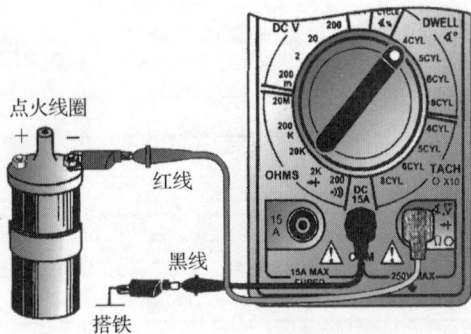

图 6-8　测量闭合角　　　　　　　　　　图 6-9　测量占空比

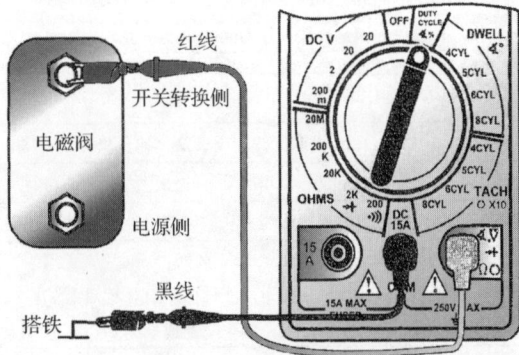

Display（显示屏）　用来显示各种测量数据和万用表的提示信息。如果万用表内置的 9V 电池电量不足，则万用表的显示屏上会显示电池的图形。在进行测量时，如果显示屏上出现"1."或"-1."字样，则表示当前所选定的量程太小，如图 6-10 所示。操作者可以转动旋转开关，将量程调大，直至"1."或"-1."字样在显示屏上消失为止。

2. 蓄电池负载测量仪

蓄电池负载测量仪是一种用来检测汽车铅酸蓄电池工作性能的测量工具，美国艾克强公司生产的 KAL 4780 数字式蓄电池负载测量仪就是一款典型的产品，如图 6-11 所示。

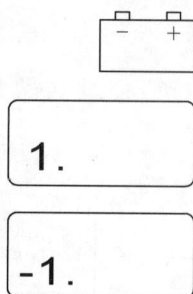

图6-10　万用表屏幕提示信息

图6-11　KAL 4780型数字式蓄电池负载测量仪

蓄电池负载测量仪的测试功能有以下几种。

（1）蓄电池负载测量

蓄电池负载测量操作方法如表6-1所示。

表6-1　蓄电池负载测量操作方法

步　骤	操 作 方 法
1	把发动机点火开关设置到OFF位置
2	如图6-12所示，将测量仪的测量线线夹夹到汽车蓄电池的正极和负极上，红色的测量线线夹连接到蓄电池正极，黑色的测量线线夹连接到蓄电池负极
3	测量仪上的LCD显示屏会显示出蓄电池的电压，在测试温度为21℃时，蓄电池电压的测量值应至少在12.45V以上
4	如图6-13所示，按住测量仪上的负载测试开关，保持10s左右
5	查看测量仪的显示屏显示的测量值并记录，然后立即松开负载测试开关
6	把红色的测量线线夹从蓄电池上拆下，然后把黑色的测量线线夹从蓄电池上拆下
7	如果测量值在10~12V之间，表示蓄电池工作状态良好；如果测量值在6.1~10V之间，表示蓄电池工作状态不良，应该进行充电，然后再次进行负载测试，如果充电后再次测试时，测量值仍然不理想，则说明蓄电池内部损坏，应予以更换；如果测量值低于6.1V，说明蓄电池工作状态极差，应予以彻底充电或更换

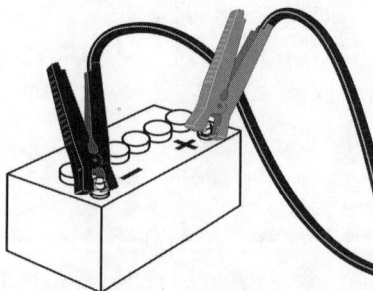

图6-12　连接测量线线夹

负载测试开关

图6-13　负载测试开关识别

（2）起动测试

当使用起动机起动发动机时，可以用蓄电池负载测量仪测量蓄电池的电压值来估算汽车起动系统的工作性能。起动测试操作步骤如表 6-2 所示。

表 6-2　起动测试操作步骤

步　骤	操　作　方　法
1	如图 6-14 所示，将测量仪的测量线线夹连接到汽车蓄电池的正极和负极上
2	参照所测车型的维修手册，断开车辆点火系统
3	让另一名维修技师将点火开关设置到 START 位置，使起动机带动发动机转动约 15s
4	执行起动测试时，不要按下测量仪上的负载测试开关，查看测量仪显示屏上的测量值
5	如果蓄电池工作性能良好、车辆的起动性能工作正常，测量值应至少在 9.0V 以上
6	如果测量值低于 9.0V，则说明车辆的起动系统工作不良，应重新对蓄电池执行充电，然后再测量一次，如果测量值仍然低于 9.0V，则说明车辆的蓄电池或起动机有故障，应执行进一步检修

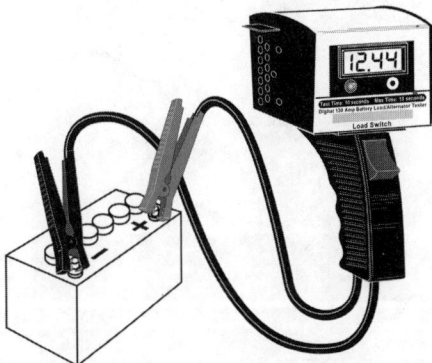

图 6-14　起动测试

（3）充电测试

在发动机运行时，可以用蓄电池负载测量仪测量蓄电池电压来判断车辆的充电系统是否工作正常。充电测试操作步骤如表 6-3 所示。

表 6-3　充电测试操作步骤

步　骤	操　作　方　法
1	起动发动机运行 10～15min，使发动机达到正常工作温度
2	关闭发动机
3	将点火开关设置到 ACC 位置，打开车辆的前照灯，将鼓风机转速设置到高速运行状态，保持 1min 以上，使车辆的蓄电池耗费一些电力
4	关闭前照灯和鼓风机，将点火开关设置到 OFF 位置
5	如图 6-14 所示，连接测量线线夹
6	起动发动机，使发动机转速保持在高怠速状态（1200～1500r/min），读取蓄电池负载测量仪上的测量值，如果车辆充电系统工作正常，读数应在 13.5～15.5V 之间

3. 跨接线

跨接线就是一根两端带有夹头的导线,汽车维修电工在进行电路测试时，可以使用跨接线直接将电器连接，如图 6-15 所示。跨接线可以起到旁通电路的作用，比如在汽车故障检修工作中发现某个电器部件不工作，就可以将跨接线连接在被测部件"−"接线点与车身接地之间，如果跨接后，该电器部件开始工作，就说明该部件的接地电路开路；如果接地电路正常，可将跨接线跨接蓄电池

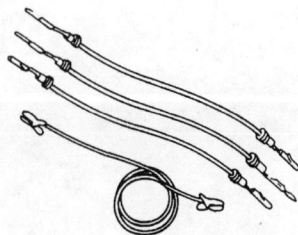

图 6-15　跨接线

"+"极和被测部件的电源接线柱之间，如果跨接后该部件开始工作，则说明该部件的电源电路有故障。

4. 跨接电缆

当故障车辆的蓄电池电量耗尽或蓄电池出现故障，必须用另外的蓄电池来起动时，就可以采用跨接电缆来执行。跨接电缆两端均带有钳口，可以方便地连接蓄电池，特别适用于故障现场紧急抢修，如图 6-16 所示。

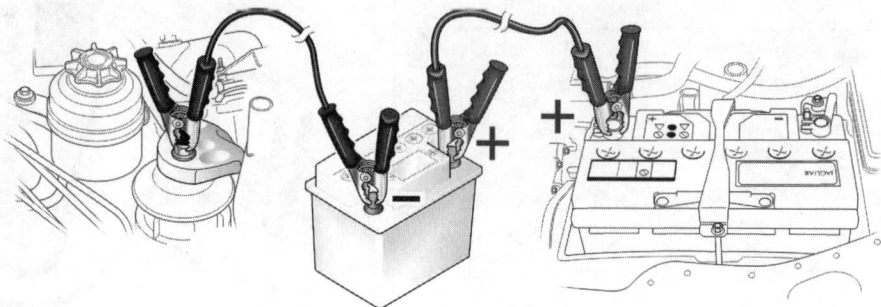

图 6-16　用跨接电缆执行紧急起动（JAGUAR 轿车）

5. 测试灯

测试灯构造简单，一般由探针和接地线夹组成，如图 6-17 所示。在汽车维修中，可用来测量各个不同测试点是否有电压（见图 6-18），也可用于确定电路中的断路位置（见图 6-19）。

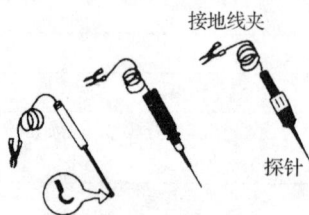

图 6-17　测试灯

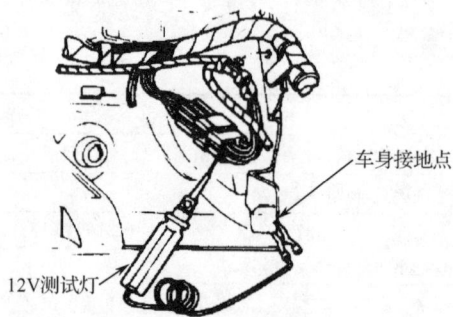

图 6-18　用测试灯测试电压

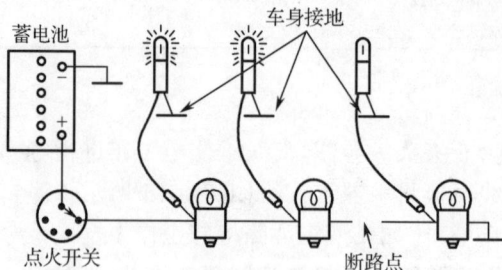

图 6-19　用测试灯测试电路断路

测试灯种类很多，有电路连续性测试灯和发光二极管测试灯等。电路连续性测试灯自身带有蓄电池或电源，只要它与导线相接触的两端之间的电路是连续的（没有开路），测试灯即可发光，如图 6-20 所示。但是这种测试灯电源会损坏精密的电子元器件或电子电路，因此不能用来检测汽车上的计算机控制电路。发光二极管测试灯可以通过二极管的点亮来可视地显示电压的存在，二极管测试灯只需 0.025A 的微弱电流就可以发光，因此这种测试灯既可以测试电子电路，也可以测试标准电路（12V 电路），不会对所测元件或电路造成损坏，其结构如图 6-21 所示。

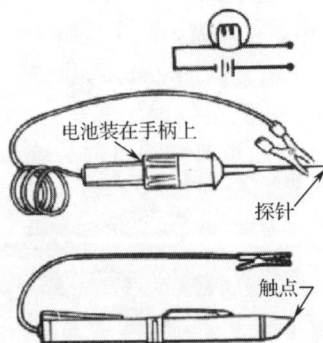

图 6-20　电路连续性测试灯

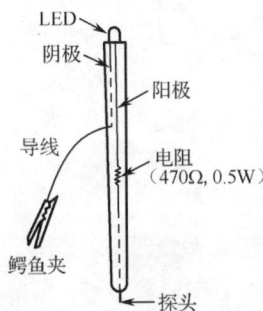

图 6-21　发光二极管测试灯结构

6. 逻辑探针

逻辑探针是一种电子装置，如图 6-22 所示。当它检测到蓄电池电压时，会点亮红灯；当它接触到接地点时，会点亮绿灯。逻辑探针能"感觉"高电压和低电压的区别，"逻辑"二字便是因此而来的。典型的逻辑探针在检测到测试点电压发生变化时，还能点亮"PULSE"（脉冲指示灯），这个功能在检测来自汽车控制电脑或点火系统传感器的电压发生变化时非常有用。在使用前，应先把逻辑探针连接到蓄电池电源上，为探针供电并且使探针有一个低电压参考值（接地）。很多逻辑探针还能发出声音，当检测到高电压和低电压时发声的音调有明显的区别，便于维修人员辨

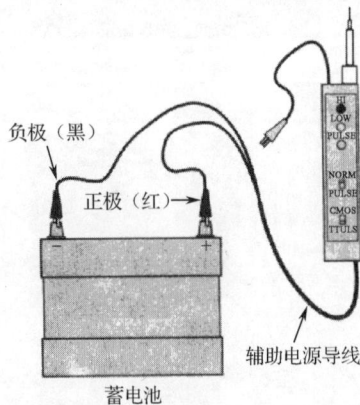

图 6-22　逻辑探针

认判别。逻辑探针在维修中使用很广，可以用来检测感应绕组、霍尔效应传感器、电磁传感器等。

7. 声级计

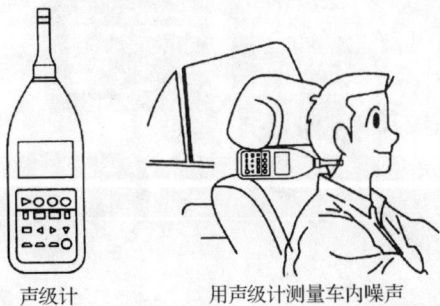

图 6-23　使用声级计测量噪声

声级计是一种用来测量噪声的设备，是能把工业噪声、生活噪声和交通噪声等按照人耳听觉特性近似地测定其噪声级的仪器，在汽车行业中，经常用声级计测量车内噪声，从而评估车辆行驶舒适性、隔音效果和维修效果，如图 6-23 所示。由于车内噪声直接作

用到车内驾驶员和乘员的耳朵，因此噪声测试通常把声级计放置在驾驶员耳边位置进行测量。对于汽车来说，最主要的噪声源是发动机，车内的噪声强度随着发动机转速变化而变化，因此测试时应在发动机怠速运行（汽车不行驶，发动机空转）、全负荷运行（节气门全开，全力加速）和半负荷运行（节气门半开，汽车正常行驶）条件下分别执行测试。

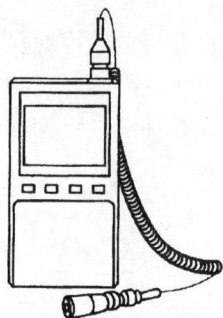

8. 振动测量仪

乘坐质量是车内振动最主要的衡量指标，汽车在运行和行驶时，各种振动源都会把振动传递到座椅、方向盘和汽车底板上，因此在测量车内振动、对车辆执行不平顺性诊断分析时，就采用振动测量仪来测量车内振动，如图 6-24 所示。常见的测量位置如图 6-25 所示。测量完毕后，维修人员根据测量仪显示的振动信号图形进行分析判断，如图 6-26 所示。

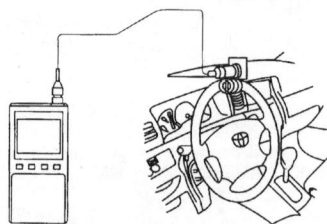

图 6-24　振动测量仪

测量方向盘位置振动　　测量座椅位置振动　　测量底板位置振动

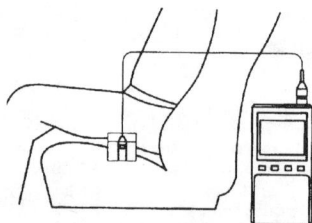

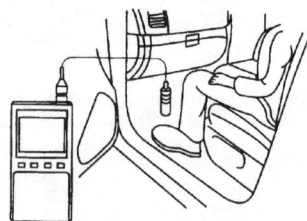

图 6-25　汽车振动测量位置

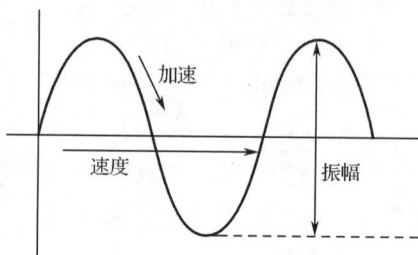

图 6-26　振动信号图形

9. 底盘异响听诊器

底盘异响听诊器是一种采用无线电子听诊装置对底盘部件，如可以对车辆底盘传动系统的异响进行采集，供维修工进行故障判断的设备，如图 6-27 所示。使用时，可把 4 个无线音响传感器放置在怀疑发生异响的部位，然后开车上路行驶，在车厢内用无线接收机收听音响传感器采集到的异响信号，从而准确定位异响发生的部位，然后根据异响分析诊断的基本流程执行分析判断，如图 6-28 所示。

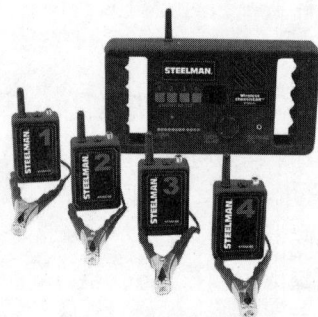

图 6-27　底盘异响听诊器

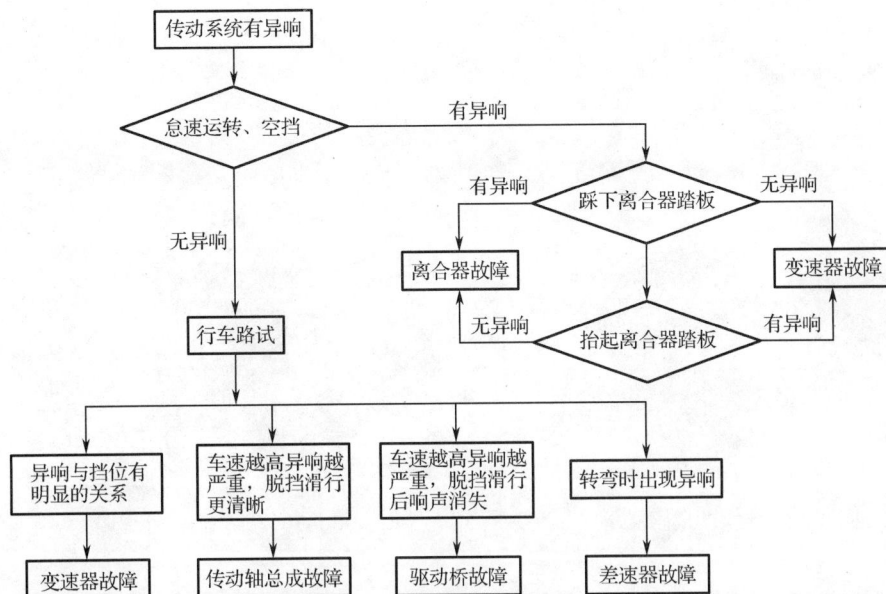

图 6-28　底盘异响诊断流程

10．读码器

在早期的汽车发动机控制系统中，用于对发动机进行控制的电控单元只能对发动机的运行提供非常简单的控制，而且并不具备自我检测（自诊断）的能力，因此不能向汽车维修人员提供任何有价值的信息，维修人员在维修这种车辆时，只能借助万用表等简单的测量仪器对控制单元接头各个电路的电压、电阻和电流进行测试，然后将测试的结果与设定值进行比较，从而对故障进行分析判断，由于获得的测试数据有限，很难对故障做出明确清晰的诊断。因此以后开发的控制单元就增加了简单的自诊断功能，即在控制发动机运行的同时，检测各个输入和输出信号，当发现在标定时所设定的故障现象，比如电路开路、断路、电位的变化不正确或某些信号不合理时，将设定相应的故障诊断代码（即以一定的代码表示相应的信号故障）并点亮故障指示灯，提示驾驶员控制单元已经检查到了故障，应尽快将车送入维修厂维修。在对这些车辆进行维修时，维修人员可以用相应的仪器或采用一定的触发方式读取控制单元中存储的故障码，故障码为维修人员提示了进一步的故障检查方向。读码器就属于汽车控制电脑的诊断设备，具有读取和清除汽车故障代码的功能，并可在显示屏上显示出故障码。它体积小巧，便于携带，操作简单，价格便宜。维修技师用读码器读取出故障码后，还需要从读码器的使用手册或接修车型的维修手册中查找出故障码的含义以便执行进一步检修。读码器由于使用功能比较单一，因此比较适合汽车专修厂的班组及个人对汽车电控系统执行初步检查时使用，是一种汽车维修工对汽车电控系统进行故障检查的初级工具。典型的读码器如图 6-29 所示，部件说明如图 6-30 所示。使用时，可按照读码器的使用说明，在车辆仪表板下方找到故障诊断连接器后，将读码器的故障诊断连接器插头插入连接器，将点火开关设置到 ON 位置，即可读取存储在汽车控制电脑中的故障码。汽车的故障诊断连接器一般安装在汽车仪表板下方，如图 6-31 所示。

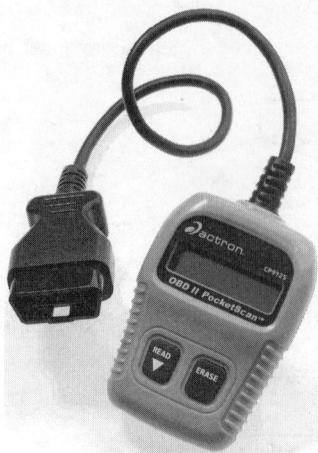

图 6-29　典型的读码器

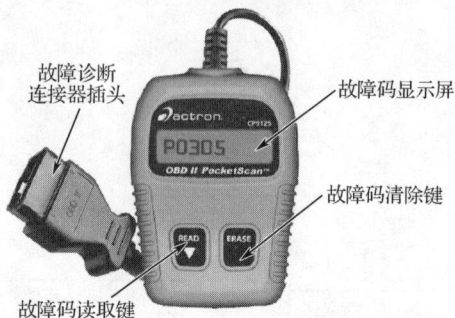

图 6-30　读码器部件说明

11．解码器

解码器与读码器相比，功能和使用方法基本相同，只是在读码器的功能上增加了故障码显示内容的功能，维修人员使用解码器读取出故障码后，从解码器的显示屏上可以直接看到故障码的含义，而不用再查找使用手册或接修车型的维修手册了。典型的解码器如图 6-32 所示。

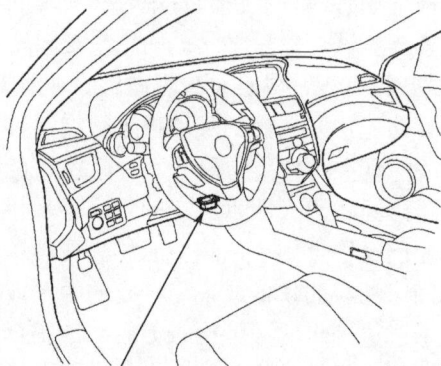

图 6-31　典型的故障诊断连接器安装位置

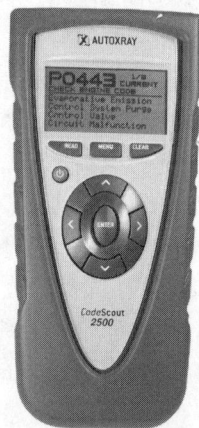

图 6-32　典型的解码器

12．扫描器

扫描器通常是在解码器的功能上增加了汽车电控系统数据扫描显示功能以及其他辅助功能的测试设备。它最重要的特点在于不仅可以对汽车电控系统自诊断故障码进行读清操作，同时还可以通过数据扫描显示功能对整个汽车电控系统做更进一步动态分析，可以方便地反映出故障码所指示出的电路或元件的实际运行参数以便快速分析诊断出故障部位。通常扫描器还有部分传感器和执行器的测试功能，有些还有维修诊断指南功能，使得操作者手中不仅有了一套诊断设备还兼备了一本电子维修资料手册。扫描器比较适合承修车型比较复杂的汽车修理厂家使用，它有组合功能强、适用车型宽的优点，但其软件卡需要视情况逐年更新。美国 SNAP-ON（实耐宝）公司生产的 MT-2500 扫描器就是一台典型的扫描器，如图 6-33 所示。

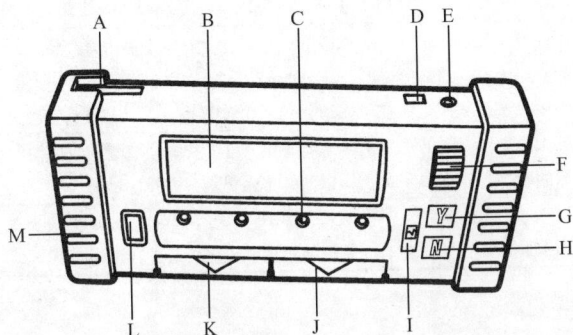

A-车辆通信电缆接口；B-显示器；C-具有可编程功能的 LED；D-车辆数据电缆（RS-232）接口；E-电池充电器接口；

F-滚轮；G-确认按钮（Y）；H-取消按钮（N）；I-制图按钮；J-EMB 诊断卡插槽；

K-VCI 诊断卡插槽；L-快速识别按钮；M-电池。

图 6-33　MT-2500 扫描器

13. 专用诊断仪

专用诊断仪是各汽车厂家生产的专用测试设备，它除具有读码、解码、数据扫描等功能外，还具有传感器输入信号和执行器输出信号参数修正、电脑控制系统参数调整以及系统匹配和标定、防盗密码设定等专业功能。专用诊断仪是汽车生产厂家专门配备给其特约维修站的测试设备，它具有专业性强、测试功能完善等优点，是汽车专修厂的必备设备。

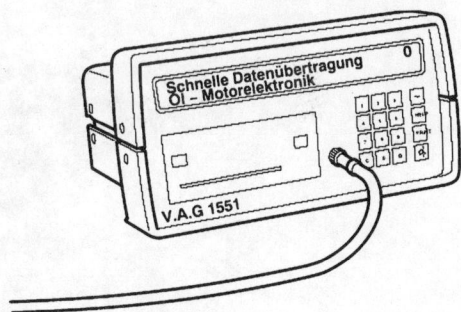

图 6-34　大众汽车公司 V.A.G1551 专用诊断仪

其典型产品有：通用汽车公司的 TECH-II，福特汽车公司的 NGS，克莱斯勒公司的 DRB-III，丰田汽车公司的 Intelligent，日产汽车公司的 Consult-II，本田汽车公司的 PGM，三菱汽车公司的 MUT-II，大众汽车公司的 V.A.G1551 等。图 6-34 所示为大众汽车公司 V.A.G1551 专用诊断仪。

V.A.G1551 的主要检测功能如下：

检测功能	说明
查询控制单元版本	读取车辆电控单元的代码和版本号
读取故障存储	读取故障存储是指读取接修车辆自诊断系统中存储的故障码，读取和清除故障存储必须在发动机不运转的情况下进行
最终控制诊断	最终控制诊断是电气测试的一个组成部分，可以测试各个最终控制单元的电路是否能正常工作

续表

检 测 功 能	说 明
基本设置	在维修工作中，如果对某些元件进行维修检查后，比如断开蓄电池，更换发动机控制单元、节气门体控制单元或自动变速器控制单元后，均必须用 V.A.G1551 进行基本设置
清除故障存储	完成修理工作后，可以用 V.A.G1551 将故障存储器的故障信息清除掉
控制单元编码	使用控制单元编码的功能可以改变控制单元存储器中的内容，使控制单元适应不同的工作状况，比如适应不同的发动机、变速器、车身和传动装置；适应不同的燃油质量；适应进口国家的法律规定等。对控制单元进行编码只有在维修站代码（WSC）输入 V.A.G1551 后方可进行
读取测试数据块	在用 V.A.G1551 诊断仪进行维修诊断时，可以利用读取测试数据块的功能把系统的运行状态和系统传感器的状态显示在显示屏上，以便维修人员查找并排除故障
匹配	可以使用 V.A.G1551 对车辆的控制单元进行匹配，比如更换新的发动机控制单元后，必须用 V.A.G1551 对新更换的发动机控制单元和电子防盗器进行匹配

14．底盘测功机

底盘测功机也叫转鼓试验台，是一种能使汽车在道路上行驶的状态在室内再现的设备，在汽车科研、检测、维修行业应用非常广泛。底盘测功机是一种不解体检验汽车性能的检测设备，它不但可以通过在室内台架上模拟道路行驶工况的方法来检测汽车的动力性、燃油经济性以及排放性能，同时还能方便地对汽车进行加载从而再现汽车在不同负荷条件下的故障，便于进行诊断。由于汽车在底盘测功机上进行试验时能通过调节不同负荷改变试验条件，使周围环境影响减至最小，同时通过功率吸收加载装置来模拟道路行驶阻力，控制行驶状态，故能进行符合实际的复杂循环试验，同时在所有试验中车辆又相对于地面是静止的，可连接多种仪器进行检测。底盘测功机主要由检测滚筒装置和控制与显示装置组成，如图 6-35 所示。

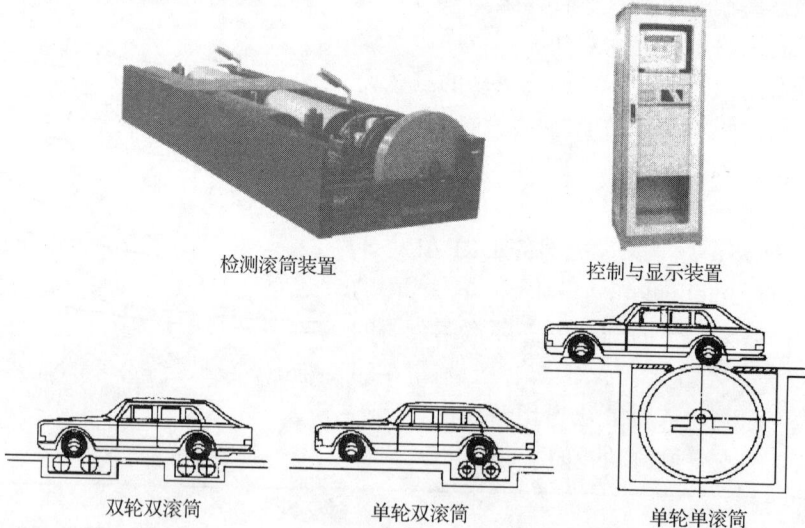

检测滚筒装置　　　　　　　　控制与显示装置

双轮双滚筒　　　　　　单轮双滚筒　　　　　　单轮单滚筒

图 6-35　底盘测功机的组成及滚筒类型

轻型车所用的测功机有以下几种类型。

按照滚筒数量分为单滚筒和双滚筒底盘测功机。单滚筒底盘测功机，其滚筒直径大（1000～2500mm），制造和安装费用高，但其测试精度高，一般用于制造厂和科研单位；双滚筒底盘测功机的滚筒直径小（180～500mm），设备成本低，使用方便，但测试精度较差，一般用于汽车使用、维修行业及汽车检测线和检测站。

按照驱动方式分为两驱式转鼓和四驱式转鼓。两驱式转鼓价格便宜，可以测量前驱或后驱车辆；四驱式转鼓则价格较贵，不但可测试两驱车辆还可测试全时四驱车辆。

按照用途可分为综合性能转鼓和专用转鼓。专用转鼓主要是针对某些专用功能而设计制造的，例如专用于进行排放测量的排放转鼓，目前许多城市进行简易工况排放测试的转鼓就属于这类转鼓，其最高车速通常在120km/h以下，最大吸收功率在160kW左右。综合性能转鼓可用来对车辆动力性、燃油经济性及排放特性等综合性能进行测试，最高车速通常可达200km/h，最大吸收功率在250kW以上。

底盘测功机在汽车维修行业的用途如下：

（1）检测车辆在有负载状况下的尾气排放。传统的怠速法和双怠速尾气检测方法无法检测出车辆在有负载条件下的尾气排放，为了评估维修效果，可以用底盘测功机和尾气分析仪配合使用，检测汽车在有负载条件下的尾气排放是否达标。比如可以将车辆开到底盘测功机上，将车速和功率设定好，使车辆在滚筒上行驶，然后使用尾气分析仪测量车辆在有负载工况下的尾气排放，来评估发动机燃烧状况，如图6-36所示。

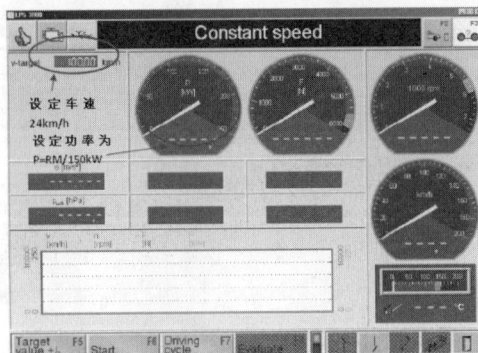

图6-36　在底盘测功机上设定车速和功率

（2）模拟道路驾驶条件。维修工可以将接修车辆开到底盘测功机上进行模拟驾驶，由于在底盘测功机上行驶时，车轮只在测功机的滚筒上转动，因此在测试时可以方便地连接各种检测设备进行测量，比如连接尾气分析仪、示波器、压力表、油耗计等，进行油耗测定、排放测定、故障诊断等。由于在底盘测功机上可以模拟出车辆行驶的各种速度，因此特别适合维修人员执行故障重现检测。

（3）测量发动机功率。底盘测功机可以通过测量底盘轮边输出功率，并根据一定方法计算出汽车发动机的输出功率，底盘测功机首先测量车辆全加速过程中轮边输出功率，然后将车设置在空挡，测量车辆滑行期间传动系统的阻力功率，最后将阻力功率补偿至轮边输出功率并根据温度、湿度等进行修正从而得到发动机功率。这种功能在评估车辆改装时非常有用，将车辆改装前和改装后的发动机功率检测结果进行对比，可以看出车辆的改装效果。

第七天　汽车钣金与喷漆常用工具与设备

任务目标

1. 了解汽车钣金常用工具与设备的功能。
2. 了解汽车喷漆常用工具与设备的功能。

知识准备

一、汽车钣金常用工具与设备的功能及使用方法

1. 钣金锤

车辆在交通事故如果发生剐蹭、碰撞等，会导致车身发生凹陷、变形或破损，维修时就需要使用钣金锤对变形的部件进行修复，使之恢复原始形状。

（1）球头锤

球头锤如图 7-1 所示。球头锤是一种对所有钣金作业都能使用的多用途工具，用途很广，既可用来矫正弯曲的基础构件，也可用于修平变形部件和钣金件粗成型工作，球头锤质量一般在 290～450g 之间。

（2）橡皮锤

橡皮锤如图 7-2 所示。橡皮锤在汽车钣金作业中，主要用来修复表面微小的凹陷，由于锤头使用比较柔软的橡胶制成，因此敲击时不会损伤汽车喷漆表面，也不会在敲击表面留下敲击痕迹。

（3）轻铁锤

轻铁锤如图 7-3 所示。它是一种用来修整钣金件，使其大致回到原形的钣金锤。它的手柄比较短，非常适合在操作空间比较狭窄的地方使用。

图 7-1　球头锤

图 7-2　橡皮锤

图 7-3　轻铁锤

2. 车身锤

车身锤是连续敲击钣金件恢复其形状的基本工具，有方头、圆头、尖头等不同形状，每

种形状均有其特定的用途。车身锤大致分为镐锤、冲击锤和精修锤几种类型。

（1）镐锤

镐锤如图 7-4 所示，是专门用来维修小凹陷的工具。镐锤上的尖顶可以将凹陷敲出，其平端头与顶铁配合使用可以去除微小的凸点和波纹。使用时要小心，不要用力过猛，否则镐锤的尖顶有可能戳穿车身钢板，镐锤不能用于修复大的凹陷表面。

（2）冲击锤

冲击锤如图 7-5 所示。冲击锤的锤头一头是圆形的，锤顶表面近乎是平的。这种锤顶面大，敲击时打击力会散布在较大的面积上，非常适合矫正凹陷板面的初始作业或加工非表露的钣金件。变形大的凹陷表面可用冲击锤，冲击锤另一端锤头为凸起的顶面，可用来敲击下凹的金属下表面，使之逐渐恢复平整。

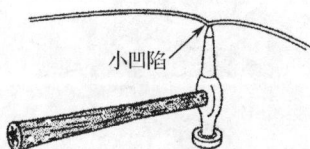

图 7-4　镐锤

图 7-5　冲击锤

（3）精修锤

精修锤如图 7-6 所示。当使用冲击锤将凹陷去除之后，就可以使用精修锤对钣金件外形实施精修作业。精修锤的锤面比冲击锤小，锤头锤面隆起，适于修平表面微小凸点和波纹顶端。带有锯齿面的收缩精修锤可适用于表面收缩作业，能修整因过度捶打而产生的延伸变形。

3．衬铁

衬铁是一种手持的铁砧，也叫抵座。在汽车钣金作业中，一般和锤子一起配合使用进行钣金维修作业，如图 7-7 所示。在钣金修整作业中，可以根据车身表面不同形状的凹陷采用相应的衬铁，使衬铁形状与面板外形形成最好的配合，从而得到良好的钣金整形效果。图 7-8 为各种不同形状的衬铁。

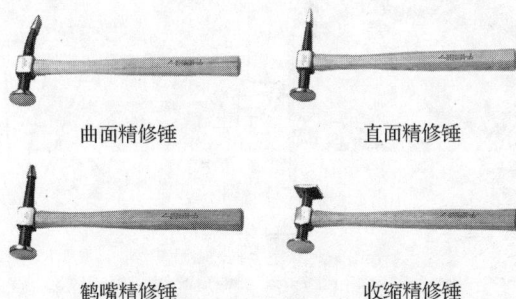

曲面精修锤　　　　直面精修锤

鹤嘴精修锤　　　　收缩精修锤

图 7-6　精修锤

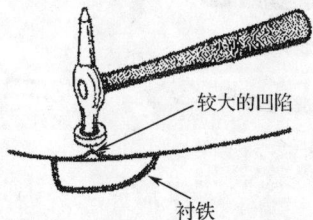

较大的凹陷

衬铁

图 7-7　用锤子和衬铁修复凹陷

4．修平刀

修平刀如图 7-9 所示。修平刀是车身修理的特殊工具。使用时，将修平刀紧紧贴在待修表面，然后再捶打修平刀，对修复某些微小隆起或使划伤部位恢复原状非常有效，如图 7-10 所示。修平刀种类很多，如图 7-11 所示。对于某些衬铁无法放入操作的弧形凹陷位置，也可以使用修平刀充当衬铁使用。

墩形钣金衬铁　　　　弯形钣金衬铁　　　　扁形钣金衬铁

图 7-8　不同形状的衬铁

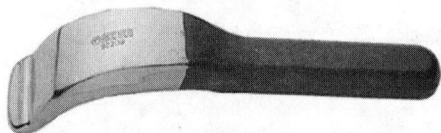

图 7-9　修平刀

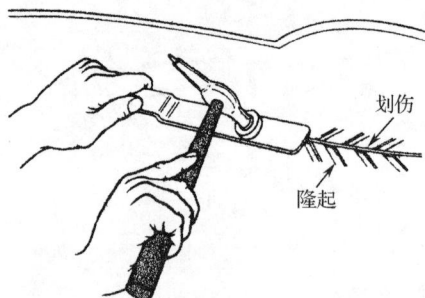

图 7-10　用钣金锤和修平刀修复微小的隆起和划伤

5. 撬镐

撬镐使用方法和类型如图 7-12 所示。利用撬镐可以穿过车身固有的洞口对车门侧板的凹陷处进行撬击，消除凹陷。

不同类型的修平刀　　　手不易伸入的平面修平

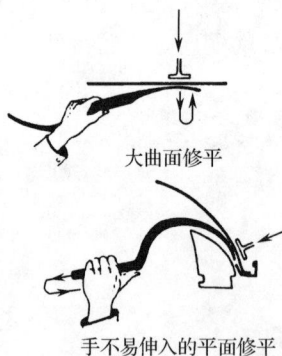

图 7-11　修平刀种类

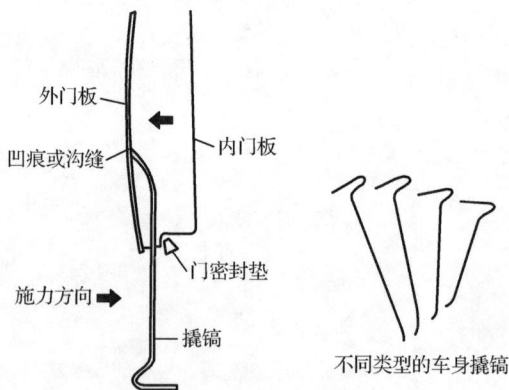

图 7-12　撬镐使用方法和类型

6. 凹坑拉出器和拉杆

对于某些配备密封型车身面板的车型，当无法利用现成的孔洞使用撬镐撬起凹陷时，可以采用凹坑拉出器或拉杆将凹陷拉平。凹坑拉出器的顶端如图 7-13 所示呈螺纹尖端形，螺纹尖端可以旋紧在孔中，然后利用套在杆中部的冲击锤向外冲击手柄端面，同时向外拉手柄，即可将凹点慢慢拉起。

拉杆也可以用来修复凹坑，先在凹坑处钻孔，然后把拉杆的弯钩插入钻孔中，勾住凹坑两侧向外拉起，如图 7-14 所示，将凹坑拉起，整平后用气焊将钻孔修补再喷漆复原即可。

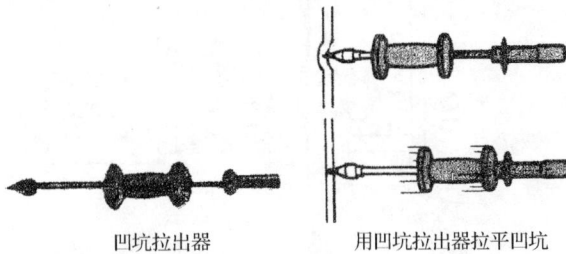

图 7-13　凹坑拉出器　　　　　图 7-14　用拉杆修复凹坑

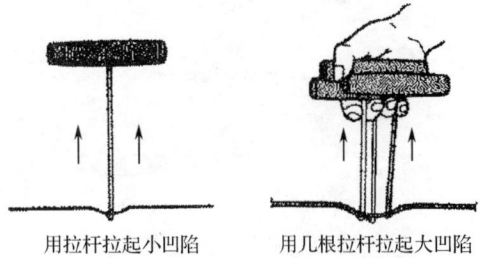

7．金属剪

汽车钣金维修中常用的金属剪是一种金属切割工具，主要有以下三种。

（1）铁皮剪

铁皮剪如图 7-15 所示，可以用来剪切薄钢板，可以把薄钢板剪切成各种形状。

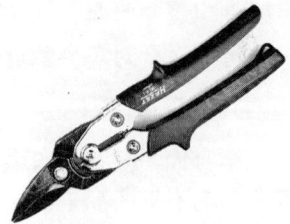

（2）金属切割剪

金属切割剪如图 7-16 所示，可以用来切割硬度较高的不锈钢等硬金属。

图 7-15　铁皮剪

图 7-16　金属切割剪

（3）面板切割剪

面板切割剪是一种特殊的铁皮剪，如图 7-17 所示。在汽车钣金维修作业中常用来切断车身钣金件中被损坏的部分，这种剪刀切出来的切口非常清洁、平直，便于实施焊接作业。

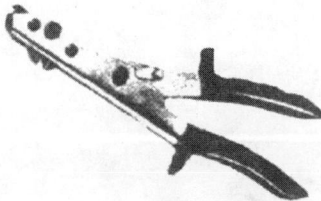

8．铆枪

铆枪是汽车钣金维修中经常使用的维修工具。铆接时，使用铆枪将铆钉组件插入被连接件的通孔中，用铆钉器将外伸的

图 7-17　面板切割剪

铆钉杆拉断，即可完成铆接作业，将板材铆接在一起。典型的铆枪如图 7-18 所示。铆接示意

图如图 7-19 所示。

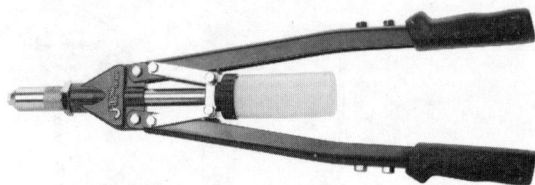

图 7-18　典型的铆枪

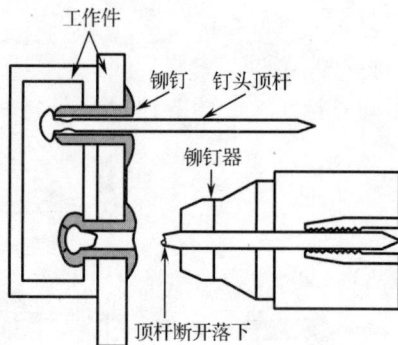

图 7-19　铆接示意图

9．凹坑吸盘

凹坑吸盘是一种汽车钣金作业中使用的真空吸盘，如图 7-20 所示。对于车身面板凹陷，可以使用真空吸盘将凹陷处拉平。使用真空吸盘的优点在于进行凹陷修平时不会损伤车身漆面，特别适合对车身蒙皮部位产生的凹陷进行修平作业。

10．车身锉刀

车身锉刀是在汽车钣金维修中用来修整由于使用锤子、衬铁或使用修平刀等钣金工具造成的凹凸不平的加工痕迹的工具，如图 7-21 所示。使用车身锉刀可以将加工痕迹锉平，以便进行喷漆等修补。车身锉刀的使用方法如图 7-22 所示。

图 7-20　凹坑吸盘

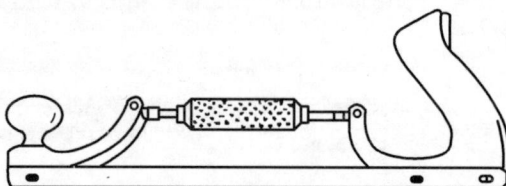

图 7-21　车身锉刀

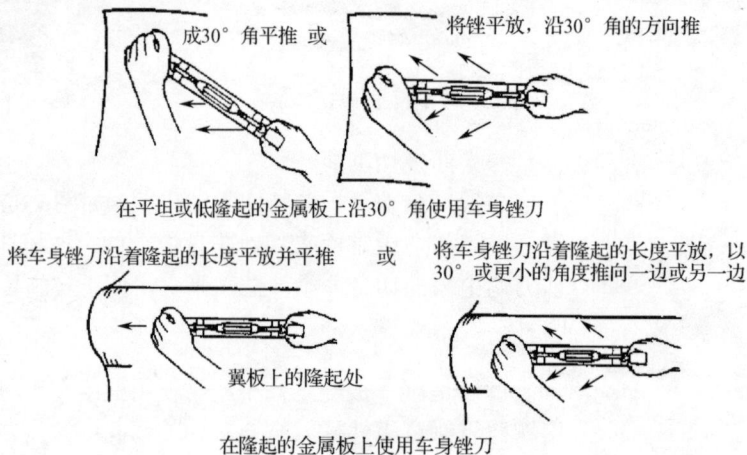

成30°角平推　或　将锉平放，沿30°角的方向推

在平坦或低隆起的金属板上沿30°角使用车身锉刀

将车身锉刀沿着隆起的长度平放并平推　或　将车身锉刀沿着隆起的长度平放，以30°或更小的角度推向一边或另一边

翼板上的隆起处

在隆起的金属板上使用车身锉刀

图 7-22　车身锉刀的使用方法

11. 车身维修动力工具

（1）气动錾

气动錾和各种錾头如图 7-23 所示。它是以压缩空气为动力的工具，可产生 1800 次/min 的击打频率，配上不同类型的錾头，可以进行錾割、铲平、敲击等各项任务。气动錾体积小、质量轻、工作效率高、切割性能好，在不受限制的条件下，可以进行直线、曲线等切割，如图 7-24 所示，但操作时振动和噪声比较大。此外，还可以用气动錾来清除焊点。

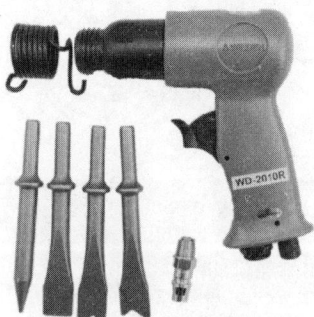

图 7-23　气动錾和各类錾头

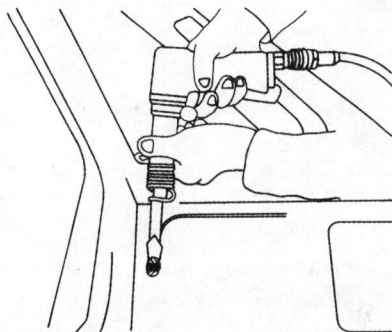

图 7-24　用气动錾切割

（2）气动锯

气动锯如图 7-25 所示。它主要用来在汽车钣金操作中切割车身板材构件时使用，如图 7-26 所示。气动锯比手工锯工作效率高，而且不像手工锯受到锯弓的限制导致有些部位无法切割。气动锯锯条只有一端装在锯身上执行切割作业，切割缝可以无限延长。因此，气动锯具有切割效率高、使用方便、对构件损坏程度小的优点。

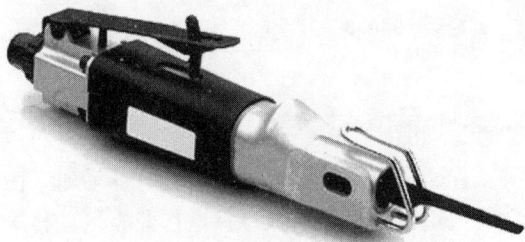

图 7-25　气动锯

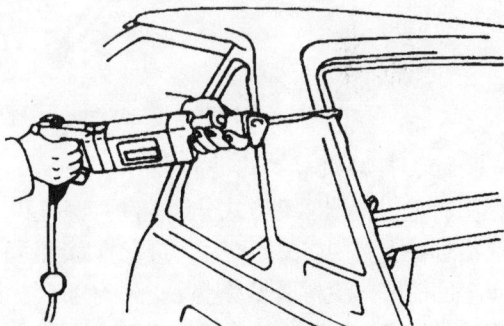

图 7-26　用气动锯切割车身构件

（3）砂轮机

砂轮机如图 7-27 所示，有电动和气动等类型。砂轮机在汽车车身维修中主要起打磨和切割作用。打磨作用是利用砂轮盘的平面磨削工件的不平部位，多为对焊接后焊缝的凸起进行打磨，使其表面平整；切割作用是在拆解车身构件时，利用砂轮的端面切割焊缝，使焊缝断开，如图 7-28 所示。

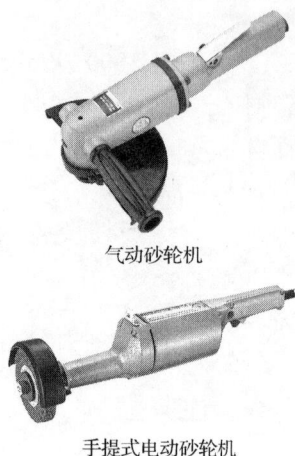

电弧钎焊部位
换上层板件
换下层板件
切割电弧钎焊焊缝

高速切割砂轮机
切割砂轮
盘式气动砂轮机

气动砂轮机

焊道

焊道

手提式电动砂轮机
用砂轮机切割连续焊缝

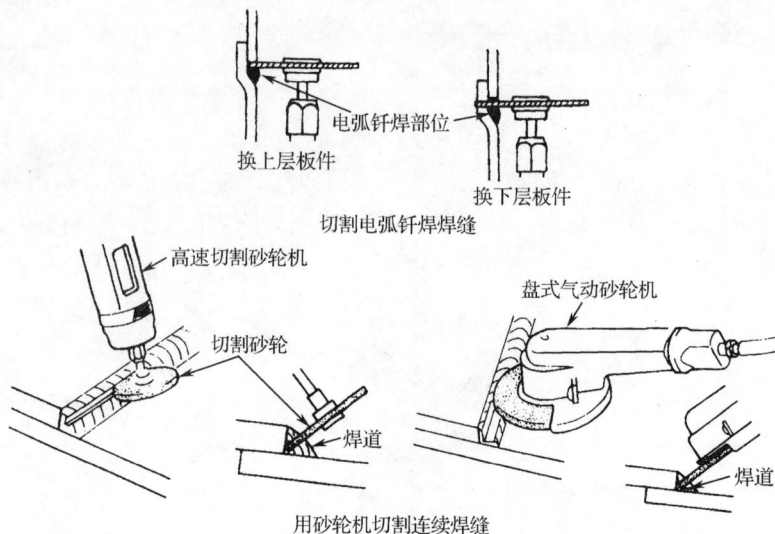

图 7-27　砂轮机　　　　　　　　图 7-28　用砂轮机切割焊缝

（4）手电钻

手电钻的主要作用是进行钻削作业，如图 7-29 所示，一般用于钻除焊点分离构件和在钣金构件上进行打孔等作业。钻削所应用的刀具以麻花钻头和钻孔器为主。为了便于钻削车身构件的焊点，一般要将普通钻头根据需要进行磨削，或者使用钻孔器作为专门的切具。

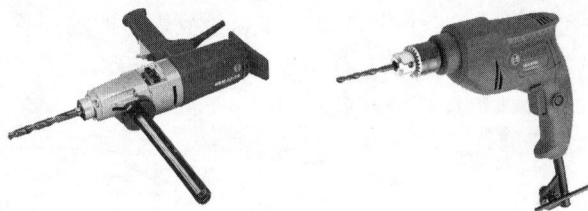

图 7-29　手电钻

（5）打磨机

打磨机根据驱动方式分为电动打磨机和气动打磨机，如图 7-30 所示。打磨机在使用时可以灵活选装不同规格的研磨片，进行打磨除锈和抛光等工作。在车辆喷漆车间执行打磨作业时，由于车间的汽车漆料属于易燃品，因此为了防止意外，应选用气动打磨机执行打磨作业。气动打磨机种类很多，大致有单作用打磨机、轨道式打磨机、双作用打磨机和往复直线式打磨机四种。

电动打磨机　　　　　　　　气动打磨机

图 7-30　打磨机

① 单作用打磨机的打磨盘垫绕一个固定的点转动，砂纸只作单一的圆周运动，因此称为单作用打磨机，如图 7-31 所示。单作用打磨机的打磨扭矩大，低速打磨机主要用于刮去旧涂层及除锈；高速打磨机主要用于漆面的抛光，也就是抛光机。

② 轨道式打磨机的打磨盘垫外形呈矩形，便于在工件表面上沿直线轨迹移动，整个打磨垫以小圆圈振动，如图 7-32 所示。这种打磨机主要用于腻子的打磨。它可以根据工件表面的情况采用各种尺寸的打磨砂垫，以提高效率，轨迹直径也可以进行改变。

图 7-31　单作用打磨机工作示意图　　　　图 7-32　轨道式打磨机

③ 双作用打磨机的打磨盘垫运动较复杂，盘垫本身以小圆圈振动，同时还绕自己的中心转动，因此兼有单作用打磨机和轨道式打磨机的运动特点，如图 7-33 所示。双作用打磨机的切削力比轨道式打磨机要大。使用时要考虑轨道直径，直径大的打磨垫较粗糙，反之打磨垫较细。

④ 往复直线式打磨机如图 7-34 所示。这种打磨机的砂垫做往复直线运动，主要用于车身上的特征线和凸起部位的打磨作业。

图 7-33　双作用打磨机　　　　　　　　图 7-34　往复直线式打磨机

（6）汽车表面抛光机

汽车车身的表面经过喷涂后，可能会出现粗粒、砂纸痕、流痕、反白、橘皮等漆膜表面的细小缺陷，处理方法就是在喷涂后使用汽车表面抛光机进行研磨抛光处理，以提高漆膜的镜面效果，达到光亮、平滑、艳丽的要求。典型的汽车表面抛光机如图 7-35 所示。抛光机由底座、抛光盘、抛光织物、抛光罩及盖等组成。电动机固定在底座上，固定抛光盘用的锥套通过螺钉与电动机轴相连。抛光织物通过套圈紧固在抛光盘上，电动机通过底座上的开关接通电源起动后，便可进行抛光，如图 7-36 所示。常见的汽车表面抛光机普遍带有转速调节功能，可以在操作时根据具体情况灵活调节抛光盘转速，使之达到最好的抛光效果。

图 7-35　典型的汽车表面抛光机

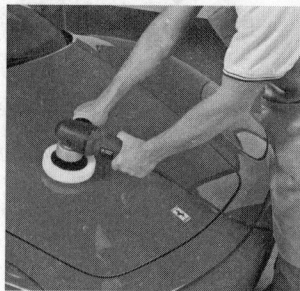

图 7-36　使用抛光机对车辆表面进行抛光

12. 车身尺寸测量设备

汽车碰撞后，如果是轻微的剐蹭或擦伤，只需用钣金工具进行整形矫正即可。但对于严重的碰撞导致车身变形的故障，就需要使用车身尺寸测量设备准确测量车辆的变形程度，为制定进一步的整形维修方案进行准备。汽车生产厂家在具体车型的维修手册中均会给出车身尺寸的准确数据。以东风日产天籁轿车为例，该车的车身标准尺寸如图 7-37～图 7-39 所示。维修人员测量完车身尺寸后，可将测量值与这些标准数据进行对比，从而判定汽车受碰撞后的变形程度，然后使用大梁矫正机等整形设备对变形的车身进行矫正修复工作。因此维修工在工作实践中，要注意收集各种车型的车身尺寸标准数据，当检测评估车身损伤时，可以这些尺寸为基准，判定损伤程度；修复、矫正也以这些尺寸为依据；竣工检验还是以这些数据为检验标准。

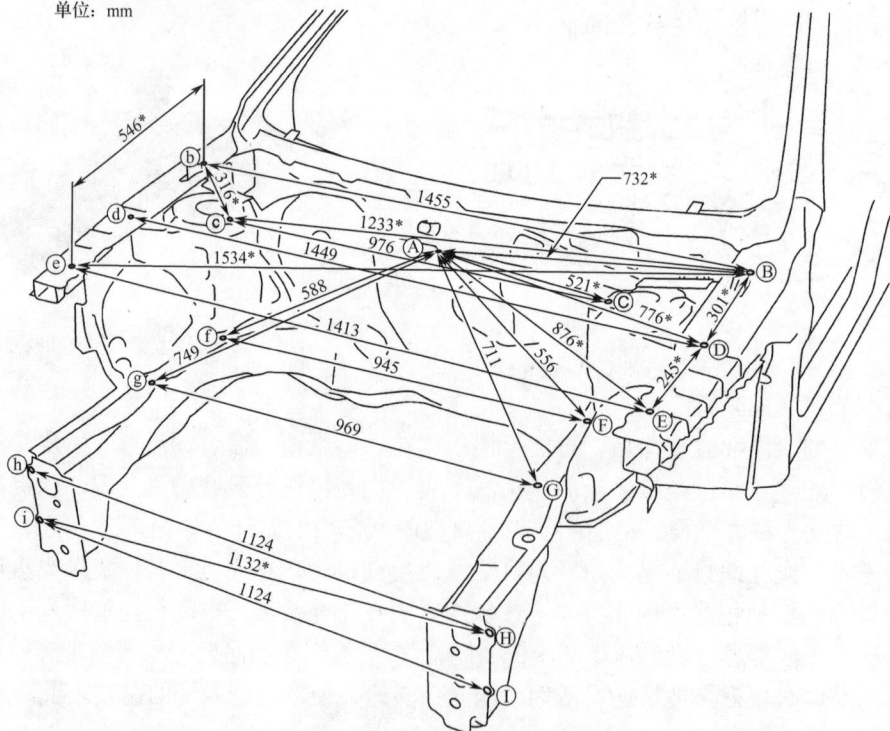

图 7-37　天籁轿车发动机舱尺寸

图上所标注尺寸均为实际尺寸　　★：螺钉头部　从车身的下面看　　标有星号（*）的数据表示其在汽车的左右两侧是对称的，有相同的尺寸。单位：mm

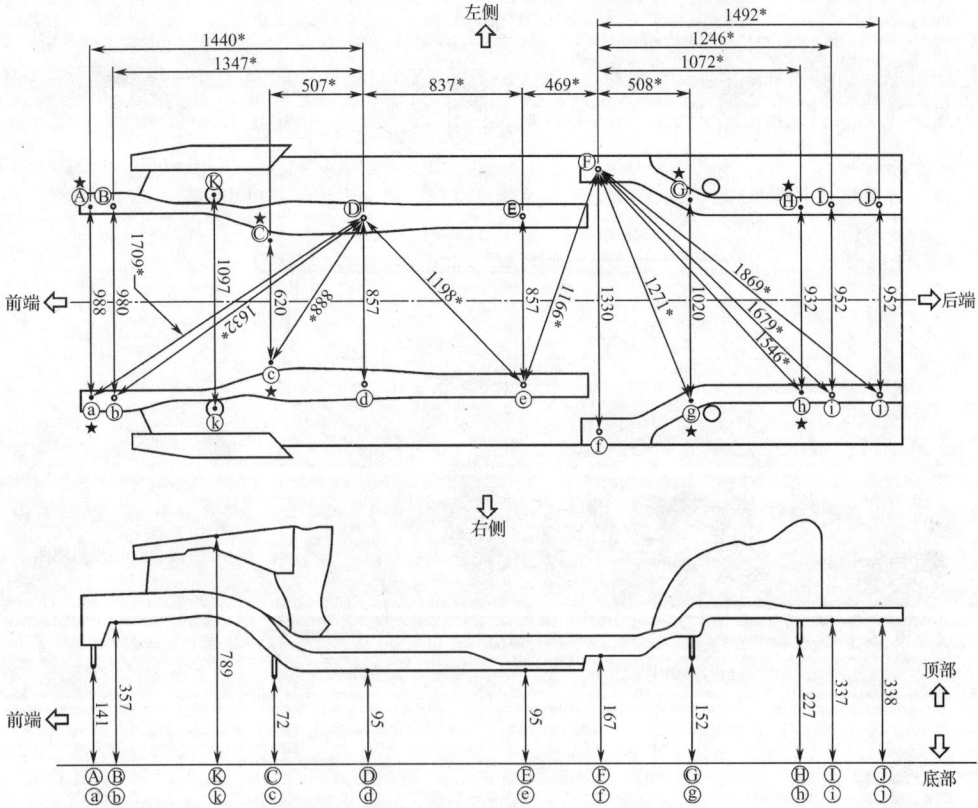

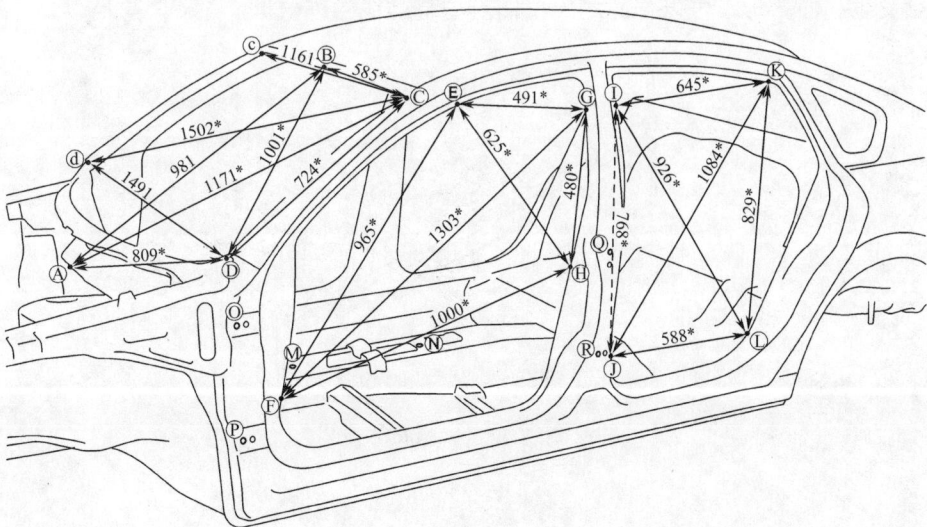

图 7-38　天籁轿车车身底部尺寸

标有星号（*）的数据表示其在汽车的左右两侧是对称的，有相同的尺寸。单位：mm

图 7-39　天籁轿车乘客舱尺寸

（1）轨道式量规

轨道式量规如图 7-40 所示。轨道式量规的左右测量销可沿轨道滑槽移动，销插入被测量孔中，从滑尺上即可读出两孔间的距离，非常适合执行两点之间的距离测量。在汽车车身测量操作中，可以使用轨道式量规测量车辆悬架和机械元件上的焊点，这些都是部件当中的关键控制点，对于这些关键控制点，在汽车车身整形过程中应不断测量，防止矫正过量。也可使用轨道式量规进行两点之间的测量，比如沿对角线方向测量汽车发动机舱、车门、挡风玻璃框架等，如果对角线测量结果相同，则说明没有变形，如图 7-41 所示。

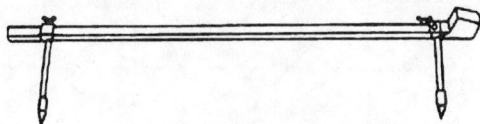

图 7-40　轨道式量规

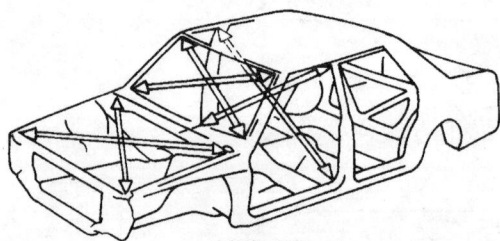

对角线测量

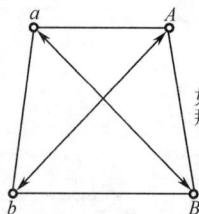

如果Ab=aB
那么，没有倾斜翘曲

图 7-41　对角线测量

（2）中心量规

中心量规如图 7-42 所示，可用来测量和诊断车架的变形损坏程度。比如，在对车辆进行翘曲检查时，在两个基本无损伤的地方悬挂两个量规，再在损伤区悬挂两个量规（见图 7-43），正常情况下，这些量规应平行，且中心在一条直线上。如检查到不平行及中心销错位，就说明车辆已发生翘曲变形，可以据此测出损伤点与基准线的差值。

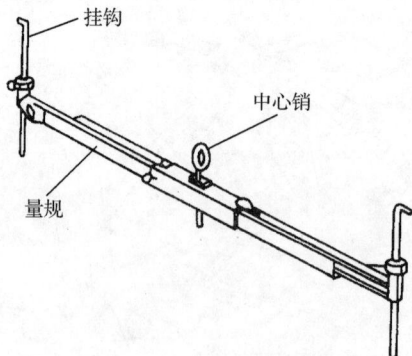

挂钩

中心销

量规

图 7-42　中心量规

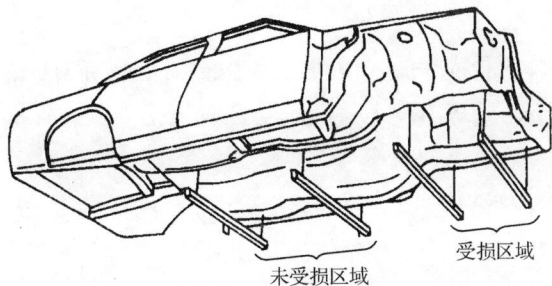

受损区域

未受损区域

图 7-43　用中心量规测量车辆的翘曲变形

（3）通用测量系统

把中心量规、轨道式量规技术集合成框架式带底平台的三维测量系统，成为精确测量工作台，多个测量头同时测量汽车前、后、顶、底与标准面（线）的距离，如图 7-44 所示。还可在系统中安置高精确度的基准线激光测量系统。

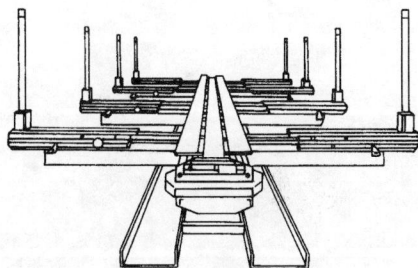

图 7-44　通用测量系统

13．车身变形矫正设备

（1）简易便携式车身牵拉器

简易便携式车身牵拉器如图 7-45 所示，能在任意方向施加矫正力。矫正时，主梁、支座和横梁常用于把汽车抬离地面，它们与下车身夹组合使用时，形成基座。使用时，可按照图 7-46 所示，将摆臂用链条及拉力钩与需矫正的部分连接，用液压泵与支承杆使摆臂运动，把变形部位拉复位。

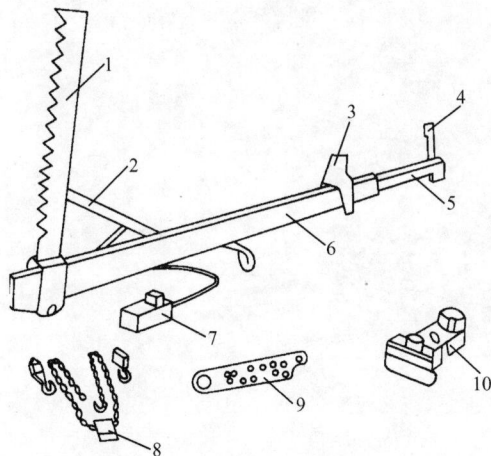

1-摆臂；2-支承杆；3-可调支座；4-延伸支座；5-伸长梁；

6-主梁；7-泵；8-铰链；9-车架角钢拉力盘；10-自紧拉力钳。

图 7-45　简易便携式车身牵拉器

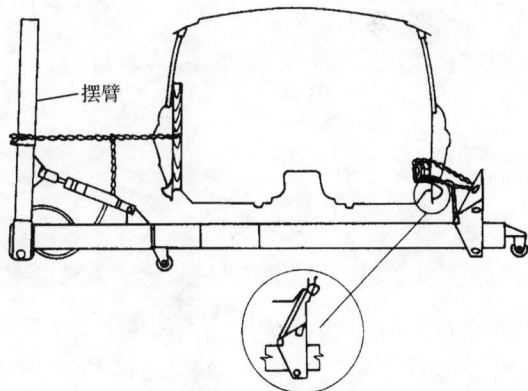

摆臂

图 7-46　简易便携式车身牵拉器使用方法

（2）轻便液压杆系统

轻便液压杆系统如图 7-47 所示。利用手动液压泵提供液压力，液压缸活塞杆运动，在液压杆两端装上适当的端头，就可方便、省力地对车身损伤部位进行推压、展宽、夹紧、拉拔和延伸，达到矫正的目的。液压杆系统与其他矫正设备结合，能从多方面、多角度完成车身各部分的矫正操作，如图 7-48 所示。

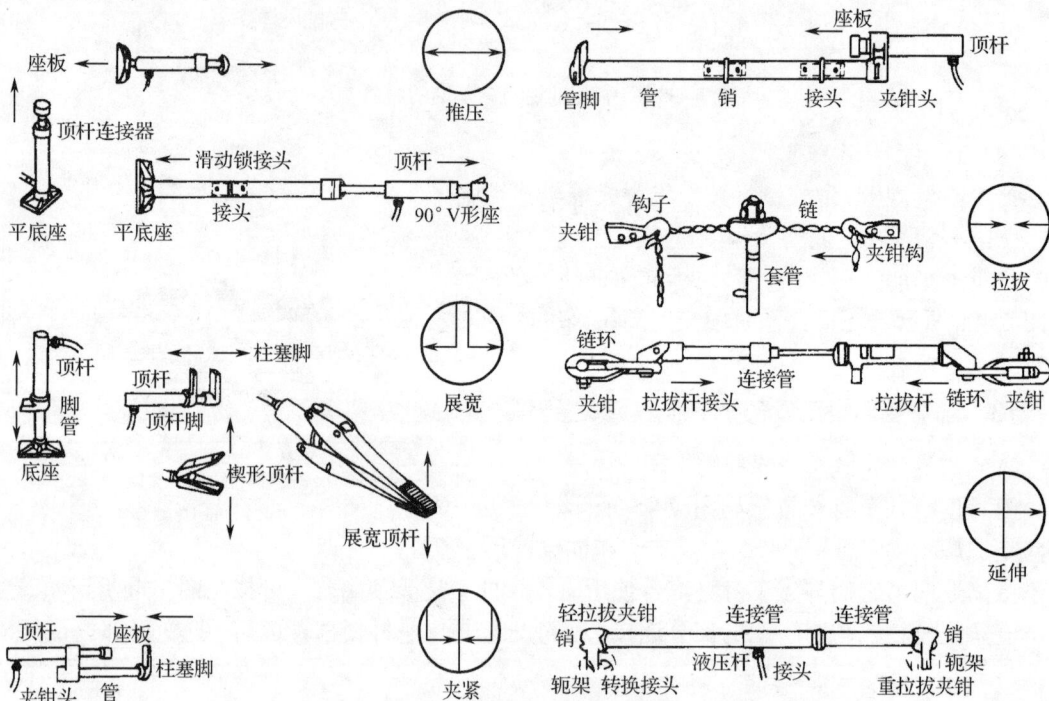

图 7-47　轻便液压杆系统

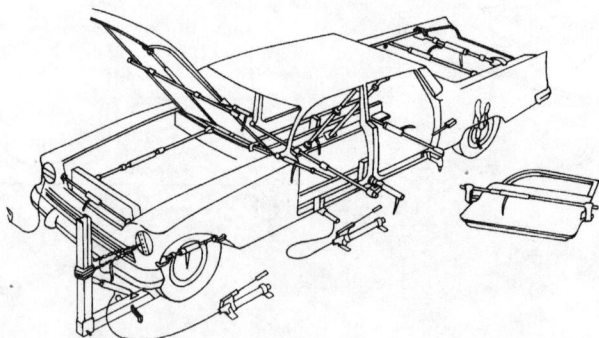

图 7-48　使用轻便液压杆系统矫正车身部件

（3）车身大梁矫正仪

车辆受到严重撞击后，车身的外覆盖件和结构件钢板都会发生变形。车身外覆盖件的损伤可以用锤子、垫铁和外形修复机来修理，但车身结构件的损伤修理仅仅使用这些工具是无法完成的。车架式车身的车架和整体式车身结构件是非常坚固与坚硬的，强度非常高，对于这些部件的整形，必须通过车身大梁矫正仪的巨大液压力才能够进行修复操作。使用车身矫正仪可以快速精确地修理这些变形损坏的构件。典型的平台式车身大梁矫正仪如图 7-49 所示。

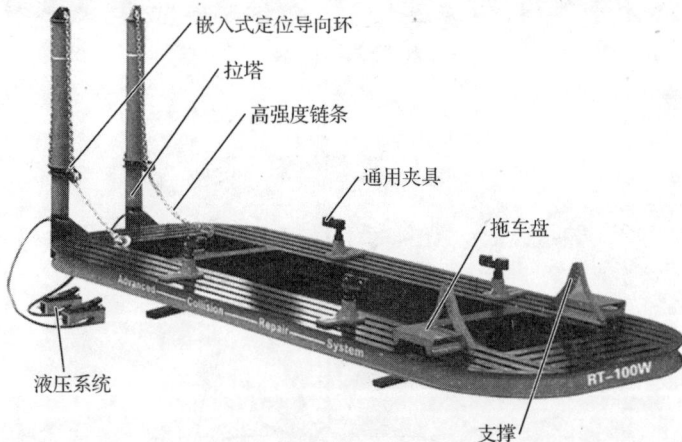

图 7-49 典型的平台式车身大梁矫正仪

平台式车身大梁矫正仪主要由以下部分组成：

（1）平台。平台是车身修复的主要工作台，拉伸矫正、测量、板件更换等工作都在平台上完成。

（2）上车系统及升降系统。通过上车系统和平台升降系统可以把事故车放置在矫正平台上。上车系统包括车板、拖车盘、支撑等，通过液压升降机构把平台升起到一定的工作高度。平台的工作高度有固定式和可调式，固定式的一般为倾斜式升降，高度为 500～600mm；可调式的一般为整体式升降，高度为 300～1000mm。

（3）夹具。维修前，固定在平台上的夹具将车辆紧固在平台上，使车辆、平台和夹具成为一个刚性的整体，使车辆在拉伸操作时不能移动。

（4）液压系统。车身拉伸矫正工作是通过液压的强大力量来把车身上的变形板件拉伸到位。矫正仪上的气动液压泵通过油管把液压油输送到塔柱内部的油缸中，推动油缸中的活塞顶出。气动液压系统一般是分体控制的，而比较先进的电动液压系统一般是集中控制的，由一个或两个电动泵来控制所有的液压装置，这样效率更高，故障率更低，工作平稳。

（5）拉塔。损坏板件的拉伸操作是通过塔柱实现的。塔柱内部有油缸，液压油推动油缸活塞，活塞推动塔柱的顶杆，顶杆伸出塔柱的同时拉动链条，在顶杆的后部有链条锁紧窝把链条锁紧，通过导向环把拉力的方向改变成需要进行拉伸的方向。导向环通过摩擦力卡在塔柱上。

14．淋雨试验台

淋雨试验台是一种利用喷水喷淋装置模仿车辆在淋雨状态下是否漏水的检测设备，可用于检测车身的水密性。车辆经过车身整形矫正后，也可使用淋雨试验台来验证维修质量。如果试验过程中发现车身漏水，首先要检查车身密封胶条等密封部件是否完好，如果排除了密封件的问题，就要仔细检查是否车身仍然存在变形而导致漏水。淋雨试验台的组成如图 7-50

所示。进行操作时需要两位维修技师配合，一位技师负责操纵淋雨试验台进行喷淋，另一位技师在车内负责观察车身是否漏水并记录漏水部位。以凯迪拉克 CTS 轿车为例，执行试验时应以 155kPa 的水压连续喷淋 4min 以上。使用淋雨试验台检查车身密封性如图 7-51 所示。

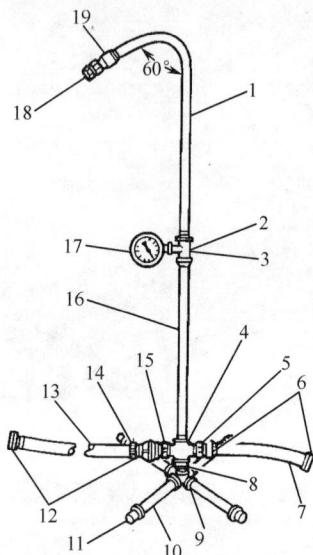

1-管子；2-异径三通；3-管接头；4-四通；5-管子至软管的螺纹接头；6-内螺纹软管接头；7-输入软管；

8-封闭螺纹接头；9-四通；10-螺纹接头；11-盖帽；12-内螺纹软管接头；13-软管；14-软管快接接头；

15-管子至软管螺纹接头；16-管子；17-水压表；18-喷射喷嘴；19-管接头。

图 7-50　淋雨试验台的组成

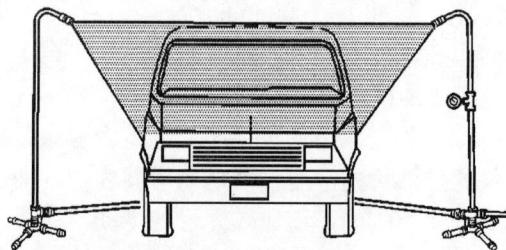

图 7-51　使用淋雨试验台检查车身密封性

二、汽车喷漆常用工具与设备的功能及使用方法

1. 空气压缩机

汽车喷漆是利用压缩空气的作用驱动喷枪，将配制好的涂料均匀喷涂在汽车表面的，为了获得高质量的喷涂表层，修理厂都会配备工作稳定、运行高效的空气压缩机作为压缩空气的供给源。空气压缩机俗称气泵，是提供压缩空气的设备。除喷漆需要使用压缩空气外，使用气动工具和设备时，如气动打磨机等，也需要一定压力和流量的压缩空气作为动力。在维修厂使用最为广泛的是活塞式空气压缩机，如图 7-52 所示。这种压缩机结构简单、性能可靠，

体型小，移动灵活。活塞式空气压缩机的组成如图 7-53 所示。在汽车喷漆维修中，空气压缩机主要的作用就是充当空气喷枪的空气源，把空气压缩机同空气喷枪相连，对汽车实施油喷涂作业。当扣动喷枪的扳机时，压缩空气经接头进入喷枪，从空气喷嘴喷出，在喷嘴的出口处形成低压区，漆壶盖上有小孔使漆壶内与大气相通，漆壶气压始终等于喷嘴出口处压力，这样在压力差的作用下即可将涂料从喷嘴喷出，并被压缩空气吹散而形成雾化状态，雾化后的涂料喷射到工件表面即可形成漆膜，如图 7-54 所示。

图 7-52　典型的活塞式空气压缩机

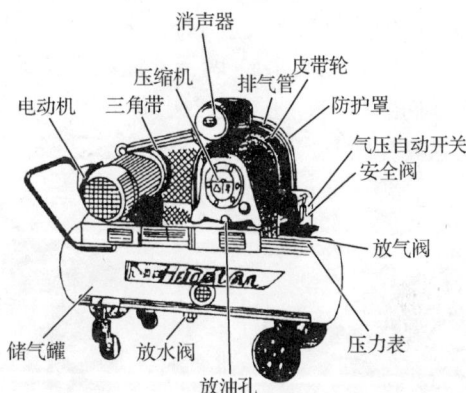

图 7-53　活塞式空气压缩机的组成

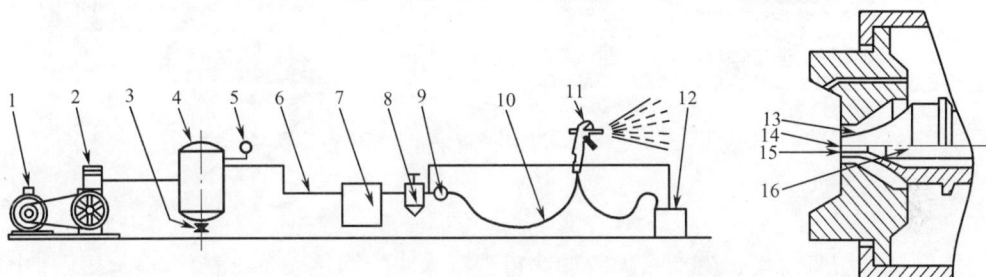

1-电动机；2-空气压缩机；3-排污阀；4-储气罐；5-气压表；6-输气管路；7-空气滤清器；8-减压阀；9-气压表；
10-软管；11-喷枪；12-供漆装置；13-空气喷口；14-喷漆口；15-喷漆嘴；16-供漆针阀。

图 7-54　汽车油漆喷涂示意图

2. 喷枪

汽车油漆喷枪的种类很多，按照涂料的供给方式可分为重力式喷枪、虹吸式喷枪和压力式喷枪。

（1）重力式喷枪

重力式喷枪如图 7-55 所示。喷枪的涂料杯安装在喷枪嘴的后上方，喷涂时利用涂料自重和涂料喷嘴尖端产生的空气压力差使涂料形成漆雾。这种喷枪涂料杯的黏度变化对喷出量影响很小，而且涂料杯的位置可以由喷漆工任意调节，有很好的灵活性。但是这种喷枪涂料杯的容量较小，只能适用于喷涂小块区域，而且在使用中随着涂料杯内涂料的减少，喷涂的稳定性也会有所降低，并且不能实现仰面喷涂。

（2）虹吸式喷枪

虹吸式喷枪也叫下壶式、吸力式喷枪，如图 7-56 所示。这种喷枪的涂料杯安装在喷嘴的后下方，喷涂时利用气流的作用，把涂料从壶中吸上来，并在喷嘴处由压力差而形成漆雾。这种喷枪出漆量均匀而稳定，当进行大面积喷涂操作时，可以换掉涂料杯，将抽料皮管直接连接到储有涂料的容器中，从容器中抽取涂料进行连续喷涂操作。但这种喷枪在涂料黏度发生变化时，容易产生喷出量的变化。

（3）压力式喷枪

压力式喷枪如图 7-57 所示。这种喷枪的涂料喷嘴与气帽正面齐平，不形成真空。涂料是被压力压向喷枪的，压力由一个独立的压力瓶提供。这种喷枪特别适用于进行连续喷涂，喷涂方位也容易调整。

图 7-55　重力式喷枪　　　　　图 7-56　虹吸式喷枪　　　　　图 7-57　压力式喷枪

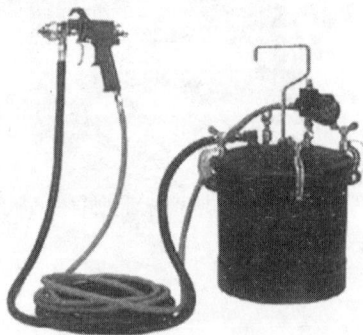

3. 汽车烤漆设备

烤漆设备是用来固化、烘干涂膜或加快自干漆涂膜的固化设备。在汽车喷漆工作中，许多高质量的涂料在喷涂后都需要进行烘烤才能固化，为了提高生产效率和保证喷涂质量，很多维修厂都配备有烤漆设备或建有烤漆房。

（1）红外线烤灯

红外线烤灯如图 7-58 所示，属于移动式红外干燥设备，在汽车局部喷漆烘干中广泛使用，它带有滚轮，可以灵活移动，可以用于对汽车局部的喷漆区域进行烘干作业。

（2）烤漆房

烤漆房如图 7-59 所示，可以进行喷漆和烤漆一条龙操作。

烤漆房配备有空气过滤装置，喷漆时，外部空气经过初级过滤网过滤后由风机送到房顶，再经过顶部过滤网二次过滤净化后进入房内。房内空气采用全降式，以 0.2～0.3m/s 的速度向下流动，使喷漆后的漆雾微粒不能在空气中停留，而直接通过底部出风口被排出房外。这样不断地循环转换，使喷漆时房内空气清洁度达 98%以上，使得喷漆时漆膜纯净，不会混入空气中的灰尘，且送入的空气具有一定的压力，可在车的四周形成一恒定的气流以去除过量的油漆，从而最大限度地保证喷漆的质量。

图 7-58　红外线烤灯

图 7-59　烤漆房

　　烤漆时，将风门调至烤漆位置，热风循环，烤漆房内温度迅速升高到预定干燥温度（55～60℃）。风机将外部新鲜空气进行初过滤后，与热能转换器发生热交换后送至烤漆房顶部的气室，再经过第二次过滤净化，热风经过风门的内循环作用，除吸进少量新鲜空气外，绝大部分热空气又被继续加热利用，使得烤漆房内温度逐步升高。当温度达到设定的温度时，燃烧器自动停止；当温度下降到设置温度时，风机和燃烧器又自动开启，使烤漆房内温度保持相对恒定。最后当烤漆时间达到设定的时间时，烤漆房自动关机，烤漆结束。

第八天　汽车维护保养基本知识与安全注意事项

任务目标

1. 了解汽车常见的维护保养基本知识。
2. 掌握汽车维护保养操作时的安全注意事项。

知识准备

一、维护保养的意义

现代汽车制造业随着新技术、新工艺以及新材料的广泛应用，使得汽车的技术性能和使用寿命都有了很大程度的提高，但是汽车作为一种由各种材料制成的工业产品，随着行驶里程的增加，车辆零部件都会逐渐产生磨损，导致汽车技术性能、使用性能逐渐变差，这是不可抗拒的规律。作为汽车维修从业人员，如果能了解汽车技术状况的变化规律，做到合理使用并及时维护车辆，确保车辆使用技术良好，就可以延长车辆的使用寿命，这就是汽车维护保养的意义所在。通过及时有效的维护保养，不但能大大延长车辆的正常使用寿命，保证汽车使用的安全性，也能有效降低车辆的排放污染，提高经济效益。

二、汽车技术状况变化指标

在汽车使用过程中，一般以汽车主要部件的磨损状况作为衡量汽车技术状况的指标。研究结果表明，汽车零件的磨损过程可分为三个阶段，如图 8-1 所示。

第一阶段称为磨合阶段或走合阶段，一般为 1000～1500km。在这个里程（或时间）内，汽车零件的磨损速度较快，当配合零件走合良好后，磨损速度开始减慢。零件在走合期间的磨损量主要与汽车零部件加工工艺质量和走合期间的维护有关。

图 8-1　汽车零件磨损曲线

第二阶段称为零件的正常磨损阶段。这个阶段是汽车零件的正常使用时期，零件的磨损速度随着汽车行驶里程的增加而减缓。由于在走合期间，零件的工作表面已经磨合，润滑条件较好，各个零件的配合间隙也在正常的规范范围内，因此该阶段零件的磨损缓慢。但正常工作阶段维持时间的长短取决于零件的材料、结构、使用条件以及是否正确维护保养。如果能合理使用车辆，并执行及时有效的维护保养，就可以大大延长车辆保持良好工作状态的时间。

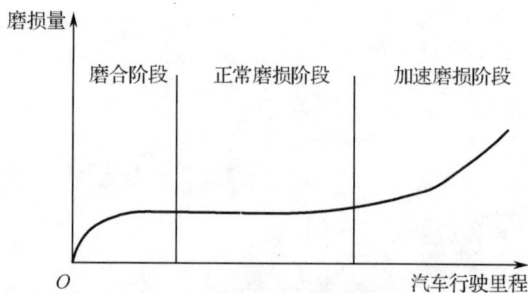

　　第三阶段是零件的加速磨损阶段。在这个阶段，车辆各个零件的配合间隙已经达到最大允许使用极限，磨损量急剧增加。由于间隙增大，润滑油膜难以维持，冲击负荷增大，导致车辆发生异响、漏气、振抖、温度异常等故障现象。此时如果继续使用，就会使车辆零件产生异常磨损，使零件迅速损坏，只有经过大修，才能恢复车辆的正常使用性能。

三、维护保养作业内容和间隔

　　维修企业在维护车辆时，必须严格按照各种车型的使用说明书和维修手册上的说明执行各项维护保养作业。以上海通用凯越轿车为例，其发动机、底盘和车身的保养项目和保养间隔如表 8-1 和表 8-2 所示。

表 8-1　上海通用凯越轿车发动机定期保养

保养项目	保养间隔											
	千米数或月数（以先达到者为准）											
×1000km	1	10	20	30	40	45	50	60	70	80	90	100
月数	—	6	12	18	24	27	30	36	42	48	54	60
传动皮带（发电机、动力转向和空调皮带）			I					I			I	
发动机机油和机油滤清器	I	R	R	R	R		R	R	R	R	R	R
冷却系统软管、接头		I	I	I	I	I	I	I	I	I	I	I
发动机冷却液	I	I	I	I	R		I	I	I	R	I	I
燃油滤清器					R					R		
燃油管和接头			I					I				I
空气滤清器滤芯		I	I	I	R		I	I	I	R	I	I
火花塞（1.6L 发动机）	I	R		R			R		R		I	R
火花塞（1.8L 发动机）			I					R			I	
火花塞导线	每 96000km 应更换											
燃油蒸发排放炭罐、燃油蒸气排放管					I					I		
曲轴箱强制通风系统			I					I			I	
正时皮带	I	I	I	I	R	I	I	I	I	I	R	I

备注：
I：表示检查，必要时进行校准、清洗、添加或调整。
R：表示更换或改换。
如果车辆在长时间怠速或多尘条件下行驶，则每 5000km 或每 3 个月（以先达到者为准）就要更换发动机机油和机油滤清器。
在多尘条件行驶时，每 5000km 或每 3 个月就要检查空气滤清器滤芯，必要时清洗或更换滤芯。
发动机机油液面和发动机冷却液液面每星期检查一次。

表 8-2　上海通用凯越轿车底盘和车身定期保养

保养项目	保养间隔										
	千米数或月数（以先达到者为准）										
×1000km	1	10	20	30	40	50	60	70	80	90	100
月数	—	6	12	18	24	30	36	42	48	54	60
车内空气滤清器		R	R	R	R	R	R	R	R	R	R
排气管和安装座		I	I	I	I	I	I	I	I	I	I
制动器/离合器油液	I	I	I	R	I	I	R	I	I	R	I
前制动块和制动盘		I	I	I	I	I	I	I	I	I	I
后制动块或鼓与衬片		I	I	I	I	I	I	I	I	I	I
驻车制动器	I	I	I	I	I	I	I	I	I	I	I
制动油管和接头（含助力器）		I	I	I	I	I	I	I	I	I	I
手动变速器油液		I	I	I	I	I	I	I	I	I	I
自动变速器油液		I	I	I	I	I	I	I	I	I	I
紧固底盘和车身底部螺栓和螺母		I	I	I	I	I	I	I	I	I	I
轮胎状况和充气压力	I	I	I	I	I	I	I	I	I	I	I
车轮定位	发现异常时进行检查，必要时将轮胎换位并进行平衡										
方向盘和连杆		I	I	I	I	I	I	I	I	I	I
动力转向油液和油管	I	I	I	I	I	I	I	I	I	I	I
驱动桥护套		I	I	I	I	I	I	I	I	I	I
安全带、搭扣和固定件		I	I	I	I	I	I	I	I	I	I
润滑锁芯、铰链和发动机罩闩钩		I	I	I	I	I	I	I	I	I	I

备注：

I：表示检查，必要时进行校准，清洗，添加或调整。

R：表示更换或改换。

对于 1.8L 顶置双凸轮车型（配 ZF 4HP 16 自动变速器），如果车辆在交通拥挤，且室外温度经常达到 32℃或更高的状况下行驶，或用作出租车、警车或送货车时，每 60000km 应更换自动变速器油液。

如果车辆经常在丘陵或山地行驶，则每 15000km 应更换制动器/离合器油液。

四、汽车维护作业的分类

汽车维护工作按照性质的不同大体分为清洁作业、检查作业、紧固作业、润滑作业、调整作业和补给作业等，如表 8-3 所示。

五、使用 VIN 编码识别接修车型

对接修的车辆执行维护保养作业时，首先要对车辆进行识别，把接修车辆的品牌、型号和生产年份了解清楚。Vehicle Identification Number（汽车识别编码，简称 VIN）是识别一辆汽车不可缺少的工具，一辆汽车的 VIN 编码由字母和阿拉伯数字组成，共 17 位，俗称 17 位

编码。

表 8-3　汽车维护作业分类

维 护 作 业	作 业 内 容
清洁作业	清除汽车外表的污泥，打扫和擦拭载货汽车车厢、驾驶室以及客车车身的内外表面和各类附件。对燃油、机油和空气滤清器的滤芯进行清洁
检查作业	检查汽车各总成和机件的外表；检查各机件外表、连接是否牢固；是否存在漏水、漏电、漏气现象；利用车辆上的指示仪表、报警装置等随车诊断装置，检查各个总成、机构和仪表的工作状况；对影响汽车安全行驶的转向、制动、灯光系统应加强检查；汽车拆检或装配、调整时应检查各个主要部件的配合间隙
紧固作业	汽车在运行中，由于振动、颠簸或热胀冷缩等原因，会改变车辆零部件的紧固程度，使部件丧失连接的可靠性，紧固作业时要着重检查负荷重且经常变化的机件连接部位，对各个连接螺栓进行合乎规范的紧固和配换
润滑作业	清洗发动机润滑系统，更换和添加润滑油，更换机油滤清器或滤芯；对传动系统、安全操纵机构和行走机构的各润滑点加注润滑油或润滑脂，更换或添加润滑脂
调整作业	按照技术要求，恢复总成、机件的正常配合间隙及工作性能
补给作业	检查油箱状况和测量油箱的存油量，按需添加燃油；检查散热器状况，并按要求加注冷却液；检查制动及转向机构工作所需液体，并按需要加注。对蓄电池进行充电，对轮胎执行充气

VIN 的每位编码代表着汽车某一方面的信息参数，按照 VIN 的编码规则和顺序，可以从中识别出该车的生产国家、制造厂商、车的类型、品牌名称、车型系列、车身类型、发动机型号、车型年款、安全防护装置型号、检验数字、装配工厂名称及出厂顺序号码等信息。这种 17 位组合编码经过特定的排列组合可以保证每个汽车制造厂在 30 年内生产的每辆汽车的 VIN 编码具有唯一性，就像人们的身份证号码一样，不会发生重号或错认。VIN 编码在 1981 年起已经在国外汽车公司使用，我国也规定自 1999 年 1 月 1 日起所有生产的车辆都必须使用 VIN 编码。汽车维修人员利用 VIN 编码可以掌握接修车辆的相关信息，从而快速准确地查找相应的维修资料，提高工作效率。汽车配件经营人员借助 VIN 编码可以准确识别车型和年款，避免订购汽车配件时发生误购、错装的现象。车辆管理部门利用 VIN 编码可以方便地编制车辆信息数据库，实现车辆信息电子化管理与查询。VIN 编码的作用和重要性，正越来越被人们所认识和重视。维修工应能熟练识别 VIN 编码的准确含义。

VIN 编码标牌一般安装在汽车仪表板左侧，在车外透过挡风玻璃即可看到，如图 8-2 所示。

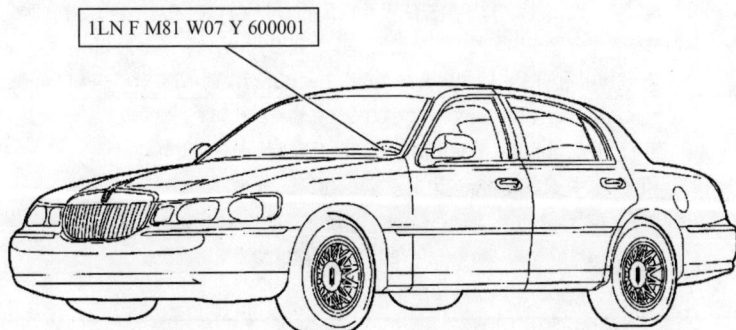

1LN F M81 W07 Y 600001

图 8-2　美规汽车 VIN 编码安装位置识别

VIN 编码共有 17 位，编码组成如图 8-3，编码含义如表 8-4 所示。

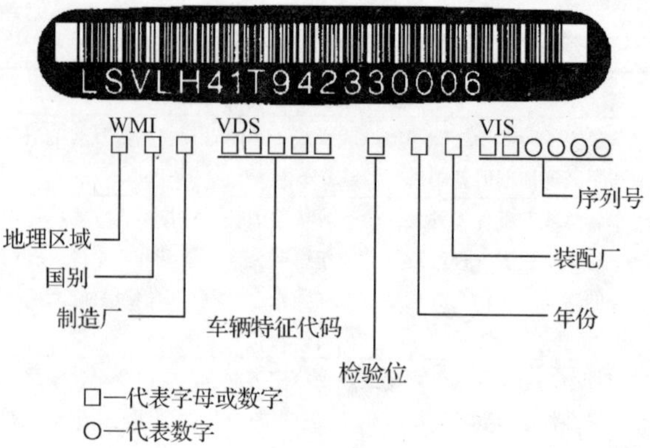

图 8-3　汽车 VIN 编码组成

表 8-4　VIN 编码含义

VIN 编码	含　　义
第 1～3 位	世界生产商识别代码（World Manufacter Identifier，WMI），用来表示车辆是在哪个国家，由哪个汽车制造厂生产的。该代码由 3 个字母或数字组成，按照规定，WMI 代码只能使用下列阿拉伯数字和大写罗马字母： 1 2 3 4 5 6 7 8 9 0 A B C D E F J K L M N P R S T U V W X Y Z（字母 I、O 和 Q 不能使用） 包含以下信息： 　　第一位代码由国际代理机构分配，用以标明汽车制造厂所处的地理区域，根据预期的需求，可以为一个地理区域分配一个或多个字码。比如对北美洲地区（包含美国、加拿大、墨西哥等国家），就分配了阿拉伯数字 1~5，其中美国分配到的数字是 1、4、5；加拿大分配到的数字是 2，墨西哥分配到的数字是 3。对于欧洲地区（包含德国、英国、俄罗斯、比利时、法国、芬兰等），则将罗马字母 S~Z 分配给该地区，其中字母 W 就分配给了位于德国的汽车制造厂。 　　第二位代码由国际代理机构分配，用以标明一个特定地理区域内的一个国家，根据预期的需求，可以为一个国家分配一个或多个字码。通过第一位和第二位字码的组合使用可以确保对某个国家的唯一识别。 　　国际代理机构（即美国汽车工程师学会，英文缩写为 SAE）已经为每一个国家分配了第一位和第二位代码的组合，分配给中国的代码组合为 L0~L9、LA~LZ、H0~H9、HA~HZ。 　　第三位代码由授权机构分配、用以标明特定车辆制造厂。 　　通过第一位、第二位和第三位代码的组合使用，可以确保对车辆制造厂的唯一识别。比如，SAE 给德国奥迪公司在德国的工厂分配的 WMI 代码为 WAU；给奥迪公司在欧洲匈牙利制造厂分配的 WMI 代码则为 TRU；给中国一汽大众汽车制造厂分配的 WMI 代码为 LFV
第 4～8 位	用来描述车辆特征，英文简称为 VDS（车辆特征代码）： 轿车：种类、系列、车身类型、发动机类型及约束系统类型。 MPV：种类、系列、车身类型、发动机类型及车辆额定总重。 货车：型号或种类、系列、底盘、驾驶室类型、发动机类型、制动系统及车辆额定总重。 客车：型号或种类、系列、车身类型、发动机类型及制动系统
第 9 位	检验位，通过一定的算法来防止输入错误

续表

VIN 编码	含　义
第 10 位	表示车辆生产车型年份，该模式每 30 年重复一次： A=1980/2010　B=1981/2011　C=1982/2012　D=1983/2013 E=1984/2014　F=1985/2015　G=1986/2016　H=1987/2017 J=1988/2018　K=1989/2019　L=1990/2020　M=1991/2021 N=1992/2022　P=1993/2023　R=1994/2024　S=1995/2025 T=1996/2026　V=1997/2027　W=1998/2028　X=1999/2029 Y=2000/2030　1=2001/2031　2=2002/2032　3=2003/2033 4=2004/2034　5=2005/2035　6=2006/2036　7=2007/2037 8=2008/2038　9=2009/2039
第 11 位	表示车辆的装配厂
第 12～17 位	车辆的生产序列号，英文简称 VIS

以德国奥迪车系为例，其 VIN 编码说明如表 8-5 所示。

表 8-5　德国奥迪车系 VIN 编码说明

VIN 编码	含　义
1～3 位	WAU：美国汽车工程师学会分配给德国奥迪公司德国制造厂的 WMI 代码，该代码表示该车是由奥迪公司设在德国工厂出产的
第 4 位	CAR LINE SERIES（车型品牌系列） A-A6 2.8（A6 2.8L 轿车） B-A4 TURBO（A4 增压发动机车型） B-A6 2.8 QUATTRO（A6 2.8 四轮驱动车型） B-A8（A8 轿车） C-A4 TURBO（A4 增压发动机车型） D-A4（A4 轿车） E-A4 QUATTRO（A4 四轮驱动车型）
第 5 位	ENGINE TYPE（发动机类型） A-2.8L V6 172 HP（2.8L V6 172 马力） A-2.8L V6 200 HP（2.8L V6 200 马力） B-1.8L 4-CYLINDER TURBO（4 缸增压发动机） C-2.8L V6 172HP（2.8L V6 172 马力） F-3697CC 8-CYLINDER（3697CC8 缸发动机） G-4172CC 8-CYLINDER（4172CC 8 缸发动机）
第 6 位	RESTRAINT SYSTEM（安全约束系统） 0-ACTIVE BELT（主动式安全带） 1-DR/PASS AIRBAG + FR. & RR. SIDE AIR BAGS（驾驶员/乘客安全气囊+前侧和后侧侧面安全气囊） 4-ELRA（紧急锁紧式安全带） 5-DRIVER AIR BAG（驾驶员侧安全气囊） 8-DRIVER AND PASSENGER AIR BAG（驾驶员和乘客安全气囊）
第 7～8 位	MODEL（车型） 8D-A4 轿车　　4A-A6 WAGON（旅游车）　　4B-A6 轿车　　4D-A8 轿车

续表

VIN 编码	含　义
第 9 位	VIN CHECK DIGIT（工厂检验数字编码） 0 THROUGH 9 OR X　　0-9 或 X
第 10 位	MODEL YEAR（车辆年款编码） N-1992　　P-1993　　R-1994　　S-1995　　T-1996　　V-1997 W-1998　　X-1999　　Y-2000　　1-2001　　2-2002　　3-2003 4-2004　　5-2005　　6-2006　　7-2007　　8-2008　　9-2009 A-2010　　B-2011　　C-2012　　D-2013　　E-2014　　F-2015 G-2016　　H-2017　　J-2018　　K-2019　　L-2020
第 11 位	ASSEMBLY PLANT（车辆总装厂） A-INGOLSTADT, GERMANY（德国 INGOLSTADT 总装厂） H-HANOVER,GERMANY（德国 HANOVER 总装厂） N-HECKARSULM, GERMANY（德国 NECKARSULM 总装厂）
第 12～17 位	PRODUCTION SEQUENCE NUMBER（生产顺序号）

六、汽车维护保养中的防护装备

1. 防护手套

对汽车执行维护保养工作时，佩戴合适的防护手套，不但能保持双手的清洁，而且还可以防止手受到机油和其他有害材料的伤害。选择防护手套时，应根据操作项目灵活选用不同类型的防护手套，比如执行机油更换作业时，应选用大小合适的乙烯手套。这种手套价格便宜，而且不受气、油或溶剂的影响，而不要选用普通的医用橡胶手套，这种手套接触到汽车机油、溶剂后很容易胀大或变脆，不利于安全操作。从事车体部件焊接工作时，则要选用焊工保护手套，这种手套耐高温，能承受焊接时溅落在手套上的火花，能有效保护双手。典型的防护手套如图 8-4 所示。

2. 防护鞋

执行车辆举升等维护作业时，穿上带有安全保护鞋头的防护鞋能有效地保护脚趾不受伤害，这种防护鞋能有效防止脚被掉落的物体砸伤，如图 8-5 所示。

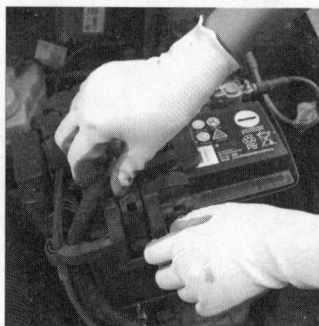

图 8-4　典型的防护手套

图 8-5　带有安全保护鞋头的防护鞋

3. 安全帽

在车身底部执行维护工作的维修人员，应佩戴安全帽，保护头部免受车下物体或升降机等机件磕碰导致受伤，如图 8-6 所示。

4. 防护眼镜

汽车维护中经常会使用压缩空气执行灰尘吹除、用砂轮机打磨部件，这些类型的操作项目都容易造成粉尘或杂物飞入眼睛导致受伤，因此要佩戴合适的防护器材，确保作业安全。典型的防护眼镜如图 8-7 所示。

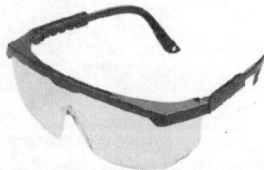

图 8-6　安全帽　　　　　　　　　　　图 8-7　防护眼镜

5. 防护耳罩

在执行切割、打磨等工作时，作业时的噪声如果过高，就会对人的听力产生不可逆转的永久损害；在维修车间工作时，如果周围环境噪声很高，不得不提高嗓门说话时，应佩戴防护耳罩，如图 8-8 所示。

6. 工作服

有条件的维修厂应根据实际需求为员工配备合适的工作防护服，这种防护服经过特殊设计，比如腰带采用不带金属扣的松紧带，这样就可以防止维修汽车电器时腰带的金属扣与汽车电路中的带电线束接触发生触电事故，袖口采用松紧式收口设计，可防止在维护操作过程中钩挂袖口。为了防止工作时损坏车辆，这种工作服的扣子均不暴露在外，面料也采用耐用耐脏的面料，且容易洗涤，既有利于企业的形象，也有利于员工的劳动防护，如图 8-9 所示。

图 8-8　典型的噪声防护耳罩　　　　图 8-9　典型的汽车维修工作服

7. 汽车防护品

在执行各种维护保养作业时，维修工要在车前、车下、车内、车后的不同位置执行各项操作，为了防止工具磕碰车辆或弄脏车辆，需要配备并使用各种汽车防护品，比如车轮挡块、翼子板护罩、方向盘护罩、座椅护罩、地板垫等，如图 8-10 所示。

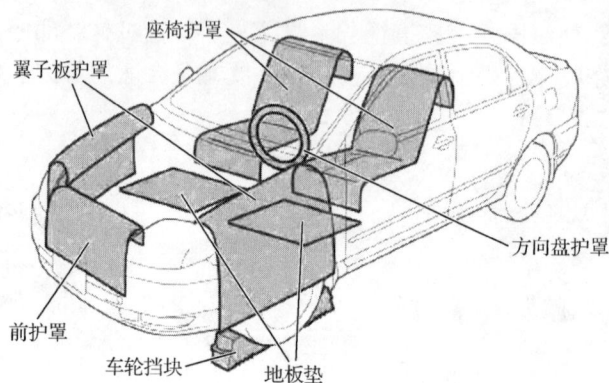

图 8-10　汽车防护品的使用

8. 汽车尾气抽排系统

图 8-11　滑轨式汽车尾气
抽排系统

在通风不良的车间起动接修车辆的发动机时，要特别注意发动机运行时排放的尾气会导致一氧化碳累积使人中毒，应将废气抽排系统的连接管连接到车辆的排气管上，将汽车尾气通过废气排风管直接排到室外，防止发生中毒事故，如图 8-11 所示。

七、维护保养作业时的安全注意事项

1. 搬运重物

搬运重物时脚要站稳，尽可能将重物靠近身体，这样可以减轻身体疲劳。抬重物时应使用手臂和腿的力量，避免身体背部受力。移动重物时应采用推动物体，而不要采取拉的方式。

搬运重物时身体不要扭曲，转向时应转动脚跟，防止脊柱转动时受伤，如图 8-12 所示。

2. 选择最舒服的工作姿势

当站立工作时，应将需要的零件、工具放置在胸部和腰部之间的位置，使自己能以非常舒服的姿势拿取工具执行操作。当坐着进行维护保养作业时，操作应在肘部高度进行。应尽可能避免弯腰或蹲着工作，弯腰或蹲着工作既容易造成身体过度疲劳，也不利于提高工作效率。

3. 工具放置

养成把工具放置在工作台或工作架上的良好习惯，不许图省事放在车间地面上，以免被别人踩到而绊倒。

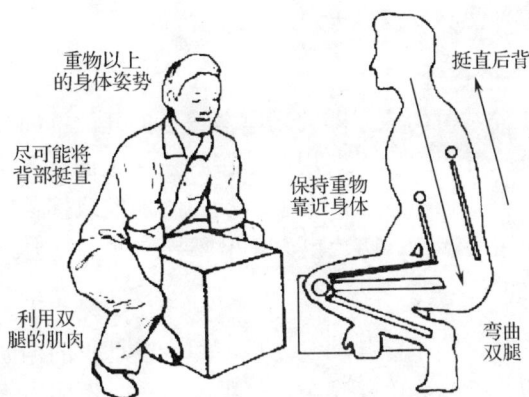

图 8-12　搬运重物的正确姿势

4．添加燃油、机油和润滑脂

执行此类作业时要注意，如果燃油、机油、润滑脂滴落或飞溅到地面上，要立即清理干净，不要拖延，燃油、机油和润滑脂都是易燃品，不及时清理容易发生火灾，也容易被人踩上而滑倒。遵守必要的容器使用规则，如图 8-13 所示，用抹布擦干后，沾有油脂的抹布应放置在带盖的金属容器内，防止发生自燃或引燃；当用容器装载汽油时，不要将汽油装满，应使汽油液面距离容器顶部至少 25mm，因为汽油在温度过高时会发生膨胀，如果容器内汽油装得过满，会发生溢油而导致危险；当把汽油或其他易燃物从一个容器倒入另一容器时，最好能在容器上安装接地线，避免产生静电而引发爆炸或火灾。

不要使用未经许可的容器

图 8-13　使用容器

5．从一个工作地点到另外一个工作地点

当从车间的一个操作工位走到另一个操作工位时，要走指定的通道，不可随意横穿其他的操作工位。这样不但影响其他工位的员工工作，也容易导致安全隐患。

6．防火

不在非吸烟区吸烟；在吸烟区吸烟后要确认把烟头熄灭在烟灰缸内。对维修车间内灭火器的放置地点了解清楚，熟练掌握灭火器的使用方法；在机油存储地或可燃的零件清洗剂附近不要使用明火；在处于充电状态的蓄电池附近不要使用明火，因为蓄电池充电时会产生可以点燃的爆炸性气体；维护车辆时如果发现车辆有燃油泄漏现象，应立即断开车辆的蓄电池负极电缆，防止车辆被意外起动导致火灾。

7．使用电器设备

当发现电器设备工作异常时，应立即关闭电器设备的开关；如果电路发生短路或引发火灾，应先切断电路开关再执行灭火；不要用湿手接触任何电器设备；拔下电源插头时不要拔电线，而要拔插头本身；不要让电缆接触潮湿、浸油的地面或接触炽热的表面；在开关、配电盘和电机附近均不要使用易燃物，防止电火花引燃导致火灾发生。

8．用千斤顶顶起车辆

当车辆被千斤顶顶起时，绝不能起动发动机，因为发动机的振动或车轮的转动，都会使车辆从千斤顶上滑落造成危险。为确保安全，使用千斤顶时不能用千斤顶支在保险杠、横梁等部位。维修人员不能在没有支撑的车辆车下工作。当用千斤顶支撑车辆时，乘客不能逗留在车上，因为他们的运动可能引起车辆从千斤顶上滑落下来。当用千斤顶支撑车辆时，要将千斤顶顶在车身底部的千斤顶支撑点上，并按照图 8-14 所示执行操作。用千斤顶将车顶起后，要及时用可调节高度的安全支架（见图 8-15）将车辆支撑住。不能长时间用千斤顶支撑车辆，以免千斤顶突然失效导致事故。

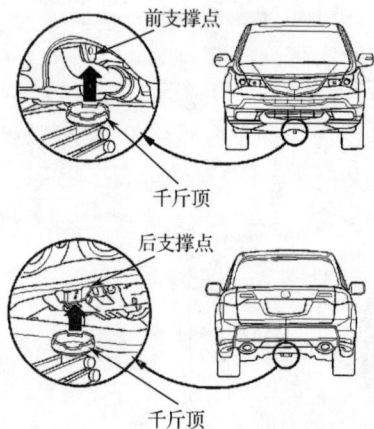

图 8-14　千斤顶支撑点识别（讴歌 MDX 轿车）

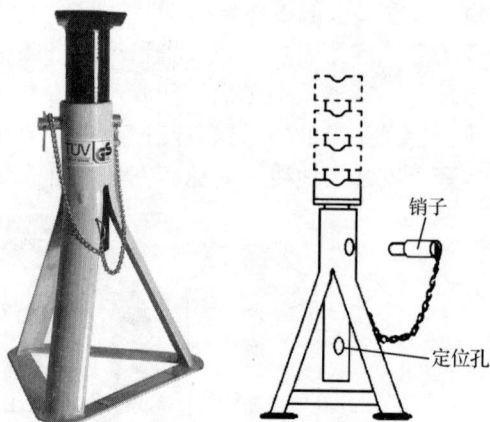

图 8-15　安全支架识别

9．用举升机举升车辆

当用举升机举升车辆时，也要将举升机举升支架调节到适当的长度，使举升支架上的橡胶垫块准确放置在车身底部的举升位置，如图 8-16 所示；操作时，先将车略微升高，然后仔细检查举升机的举升支架上的橡胶垫是否牢固接触到车辆的举升点，确认后，再轻轻晃动一下车辆，确认举升机举升稳固后，再将车辆举升到所需高度。

10．使用拖车牵引或运送维修车辆

当车辆发生故障无法行驶，需要使用拖车牵引或运送到维修厂时，要按照具体车型使用手册或维修手册上的拖车牵引方法执行操作，如图 8-17 所示。

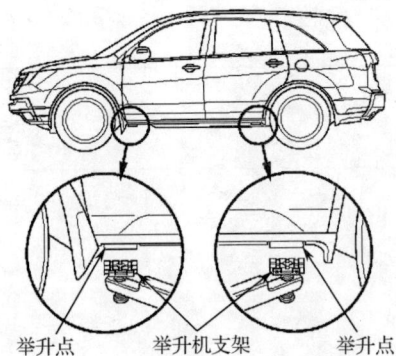

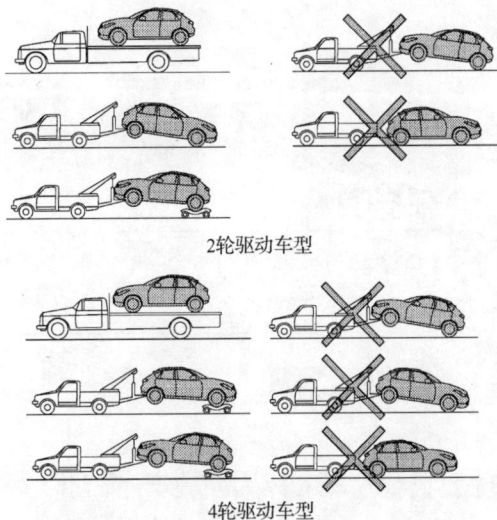

图 8-16　车辆举升机举升点识别（讴歌 MDX 轿车）　图 8-17　拖车牵引或运送方法（英菲尼迪 FX 轿车）

2轮驱动车型

4轮驱动车型

举升点　举升机支架　举升点

第九天　汽车维护保养项目

任务目标

1. 了解汽车常见维护保养项目。
2. 了解汽车常见维护保养项目的操作方法。

知识准备

项目 1：汽车油液泄放与添加

一、汽车制动液

汽车制动液又名机动车辆制动液、机动车制动液、刹车油或刹车液，是用于汽车液压制动系统中传递压力，使车轮制动器实现制动作用的一种功能性液体。对汽车制动液的性能要求是：黏温性好，凝固点低，低温流动性好；沸点高，高温下不产生气阻；使用过程中品质变化小，并不引起金属件和橡胶件的腐蚀和变质。制动液在使用一定的时间后，会出现沸点降低、污染及不同程度的氧化变质，所以应根据气候、环境条件、季节变化及工况适时检查其质量性能，及时更换。在普通驾驶环境下，制动液在使用两年或 50000km 后就应更换。

二、发动机冷却液

目前，汽车上采用的发动机冷却液一般为乙二醇-水溶液，这种冷却液具有冰点低、沸点高、防腐蚀和防垢性能好的优点。乙二醇是一种无色黏稠液体，其沸点高达 197℃，冰点为 -11.5℃，可以和水以一定比例混合，在与水混合后，其冰点温度会显著降低，最低可达-68℃。

三、发动机机油

1. 发动机机油的作用

对于汽车发动机来说，发动机机油有以下几种作用。

（1）润滑作用。将机械摩擦表面隔开，形成液体摩擦，减少机械磨损和摩擦阻力，提高机械效率。

（2）冷却作用。利用发动机机油的循环流动，将机械运转中产生的热量带走，保证机械正常工作。

（3）保护作用。黏附于机械表面，以防腐蚀。

（4）密封作用。使气缸壁和活塞环之间密封不漏气。

（5）清洁作用。发动机机油不断循环，将机械表面金属屑和杂质带走并被过滤，减少机械磨损。

2．发动机机油的质量要求

发动机机油应当具有良好的流动性、润滑性及安定性等性能。

（1）流动性。发动机机油必须具有良好的流动性，才能迅速流到各润滑点起到润滑、冷却及清洁的作用。流动性随温度的变化而变化，评定流动性好坏的质量指标主要有黏度、黏温特性、倾点等。黏度是发动机机油流动性的重要指标，黏度越大，流动越困难；黏度越小，流动越容易。黏温特性表示黏度随温度变化的性质，温度升高，黏度减小；温度降低，黏度增大。倾点表示发动机机油的低温流动性，即在低温下能否顺利被泵送和通过过滤器的性能。低温流动性好的润滑油，冬季易起动，也便于储存、装卸和加注。

（2）润滑性。发动机机油在金属表面保持一层坚韧而又连续油膜的能力称为润滑性（油性）。润滑性好与坏，主要是看油膜强度大小。油膜强度小，油膜易破裂，形成固体摩擦，增加机械磨损。一般情况下，同类发动机机油黏度大的油膜强度也大。发动机机油的润滑性好坏主要决定于它的成分，发动机机油的成分对金属表面附着力大，则润滑性就好。由于烃对金属表面附着力小，为提高发动机机油的润滑性，通常加入一些对金属附着力很大的物质，即抗磨损、抗极压的添加剂。这些添加剂是一些含硫、磷、氯的物质，能吸附在金属表面形成牢固的油膜。

（3）安定性。发动机机油抵抗氧化变质的能力叫作发动机机油的安定性。发动机机油在工作中与空气中的氧接触，并且受到高温和金属催化作用的影响，容易氧化，生成有机酸、胶质和沥青等物质。

3．发动机机油的标号

（1）发动机机油黏度标号

发动机机油的黏度多使用 SAE 级别标识，SAE 是 Society of Automotive Engineers（美国汽车工程师协会）的缩写。例如，SAE15W-40、SAE5W-40，"W"表示 Winter（冬季），其前面的数字越小，说明机油的低温流动性越好，代表可供使用的环境温度越低，在冷起动时对发动机的保护能力越好；"W"后面的数字则是机油耐高温天气的指标，数值越大，说明机油在高温天气下的保护性能越好。5W 耐外部低温可达-30℃；10W 耐外部低温可达-25℃；15W 耐外部低温可达-20℃；20W 耐外部低温可达-15℃。比如，如果某种发动机机油标号为 SAE 5W-40，则表示该发动机机油耐低温性能可达到-30℃气温，而耐高温性能可达到 40℃。我国幅员辽阔，不同地区气温差异很大，冬季我国东北地区极冷值可达到-30℃左右，而夏季我国海南省最高气温可达 40℃左右，因此汽车在我国使用时，多选择冬夏通用的发动机机油。不同环境温度下的机油黏度如图 9-1 所示。车主应根据车辆使用地的气候参照图 9-1 的机油黏度选用合适的机油。

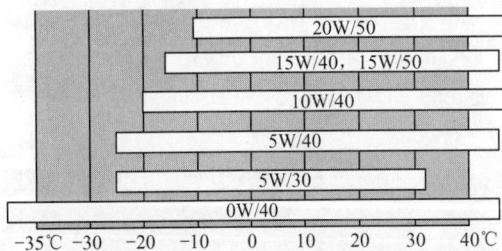

图 9-1　不同环境温度下的机油黏度

（2）发动机机油质量标号

发动机机油质量级别标识采用 API 标号，API 为 American Petroleum Lnstitute（美国石油学会）的缩写。API 将机油规范为两类：汽油发动机机油以 S 开头，而柴油发动机机油以 C 开头。其质量级别的高低依照英文字母的顺序，字母越往后，其级别越高。

汽油机机油 API 级别：SA、SB、SC、SD、SE、SF、SG、SH、SJ、SL、SM、SN。

SA 20 世纪 30 年代初期，纯矿物油，不含添加剂。

SB 20 世纪 40 年代后期，第一种含添加剂的机油，含有一些防锈剂及防氧化剂。

SC 1964 年，提供防止高温及低温沉积、磨损、锈蚀及腐蚀的保护。

SD 1968 年，表现比 SC 机油好。

SE 1972 年，更多防止氧化、锈蚀、腐蚀及高温沉积的保护。

SF 1980 年，氧化稳定性较 SE 为佳，同时包括改良了的防磨损表现。

SG 1989 年，对发动机沉积、机油氧化及发动机磨损的控制较 SF 为佳。

SH 1993 年，测试通过程序较 SG 严格。

SJ 1996 年，在 SH 的基础上增加台架测试及挥发性的改善。

SL 总体性能优于 SJ，适合 2001 年以后的汽油发动机。SL 级别可以更好地控制高温产生的积炭和降低油耗。

SM 2004 年启用。SM 级别更加强调环保，对磷、硫等物质的含量提出了更高的要求。在抵抗磨损、节约燃料、控制排放等方面表现得更加优越。

SN 2010 年启用，SN 与 SM 相比，从产品本身的配方来说其实并无太大差异，这个升级更多的是一种标准上的对应变更。在基础油主要配方上并无根本性的差异，而是在一些涉及排放兼容性方面（主要指磷、硫含量）的添加剂种类与含量做了一些调整。这对于新生产的汽车排放系统是有利的。

四、齿轮油

车齿轮油即汽车的手动变速器、分动器和驱动桥等齿轮传动机构所用的润滑油。

自动变速器油简称 ATF（Automatic Transmission Fluid），是专门用于自动变速器的油液。自动变速器专用油液既是液力变矩器的传动油，又是行星齿轮结构的润滑油和换挡装置的液压油。自动变速器油一般正常行驶情况每 12 万公里更换一次，恶劣行驶情况每 6 万公里更换一次。应尽量选用原厂的 ATF。不能错用 ATF。ATF 由于型号不同，摩擦系数也不同。某些汽车厂家根据汽车变速器的技术指标设计出有针对性的油品，使用这样的油品可以保持变速器良好的机械性能，延长寿命。因此，如果自动变速器油错用、混用，会造成打滑或零件早期磨损。

在维护保养过程中，严格按照车辆的行驶里程和维修间隔对车辆的油液进行检查、更换和添加是必不可少的维护保养步骤。作为一名合格的汽车维修从业人员，在日常工作中应注意搜集各种车辆的使用手册和维修手册，熟练掌握从轿车的使用手册和维修手册中查找出相应的油品规格、油液泄放螺塞和加注螺塞的准确位置以及油液添加量的技能，从而能高效准确地完成车辆油品的检查、更换和添加操作。以奥迪 Q7 3.6L 轿车为例，油液规格如表 9-1 所示。

表 9-1　奥迪 Q7 3.6L 轿车油液规格

油　品	规　格	用　量
空调系统制冷剂	R134a	0.5kg
手动变速器油液	SAE 75W-90 合成齿轮油	1.8L
自动变速器油液	奥迪原厂自动变速器油液	9.0L
制动器油液	DOT4	1.0L
前桥差速器油液	SAE 75W-90 合成齿轮油	1.0L
后桥差速器油液	SAE 75W-90 合成齿轮油	1.25L
分动器油液	奥迪 ATF 合成油	0.8L
发动机冷却液	G012A8FA4 发动机冷却液	9.0L
发动机机油	符合 VW 50200 标准的发动机机油	6.9L
动力转向油液	G002000 液压油	视情况添加
挡风玻璃洗涤液	防冻型挡风玻璃洗涤液	4.3L

项目 2：归零与设置

保养灯归零、遥控器编程设置及遥控器电池更换、指南针（方向指示）设置、电动车窗和电动天窗初始化设置、电子系统匹配设置、电子钟时间设置操作是维护保养工作中的热点操作项目，这种类型的维护项目具有操作难度小、能迅速给维修工带来收入的特点，维修工应对此类项目高度重视，花大力气搜集各种轿车的归零与设置方法加以掌握并熟练应用。

（1）保养灯归零操作（以路虎神行者轿车为例）

对车辆执行完机油更换操作后，要执行保养灯归零操作，使保养提示系统重新恢复到初始工作状态。保养灯归零设置操作步骤如表 9-2 所示。

表 9-2　保养灯归零设置操作步骤

步　骤	操 作 方 法
1	把遥控钥匙插入点火插槽中
2	不要踩下制动踏板或离合器踏板
3	如图 9-2 所示，按住按钮 A 或 B
4	按住 START/STOP 按钮，接通点火开关
5	接通点火开关后，在 10s 内，松开按钮 A 或 B，显示屏（图 9-2 中的 C）会显示 DLST 或 DATE 来表示归零模式，如果显示屏没有显示，则重复上述操作步骤
6	显示屏显示后，在 10s 内，按住按钮 A 或 B 保持 5s 以上，显示屏会显示 RESET
7	显示屏会显示 DATE 或 END
8	如果显示屏显示 DATE，在 10s 内，按住按钮 A 或 B 保持 5s 以上，显示屏显示 RESET
9	如果显示屏显示 END，则表示退出归零设置模式
10	按下 START/STOP 按钮，关闭点火开关

（2）遥控钥匙电池更换与编程设置（以 MINI 轿车为例）

遥控钥匙电池电量耗尽后应按照图 9-3 所示用螺丝刀撬开遥控器，更换电池，电池型号为 CR2032。完成电池更换后应按照图 9-4 所示，连续按下钥匙上的开锁按键或上锁按键（见图 9-4）4 次，即可完成编程操作。

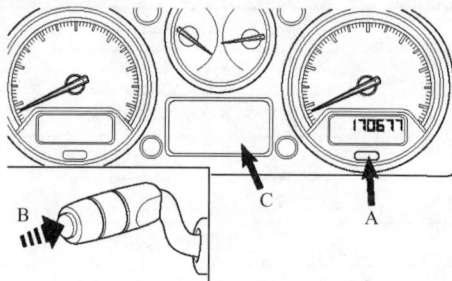

图 9-2　路虎神行者轿车保养灯归零按钮识别

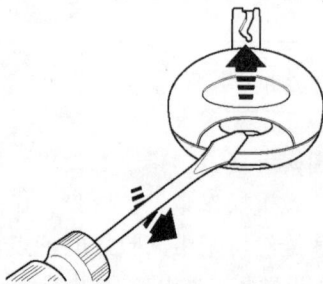

图 9-3　MINI 轿车遥控钥匙更换电池

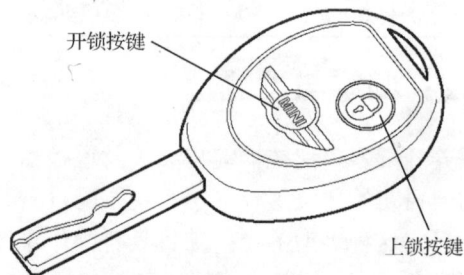

图 9-4　MINI 轿车遥控钥匙按键识别

（3）电动座椅位置和车外电动后视镜记忆设置（以捷豹 X-TYPE 轿车为例）

很多高配轿车配备有座椅位置记忆和车外电动后视镜位置记忆功能，驾驶员可将最合适的座椅位置和后视镜位置加以存储记忆。当维护保养过程中断开车辆蓄电池后，原先存储的位置记忆会消除，必须重新加以设置。捷豹 X-TYPE 轿车电动座椅位置和车外电动后视镜记忆设置操作步骤如表 9-3 所示。

表 9-3　捷豹 X-TYPE 轿车电动座椅位置
和车外电动后视镜记忆设置操作步骤

步　骤	操 作 方 法
1	将点火开关转至位置 I 或位置 II
2	将驾驶员电动座椅和车外电动后视镜调节到理想位置
3	如图 9-5 所示，按下 M 键，蜂鸣器会发出一声提示音，表示已经进入位置记忆模式
4	5s 内按下位置预设按键 1、2 或 3，将当前设定好的座椅和车外电动后视镜位置存储

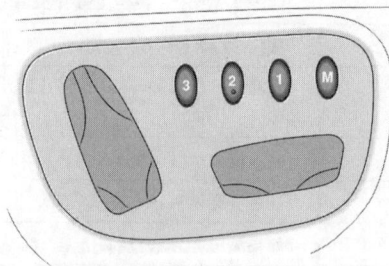

图 9-5　电动座椅位置和车外电动后视镜记忆设置按键

（4）儿童锁设置（以讴歌 RL 轿车为例）

为防止坐在后座的儿童擅自开启后车门跑出车外发生危险，可按照图 9-6 所示，将后车门儿童锁的操纵杆设置到锁止位置，这样在车内就无法开启后车门，从而保障安全。

（5）电子时钟时间设置（以英菲尼迪系列轿车为例）

车辆维修中如果断开过蓄电池，则车辆电子时钟的供电会中断，维修完毕后要将电子时钟调节到正确时间。对于第一种类型的电子钟，可按照图 9-7 所示，转动调节按钮，即可调节电子时钟。

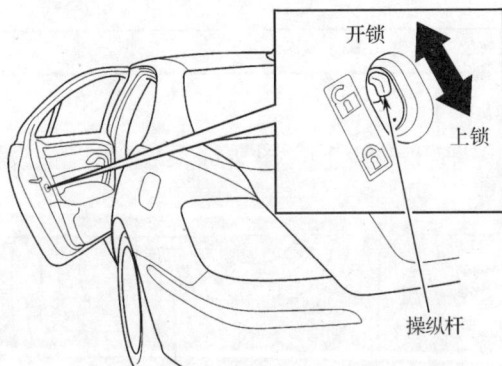

图 9-6　讴歌 TL 轿车儿童锁设置

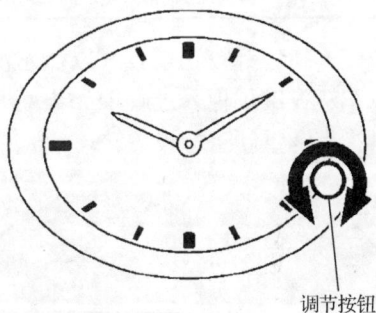

图 9-7　电子时钟调节按钮

对于第二种类型的电子时钟，可按照表 9-4 的调节步骤执行调节。

表 9-4　第二种类型电子时钟时间调节步骤

步　骤	操　作　方　法
1	如果想向前调节电子时钟的时间，可按下按钮 1（见图 9-8）
2	如果想向后调节电子时钟的时间，可按下按钮 2（见图 9-8）
3	如果想快速使时钟时间向前或向后调节，可以按住按钮 1 或 2 保持 5s 以上

（6）燃油泵切断开关重新设置（以林肯城市轿车为例）

车辆发生碰撞后，林肯城市轿车的燃油泵切断开关（位于行李箱内，见图 9-9）会切断电动燃油泵，避免车辆燃油泄漏导致更大的损害。在维修过程中，如果发现燃油泵不工作，要注意检查车辆的燃油泵切断开关是否没有重新设置。

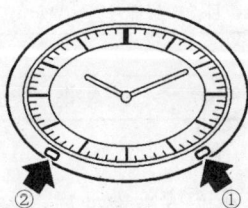

图 9-8　第二种类型电子时钟按钮识别

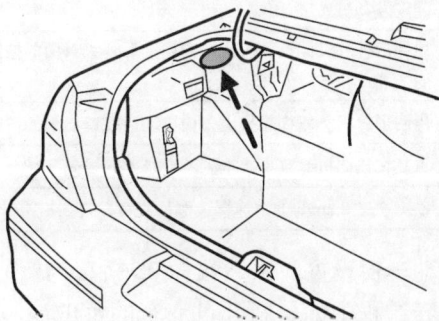

图 9-9　林肯城市轿车燃油泵切断开关

燃油泵切断开关重新设置操作步骤如表 9-5 所示。

表 9-5　林肯城市轿车燃油泵切断开关重新设置操作步骤

步　骤	操 作 方 法
1	关闭点火开关
2	检查车辆的燃油系统是否发生泄漏
3	如果检查后没有发现燃油泄漏，可将燃油泵切断开关按键推入
4	接通点火开关，等待几秒后再将点火开关关闭
5	再次检查燃油系统是否发生泄漏

（7）指南针校正设置（以沃尔沃 S80 轿车为例）

车辆在维护保养过程中如果断开过蓄电池，要按照图 9-10、图 9-11 及表 9-6 中的设置步骤对指南针重新进行设置。

图 9-10　指南针显示屏

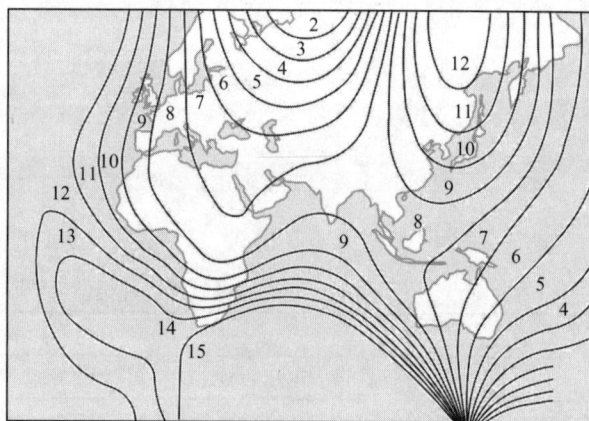

图 9-11　磁区号码识别

表 9-6　指南针设置步骤

步　骤	操 作 方 法
1	当指南针系统需要执行校正操作时，指南针显示屏会显示 C 字样，可将汽车停至一开阔场地，确保周围没有钢质建筑和高压电塔
	起动发动机
2	用回形针或类似物品按压车内电动后视镜后面的按键，持续按压 6s。直至 C 字样显示在后视镜显示屏上，显示时间约 6s
3	用回形针或类似物品按压车内电动后视镜后面的按键，持续按压 3 s。目前的磁区号码会显示出来
4	重复按压此按键数次，直到所要求磁区号码（1～15）显示
5	以不超过 8 km/h 的时速慢速圆周绕行，直到指南针显示屏上的 C 字符消失，表示指南针校正完成

（8）电动车窗设置（以标致 3008 轿车为例）

维护保养过程中如果断开过汽车的蓄电池，维修结束重新连接蓄电池后，要按照表 9-7 的操作步骤执行设置操作。

表 9-7　标致 3008 轿车电动车窗设置操作步骤

步　骤	操 作 方 法
1	关闭所有车门
2	接通点火开关
3	提起电动车窗的关闭开关，使车窗完全关闭，车窗关闭后不要松手，仍然保持开关提起状态，持续时间为 3s
4	按住电动车窗的开启开关，使车窗完全开启，车窗开启后不要松手，仍然保持开关按下状态，持续时间为 3s
5	电动车窗的自动开关功能即可恢复

（9）电动天窗设置（以标致 207 轿车为例）

维护保养过程中如果断开过汽车的蓄电池，维修结束重新连接蓄电池后，要按照表 9-8 的操作步骤执行设置操作。

表 9-8　标致 207 轿车电动天窗设置操作步骤

步　骤	操 作 方 法
1	沿逆时针方向将电动天窗开关转动到极限位置
2	按住电动天窗开关，持续约 3s。电动天窗将彻底关闭，然后会轻轻开启
3	在 5s 内，松开电动天窗的开关

（10）转向位置传感器设置（以奔驰 S500 轿车为例）

维护保养过程中如果断开过蓄电池，维修结束，重新连接蓄电池后，要按照表 9-9 的操作步骤执行转向位置传感器的设置操作。

表 9-9　奔驰 S500 轿车转向位置传感器设置操作

步　骤	操 作 方 法
1	起动发动机
2	使发动机怠速运行
3	将方向盘从一侧极限位置转动到另一侧极限位置
4	关闭点火开关

项目 3：发动机传动皮带维护保养

（1）发动机传动皮带盘绕方法（以路虎揽胜轿车为例）

在对汽车发动机进行保养和大修中经常要拆卸汽车传动皮带，对皮带的张紧度进行调整或对磨损过度的皮带进行更换。目前，电控汽车的附件配备比较齐全，一般均配有空调、动力转向等系统，由于这些附件均通过汽车传动皮带从汽车的发动机曲轴获取动力，因此传动皮带一般要盘绕空调压缩机轮、导向轮、张紧轮、动力转向轮、散热器风扇轮、发电机轮、曲轴轮等，所以皮带的盘绕路径非常复杂，在八九个附件轮之间往返盘绕，拆卸时如果稍不留意，没有记忆清楚传动皮带的盘绕走向，就会在装配传动皮带时出现麻烦，从而不得不反复尝试盘绕，因此浪费工时，如果盘绕错误，还会造成传动皮带不能正常工作导致车辆无法使用。因此该项目值得维修人员重点掌握。传动皮带的盘绕方法一般在车辆的使用手册或维修手册中均可查到。以路虎揽胜轿车为例，该车的发动机传动皮带盘绕图示如图 9-12 所示。

（2）发动机传动皮带检查（以本田雅阁轿车为例）

在对雅阁轿车进行维护保养时，应检查发动机传动皮带是否出现裂纹或破损，如果有，必须换装新的发动机传动皮带并按照正确的盘绕方法进行安装。然后应检查发动机传动皮带自动张紧器指示器（图 9-13 中的 A）是否处于规范区域（图 9-13 中的 B）内，如果超出规范区域，也要换装新的发动机传动皮带。

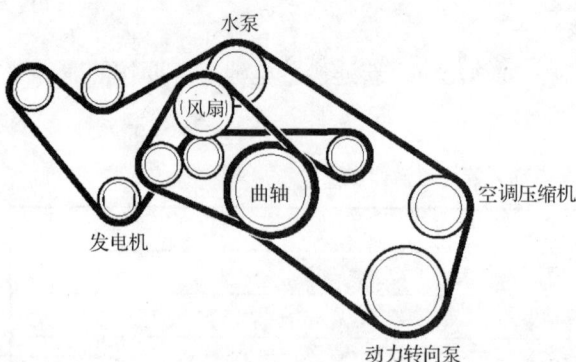

图 9-12　路虎揽胜轿车 4.2L 发动机传动皮带盘绕图示

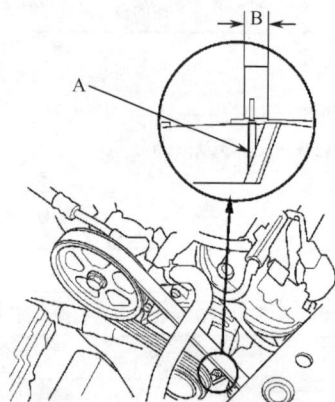

图 9-13　雅阁轿车发动机传动皮带自动张紧器
指示器与规范区域识别

项目 4：过滤器更换

（1）空调滤清器检查与更换（以讴歌 MDX 轿车为例）

空调滤清器是用来过滤进入乘客厢内空气的，可以有效地过滤进入乘客厢内空气中的花粉、微尘等杂质，净化车内的空气质量。对车辆进行维护保养时，要检查空调滤清器状况，如果发现滤清器脏污，应予以清洁或更换。空调滤清器安装位置如图 9-14 所示。

（2）发动机空气滤清器滤芯更换

发动机空气滤清器是用来对吸入发动机的空气执行净化的装置，可以清除空气中的杂质并减小进气噪声。空气中含有灰尘和杂质，如果不经过滤和净化就直接进入发动机，就会和发动机机油混合形成有研磨作用的油膜，导致发动机发生严重磨损，缩短发动机的使用寿命。如果空气滤清器的滤芯被灰尘堵塞，就会导致发动机进气阻力增加，使发动机进气量减少，从而使发动机输出功率下降和燃油经济性变差。如果车辆长期在灰尘很多的环境中使用，就要频繁检查空气滤清器滤芯并加以清洁。如果发现滤清器滤芯破损或过于脏污，灰尘和杂质已经积聚过多导致滤芯严重堵塞，即使没有达到规定的保养里程，也应毫不拖延地予以更换。以讴歌 MDX 轿车为例，更换时首先将空气滤清器罩的固定螺钉松开，从壳体中取出需要更换的滤芯，把壳体内的灰尘和杂质清理干净，然后将新的滤芯安装到壳体中，最后盖好盖罩，将固定螺钉拧紧，如图 9-15 所示。

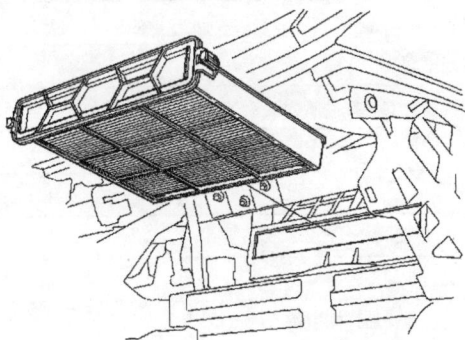

图 9-14　讴歌 MDX 轿车空调滤清器安装位置

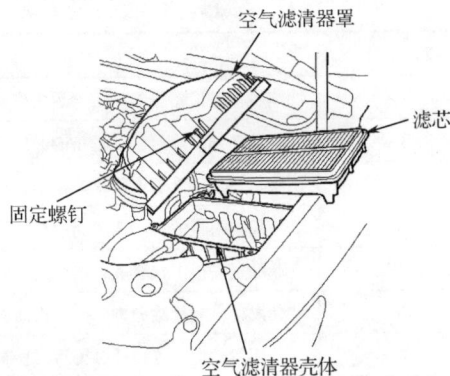

图 9-15　讴歌 MDX 轿车发动机空气滤清器滤芯更换

（3）机油滤清器更换

机油滤清器是用来过滤发动机机油杂质的，比如金属碎屑、机油中的胶质和落到机油中的积炭。通俗地说，机油滤清器就是发动机的"垃圾箱"。在车辆维护作业中要根据车辆行驶里程或保养间隔更换机油滤清器。

更换机油滤清器要使用专门的机油滤清器拆装扳手，发动机机油滤清器扳手是专门用来拆卸发动机机油滤清器的工具，根据其外形，分为帽式、三爪式、旋转式和钳式几种常见类型。如图 9-16 所示。其中帽式机油滤清器扳手使用效果最好，因为它能和机油滤清器做到紧密连接。

帽式机油滤清器扳手　　　三爪式机油滤清器扳手　　　旋转式机油滤清器扳手　　　钳式机油滤清器扳手

图 9-16　不同类型的机油滤清器扳手

机油滤清器更换操作步骤（以讴歌 TSX 轿车为例）如表 9-10 所示。

表 9-10　讴歌 TSX 轿车机油滤清器更换操作步骤

步　骤	操 作 方 法
1	起动发动机运行，直至发动机达到正常工作温度
2	打开发动机盖罩，把发动机机油加注盖（见图 9-17）拆下
3	用举升机将车辆举升到合适高度，如图 9-18 所示，用扳手拆下车身底部的维护罩螺栓，把维护罩拆下
4	如图 9-19 所示，拆下发动机底部的机油放油螺栓和螺栓垫圈，使机油从放油螺栓处流淌到机油回收容器中
5	如图 9-20 所示，用机油滤清器扳手拆下机油滤清器
6	如图 9-21 所示，检查新机油滤清器上的橡胶密封和螺纹，确认螺纹无损坏，橡胶密封完好，然后在橡胶密封上涂抹干净的发动机机油

续表

步　骤	操　作　方　法
7	将机油滤清器安装好，然后用机油滤清器扳手将其紧固
8	换装新的机油放油螺栓垫圈，然后将机油放油螺栓重新安装好并紧固至 45N·m
9	将车辆从举升机上降下，重新加注发动机机油
10	将发动机机油加注盖重新盖好
11	起动发动机，仪表板上的机油压力指示灯应在 5s 内熄灭
12	使发动机运行数分钟，确认机油放油螺栓处没有机油泄漏
13	关闭发动机，等待数分钟后，检查发动机机油油位，确认油液高度符合规范值
14	将维护罩重新安装好，然后将维护罩螺栓拧紧

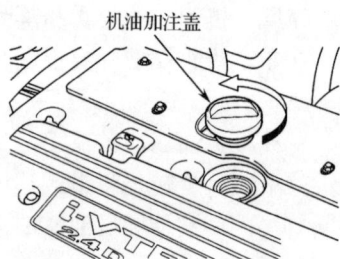

图 9-17　机油加注盖识别

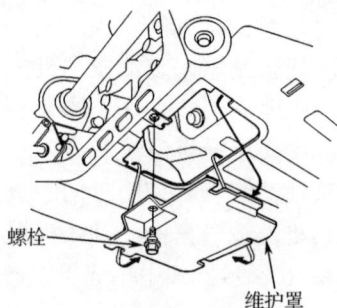

图 9-18　拆卸维护罩螺栓和维护罩

图 9-19　机油放油螺栓和螺栓垫圈识别

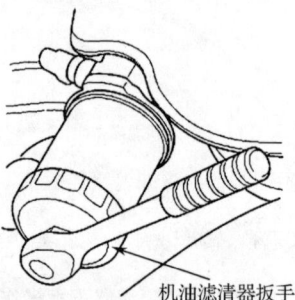

图 9-20　用机油滤清器扳手拆卸机油滤清器

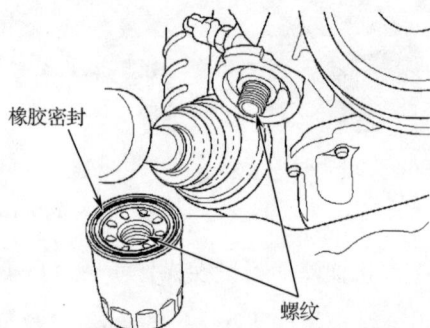

图 9-21　检查机油滤清器橡胶密封和螺纹

项目 5：车辆熔断器检查

在对电控轿车进行维护检修时，如果发现熔断器已经熔断，应及时检修并更换规格相同的熔断器。现代轿车熔断器与继电器常见的安装位置有两个：一个是在发动机舱内；一个是在仪表板下方。熔断器的功能说明一般使用标签注明并黏贴在熔断器盒内。以长城哈弗 H2 轿车为例，发动机舱内熔断器盒安装位置识别如图 9-22 所示。仪表板熔断器盒安装位置识别如图 9-23 所示。

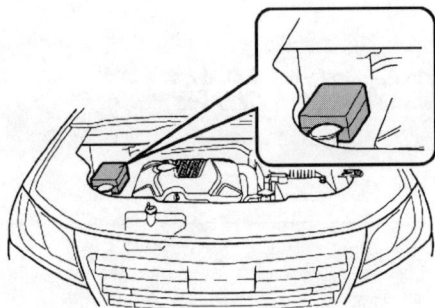

图 9-22　发动机舱内熔断器盒安装位置识别

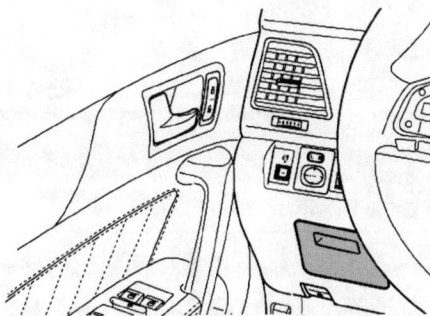

图 9-23　仪表板熔断器盒安装位置识别

第十天 发动机曲柄连杆机构

任务目标

1. 了解发动机曲柄连杆机构的组成和作用。
2. 了解发动机曲柄连杆机构常见的维修项目。

知识准备

一、曲柄连杆机构的组成

曲柄连杆机构由三组部件组成，分别为机体组、活塞连杆组和曲轴飞轮组，如图 10-1 所示。

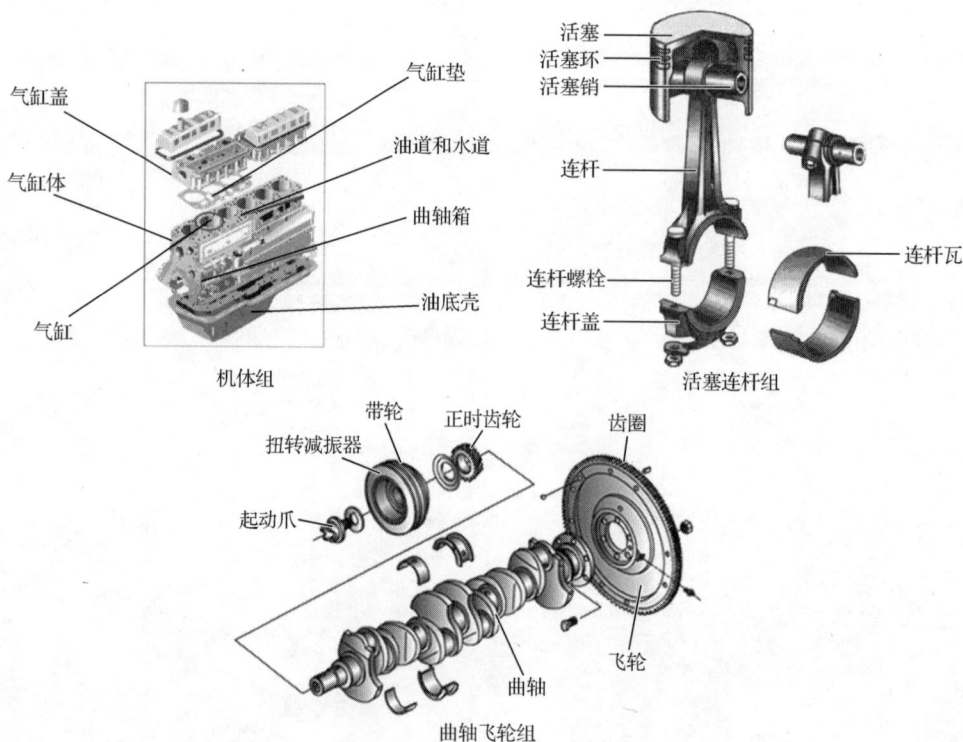

图 10-1　曲柄连杆机构的组成

二、曲柄连杆机构的作用

曲柄连杆机构是发动机产生和输出动力的机构，是发动机将燃料燃烧做功的热能转换为机械能的主要运动部件。机体组是发动机的基本骨架，用来提供活塞运动的空间；活塞和连杆用来承受空气和燃油混合气燃烧做功的压力，推动曲轴旋转做功，输出动力；曲轴和飞轮则将连杆传来的力变成旋转转矩，经飞轮传递给传动装置。

实际操作

1. 发动机气缸压缩压力检测

在不解体的情况下，可采用测量气缸压缩压力的方法检测发动机气缸的密封性是否良好。以讴歌 MDX 轿车为例，气缸压缩压力检测步骤如表 10-1 所示。

表 10-1 气缸压缩压力检测步骤（讴歌 MDX 轿车）

步　骤	操 作 方 法	规 范 值
1	起动发动机运行，直至发动机达到正常工作温度（发动机冷却风扇开始运行）	
2	将点火开关设置到 LOCK 位置	
3	如图 10-2 所示，在故障诊断连接器上连接好故障诊断仪	
4	将点火开关设置到 ON 位置	
5	确认故障诊断仪与车辆的动力传动控制模块建立通信	
6	用故障诊断仪选择 PGM-FI, INSPECTION 功能，然后选择 ALL INJECTORS OFF（所有喷油器停止工作）功能	
7	将点火开关设置到 LOCK 位置	
8	把发动机的 6 个点火线圈全部拆下	
9	把火花塞全部拆下	
10	如图 10-3 所示，将气缸压力表安装到火花塞孔上	
11	彻底踩下加速踏板，用起动机使发动机转动，读取压力表读数	压缩压力应高于 930kPa
12	测量其他气缸的压缩压力	不同气缸之间的读数差异应在 200kPa 内
13	如果测量的气缸压缩压力不符合规范值，应重点检查以下项目：检查气门和气门座是否损坏或磨损；检查气缸盖衬垫是否损坏导致发动机漏气；检查活塞环是否损坏或磨损导致发动机漏气；检查气缸和活塞是否损坏或磨损。检查完毕后，应重新测量发动机压缩压力	
14	把气缸压力表从火花塞孔上拆下	
15	安装发动机的 6 个火花塞	
16	用故障诊断仪选择 PCM reset 功能，执行动力系统控制单元重新设置操作，以取消 ALL INJECTORS OFF（所有喷油器停止工作）功能	

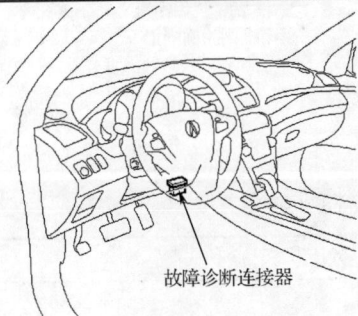

故障诊断连接器

图 10-2 讴歌 MDX 轿车故障诊断连接器位置识别

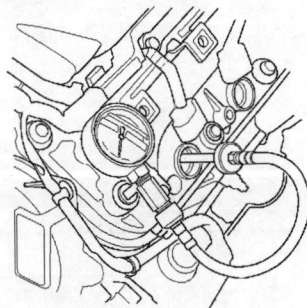

图 10-3 安装气缸压力表测量气缸压缩压力

2．气缸盖翘曲度检查

气缸盖应保持平直，不能发生变形和翘曲，否则会导致气缸密封性不良。气缸盖翘曲检查操作步骤如表 10-2 所示。

表 10-2　气缸盖翘曲检查操作步骤（本田 CR-V 轿车 2.4L 发动机）

步　骤	操 作 方 法
1	拆下气缸盖
2	检查凸轮轴
3	如图 10-4 所示，用直尺和测隙规从气缸盖边缘沿着 3 条穿过中心的线，测量气缸盖翘曲
4	如果翘曲值低于 0.05mm，则无须对气缸盖进行修整；如果翘曲值在 0.05～0.2mm 之间，则需要对气缸盖进行修整操作

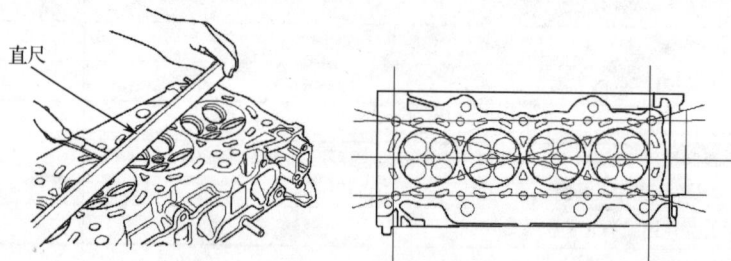

图 10-4　测量气缸盖翘曲

3．气缸磨损检测

发动机在工作时，连杆带动活塞在气缸中高速运动，长时间工作后会导致气缸磨损，如图 10-5 所示。磨损程度超过规范范围后，会导致发动机动力下降、燃油消耗量增加、发动机机油消耗增大，因此通过对气缸直径进行测量，根据测量值计算出气缸的圆度和圆柱度，并与规范值进行比对，如果超过规范范围，就要对气缸进行大修。

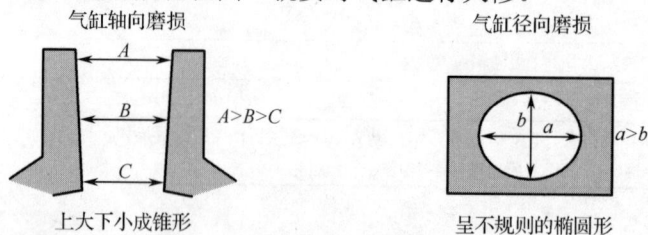

图 10-5　气缸正常磨损

气缸磨损（圆度和圆柱度）测量方法如表 10-3 所示。

表 10-3　气缸磨损（圆度和圆柱度）测量方法

步　骤	操 作 方 法
1	清洁气缸体
2	如图 10-6 所示，准备好外径千分尺、游标卡尺和内径量缸表

步　骤	操 作 方 法
3	用游标卡尺直接测量气缸直径（如果知道发动机气缸标准直径数据，可略过该步骤）
4	安装量缸表：按照被测发动机气缸的标准尺寸，选好合适的接杆安装好，暂时不要拧紧接杆的固定螺母
5	校对量缸表：把外径千分尺调到被测气缸的标准尺寸，如图 10-7 所示，然后将安装好接杆的量缸表放入外径千分尺中，略微转动接杆，使量缸表指针转动约 2mm，使指针对准刻度零处，然后拧紧接杆的固定螺母
6	如图 10-8 所示，将量缸表放入气缸，前后摆动，当量缸表指针指示到最小数值时，即表明量缸表的活动测杆已经与气缸轴线垂直，在气缸内选取上、中、下三个位置（上位置一般定在活塞处于上止点时，位于第 1 道活塞环的气缸壁处，距离气缸上端约 15mm；下位置一般定在气缸套下端以上 10mm 处，此处磨损量最小），在每个位置沿气缸前后和左右 2 个方向进行测量，共测 6 个数值
7	根据测量值计算气缸圆度和圆柱度及气缸最大磨损量： 圆度=在同一截面上测得的最大直径值和最小直径值的差值/2。将上、中、下 3 个截面的圆度值计算出来后，选取最大值作为被测气缸的圆度值。 圆柱度=在被测气缸 3 个横截面任意方向所测得的最大直径与最小直径的差值/2。 气缸最大磨损量：在被测气缸 3 个横截面任意方向所测得的最大直径与标准直径的差值
8	将计算出来的气缸圆度和圆柱度与维修手册上的规范值进行核对，如果超过规范，则要对气缸进行大修处理

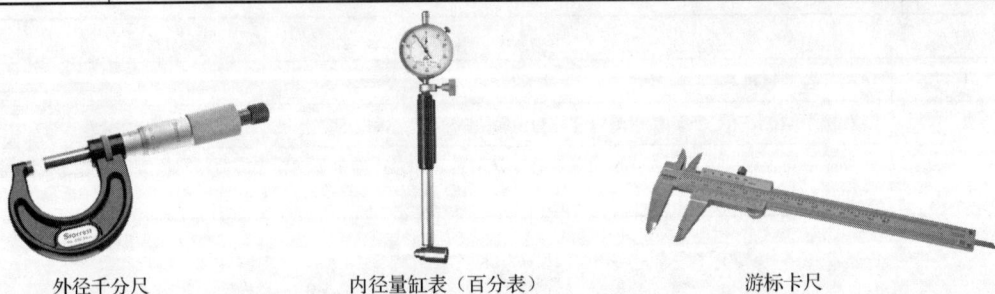

外径千分尺　　　　　内径量缸表（百分表）　　　　　游标卡尺

图 10-6　气缸直径测量工具

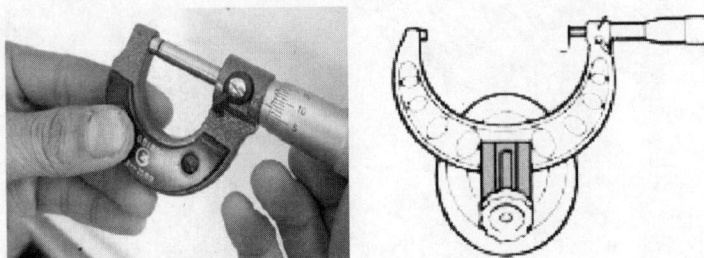

图 10-7　把外径千分尺调节到被测气缸的标准尺寸

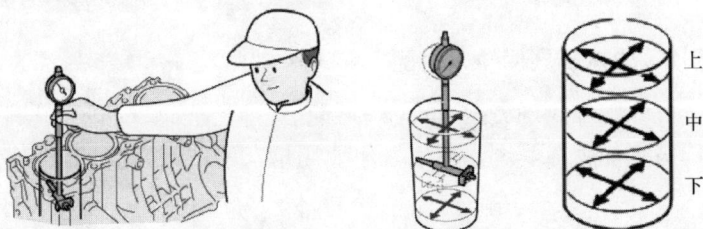

上
中
下

图 10-8　测量气缸直径

4. 曲轴轴向间隙检查

曲轴轴向间隙是防止曲轴及曲轴轴承在发动机工作时受热膨胀卡住而预留的，这个间隙如果太小，会增加曲轴及轴承受热后的运动阻力；间隙如果太大会使曲轴产生轴向窜动，导致活塞偏缸和连杆弯曲。曲轴轴向间隙检查方法如表 10-4 所示。

表 10-4　曲轴轴向间隙检查方法（以本田飞度轿车为例）

步　骤	操 作 方 法
1	拆卸发动机机油泵
2	将曲轴完全推离百分表，使百分表顶住曲轴端部并调零，如图 10-9 所示，然后将曲轴完全拉向百分表，读取百分表测量值，测量值不能超过维修极限
3	如果轴向间隙超过维修极限，应更换曲轴止推垫圈并重新检查，如果仍然超过维修极限，应更换曲轴

5. 连杆轴向间隙检查（见表 10-5）

表 10-5　连杆轴向间隙检查方法（以本田飞度轿车为例）

步　骤	操 作 方 法
1	拆卸发动机机油泵
2	如图 10-10 所示，用测隙规测量连杆与曲轴之间的连杆轴向间隙
3	如果测量值超过维修极限，应更换连杆，然后重新检查；如果更换新连杆后，测量值仍然超过维修间隙，应更换曲轴

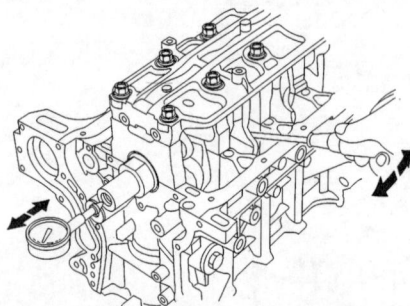

曲轴轴向间隙
标准（新）：0.10～0.35mm
维修极限：0.45mm

图 10-9　检查曲轴轴向间隙

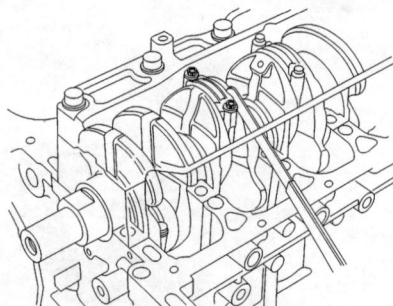

连杆轴向间隙
标准（新）：0.15～0.35mm
维修极限：0.40mm

图 10-10　用测隙规检查连杆轴向间隙

6. 主轴承选择（以本田飞度轿车为例）

（1）首先在气缸体端部找到表示 5 个主轴颈孔尺寸的代码，如图 10-11 所示，把代码记录下来，如果代码被尘垢覆盖，无法看清，不要用钢丝刷或刮刀清理，要用溶剂或洗涤剂清理。

（2）找到压印在曲轴上的主轴颈代码，如图 10-12 所示。

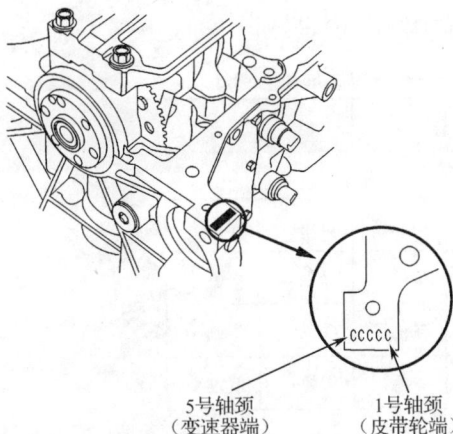

图 10-11 主轴颈孔（曲柄孔）尺寸的代码

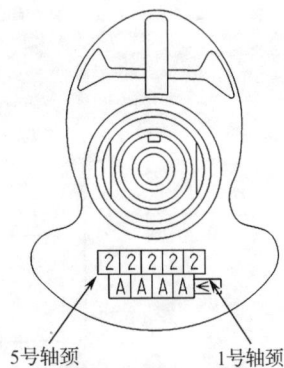

图 10-12 主轴颈代码

（3）根据主轴颈孔尺寸的代码和主轴颈代码，如图 10-13 所示，选配合适的主轴承。

主轴颈孔尺寸的代码 ————————➤ 加大的主轴颈孔

	A	B	C	D
1	白色	红色	粉红色	黄色
2	红色	粉红色	黄色	绿色
3	粉红色	黄色	绿色	棕色
4	黄色	绿色	棕色	黑色

主轴颈代码 ————————➤ 较小的轴承（较厚）

较小的主轴颈   较小的轴承（较厚）

图 10-13 根据主轴颈孔尺寸的代码和主轴颈代码选配合适的主轴承

7. 连杆轴承选择（以本田飞度轿车为例）

（1）首先在连杆大端找到表示连杆大端孔径的代码，如图 10-14。把代码记录下来，如果代码被尘垢覆盖，无法看清，不要用钢丝刷或刮刀清理，要用溶剂或洗涤剂清理。

（2）如图 10-15 所示，在曲轴上找到表示连杆轴颈的代码。

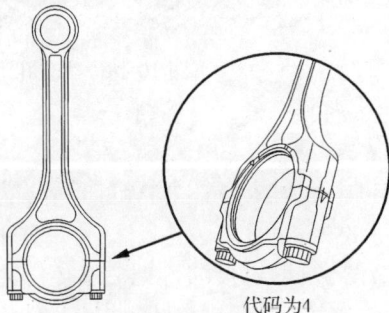

标准孔尺寸：43.0mm

代码为4

图 10-14 连杆大端孔径代码

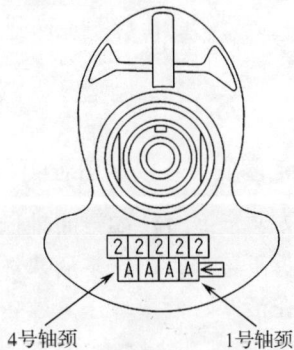

图 10-15 连杆轴颈代码识别

（3）如图 10-16 所示，根据连杆大端孔径代码和连杆轴颈代码来选配连杆轴承。

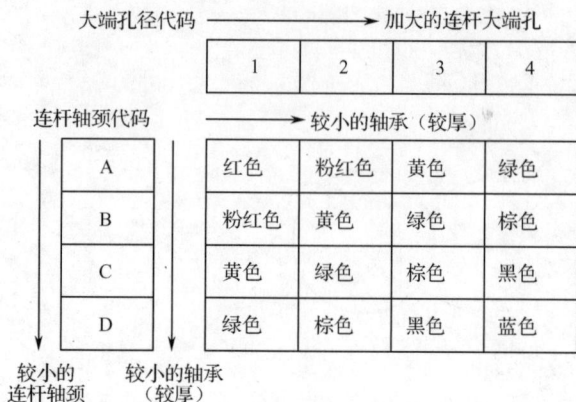

大端孔径代码		加大的连杆大端孔		
	1	2	3	4

连杆轴颈代码	较小的轴承（较厚）			
A	红色	粉红色	黄色	绿色
B	粉红色	黄色	绿色	棕色
C	黄色	绿色	棕色	黑色
D	绿色	棕色	黑色	蓝色

较小的连杆轴颈　　较小的轴承（较厚）

图 10-16　选配连杆轴承

8. 活塞检查（以本田飞度轿车为例）

在发动机维修中，要检查活塞是否有变形或裂纹，并用量具在距离活塞裙底部 16mm 处测量活塞直径。将测量值与维修手册上的维修极限值进行比对，如果超出维修极限，应更换新的活塞，如图 10-17 所示。

9. 气缸孔珩磨

检查气缸孔时，如果发现缸孔有轻微的刮伤或划伤，就必须执行气缸孔珩磨操作。以飞度轿车发动机为例，使用珩磨油和油石（粒度为 400），以 60°交叉线的方式珩磨气缸孔，如图 10-18 所示。珩磨完毕后，清理所有金属碎屑，用肥皂水清洗气缸孔，干燥后立即涂抹发动机机油，防止发生锈蚀。

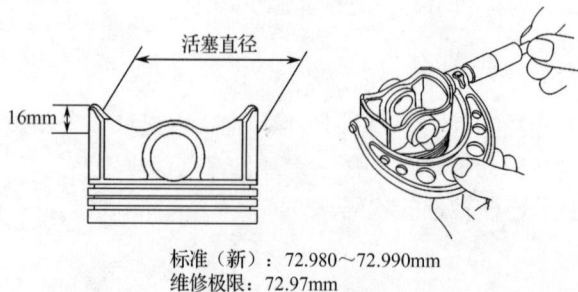

标准（新）：72.980～72.990mm
维修极限：72.97mm

图 10-17　测量活塞直径

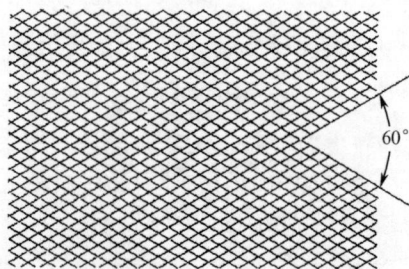

图 10-18　气缸孔珩磨

10. 活塞安装（以本田雅阁 2.4L 发动机为例）

（1）安装活塞时，如果曲轴已经安装到发动机上，则应将各个气缸曲轴设置到下止点。

（2）拆下连杆盖，安装活塞环压紧器。

（3）在活塞、活塞环压紧器内侧和气缸孔上涂抹发动机机油，把活塞环压紧器安装到活塞连杆总成。

（4）如图 10-19 所示，活塞上的标记应指向发动机的正时链侧。

（5）把活塞放入气缸中，用木质锤柄轻轻敲击，持续向下压活塞环压紧器，如图 10-20 所示。

（6）使用塑料间隙规检查连杆轴承的间隙。

（7）安装连杆盖，将连杆盖螺栓紧固至 20N·m。

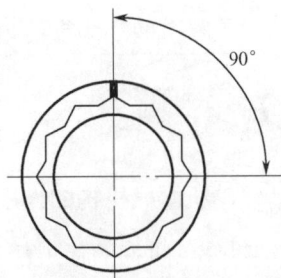

（8）如图 10-21 所示，将连杆盖紧固螺栓再拧紧 90°。

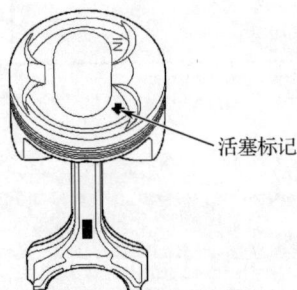

图 10-19　活塞标记识别　　　图 10-20　用锤柄敲击活塞　　图 10-21　将连杆盖紧固螺栓再拧紧 90°

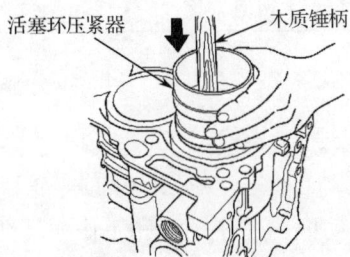

11．连杆螺栓的检查（以本田雅阁 2.4L 发动机为例）

（1）如图 10-22 所示，在图中 A 点和 B 点分别测量各个连杆螺栓的直径。

（2）计算 A 点和 B 点的直径差值。

（3）直径差规范范围应为 0～0.1mm。

（4）如果直径差值超出规范范围，应更换连杆螺栓。

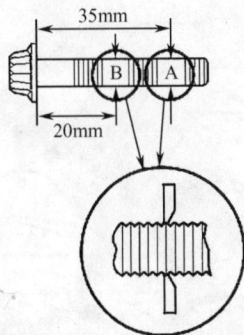

图 10-22　连杆螺栓直径测量点识别

第十一天　发动机配气机构

任务目标

1. 了解发动机配气机构的作用和组成。
2. 了解发动机配气机构常见的维修项目及实际操作。

知识准备

1. 发动机配气机构的作用

发动机配气机构的作用是按照发动机的工作顺序和工作循环要求，定时开启和关闭各个气缸的进气门和排气门，使新鲜可燃混合气（汽油发动机）或空气（柴油发动机）得以及时进入气缸，废气得以从气缸及时排出。

2. 发动机配气机构的组成

发动机配气机构通常由气门组和气门传动组两部分组成，如图 11-1 所示。

气门组由进气门、排气门、气门导管、气门座及气门弹簧等组成。

气门传动组由正时齿形带或正时链条、凸轮轴、摇臂轴、摇臂、推杆、挺柱和正时齿轮等组成。

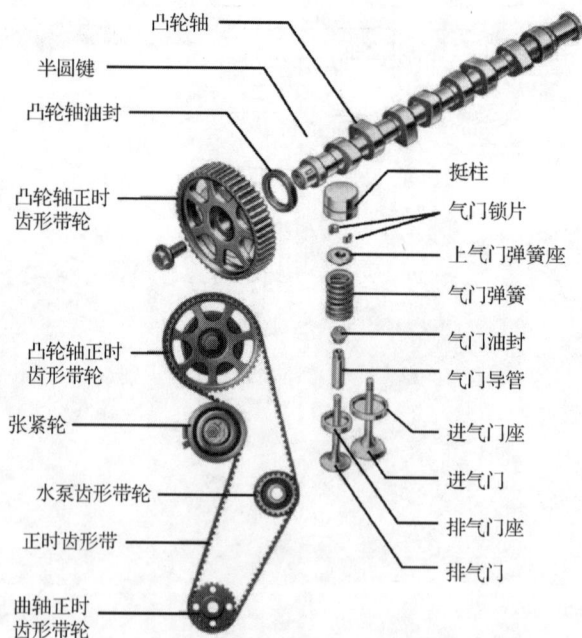

图 11-1　发动机配气机构的组成

3．发动机配气机构的类型（见表 11-1）

表 11-1　发动机配气机构类型

划 分 方 法	类 型
按照气门布置形式（见图 11-2）	气门顶置式
	气门侧置式
按照凸轮轴布置形式（见图 11-3）	凸轮轴上置式
	凸轮轴中置式
	凸轮轴下置式
按照发动机每缸气门数量	2 气门式（1 个进气门，一个排气门）
	3 气门式（2 个进气门，一个排气门）
	4 气门式（2 个进气门，2 个排气门），如图 11-4 所示
	5 气门式（3 个进气门，2 个排气门），如图 11-4 所示

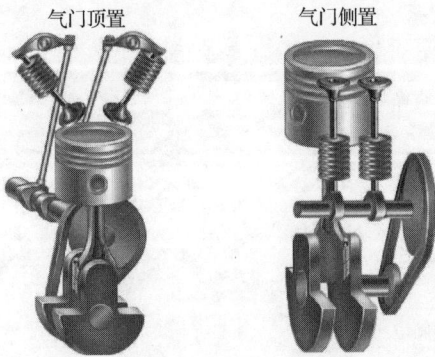

图 11-2　气门布置形式

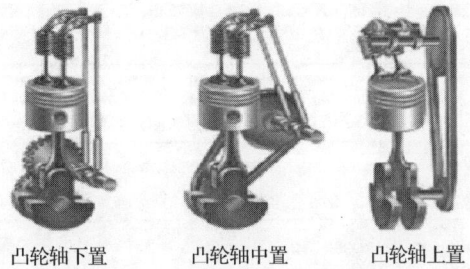

图 11-3　凸轮轴布置形式

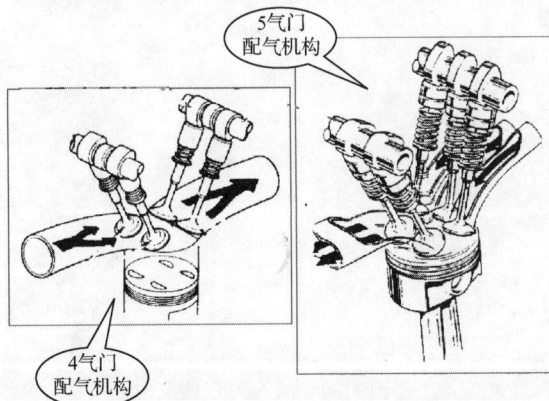

图 11-4　4 气门和 5 气门配气机构

实际操作

一、气门间隙检查及调整

气门间隙是指发动机气门脚和挺杆上端的间隙，间隙必须符合规范值。如果气门间隙过大，发动机运转时会产生气门脚响声；如果气门间隙过小，气门就不能完全关闭。因此维修车辆时要测量发动机气门间隙，如果发现气门间隙不符合规范值，则要进行调节。以本田雅阁 2.0L 发动机为例，其气门间隙检查和调节方法如表 11-2 所示。

表 11-2 雅阁 2.0L 发动机气门间隙检查和调节方法

步 骤	操 作 方 法
1	发动机处于冷机状态下方可执行气门间隙检查和调节操作，对于雅阁 2.0L 发动机，应在发动机冷却液温度低于 38℃时进行检查和调节
2	拆下气门室盖
3	如图 11-5 所示，把前上盖上的指针 A 与前凸轮轴皮带轮上的 1 缸上止点标记 B 对齐，这样即可使 1 缸活塞处于上止点位置
4	用测隙规测量气门间隙，进气门气门间隙规范值为 0.22～0.24mm；排气门气门间隙规范值为 0.28～0.32mm
5	如图 11-6 所示，将测隙规插入气门间隙调节螺钉与气门杆端部之间，并前后滑动，应该感觉到测隙规有轻微的拖滞
6	如果感觉到拖滞太大或太小，应松开锁紧螺母并转动气门间隙调节螺钉，直至拖滞达到合适的程度，如图 11-7 所示

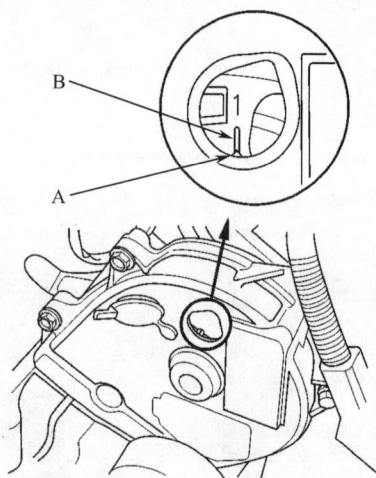

图 11-5 对齐标记

进气

排气

测隙规

测隙规

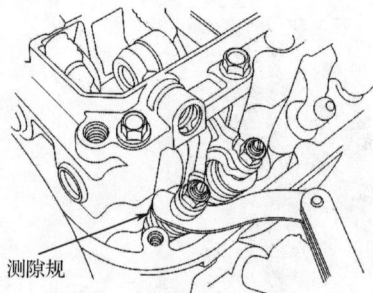

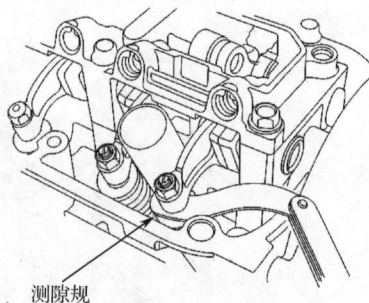

图 11-6 插入测隙规

进气

排气

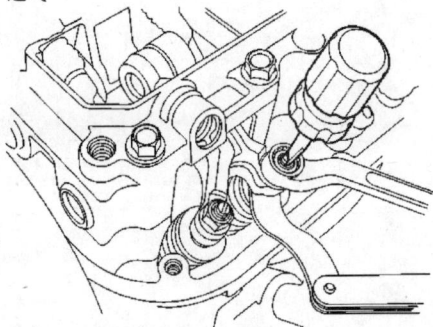
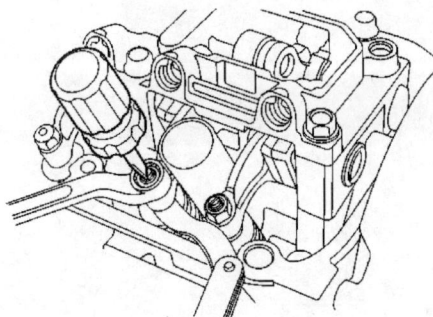

图 11-7　转动气门间隙调节螺钉

二、正时部件的拆卸、检查和更换

发动机上配备的正时链条或正时皮带会随着发动机运行时间的增加而产生老化或磨损，因此在车辆的维修或保养工作中，要严格按照行驶里程或使用期限对正时链条或正时皮带执行检查、拆卸和更换操作。

（一）正时链条拆卸（以吉利英伦 SX7 轿车 2.0L 发动机为例）

1. 旋转曲轴，使 1 缸活塞处于压缩行程上止点位置，拆卸正时链条罩：

（1）断开蓄电池负极电缆。

（2）泄放发动机冷却液。

（3）如图 11-8 所示，拆卸发动机塑料护罩。

（4）拆卸点火线圈。

（5）断开发动机上的曲轴箱强制通风软管，然后如图 11-9 所示，拆卸气缸盖罩。

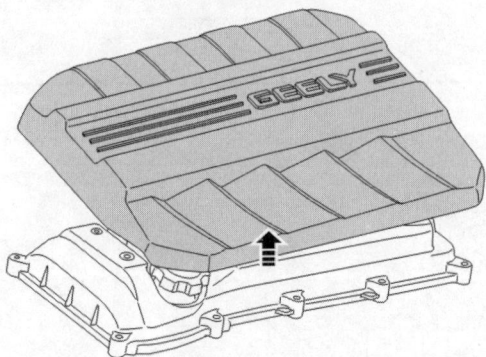
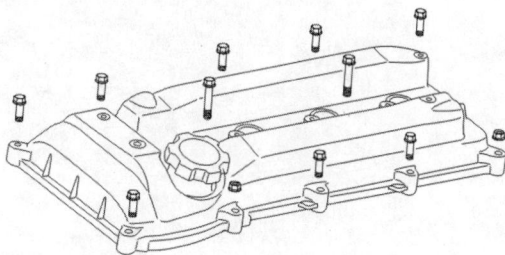

图 11-8　拆卸发动机塑料护罩　　　　　　　　图 11-9　拆卸气缸盖罩

（6）拆卸发动机附件传动皮带，拆卸时要记忆清楚皮带的盘绕路径（见图 11-10），以免安装时发生错误。

（7）如图 11-11 所示，拆卸附件传动皮带张紧器。

（8）拆卸动力转向泵。

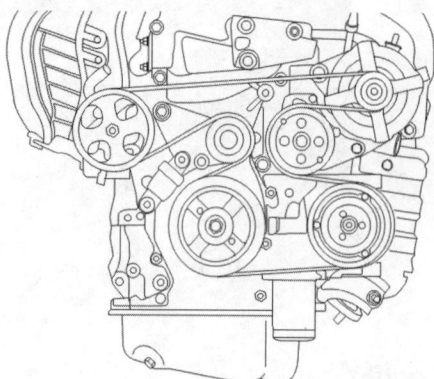

图 11-10　发动机附件传动皮带盘绕路径

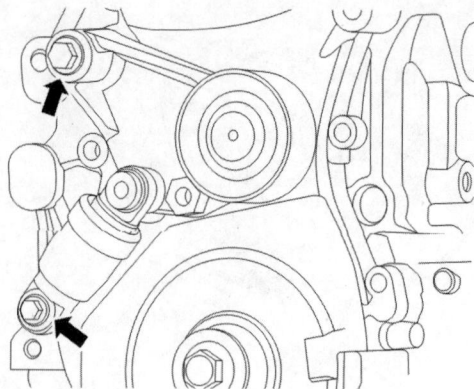

图 11-11　拆卸附件传动皮带张紧器

（9）拆卸发动机油底壳。

（10）按照下列步骤拆卸正时链条张紧器：

● 转动曲轴，使 1 缸活塞处于压缩行程上止点位置，使曲轴皮带轮正时记号与正时链罩上的刻度 "0" 标记对齐，如图 11-12 所示。

● 用记号笔在进气和排气凸轮轴链轮上做好正时记号，然后按照图 11-13 所示，用专用工具 GL301-022 固定正时链条，用专用工具 GL301-018 固定凸轮轴，拆下正时链条张紧器。

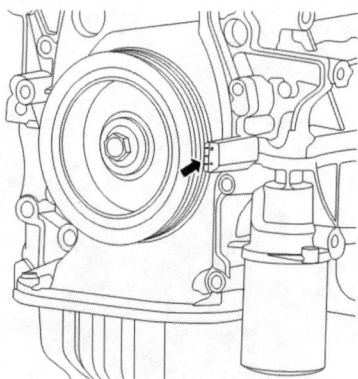

图 11-12　曲轴皮带轮正时记号对准正时链罩上的刻度 "0"

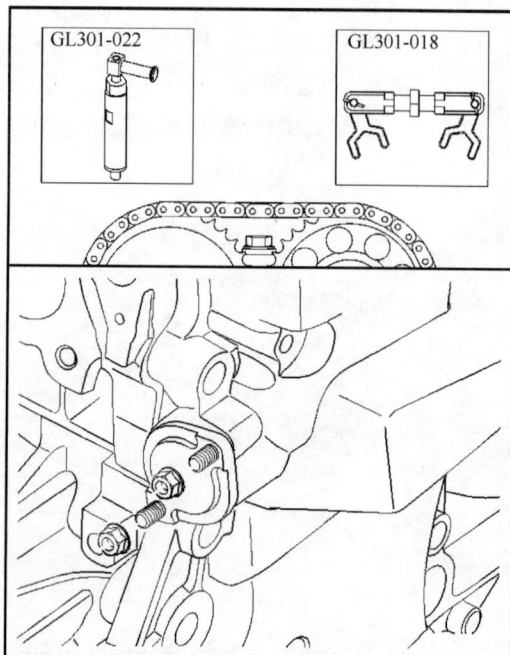

图 11-13　拆下正时链条张紧器

（11）使用图 11-14 中所示的专用工具 GL301-020，拆下曲轴皮带轮。

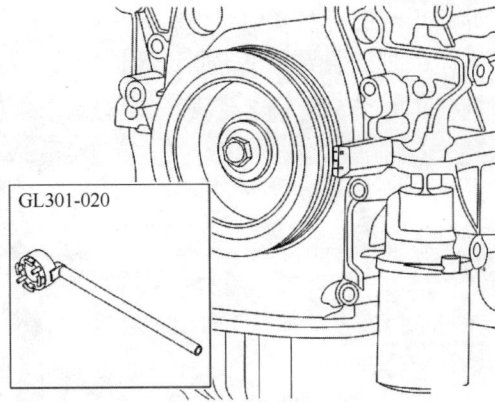

图 11-14　用专用工具拆下曲轴皮带轮

（12）如图 11-15 所示，拆下正时链罩上的各个螺栓。

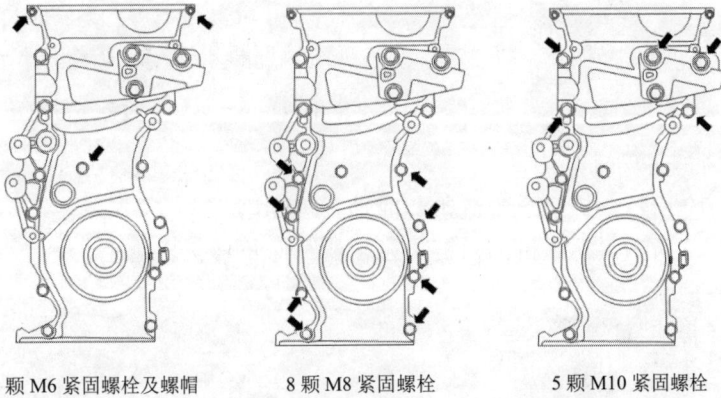

3 颗 M6 紧固螺栓及螺帽　　　8 颗 M8 紧固螺栓　　　5 颗 M10 紧固螺栓

图 11-15　拆下正时链罩上的各个螺栓

（13）如图 11-16 所示，用撬杆撬开正时链罩，取下正时链罩。

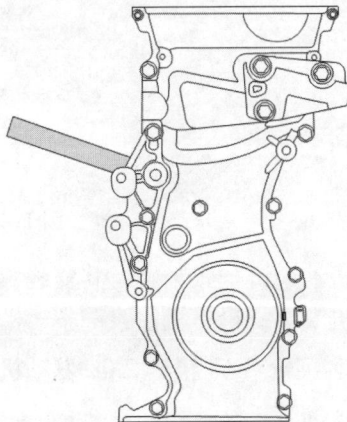

图 11-16　撬开正时链罩

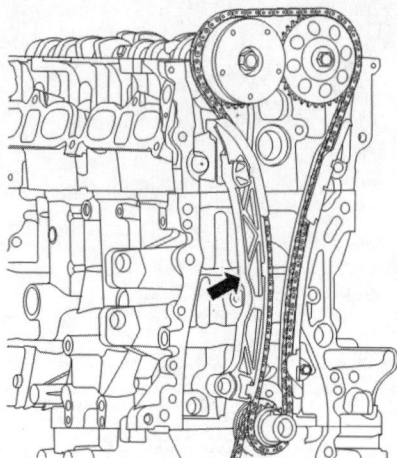

2．如图 11-17 所示，拆卸正时链条张紧轨组件。

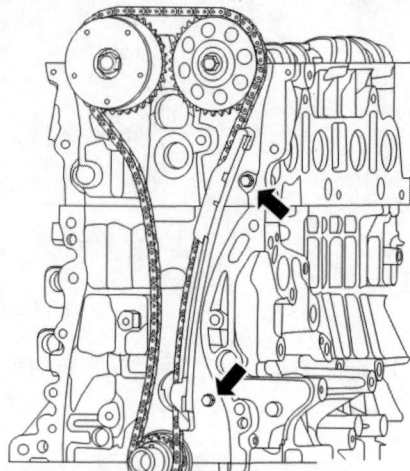

3．如图 11-18 所示，拆卸正时链条导轨下部固定螺栓。

4．如图 11-18 所示，拆卸正时链条导轨上部固定螺栓。

图 11-17　拆卸正时链条张紧轨组件　　　　图 11-18　拆卸正时链条导轨下部和上部固定螺栓

5．拆卸正时链条导轨组件。

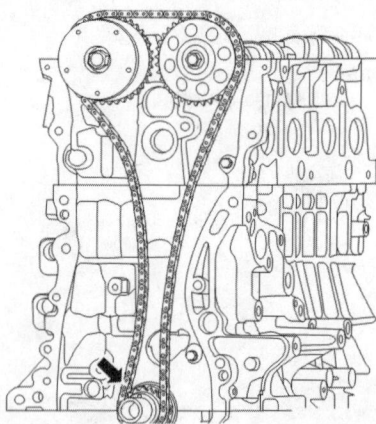

6．如图 11-19 所示，拆卸正时链条和曲轴正时链轮。

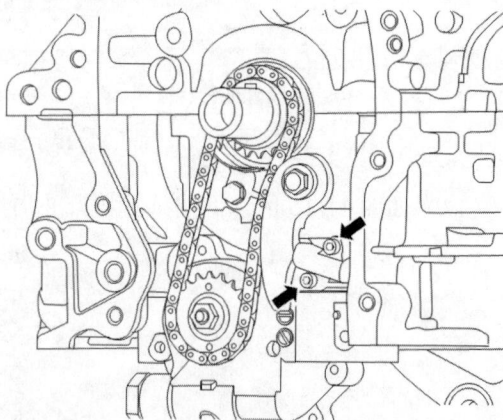

7．如图 11-20 所示，拆卸机油泵链条张紧器组件及其安装螺栓。

图 11-19　拆卸正时链条和曲轴正时链轮　　　图 11-20　拆卸机油泵链条张紧器

8．如图 11-21 所示，拆卸机油泵链条张紧轨及其安装螺栓。

9．照图 11-22 所示，拆卸机油泵螺母、机油泵链条、机油泵链轮。

（二）正时链条安装（以吉利英伦 SX7 轿车 2.0L 发动机为例）

1．如图 11-23 所示，安装机油泵链条、机油泵链轮，将机油泵螺母紧固至规范值。

2．如图 11-24 所示，安装机油泵链条张紧轨及其安装螺栓，将螺栓紧固至规范值。

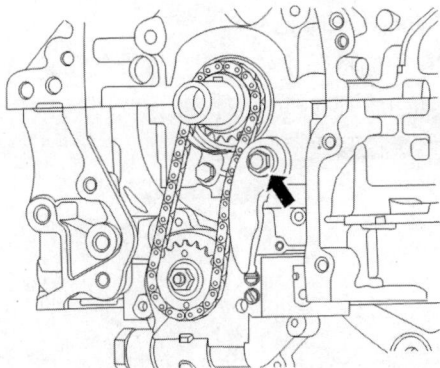

图 11-21　拆卸机油泵链条张紧轨及
其安装螺栓

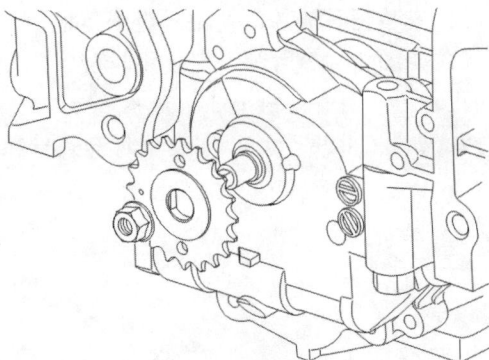

图 11-22　拆卸机油泵螺母、机油泵链条、
机油泵链轮

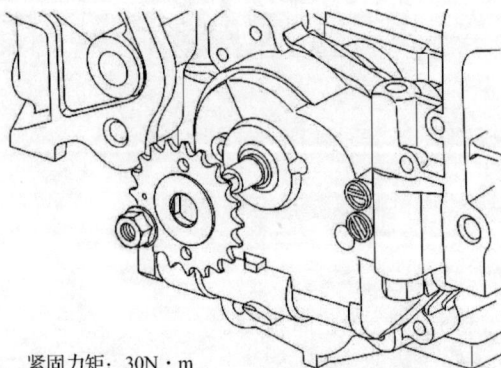

紧固力矩：30N·m

图 11-23　安装机油泵链条、链轮并紧固螺母

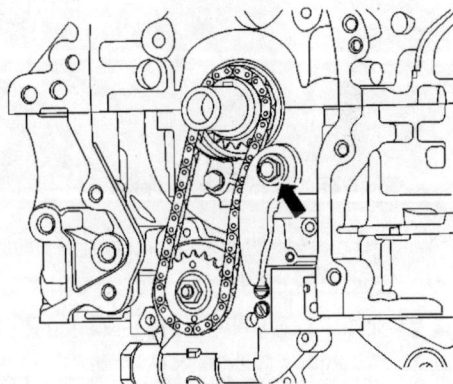

紧固力矩：13N·m

图 11-24　安装机油泵链条张紧轨及其安装螺栓

3. 如图 11-25 所示，安装机油泵链条张紧器组件及其安装螺栓，将螺栓紧固至规范值。

4. 如图 11-26 所示，把正时链条上的 3 个标色链节识别清楚。

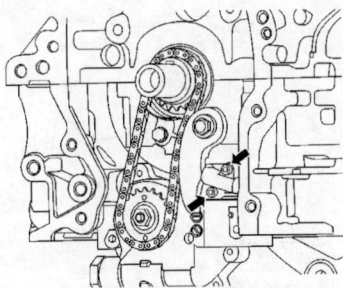

紧固力矩：6N·m

图 11-25　安装机油泵链条张紧器组件及其安装螺栓

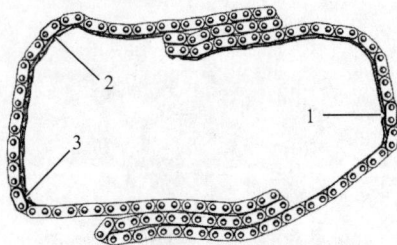

1-蓝色链节，与曲轴正时标记对准；2-黄色链节，与凸轮
轴正时标记对准；3-黄色链节，与凸轮轴正时标记对准。

图 11-26　正时链条标色链节识别

5. 安装正时链条,使正时链条蓝色链节对准曲轴链轮正时记号。

6. 如图 11-27 所示,安装正时链条,使图 11-26 中的链节 2(黄色)与排气凸轮轴链轮上的正时记号对齐;链节 3(黄色)与进气凸轮轴链轮上的正时记号对齐。

7. 如图 11-28 所示,安装正时链条导轨组件并将螺栓紧固至规范值。

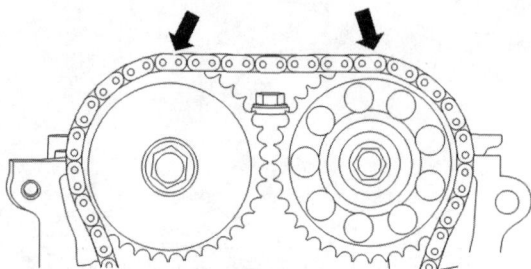

图 11-27 对齐进排气凸轮轴链轮上的正时记号

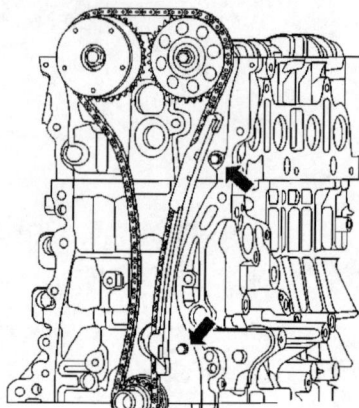

紧固力矩:9N·m

图 11-28 紧固正时链条导轨螺栓

8. 如图 11-29 所示,安装正时链条张紧轨组件,将螺栓紧固至规范值。

9. 安装正时链罩:

(1)把正时链罩和气缸体上残余的密封胶清理干净。

(2)在正时链罩与气缸体安装面均匀涂抹密封胶,安装正时链罩。

(3)把正时链罩上的 5 颗 M10 规格的螺栓装好,先不要拧紧。

(4)把正时链罩上的 8 颗 M8 规格的螺栓装好,先不要拧紧。

(5)安装 3 颗 M6 规格的螺栓及螺帽,按照图 11-30 所示的顺序,将所有螺栓紧固至规范值。

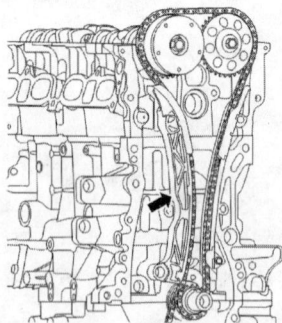

紧固力矩:19N·m

图 11-29 安装正时链条张紧轨组件

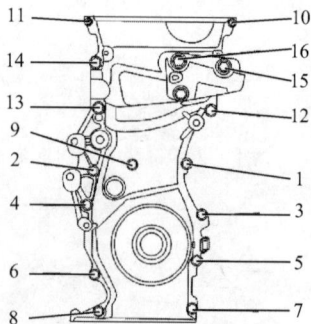

M6螺栓及螺帽力矩:(10±1)N·m
M8螺栓力矩:(18±3)N·m
M10螺栓力矩:(50±3)N·m

图 11-30 螺栓紧固顺序

10. 安装曲轴皮带轮,用专用工具安装曲轴皮带轮螺栓并紧固至(170±8)N·m。

11．安装正时链条张紧器。

12．安装油底壳。

13．安装动力转向泵。

14．安装发动机附件传动皮带张紧器。

15．安装发动机附件传动皮带。

16．安装气缸盖罩。

17．安装发动机塑料护罩。

18．加注发动机冷却液。

19．连接好蓄电池负极电缆。

维修实例

一辆行驶里程约 8.7 万公里，装备了 K24Z2 发动机的 2009 年款广州本田奥德赛 2.4L 轿车。用户反映：该车急加速时发动机容易熄火，即使偶尔不熄火，发动机也加速不良；同时，发动机怠速时也出现一开空调发动机就熄火的故障，即使发动机热车较长时间，怠速还是明显偏低。

故障诊断：

（1）利用自诊断系统读取故障码，没有任何显示。

（2）根据故障现象，初步判断为喷油器积炭堵塞，经清洗后，故障依旧存在。

（3）拆下节气门体进行清洗并重新进行匹配后故障有所好转，但开启空调，发动机仍然出现马上熄火的现象。

（4）检查空调系统，包括制冷剂压力及电磁离合器均没有任何故障。

（5）最后拆下发动机盖罩，经仔细检查发现进排气门间隙过小，只有 0.15mm，重新按照标准参数（进气门：0.21～0.25 mm；排气门：0.25～0.29mm）调整气门间隙后，故障排除。

维修小结：该车气门间隙过小，导致发动机充气效率变低，发动机功率变小，致使发动机容易熄火。

第十二天　发动机润滑与冷却系统

任务目标

1. 了解发动机润滑系统与冷却系统的功能和组成。
2. 了解发动机润滑系统与冷却系统常见的维修项目。

知识准备

1. 发动机润滑系统的功能和组成

发动机在运行时，必须向各个润滑部位提供机油进行润滑，润滑系统的作用就是不断使发动机机油循环，润滑发动机的各个部位，使各个部件都能发挥出最佳的工作性能。典型的汽车发动机润滑系统一般由机油泵、机油滤清器、机油压力开关、油底壳等组成，如图 12-1 所示。主要部件功能说明如表 12-1 所示。

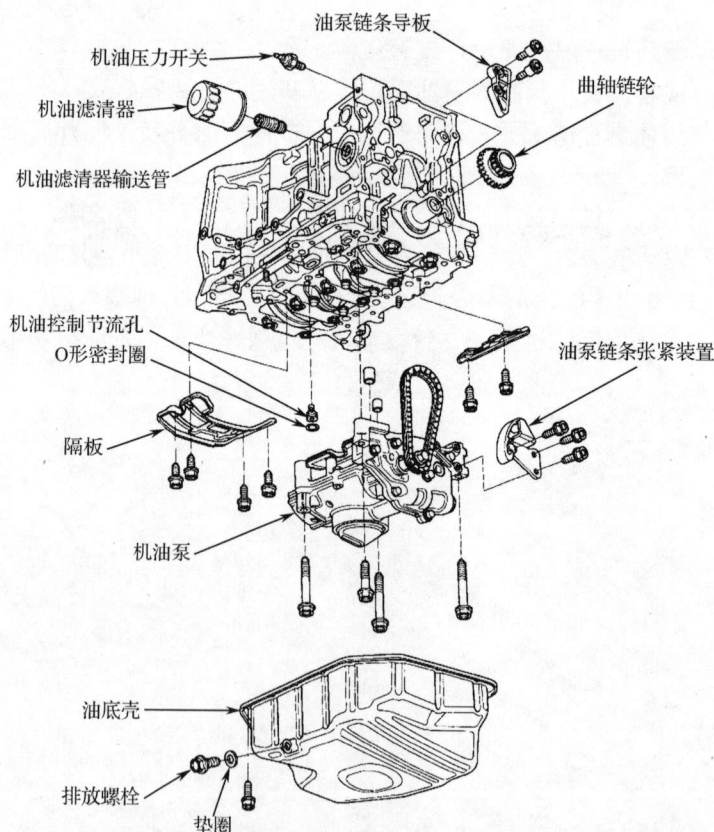

图 12-1　典型的发动机润滑系统的组成（以本田雅阁 2.4L 发动机为例）

表 12-1　发动机润滑系统主要部件功能说明

部 件 名 称	功 能 说 明
机油泵	压送机油使机油在发动机润滑系统内进行循环，确保润滑系统内具有足够的机油压力和足够的机油流量
机油滤清器	过滤发动机机油中的污垢和杂质，如金属磨粒、积炭、尘土颗粒等
机油压力开关	用于监视机油压力，如果机油压力不正常，压力开关会发送信号点亮仪表板上的机油压力指示灯，提示驾驶员
油底壳	收集并储存循环后的机油，确保机油的充足供应

2．发动机冷却系统的功能和组成

发动机冷却系统的功能是在发动机运行时，对发动机实行冷却散热，使发动机各个部件保持在正常的工作温度，避免发动机过热，从而获得理想的动力输出和良好的燃油经济性。常见的发动机冷却系统由散热器、散热器盖、冷却液管路、冷却液水泵、冷却液温度传感器、节温器、冷却风扇等组成，如图 12-2 所示。

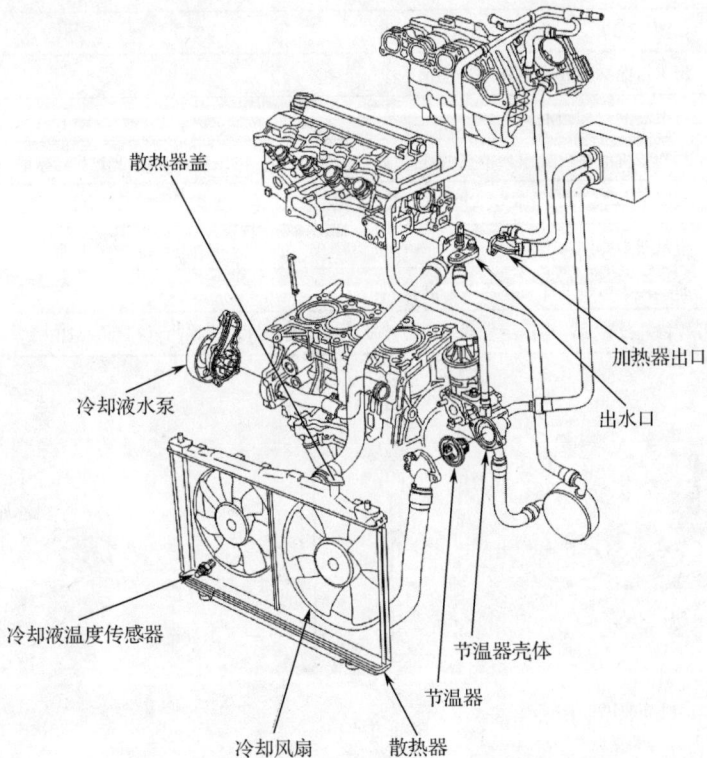

图 12-2　发动机冷却系统的组成（本田锋范轿车）

实际操作

一、发动机润滑系统维修项目与实际操作

1．发动机机油油位检查和添加

维护车辆时，要检查发动机机油油位，确认发动机机油液面高度保持在规范范围内，如果油位高度低于机油油尺上的下限标记，要及时添加。以讴歌 TSX 轿车为例，发动机机油油位检查和添加方法如表 12-2 所示。

表 12-2　讴歌 TSX 轿车发动机机油油位检查和添加方法

步　　骤	操 作 方 法
1	将车辆停放在水平地面上
2	关闭发动机，等待几分钟
3	如图 12-3 所示，拔出发动机机油油尺
4	用干净的抹布或纸巾将油尺擦拭干净
5	将机油油尺插回油尺孔中
6	再次将机油油尺拔出，检查油液高度（见图 12-3），如果油液高度低于下限标记，应及时予以添加
7	如图 12-4 所示，拧下发动机机油加注盖
8	将机油小心倒入加注口
9	加注完毕后将加注盖重新装好并拧紧
10	等待几分钟后，再次用机油油尺检查发动机机油油位，确认油位符合规范值

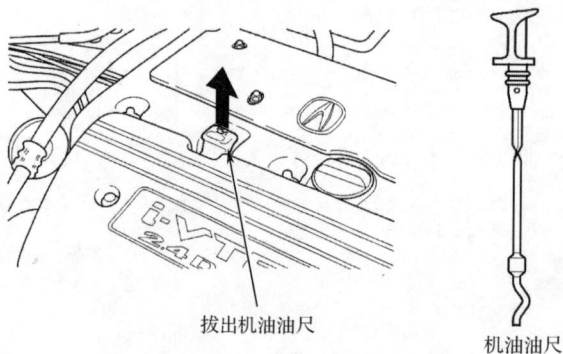

图 12-3　机油油尺标记识别

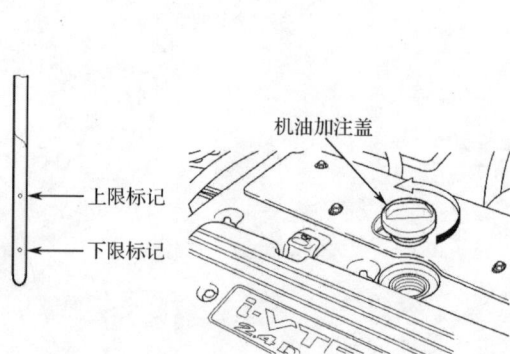

图 12-4　机油加注盖识别

2．机油质量检查

维护作业中要检查发动机机油质量，变质的机油不但起不到润滑作用，还会使发动机运动机件产生磨损，造成部件过早损坏。

（1）机油外观及气味检查

抽出发动机机油油尺，取几滴机油用肉眼查看：

● 如果机油清澈，表示污染不严重。

● 如果机油油色浑浊或乳化，说明机油被水严重污染。

● 如果机油油色发灰，闻上去有燃油气味，说明机油中混入了燃油。

● 用手指捻搓机油，如果感觉有细颗粒搓手的感觉，说明机油中已经混杂有过多的杂质。

（2）爆裂试验

把薄金属片加热到 110℃ 以上，抽出发动机机油油尺，将机油滴落在加热的金属片上，观察机油是否发生爆裂，如果不爆裂，说明机油纯净；如果发生爆裂，说明机油含有过多的水分。

3．发动机机油压力检测

车辆维护作业时，如果发现仪表板上的机油压力告警灯点亮，如图 12-5 所示，就要检查机油油位是否过低，如果机油油位正常，应检查发动机机油压力是否在规范范围内。以本田雅阁轿车 2.4L 发动机为例，发动机机油压力检查操作步骤如表 12-3 所示。

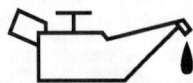

图 12-5　机油压力告警灯

表 12-3　本田雅阁轿车 2.4L 发动机机油压力检查操作步骤

步　骤	操　作　方　法
1	如图 12-6 所示，断开发动机机油压力开关导线并拆下机油压力开关
2	如图 12-7 所示，安装发动机机油压力表
3	起动发动机，使发动机达到正常的工作温度
4	使发动机保持怠速运行，查看压力表的测量值，应至少保持在 70kPa
5	将发动机转速提高到 3000r/min，压力表的测量值应在 300kPa 以上
6	如果机油压力达不到规范值，则检查机油滤清器是否堵塞，并检查机油泵是否工作正常

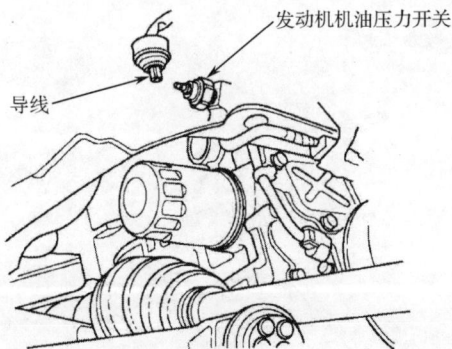

图 12-6　拆下发动机机油压力开关

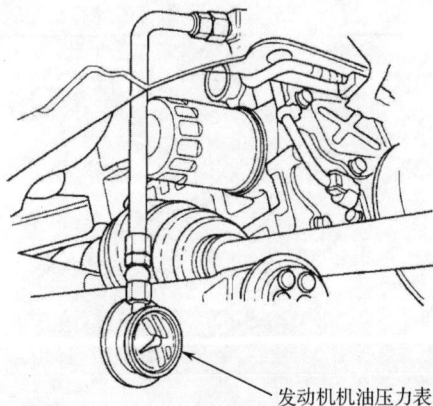

图 12-7　安装发动机机油压力表

二、发动机冷却系统常见维修项目与实际操作

1．发动机冷却液液位检查

维护时，应注意检查发动机冷却液储液罐中的液位，正常情况下液位应处于储液罐液位标记 MAX（上限）和 MIN（下限）标记之间，如图 12-8 所示。如果发现液位过低，应及时加注发动机冷却液。

2．发动机冷却液更换

发动机散热器内流动的冷却液经长时间使用后会发生变质，使冷却液防锈性能降低，从而在散热器内沉积铁锈和其他杂质，导致散热器芯子堵塞、冷却管路损坏使发动机散热不良，因此必须根据维护手册的说明，按照行驶里程或时间间隔及时更换新的发动机冷却液。以本田雅阁轿车为例，该车发动机冷却液更换操作步骤如表 12-4 所示。

表 12-4　本田雅阁轿车发动机冷却液更换操作步骤

步　骤	操 作 方 法
1	起动发动机，把仪表板上的加热器温度控制盘设定到最大加热状态
2	关闭点火开关，用手触摸发动机和散热器，确认发动机和散热器已经冷却
3	如图 12-9 所示，拧下发动机冷却液排放塞，将冷却液全部排出
4	把排放塞重新拧紧
5	拆卸发动机冷却液储液罐，将储液罐内的冷却液全部排空，然后将储液罐重新安装好
6	如图 12-10 所示，将新的发动机冷却液加入储液罐，直至液位达到 MAX 标记处
7	如图 12-11 所示，拧下散热器盖，向散热器内注入新的发动机冷却液，直至液位达到注入口顶部
8	把散热器盖重新安装上，但不要拧紧
9	起动发动机，使发动机运行发热（散热器风扇至少运行 2 次）
10	关闭发动机，再次取下散热器盖，查看散热器中的冷却液液位，必要时可再次添加
11	拧紧散热器盖，再次运行发动机，检查冷却液有无泄漏

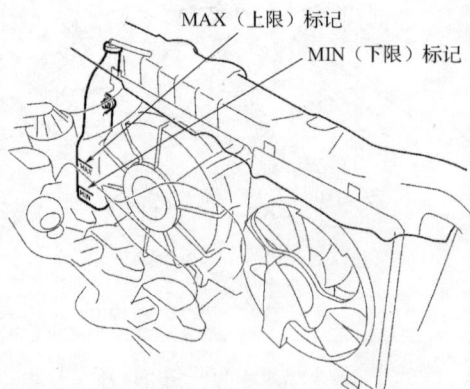

图 12-8　发动机冷却液储液罐液位标记识别（本田锋范轿车）

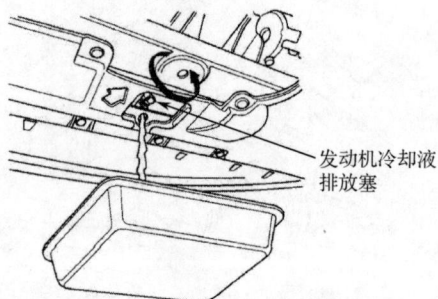

图 12-9　排出发动机冷却液

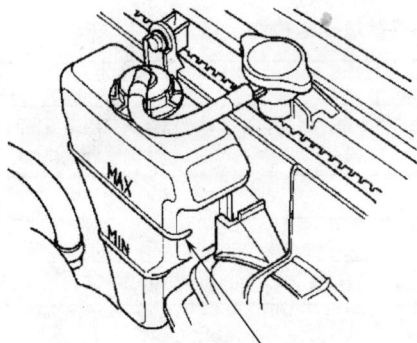

添加冷却液至MAX标记

图 12-10　向储液罐添加新的冷却液

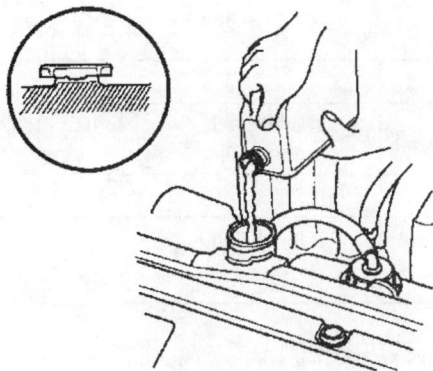

图 12-11　向散热器内加注新的冷却液

3．冷却风扇电动机检测

发动机冷却风扇的作用是当发动机运行时风扇旋转，给散热器送风，促进散热器冷却管路之间的通风，提高散热器的散热能力。执行维护时，应将散热风扇上的污垢清理干净，查看散热器风扇叶片是否变形，并检查冷却风扇电动机是否运行正常。以本田雅阁轿车 2.4L 发动机为例，按照表 12-5 的操作步骤执行冷却风扇电动机检测操作。

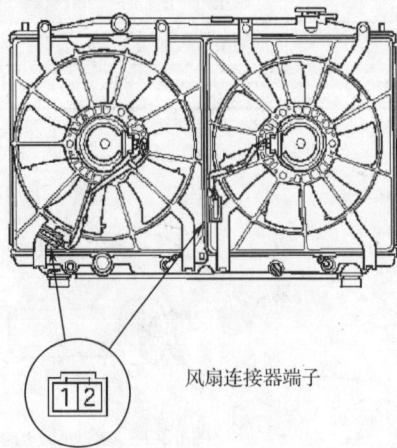

表 12-5　本田雅阁轿车 2.4L 发动机冷却风扇电动机检测操作

步　骤	操 作 方 法
1	如图 12-12 所示，把散热器冷却风扇和空调压缩机风扇电动机的线束连接器断开
2	将蓄电池电压连接到线束连接器端子 2，线束连接器端子 1 接地，观察电动机转动情况
3	如果电动机不转或转动不顺畅，应更换电动机

风扇连接器端子

图 12-12　风扇电动机线束连接器端子识别

4．散热器盖检测

散热器盖能起到良好的密封作用，可以使发动机冷却系统保持一定的压力，不但可以提高发动机冷却液的沸点，还能防止冷却液蒸发流失。在维护发动机冷却系统时，要检查发动机散热器盖的密封性能。以本田雅阁轿车 2.4L 发动机为例，按照表 12-6 的操作步骤执行散热器盖检测操作。

表 12-6　本田雅阁轿车 2.4L 发动机散热器盖检测操作

步　骤	操 作 方 法
1	检测散热器盖时，发动机必须处于冷机状态，先拆下散热器盖，用发动机冷却液涂抹到散热器盖密封处，然后按照图 12-13 所示，安装压力测试器
2	用压力测试器施加 93～123kPa 的压力
3	检查是否有压力下降现象
4	如果发现压力出现下降，说明散热器盖已经丧失良好的密封性能，必须更换散热器盖

5．散热器检测

散热器俗称水箱，用来对被加热的发动机冷却液进行冷却。进行维护时，要检查散热器的密封性能。以本田雅阁轿车 2.4L 发动机为例，按照表 12-7 的操作步骤执行散热器检测操作。

表 12-7　本田雅阁轿车 2.4L 发动机散热器检测操作

步　骤	操 作 方 法
1	检测散热器时，发动机必须处于冷机状态，先拆下散热器盖，把发动机冷却液加注到散热器内，直至发动机冷却液达到加注口颈部，然后按照图 12-14 所示，安装压力检测器
2	用压力检测器施加 93～123kPa 的压力
3	如果散热器正常，应该不会有压力下降现象或发生发动机冷却液泄漏
4	检查完毕后，拆下压力检测器，重新安装好散热器盖

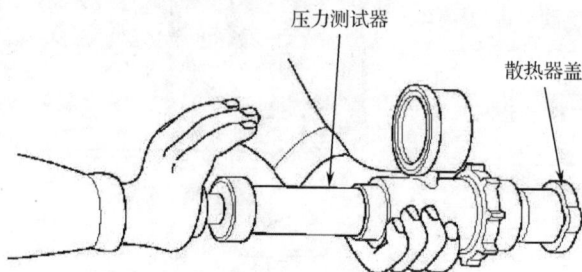

图 12-13　检测散热器盖

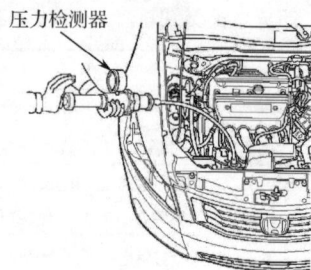

图 12-14　检测散热器

6．节温器检测与更换

（1）节温器检测

节温器的作用是控制发动机冷却液在发动机冷却系统中的流动。节温器可以阻止发动机冷却液从发动机流向散热器，从而使发动机能快速预热并调节冷却液的温度。当发动机冷却液温度较低时，节温器保持在关闭位置，阻止发动机冷却液通过散热器循环。这时，发动机冷却液只能通过加热器芯循环，因此可以迅速、均匀地预热发动机。当发动机预热后，节温器打开，使发动机冷却液流过散热器并通过散热器把热量散发出去。节温器的开启与关闭，不但能使足够的发动机冷却液流入散热器，还能使发动机保持在正常的工作温度内。

以本田雅阁轿车 2.4L 发动机为例，按照表 12-8 的操作步骤执行节温器检测操作。

温度计

表 12-8 本田雅阁轿车 2.4L 发动机节温器检测操作

步　骤	操 作 方 法
1	如图 12-15 所示，把处于闭合状态的节温器悬挂在装有水的容器中，温度计不要接触到容器底部
2	加热容器，用温度计测试水温，检测节温器开启时的温度和完全打开时的温度
3	如果节温器工作正常，节温器首次开启时的温度应为 80～84℃，完全打开时的温度应为 95℃
4	当节温器完全开启时，测量节温器升程，应为 8.0mm 以上

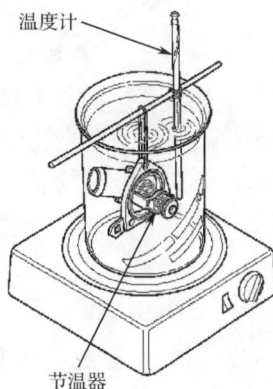

节温器

图 12-15 检测节温器

（2）节温器更换

检测节温器后如果发现节温器工作不正常，应予以更换。以本田雅阁轿车 2.4L 发动机为例，按照表 12-9 的操作步骤执行节温器更换操作。

表 12-9 本田雅阁轿车 2.4L 发动机节温器更换操作

步　骤	操 作 方 法
1	排空发动机冷却液
2	清除快速接头、节温器盖和散热器下部软管上的污垢
3	如图 12-16 所示，用手拔出锁卡，然后左右转动快速接头，将快速接头从节气门盖上拆下
4	如图 12-17 所示，拆下节温器
5	使用新的 O 形密封圈，安装节温器
6	如图 12-18 所示，检查快速接头和定位环有无裂纹或损坏，如果有裂纹或损坏，则予以更换
7	如图 12-18 所示，更换快速接头中的 O 形密封圈
8	如图 12-18 所示，检查锁卡有无损坏或变形，如果变形或损坏应予以更换
9	如图 12-18 所示，在节温器盖的连接面涂抹洁净的发动机冷却液
10	如图 12-19 所示，压下锁卡，将快速接头套装在节温器盖上，套装完毕后，应能听到"咔哒"声
11	将新的发动机冷却液注入散热器

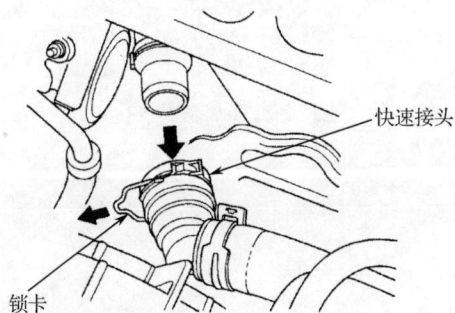

快速接头

锁卡

图 12-16 拔出锁卡并拆下快速接头

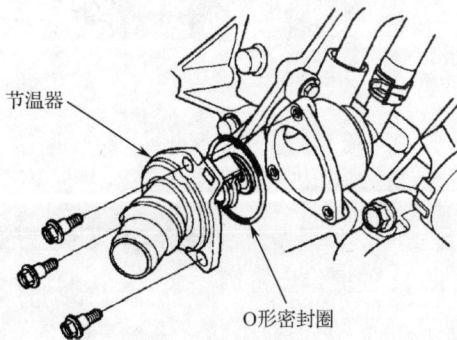

节温器

O 形密封圈

图 12-17 节温器和 O 形密封圈识别

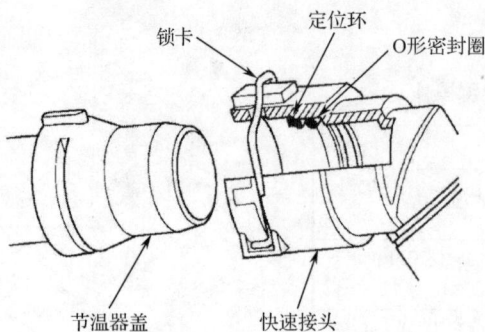

图 12-18　快速接头、定位环、O 形密封圈、
锁卡和节温器盖识别

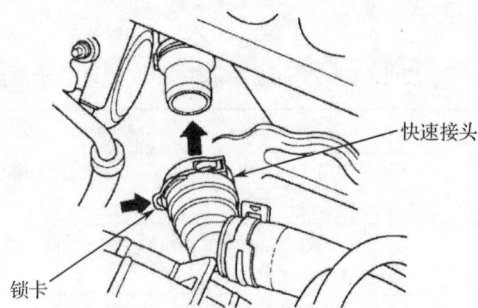

图 12-19　压下锁卡并将快速接头
套装在节温器盖上

7．水泵检测与更换

（1）水泵检测

水泵的作用是泵送发动机冷却液，使冷却液在冷却管路内形成循环流动的液流。维护时，要检查水泵轮是否转动顺畅。以本田雅阁轿车 2.4L 发动机为例，按照表 12-10 的操作步骤执行水泵检测操作。

表 12-10　本田雅阁轿车 2.4L 发动机水泵检测操作

步　骤	操　作　方　法
1	如图 12-20 所示，拆下发动机传动皮带
2	逆时针转动水泵轮，检查水泵轮是否转动顺畅，如果不能顺畅转动，则更换水泵
3	如果转动水泵轮时，发现从水泵出水孔处（见图 12-21）出现少量泄漏，这属于正常现象
4	重新把发动机传动皮带安装好

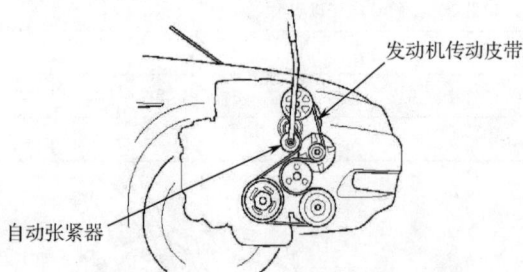

图 12-20　拆下发动机传动皮带

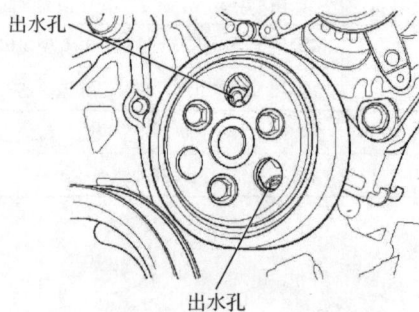

图 12-21　水泵出水孔识别

（2）水泵更换

维护时，如果发现水泵轮运转不畅，应予以更换。以本田雅阁轿车 2.4L 发动机为例，按照表 12-11 的操作步骤执行水泵更换操作。

表 12-11　本田雅阁轿车 2.4L 发动机水泵更换操作

步　骤	操 作 方 法
1	拆卸发动机传动皮带
2	排空发动机冷却液
3	拆卸发动机曲轴皮带轮
4	如图 12-22 所示，拆下紧固水泵的 6 个紧固螺栓
5	检查并清洁 O 形密封凹槽以及与水道的配合面
6	按照与拆卸相反的顺序，换装新的 O 形密封圈，安装水泵
7	安装发动机曲轴皮带轮
8	重新加注发动机冷却液

8．冷却系统软管的检查

冷却系统的软管是发动机冷却液在发动机和散热器之间流动的基本途径，也用于在散热器芯内来回输送冷却液。绝大多数汽车发动机都配备有进水软管和出水软管，冷却液的软管一般采用丁基合成橡胶和氯丁橡胶制成，并采用尼龙网和钢丝加强，高级轿车的冷却液软管采用硅软管，昂贵而耐用。软管一般都是从里面开始变坏，因此维护保养时要特别仔细地检查。检查时，按照图 12-23 所示，用手挤压冷却液软管，查看软管是否膨胀变形、变软、磨损或变硬，如果发现有此类现象，应予以更换。

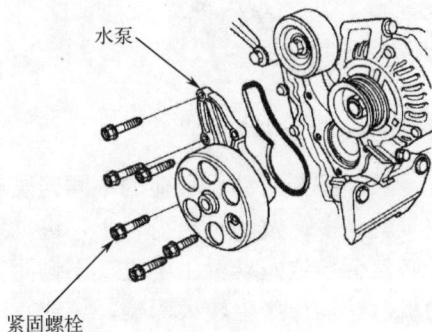

图 12-22　水泵紧固螺栓识别

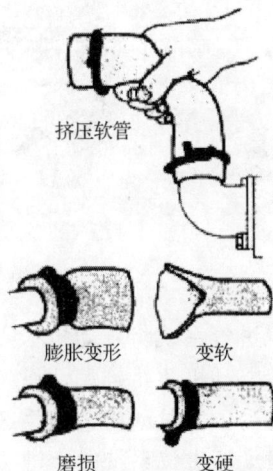

图 12-23　检查冷却液软管

第十三天　发动机进气与排气系统

任务目标

1. 了解发动机进气系统的功能和组成。
2. 了解发动机进气系统常见的维修项目。
3. 了解发动机排气系统的功能和组成。
4. 了解发动机排气系统常见的维修项目。

知识准备

1. 发动机进气系统的功能和组成

发动机进气系统一般由空气滤清器、空气流量传感器、节气门体、进气歧管等组成，有的发动机为了降低进气噪声，还布置有谐振室，如图 13-1 所示。

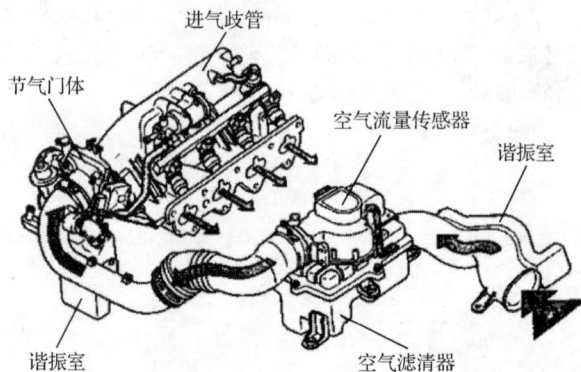

图 13-1　典型的电控燃油喷射发动机进气系统的组成

发动机进气系统将发动机吸入的空气进行过滤后，按照发动机负荷的不同向发动机提供清洁空气，发动机负荷越大，进气系统提供的空气就越多；发动机负荷越小，进气系统提供的空气就越少。当发动机进气系统发生阻塞时，必然会导致发动机由于进气不畅而发生动力不足；当发动机进气系统发生泄漏时，会对发动机怠速运行产生较大影响，导致发动机怠速不稳或怠速偏高，因此维护时，要注意检查发动机进气系统。

2. 发动机排气系统的功能和组成

发动机运行时，燃油和空气组合而成的混合气在气缸燃烧后形成废气，发动机排气系统的作用就是把废气顺利地排放出去。排气系统的主要组成部件包括曲轴箱强制通风系统、排气歧管、三元催化反应器、排气总管和消声器等，如图 13-2 所示。

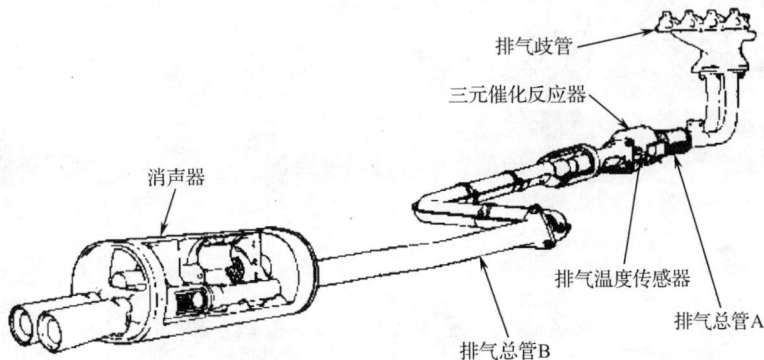

图 13-2　排气系统的组成

3. 曲轴箱强制通风系统的作用和结构

发动机燃烧室内的混合气和燃烧后的废气会顺着活塞和气缸体的内壁进入曲轴箱内，这些气体进入曲轴箱后会稀释和污染发动机机油，造成机油润滑能力下降，还会使曲轴箱内的压力升高，降低发动机转速。出于环境保护的原因，不能将这些气体直接排入大气，因此现代汽车上一般都配备曲轴箱强制通风系统，把进入曲轴箱的气体导入发动机的进气歧管，使其重新燃烧。曲轴箱强制通风系统配备有通气软管和曲轴箱强制通风阀，如图 13-3 所示，通风阀负责控制曲轴箱内的气体流入进气管并防止气体或火焰反向流动。通风阀的结构如图 13-4 所示。

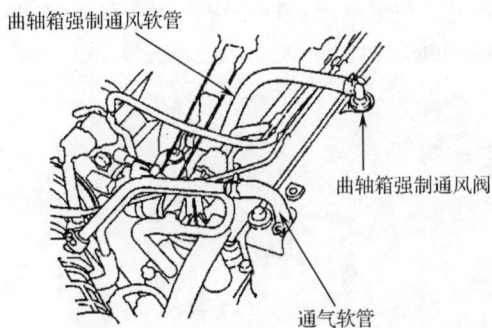

图 13-3　曲轴箱强制通风系统的组成

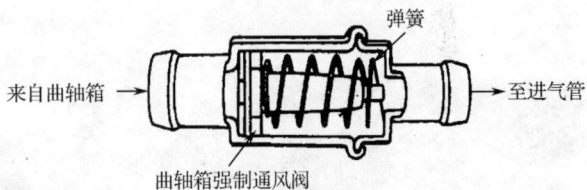

图 13-4　曲轴箱强制通风阀的结构

发动机工况不同，通风阀的开度也不同。当发动机不工作时，通风阀处于关闭状态；发动机怠速或减速时，通风阀略微开启；当车辆处于正常行驶状态，发动机处于中等负荷时，通风阀开启，开度增大；当发动机处于大负荷工作时，通风阀处于全开状态，如图 13-5 所示。

如果曲轴箱强制通风系统工作不正常，会导致有害的窜气停留在发动机内引起腐蚀、加速磨损，因而会缩短发动机使用寿命，还会使发动机出现起动困难、怠速不稳、加速无力或机油损耗过大的故障，因此如果维护中发现发动机有以上症状，要仔细检查曲轴箱强制通风系统是否工作正常。

进气侧

气缸盖侧
发动机不工作　　　　发动机怠速或减速　　　　发动机中等负荷工作　　　　发动机大负荷工作

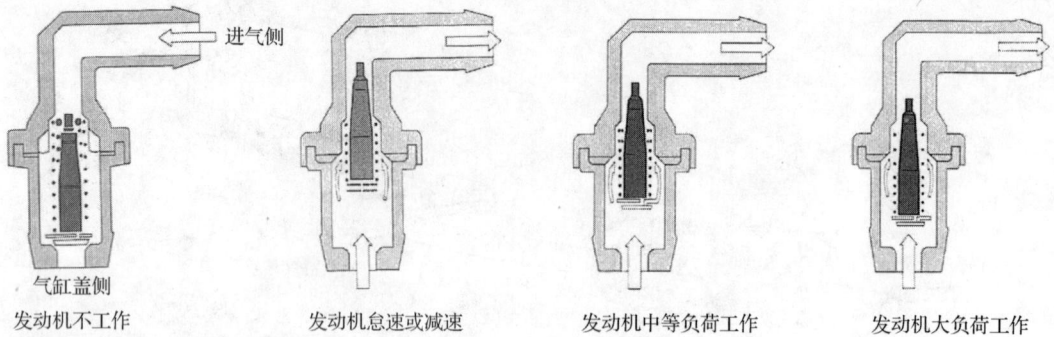

图 13-5　通风阀在不同工况下的开度变化

实际操作

一、发动机进气系统常见维修项目与实际操作

1. 空气滤清器滤芯检查与更换

车辆上采用的滤芯大致有三种。

第一种是纸质滤芯，它将一大块滤纸折叠后安装到空气滤清器壳体内，如图 13-6 所示。

目前，绝大多数轿车和商用车配备的都是纸质滤芯，滤芯的使用寿命取决于滤纸的表面尺寸和吸入空气的灰尘含量。检查时，可先将滤芯从滤清器中取出，目视检查滤芯是否脏污，如果目视检查发现滤芯内只沉积有少量灰尘，可以使用压缩空气用大小合适的压力从内侧向外侧将尘土吹出，如图 13-7 所示。

图 13-6　纸质滤芯

图 13-7　使用压缩空气对纸质滤芯进行清洁

第二种滤芯是织物滤芯，这种滤芯采用纤维布制成，可以用水清洗后反复使用。检查时，先将滤芯从空气滤清器壳体中取出，然后用压缩空气从内向外将沉积的灰尘吹除干净，然后将滤芯放入装有清水的容器中，将滤芯在水中上下按动清洗 10min 以上，反复更换清水，直至水干净为止，如图 13-8 所示。清洗完毕后通过晃动滤芯将多余的水清除掉，不要敲打滤芯或摔落滤芯。

第三种滤芯是油浴式滤芯，这种滤芯使用金属纤维制成，在滤清器底部储有机油，发动机进气中的杂质会被机油吸附，如图 13-9 所示。

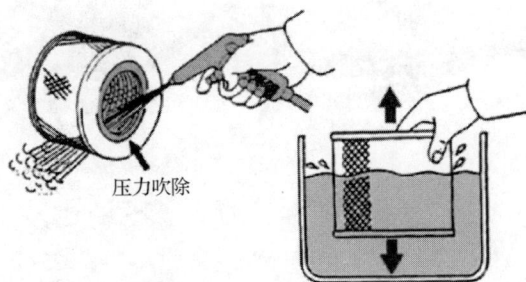

图 13-8　织物滤芯的清洗

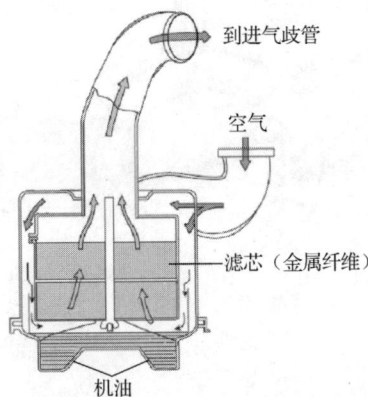

图 13-9　油浴式空气滤清器

对油浴式空气滤清器进行清洗时，要按照图 13-10 所示，先用煤油将滤清器滤芯和壳体清洁干净，然后将滤清器壳体放置在水平的工作台上，加注清洁的发动机机油至合适高度；将滤芯放置在托盘中用清洁的发动机机油浸泡清洁。

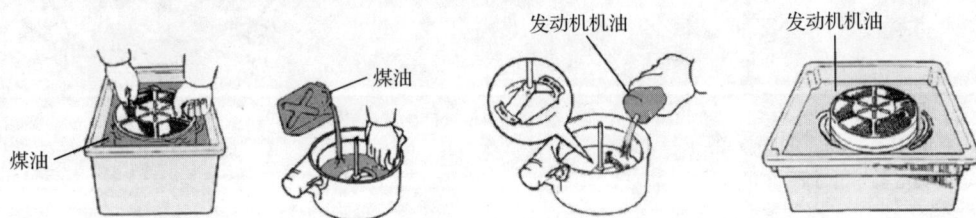

图 13-10　油浴式空气滤清器清洁

2. 检查进气系统是否泄漏

使用真空表测量发动机起动时的真空度，即可确认发动机进气系统是否泄漏，可按表 13-1 的操作步骤执行。

表 13-1　用真空表测量发动机的真空度

步　骤	检 测 方 法
1	起动发动机，使发动机运行至正常的工作温度
2	如图 13-11 所示，将真空表软管连接至发动机节气门后方的进气管专用接头上
3	检查发动机起动时的进气真空度，在正常情况下，节气门完全关闭时，指针应稳定在 6.8～16.9kPa（2～5inHg），如图 13-12 所示。如果指针跳动或不稳，则说明进气歧管有可能漏气；如果测量值过低，则说明进气系统真空泄漏
4	起动发动机怠速运行，检查发动机怠速运行时的进气真空度，如图 13-13 所示。正常情况下，怠速运行时的真空度应为 50.8～74.5kPa（15～22inHg）；如果数值过低，则说明进气系统可能有漏气；如果指针快速摆动，则说明进气歧管可能漏气

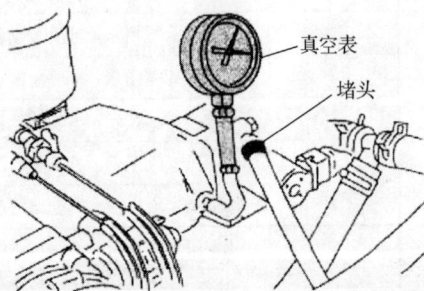

图 13-11　连接真空表

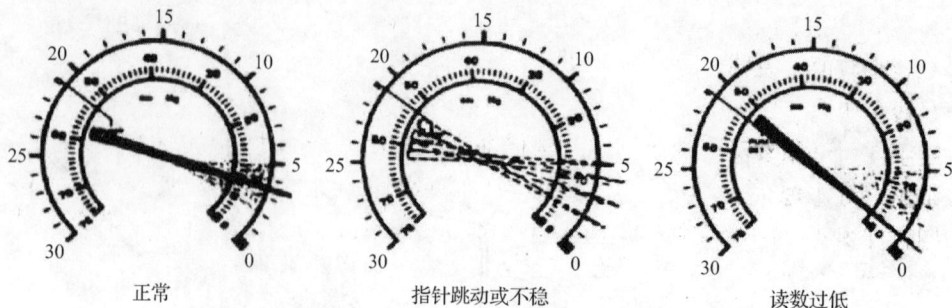

正常　　　　　　指针跳动或不稳　　　　　读数过低

图 13-12　发动机起动时的真空度

正常　　　　　　过低　　　　　　摆动

图 13-13　发动机怠速运行时的真空度

3. 清洗节气门体

维护发动机进气系统时，如果发现空气滤清器滤芯过脏、进气系统管路过脏，就要检查节气门体是否有脏污或油污沉积。如果发现节气门体脏污，要使用清洁剂对其进行清洗。以吉利帝豪 EC7 轿车为例，节气门体清洗操作步骤如表 13-2 所示。

表 13-2　帝豪 EC7 轿车节气门体清洗操作步骤

步　骤	检　测　方　法
1	断开蓄电池负极电缆，如图 13-14 所示，拆卸发动机节气门拉线
2	如图 13-15 所示，拆卸进气管路紧固螺钉
3	如图 13-16 所示，断开发动机节气门传感器线束
4	如图 13-17 所示，断开怠速电动机线束
5	如图 13-18 所示，拆卸曲轴箱强制通风软管
6	如图 13-19 所示，拆卸节气门体预热进水和出水管
7	如图 13-20 所示，拆卸节气门体 4 个固定螺栓
8	如图 13-21 所示，拆卸节气门体固定螺栓支架
9	用清洁剂清洗节气门体，使其光亮如新，如图 13-22 所示

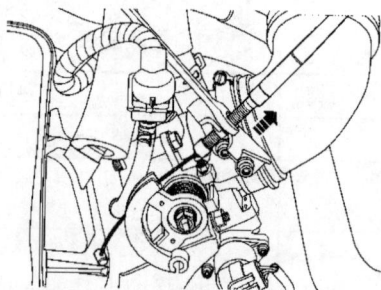

图 13-14　拆卸发动机节气门拉线

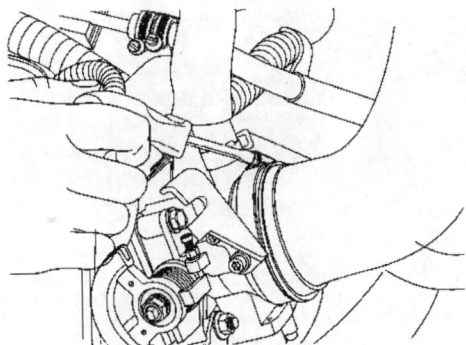

图 13-15 拆卸进气管路紧固螺钉

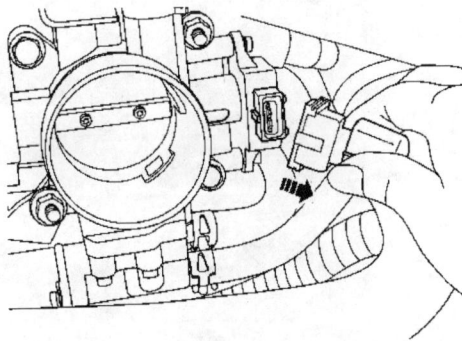

图 13-16 断开发动机节气门传感器线束

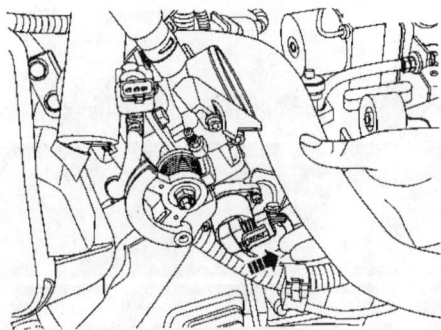

图 13-17 断开怠速电动机线束

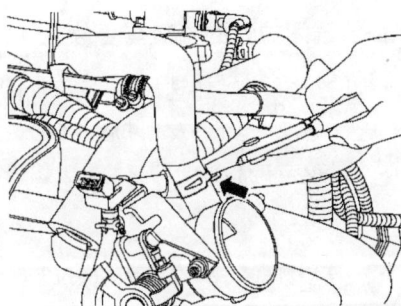

图 13-18 拆卸曲轴箱强制通风软管

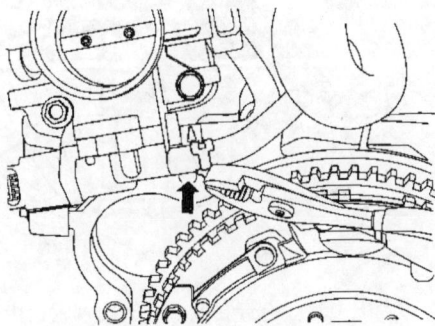

图 13-19 拆卸节气门体预热进水和出水管

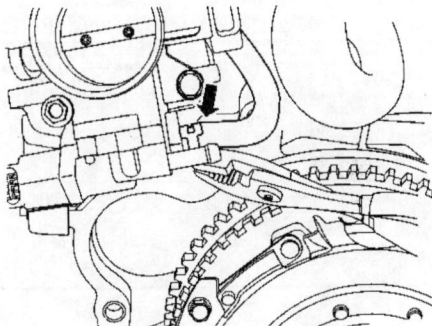

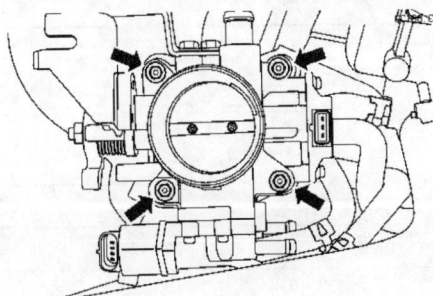

图 13-20 拆卸节气门体 4 个固定螺栓

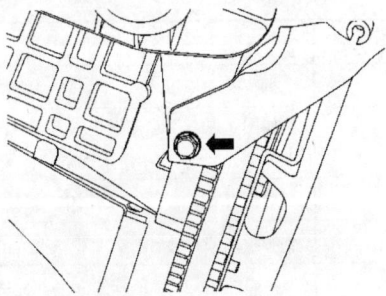

图 13-21 拆卸节气门体固定螺栓支架

清洗前　　　　　　　　　　　　　　　　清洗后

图 13-22　清洗前和清洗后的节气门对比

4．节气门拉索的检查与更换

　　节气门拉索连接加速踏板和节气门体，在车辆维护中，要检查节气门拉索的自由行程，对拉索进行润滑，如果发现拉索磨损、破裂，要及时予以更换。以本田雅阁 2.4L 轿车为例，该车节气门拉索的检查与更换方法如表 13-3 和表 13-4 所示。

表 13-3　本田雅阁 2.4L 轿车节气门拉索自由行程检查

步　骤	操 作 方 法
1	如图 13-23 所示，检查节气门连杆处的节气门拉索自由行程，规范值应为 10～12mm
2	如果测量时发现自由行程不符合规范值，则按照图 13-23 所示，松开拉索锁紧螺母，转动调节螺母，将拉索调节到规范值，然后将锁紧螺母拧紧
3	检查节气门拉索调节结果：当彻底踩下加速踏板时，节气门应完全开启；当松开加速踏板时，节气门应返回怠速位置

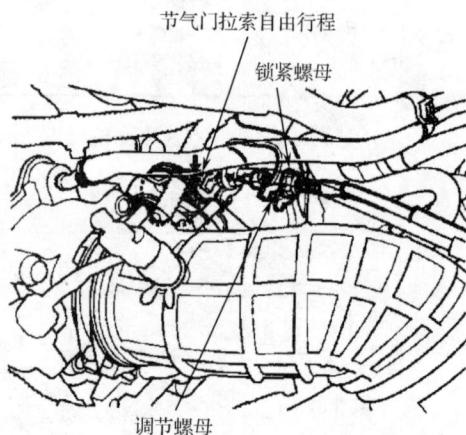

图 13-23　检查并调节节气门拉索自由行程

表 13-4　本田雅阁 2.4L 轿车节气门拉索拆卸和更换

步　骤	操 作 方 法
1	拆下发动机罩
2	如图 13-24 所示，完全松开节气门，然后从节气门连杆（图 13-24 中的 B）上拆下节气门拉索（图 13-24 中的 A），并在图中所示部位涂抹润滑剂
3	从拉索支架（图 13-24 中的 D）上拆下拉索套（图 13-24 中的 C）
4	如图 13-25 所示，从加速踏板（图 13-25 中的 B）上拆下节气门拉索（图 13-25 中的 A）
5	按照图 13-25 中所示的润滑部位进行润滑
6	安装时按照与拆卸相反的步骤执行

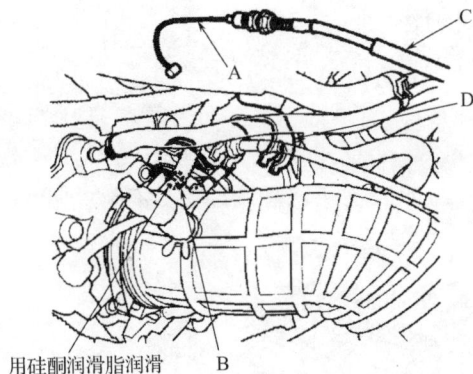

图 13-24　从节气门连杆上拆卸节气门拉索

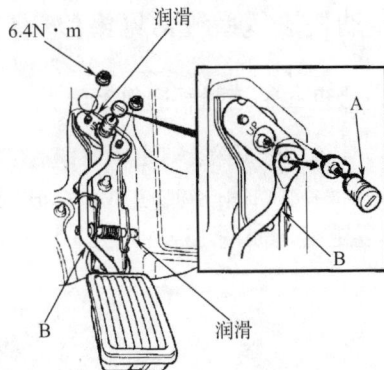

图 13-25　从加速踏板上拆卸节气门拉索

5. 发动机电子控制单元与节气门体的基本设定

对于某些车型，在维护保养过程中，如果清洗了脏污的节气门，则要执行发动机电子控制单元与节气门体的基本设定操作。以捷达轿车为例，执行完节气门清洗操作后，要按照表 13-5 所示执行发动机电子控制单元与节气门体的基本设定操作。

表 13-5　捷达轿车发动机电子控制单元与节气门体的基本设定操作步骤

步　骤	操 作 方 法
1	打开驾驶员侧继电器盘的装饰盖，连接故障诊断仪 V.A.G1551 至诊断接头上，打开点火开关，用地址码 01 选定发动机控制单元。屏幕显示： Rapid data transfer　　　　　　　　HELP Select function XX 快速数据传输　　　　　　　　帮助 选择功能 XX
2	按键 0 和 4，选定基本设置功能，并用 Q 键确认。屏幕显示： Basic setting　　　　　　　　HELP Enter display group number XXX 基本设定　　　　　　　　帮助 输入显示组号码 XXX
3	按键 0、6 和 0 选定"显示组 60"，并用 Q 键确认。屏幕显示： System in basic setting 60 → XXX%　　　XXX%　　　X ADP.runs 系统基本设定　　　　60 → XXX%　　　XXX%　　　X ADP.运行
4	当屏幕显示如下内容，表示匹配已经完成： System in basic setting 60 → XXX%　　　XXX%　　　X ADP. i.o 系统基本设定　　　　60 → XXX%　　　XXX%　　　X ADP.i.o
5	待故障诊断仪的屏幕显示"OK"字样，且节气门体发出的声音终止时，按下→键，结束基本设定操作

二、发动机排气系统常见维修项目与实际操作

1．检查曲轴箱强制通风系统

（1）检查曲轴箱强制通风系统是否泄漏

目视检查曲轴箱强制通风系统软管和通风阀，如果发现软管或连接处有破损或漏气，应立即予以更换，如图13-26所示。

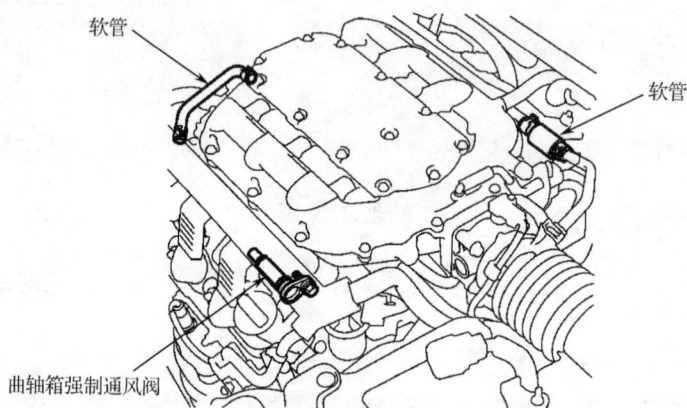

图13-26　曲轴箱强制通风阀和软管识别

（2）使用软管挤压法检测曲轴箱强制通风系统

起动发动机，使发动机达到正常工作温度，然后使发动机怠速运行，按照图13-27所示用钳子挤压软管，然后用听诊器（见图13-28）察听曲轴箱强制通风阀的工作声音。当软管被挤压时，曲轴箱强制通风阀应发出"咔哒"声；当挤压软管时，曲轴箱强制通风阀没有发出工作声音，则更换新的曲轴箱强制通风软管。

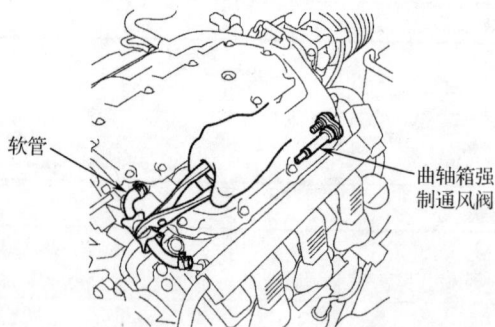

图13-27　用钳子夹住曲轴箱强制通风软管

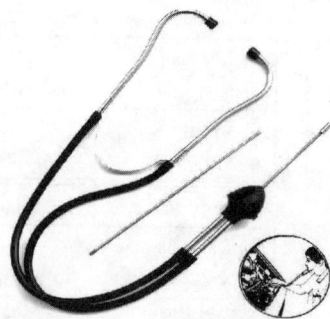

图13-28　典型的汽车异响听诊器

（3）使用真空测试法检测曲轴箱强制通风系统

起动发动机，使发动机达到正常工作温度，然后使发动机怠速运行，把曲轴箱强制通风阀从气门室盖上拔下，应能听到空气流动时产生的流动噪声，把手指放置在通风阀的进气口上，应能感觉到很强的真空吸力；将通风阀重新安装好，把发动机机油加注口盖取下，发动机怠速运行时，把一张硬纸片放置在加注口上，如果曲轴箱通风系统运行正常，纸片会很快

被吸附在机油加注口的开口处。

（4）检查曲轴箱强制通风阀

如图 13-29 所示，用一根细棒插入曲轴箱强制通风阀中，前后移动细棒，检查通风阀柱塞的移动情况，如果柱塞无法移动，则说明通风阀已经阻塞，应立即清理或更换。

2．检查三元催化反应器

（1）三元催化反应器的运行与结构

由于限制汽车排放的法规要求日益严格，目前在几乎所有的汽油发动机车辆上都装有三元催化反应器，用来对车辆排气中的有害物质进行氧化还原，从而达到排放限定要求。催化反应器上有很多小孔，在内表面上涂覆有铂铑系列催化剂，可以通过氧化反应将车辆排放的一氧化碳氧化为二氧化碳；将碳氢化合物氧化为水；将氮氧化物还原成为氮气，从而使这三种对环境有害的物质转换为对环境无害的物质，降低了汽车尾气对环境的污染。三元催化反应器结构如图 13-30 所示。

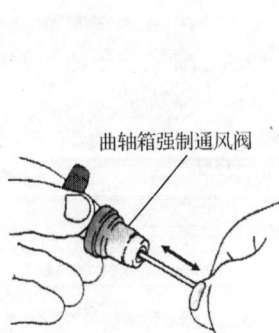

图 13-29　检查曲轴箱强制通风阀

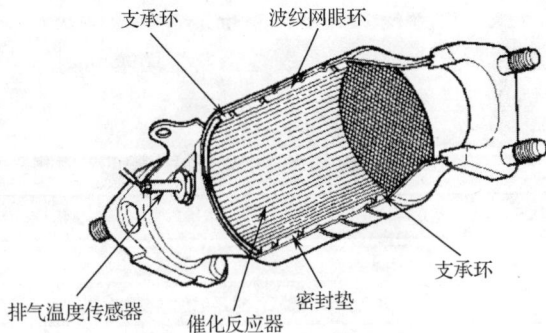

图 13-30　三元催化反应器结构

（2）三元催化反应器的检查

① 外观检查。

在车辆维护中，要仔细查看三元催化反应器的表面是否有凹陷、刮擦，如果有，说明反应器内的载体有可能受到损伤，应及时检修或更换。检查反应器外壳上是否有褐色或紫色斑点，检查反应器防护罩中央部位是否有明显的暗灰色斑点，如果有，说明催化反应器曾经处于过热工作状态，需要执行进一步的检查。

② 用闪光灯进行目测检查。

可以使用闪光灯对三元催化反应器内的催化剂执行目测检查，如图 13-31 所示，如果发现催化剂已经堵塞、融化或开裂，则更换三元催化反应器。

③ 检查催化反应器进口和出口温度。

三元催化反应器在正常工作状态时会因氧化反应产生大量的反应热，维修人员可通过测量三元催化反应器进口温度和出口温度，进行温差对比来判断三元催化反应器工作是否正常，操作步骤如表 13-6 所示。

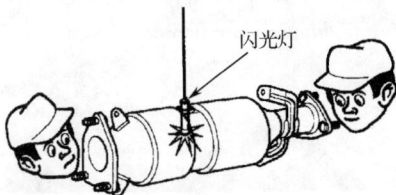

图 13-31　用闪光灯检查三元催化反应器内的催化剂

表 13-6　三元催化反应器温度检测操作步骤

步　骤	检　测　方　法
1	起动发动机并预热到正常工作温度
2	将发动机转速维持在 2500r/min
3	用举升机举升车辆，用数字式测温计（见图 13-32）在三元催化反应器进口处和出口处测量。测量时，测温计距离被测点不要超过 50mm
4	对比测量的温度值，三元催化反应器出口温度应至少高于进口温度 10%～15%

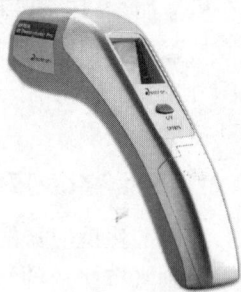

图 13-32　典型的数字式测温计

3. 排气管的检查

维护时，应使用钢丝刷和钝口刮刀将排气管内的积炭和胶质清除，然后用压缩空气吹净。维护中，如果发现排气管有裂纹、缺口，应予以焊接修整。然后用排气背压测试表测试发动机排气背压，检查发动机排气系统是否存在堵塞。排气背压测试表是用来测试发动机排气背压，从而判断发动机排气系统是否发生堵塞的测量工具，如图 13-33 所示。用排气背压测试表检查排气背压的方法如表 13-7 所示。

表 13-7　用排气背压测试表检测发动机排气背压的方法

步　骤	检　测　方　法
1	如图 13-34 所示，将氧传感器从排气管上拆下
2	如图 13-34 所示，把氧传感器适配器安装到排气背压测试表的一端
3	将排气背压测试表连接到排气管上
4	起动发动机怠速运行，使发动机达到正常工作温度，查看排气背压测试表的测量值，如果排气系统正常，测量值不应超过 8.62kPa（1.25psi）
5	如果测量值高于 8.62kPa，则说明发动机排气系统堵塞，应立即停止测试，彻底检查发动机排气系统，清除堵塞
6	如果测量值没有超过 8.62kPa，则踩下发动机加速踏板，使发动机转速提高到 2500r/min，再次查看排气背压测试表的测量值，测量值不应高于 20.68kPa（3psi）。如果测量值高于 20.68kPa，则说明发动机排气系统堵塞，应彻底检查发动机排气系统，清除堵塞

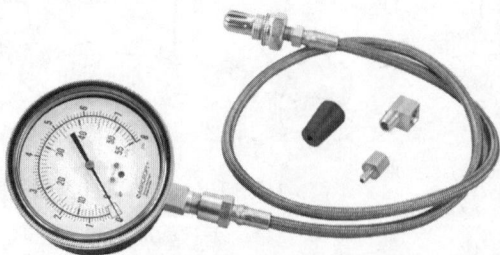

图 13-33　排气背压测试表

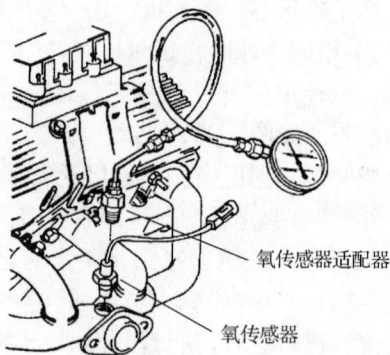

氧传感器适配器

氧传感器

图 13-34　排气背压测试表的使用

维修实例

1. 福特蒙迪欧轿车怠速不稳，加速不畅

故障现象：一辆福特蒙迪欧轿车行驶 10 000km 后出现怠速不稳，加速不畅的故障。

故障诊断：维修人员初步判断为节气门拉索卡滞，更换拉索后，故障现象仍未消除。维修人员进一步将节气门体拆下，发现节气门体处有大量积炭沉积，导致节气门体脏污，致使发动机进气不畅，从而引起车辆怠速不稳。

故障排除：维修人员将清洗剂喷洒在脏污的节气门体上，等清洗剂将积炭溶解，再用干净的棉布浸湿清洗剂将节气门体擦拭干净后，故障消失。

2. 沃尔沃 S80 轿车故障灯常亮

故障现象：一辆 2008 年产沃尔沃 S80 轿车，行驶里程 8 万公里。用户反映该车发动机故障灯常亮。

检查分析：维修人员通过故障诊断仪检测发动机控制单元，发现故障码 P0420——三元催化反应器效能低于限值。检查排气系统，未发现漏气。读取数据流，发现前氧传感器得到的燃油修正系数是 1.01，后氧传感器输出信号电压平均值为 0.73V。观察数据发现，在发动机怠速运转时，前氧传感器的信号基本正常，但后氧传感器的信号却显得有些不规则。

该车前氧传感器使用的是线性氧传感器。当传感器的输出电压信号值接近 1V 时，表示混合气的空燃比接近理想值。现在实测的前氧传感器信号是正常的，说明发动机混合气的配比正确，且燃烧良好。而后氧传感器属加热型氧传感器，其输出电压能够呈现出跳变形式，说明工作也是正常的。在这种情况下，后氧传感器的信号波形不规则，印证了故障码的提示，使问题指向了三元催化反应器。为进一步核实这一点，对同型号的正常车辆进行对比测量。测量结果显示正常车辆的后氧传感器信号是规则变化的。这样可以断定，该车三元催化反应器失效。

故障排除：更换三元催化反应器，故障排除。

第十四天　发动机电控系统

任务目标

1. 了解发动机电控系统的作用和组成。
2. 了解发动机电控系统常见的维修项目。

知识准备

发动机电子控制系统的组成

现代轿车的发动机运行一般均用发动机电子控制系统（简称电控系统）进行控制管理，电控系统一般由传感器、电子控制单元和执行器三部分组成，如图 14-1 所示，其部件功能说明如表 14-1 所示。

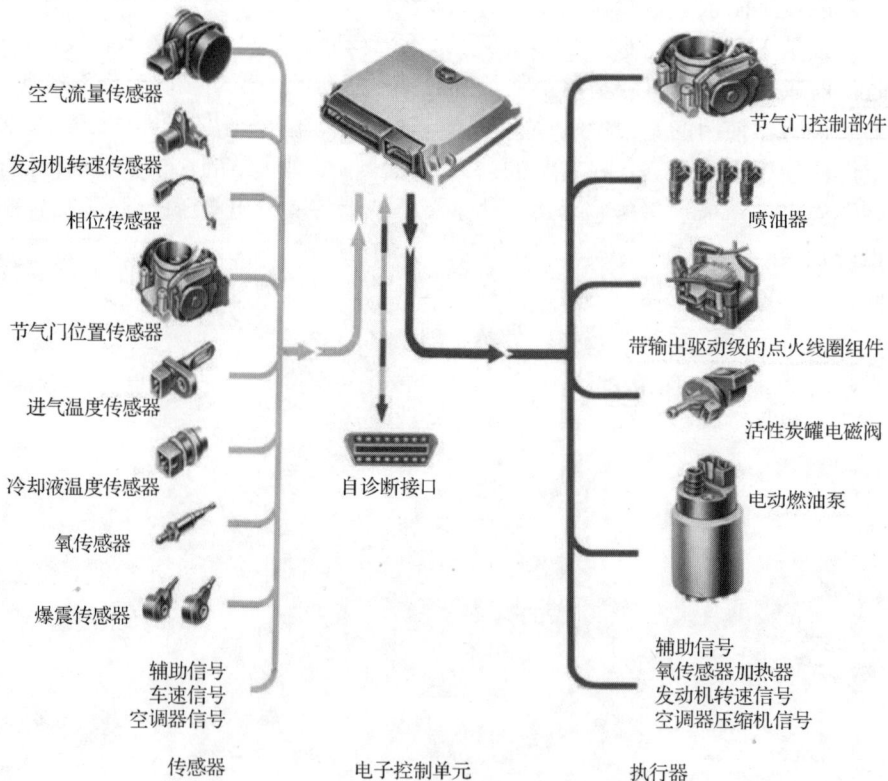

图 14-1　发动机电子控制系统的组成

表 14-1　发动机电控系统部件功能说明

部　件	功 能 说 明
传感器	把发动机运行时的各种状态信息，由非电量信号转变为电信号输入电子控制单元，常见的传感器有空气流量传感器、曲轴位置传感器、凸轮轴位置传感器、发动机冷却液温度传感器、节气门位置传感器、氧传感器、爆震传感器等
电子控制单元（控制电脑）	接收来自各种传感器的发送来的信息，经过快速处理、运算、分析和判断后，适时地输出控制指令，控制各个执行器动作，从而控制发动机运行，使发动机达到最佳运行状态。比如，进行燃油喷射量控制时，电子控制单元会根据空气流量传感器检测到的空气流量、发动机转速传感器输入的发动机转速数据，计算出基本喷油时间，然后根据发动机温度的高低、发动机负荷大小、加速或减速及蓄电池电压等参数，对基本喷油时间进行修正，最后得出这一工况运行时的最佳喷油时间，从而精确控制燃油喷射量
执行器	执行电子控制单元发出的控制指令，完成各项控制任务，常见的执行器有喷油器、电动燃油泵、点火控制器、各种继电器、电磁阀等

实际操作

1. 自诊断检测（故障码分析）

（1）读取故障码

目前，各种车型均普遍安装了 OBD-II 车载诊断系统，使用统一的 16 针诊断接口，用诊断仪器与诊断接口相连，将点火开关设置到 ON 位置，即可读取车辆的故障信息，故障诊断接口（也称为故障诊断连接器）的位置一般在仪表板下方，如图 14-2 所示。

（2）故障码分析

故障码分析就是在读取故障码的基础上，结合其他的检测结果对所读取的故障码进行比较分析从而做出故障判断的一种方法。它是汽车电控系统故障诊断中最基本也是最简单的诊断方法之一。故障码分析是对汽车电控系统进行故障诊断的第一步。

① 故障的确认。

任何故障码的设定都具有其相应的设定条件，当自诊断系统检测到某一个或几个信号超出其设定条件时，将设定故障码。一般来讲，对故障的确认有以下几种方法。

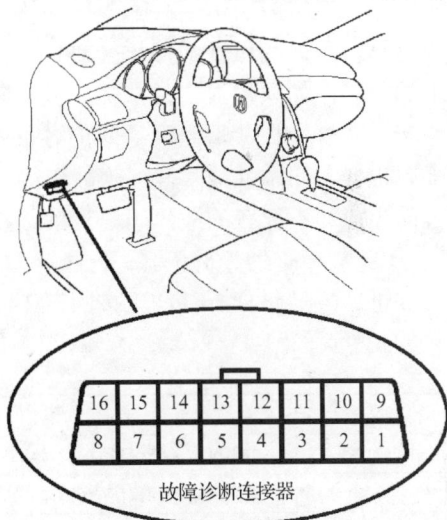

图 14-2　故障诊断连接器位置

- 值域判定法。当电子控制单元接收到的输入信号超出规定的数值范围时，自诊断系统就判定该输入信号出现故障。比如，某些车型的冷却液温度传感器设计成正常使用温度范围（-30～120℃），传感器的输入电压为 0.3～4.7V，所以当电控单元检测到冷却液温度传感器输入信号的电压小于 0.15V 或大于 4.85V 时，就会判定冷却液温度传感器信号系统的电路发生短路或断路故障。

- 时域判定法。当电子控制单元检测时，发现某一输入信号在一定的时间范围内没有发生应该发生的变化或变化没有达到预先规定的次数时，自诊断系统就确定该信号出现故障。比如，氧传感器在发动机达到正常温度且电控系统进入闭环运行状态后控制单元检测不到氧传感器的输出信号超过一段时间，或者氧传感器信号在 0.45V 上下没有变化的情况已经超过一定的时间，自诊断系统就判定氧传感器信号出现故障。

- 功能判定法。当电子控制单元向执行器发出驱动指令后，电子控制单元会检测相应的传感器或反馈信号的输出参数变化，如果输出信号没有按照程序规定的趋势产生变化，则自诊断系统就判定执行器或电路发生故障。比如，在某些配备废气再循环系统的车型上，如果电子控制单元发出废气再循环（EGR）阀开启信号后，会检测压力传感器 MAP 输出信号是否产生了相应的变化，用以确定 EGR 阀是否动作，若没有变化，则确认 EGR 阀和 EGR 电路发生了故障。

- 逻辑判定法。控制单元对两个或两个以上具有相互联系的传感器进行数据比较，当发现两个传感器信号之间的逻辑关系违反设定条件时，就判定其一或两个传感器有故障。比如，当控制单元检测到发动机转速大于某个值时，节气门位置传感器输出信号小于某个值，则判定节气门位置传感器出现故障。

② 故障的分类。

故障的出现形式有两种：一种是间歇性故障，它的特点是时有时无；另一种是持续性故障，它的特点是一旦发生就持续存在。在故障诊断过程中，间歇性故障被称为软故障（有些厂家称为延续或历史的故障），而持续性故障则被称为硬故障。由于间歇性故障的发生没有规律可循，所以间歇性故障比较难以判断。在对间歇性故障进行诊断时，要重现间歇性故障产生的状态，如采用人为的加热、晃动等措施才能重现故障发生的条件，同时还要用比较好的诊断设备来捕捉故障出现瞬间的各种数据参数变化，才能对间歇性故障进行详尽地诊断。故障码也分为间歇性故障码（软故障码）和当前故障码（硬故障码）。间歇性故障码是曾经发生过而当前却不存在的故障码，当前故障码是当前仍存在的故障码。

③ 故障码的分析步骤。

进行故障码分析时，应按照表 14-2 的步骤进行操作。

表 14-2　故障码分析步骤

步　骤	操 作 方 法
1	首先读取并记录所有的故障码
2	使用故障诊断仪清除所有的故障码
3	再次执行故障码读取程序，确认所有的故障码已被清除
4	模拟故障产生的条件进行路试使故障重现
5	再次读取故障码并记录此时读取到的故障码
6	区分间歇性故障码和当前故障码
7	区分与故障症状有关的故障码和与故障症状无关的故障码
8	区分诸多故障码或相关故障码中的主要故障码（它可能是导致其他故障码产生的原因）
9	按照上述分析，进一步精确检测故障码所代表的传感器、执行器或控制单元及相关的电路状态，以便确定故障点发生的准确位置

在对故障码进行分析和检查的过程中，维修人员必须明确：反映某个系统故障的故障码所包含的内容不单单是指该传感器（或执行器）出现故障，而是表示该系统的信号出现不正常的现象，导致信号不正常的原因可能是系统中的部件、接头、线路或控制单元的任意部分出现了故障。维修人员必须认识到：故障码仅仅是为维修人员提供了进一步检测的大方向，它仅仅是对故障范围和特性所给出的一种提示，并不能告诉维修人员是车辆的什么地方和什么部件出现了故障。故障码是诊断的开始，而不是诊断的最后结果。维修人员必须根据具体车型的维修资料（电路图、元器件位置、标准值、电控系统的工作原理等），利用各种可能的检测手段进行进一步的检测，才能对故障准确定位。

读取到故障码后，要按照维修手册上的处理步骤执行检测操作，准确定位故障源。以通用别克凯越轿车 P0300（检测到多个气缸缺火）故障码为例，该故障码的处理步骤如表 14-3 所示。

表 14-3　凯越轿车 P0300 故障码处理步骤

步　骤	操 作 方 法	规 范 值	是	否
1	执行"车载诊断系统检查"。检查是否完成？	—	至步骤 2	至"车载诊断系统检查"
2	将故障诊断仪连接到数据连接插头上。接通点火开关，发动机不运转。读取故障码，是否设置了故障码 P0201、P0203、P0204？	—	至相应的故障码	至步骤 3
3	检查导线是否接触不良，发动机控制模块是否清洁、紧固。真空软管是否开裂、扭结，节气门体和进气歧管密封面是否泄漏。必要时修理，修理是否完成？	—	至步骤 27	至步骤 4
4	起动发动机并怠速运行。"缺火当前计数器"的计数是否增加？	—	至步骤 5	至步骤 6
5	所有计数器是否相同（在一定百分比内）？	—	至步骤 7	至步骤 11
6	接通点火开关，发动机不运转。查阅冻结故障状态数据并记录参数。在设置故障码的条件及冻结故障状态条件下操作车辆。"缺火当前计数器"的计数是否增加？	—	至步骤 5	至"诊断帮助"
7	关闭发动机。将燃油压力表连接到燃油分配管上。在发动机运行时，观察燃油压力。燃油压力是否在规范值内？	284～325kPa	至步骤 8	至"燃油系统诊断"
8	检查燃油是否污染。燃油是否正常？	—	至步骤 9	至步骤 10
9	检查是否存在基本发动机故障，必要时修理。修理是否完成？	—	至步骤 27	—
10	更换受到污染的燃油。修理是否完成？	—	至步骤 27	—
11	关闭点火开关，断开喷油器连接器。将火花测试器安装到 1 缸火花塞电缆上。转动发动机并检查火花。按此方法逐一检测各个气缸。是否在所有的火花塞电缆上都看到了火花？	—	至步骤 12	至步骤 20
12	必要时，修理或更换任何有故障的火花塞。修理是否完成？	—	至步骤 27	至步骤 13
13	关闭点火开关，断开喷油器连接器。将喷油器测试灯安装到缺火气缸的喷油器线束连接器上。转动发动机并观察测试灯。喷油器测试灯是否点亮？	—	至步骤 14	至步骤 15
14	执行喷油器平衡测试。喷油器是否正常？	—	至步骤 9	至步骤 16

步　骤	操 作 方 法	规　范　值	是	否
15	断开喷油器测试灯。将测试灯连接到搭铁上，探测各缺火歧管的喷油器线束连接器点火供电电路端子 A，转动发动机。测试灯是否点亮？	—	至步骤 17	至步骤 19
16	更换有故障的喷油器。修理是否完成？	—	至步骤 27	—
17	在端子 M25、M22、M24、M11 上检查相关喷油器驱动电路是否开路、短路或对电压短路。是否发现故障？	—	至步骤 18	至步骤 24
18	修理开路或短路的喷油器驱动电路。修理是否完成？	—	至步骤 26	—
19	修理喷油器线束连接器和喷油器连接器之间的点火供电电路的开路故障。修理是否完成？	—	至步骤 27	—
20	测量火花塞测试器不打火的火花塞电缆电阻。电缆电阻是否低于规范值？	30 000Ω	至步骤 21	至步骤 25
21	检查发动机控制模块连接器和接线。连接是否正常？	—	至步骤 22	至步骤 23
22	检查相关气缸点火控制电路是否开路或短路，必要时修理。修理是否完成？	—	至步骤 27	至步骤 26
23	修理连接器或接线。修理是否完成？	—	至步骤 27	—
24	关闭点火开关。更换发动机控制模块。修理是否完成？	—	至步骤 27	—
25	更换火花塞电缆。修理是否完成？	—	至步骤 27	—
26	更换有故障的点火线圈。修理是否完成？	—	至步骤 27	至步骤 24
27	用故障诊断仪清除故障码。起动发动机并在正常的工作温度下怠速运行。在设置故障码的条件下操作车辆。故障诊断仪是否指示诊断已运行并通过？	—	至步骤 28	至步骤 2
28	检查是否设置了任何其他的故障码？是否显示任何未得到诊断的故障码？	—	至相应的故障码	系统正常

2．电控系统部件检测

（1）空气流量传感器

空气流量传感器的作用是把汽车发动机吸入的空气量转换成电信号输入到发动机电子控制单元，这种信号是决定喷油量的一种基本信号。目前，在汽车发动机电控系统中应用比较广泛的是质量空气流量传感器，这种传感器测量精度高，而且传感器内部没有运动部件，因此不会产生磨损。质量空气流量传感器的工作原理是根据传热学原理设计的，在进气道中设置一个发热体，当空气通过进气道时，发热体产生的热量就会被空气吸收，使发热体变冷。发热体周围通过的空气流量越大，带走的热量就越多，传感器利用发热体和空气之间的热传递来进行空气流量测量，设计思想非常巧妙。空气流量传感器的检测方法（以大众车系 EOS 轿车为例）如下。

EOS 轿车空气流量传感器的安装位置及端子识别如图 14-3 所示，检测方法如表 14-4 所示。

表 14-4 空气流量传感器检测方法

步 骤	检 测 方 法	规 范 值
1	如图 14-4 所示,在仪表板下方的故障诊断连接器上连接故障诊断仪	
2	起动发动机怠速运行	
3	使用故障诊断仪,读取空气流量传感器工作参数	当发动机怠速运行时,进气量应为 2.0~5.0g/s

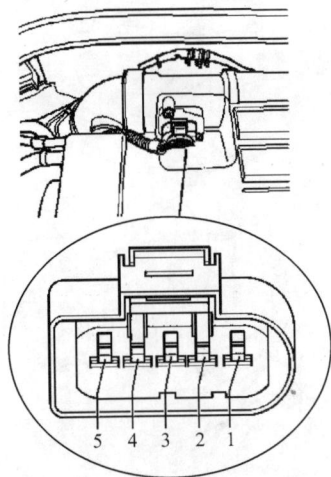

图 14-3 空气流量传感器安装位置及端子识别

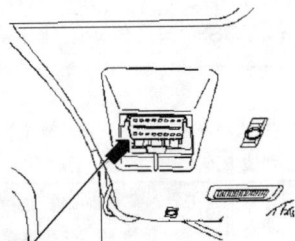

故障诊断连接器

图 14-4 EOS 轿车故障诊断连接器位置

(2)曲轴位置传感器

曲轴位置传感器与空气流量传感器一样,属于发动机控制系统中最主要的传感器,它是控制点火时刻和喷油不可缺少的信号源。发动机电子控制单元根据曲轴位置传感器发送来的信号来确认曲轴位置;同时,曲轴位置传感器也是测量发动机转速的信号源。以丰田卡罗拉轿车为例,该车曲轴位置传感器检测方法如表 14-5 所示。

表 14-5 丰田卡罗拉轿车曲轴位置传感器检测方法

检 测 条 件	规 范 值
如图 14-5 所示,找到曲轴位置传感器,断开曲轴位置传感器接头,拆下螺栓和曲轴位置传感器,在不同的温度下,按照图 14-6 所示,用数字式万用表测量曲轴位置传感器端子 1 和 2 之间的电阻,如果电阻值不符合规范值,应更换曲轴位置传感器	当温度为 -10~50℃时,电阻应为 1630~2740Ω;当温度为 50~100℃时,电阻应为 2065~3225Ω

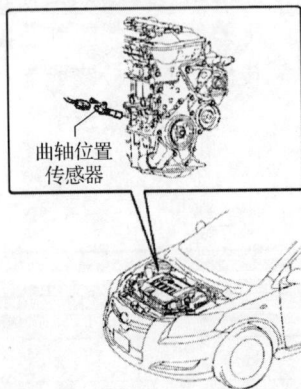

曲轴位置传感器

图 14-5 丰田卡罗拉轿车曲轴位置传感器安装位置

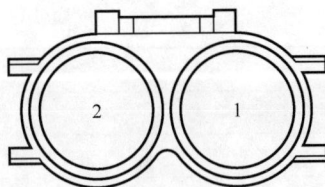

图 14-6 丰田卡罗拉轿车曲轴位置传感器端子识别

（3）凸轮轴位置传感器

凸轮轴位置传感器也称为同步信号传感器，它是一个气缸判别定位信号，可用来告知此时开始向上止点运行（排气行程）是哪个气缸的活塞。凸轮轴位置传感器和曲轴位置传感器产生的信号相配合，就可以使发动机电子控制单元确定发动机正常喷油顺序和喷油时刻。以大众 EOS 轿车为例，该车凸轮轴位置传感器检测方法如表 14-6 所示。

表 14-6　EOS 轿车凸轮轴位置传感器检测方法

步　骤	检　测　方　法	规　范　值
1	如图 14-7 所示，断开凸轮轴位置传感器线束连接器	
2	将点火开关设置到 ON 位置，用万用表测量凸轮轴位置传感器线束连接器端子 1 和 3 之间的电压	应为 5.0V 左右

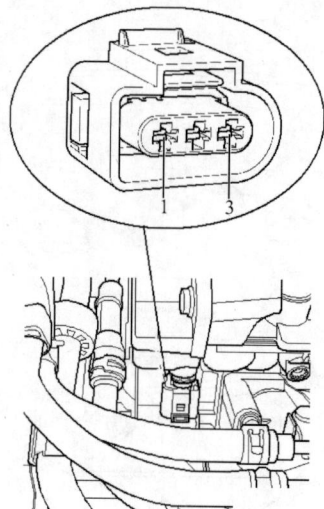

图 14-7　EOS 轿车凸轮轴位置传感器安装位置及端子识别

（4）氧传感器

氧传感器通常安装在车辆的排气管上，它的作用是探测排气中氧的含量多少。氧传感器的信号是发动机闭环控制中非常重要的反馈信息。为了使发动机获得最佳的排气净化性能，必须把混合气的空燃比保持在理论空燃比附近的很窄范围内，空燃比一旦偏离理论空燃比，车辆上配备的三元催化反应器对废气中的三种有害气体（碳氢化合物、一氧化碳和氮氧化物）的净化能力将急剧下降。氧传感器实际上是用来探测空燃比是比理论空燃比小还是比理论空燃比大，从而获得上次喷油时间是过长还是过短，并将该信号传送到发动机电子控制单元中，用来对喷油时间进行修正，来使发动机工作时的空燃比保持在理论空燃比附近的一个窄小范围内。现代轿车一般均安装多个氧传感器，安装在三元催化反应器前端的，称为主氧传感器、前氧传感器或上游氧传感器；安装在三元催化反应器后端的氧传感器称为副氧传感器、后氧传感器或下游氧传感器。安装后氧传感器的目的主要是为了监测三元催化反应器的转化效率。一般来说，如果三元催化反应器工作正常，后氧传感器的信号波动就会非常小；如果三元催化反应器老化或性能不佳，导致转化效率下降，后氧传感器的信号波动幅度和频率会明显加大。发动机电子控制单元通过比较前后两个氧传感器发送来的信号，就能判断出三元催化反应器的功能是否正常。比如，如果电子控制单元发现后氧传感器的信号波形与前氧传感器信号波形接近时，就可以判断出三元催化反应器已经失效。以斯巴鲁翼豹轿车为例，该车氧传感器的检测方法如表 14-7 所示。

表 14-7　翼豹轿车氧传感器的检测方法

前氧传感器		
步　骤	检　测　方　法	规　范　值
1	检查前氧传感器与线束连接器的连接情况，确认连接良好	
2	断开前氧传感器线束连接器，用万用表测量传感器端子 1 和 2 之间的电阻（见图 14-8）	当温度为 20℃时，电阻值应在 2.4Ω±0.24Ω左右

续表

后氧传感器		
步 骤	检 测 方 法	规 范 值
1	检查后氧传感器与线束连接器的连接情况，确认连接良好	
2	断开后氧传感器线束连接器，用万用表测量传感器端子1和2之间的电阻（见图14-8）	当温度为20℃时，电阻值应为5.0～6.4Ω

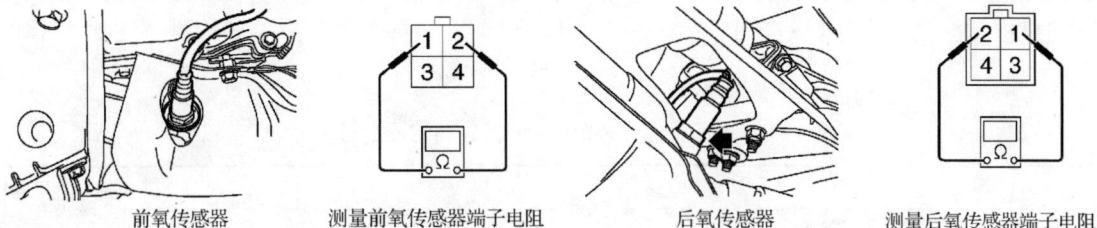

前氧传感器　　　测量前氧传感器端子电阻　　　后氧传感器　　　测量后氧传感器端子电阻

图 14-8　斯巴鲁翼豹轿车氧传感器安装位置及端子识别

（5）发动机冷却液温度传感器

发动机冷却液温度传感器可用来测量发动机冷却液温度，向发动机电子控制单元传送发动机热状态信号。现代轿车所采用的冷却液温度传感器一般装有一个负温度系数热敏电阻。该电阻具有与一般金属导体电阻相反的特性，温度高时电阻值减小；温度低时电阻值增大。以丰田锐志轿车为例，该车发动机冷却液温度传感器的检测方法如表14-8所示。

表 14-8　丰田锐志轿车发动机冷却液温度传感器的检测方法

检 测 方 法	规 范 值
如图 14-9 所示，排出发动机冷却液，拆卸空气滤清器盖，找到发动机冷却液温度传感器，断开发动机冷却液温度传感器接头，拆下螺栓和发动机冷却液温度传感器。如图 14-10 所示，将冷却液温度传感器放入装有水的容器中，在不同的水温下用数字式万用表测量发动机冷却液温度传感器端子之间的电阻，如果电阻值不符合规范值，应更换发动机冷却液温度传感器	当水温为20℃时，电阻应为2.32～2.59kΩ；当水温为80℃时，电阻值为0.31～0.326kΩ

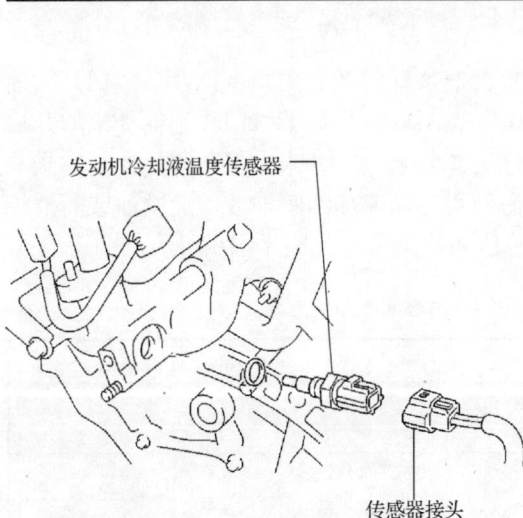

图 14-9　发动机冷却液温度传感器安装位置　　　图 14-10　测量发动机冷却液温度传感器电阻

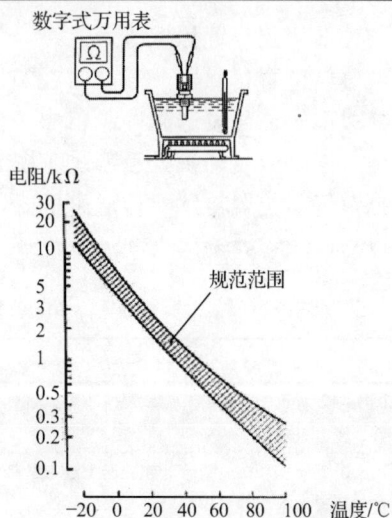

（6）发动机爆震传感器

发动机爆震传感器的功能是检测发动机工作时有无爆震信息，并将检测信号传送到发动机电子控制单元。发动机爆震的检测方法一般有三种：一是检测发动机气缸压力；二是检测发动机机体振动；三是检测燃烧噪声。根据气缸压力的检测方法，检测精度最高，但存在传感器耐久性差、难以安装的问题；根据燃烧噪声的检测方法，由于是非接触式检测，其耐久性很好，但检测精度和灵敏度较低。因此，目前现代轿车上安装的爆震传感器大多采用检测发动机机体振动的方法。以丰田雅力士轿车为例，该车发动机爆震传感器的检测方法如表 14-9 所示。

表 14-9　丰田雅力士轿车发动机爆震传感器的检测方法

检 测 方 法	规 范 值
如图 14-11 所示，断开发动机爆震传感器接头，拆卸螺母和发动机爆震传感器，用数字式万用表测量发动机爆震传感器端子之间的电阻，如果测量的电阻值不符合规范值，应更换发动机爆震传感器	当温度为 20℃时，电阻值应为 120～280kΩ

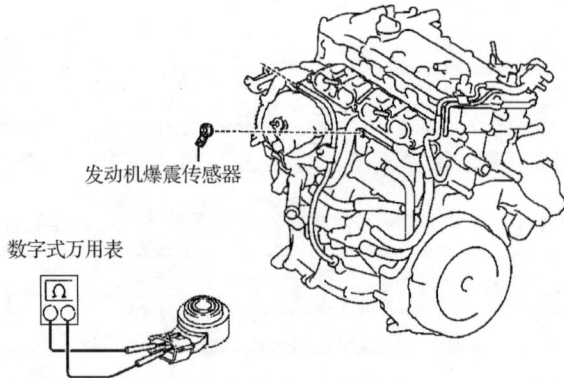

图 14-11　发动机爆震传感器安装位置及检测

（7）节气门位置传感器

节气门位置传感器一般安装在节气门体上，负责把节气门开启的角度以及节气门开闭速度转换成电子信号发送到发动机电子控制单元。电子控制单元根据节气门传感器传来的开启角度信号来判定发动机处于哪种工况（怠速、部分负荷或全负荷）来实现不同的控制模式，并根据节气门位置传感器传送来的开闭速度变化信号实现加速加浓喷油或减速减油或断油控制。以马自达睿翼轿车为例，该车节气门位置传感器的检测方法如表 14-10 所示。

表 14-10　马自达睿翼轿车节气门位置传感器的检测方法

检 测 方 法	规 范 值
如图 14-12 所示，查看节气门位置传感器，确认传感器与线束连接器连接良好，线束无破损	
如图 14-12 所示，在故障诊断连接器上连接故障诊断仪，使用诊断仪读取节气门位置传感器的工作参数	踩下加速踏板时：约 0.8V；松开加速踏板时：约 4.4V

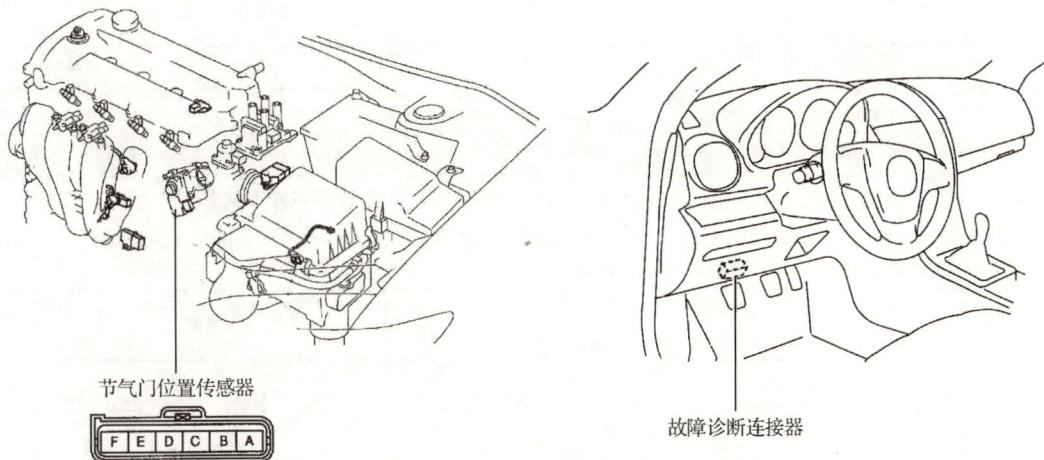

节气门位置传感器

F E D C B A

故障诊断连接器

图 14-12　节气门位置传感器安装位置及故障诊断连接器位置识别

（8）喷油器检测

喷油器是发动机电控燃油喷射系统中非常关键的执行器，它接收来自发动机电子控制单元送来的燃油喷射脉冲信号，精确地计算燃油喷射量，是一种加工精度极高的精密器件，要求动态流量范围大、抗堵塞抗污染能力强以及燃油雾化效果好。以讴歌 RL 轿车为例，该车喷油器的检修步骤如表 14-11 所示。

表 14-11　讴歌 RL 轿车喷油器的检修步骤

步　　骤	检　测　方　法
1	起动发动机
2	在故障诊断连接器上连接故障诊断仪，在诊断仪的检查项目菜单上选择"ONE INJECTOR"选项
3	选择要停用的喷油器编号，每次停用 1 个喷油器
4	当停用喷油器时，观察怠速转速变化，如果各个气缸的喷油器停用后怠速转速下降值基本相同，说明各个气缸的喷油器均正常
5	当发动机怠速运行时，使用听诊器检查各个喷油器是否发出"咔哒"声，如果发现某个喷油器不能发出"咔哒"声，则更换该喷油器

（9）燃油泵检测

燃油泵的作用是供给燃油系统足够的具有规定压力的燃油，它一般安装在供油管路或油箱内。以讴歌 RL 轿车为例，该车燃油泵的检修步骤如表 14-12 所示。

表 14-12　讴歌 RL 轿车燃油泵的检修步骤

步　　骤	检　测　方　法
1	首先将燃油箱内的燃油排空
2	拆卸燃油箱单元
3	如图 14-13 所示，断开燃油传输管，将真空泵连接到燃油箱单元
4	连接燃油泵的 5 针连接器

续表

步 骤	检 测 方 法
5	如图 14-14 所示, 把燃油箱单元放入燃油箱内, 使吸油滤网浸入燃油内
6	把点火开关设置到 ON 位置
7	在故障诊断连接器上连接故障诊断仪, 操作故障诊断仪, 选择 "FUEL PUMP ON" 功能
8	读取真空泵的测量值, 真空度应为 4.0kPa, 如果真空度正常, 则转至步骤 9; 如果真空度不符合规范, 则更换燃油箱单元, 然后重新检查燃油真空度
9	如图 14-15 所示, 把真空泵连接到传输管上, 将传输管抽真空, 如果能保持真空, 则更换燃油箱; 如果不能保持真空, 则说明燃油泵和传输管正常

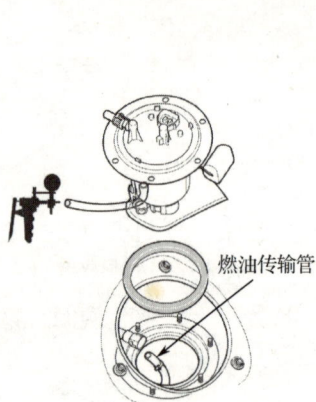

图 14-13　燃油输送管识别　　图 14-14　燃油箱单元识别　　图 14-15　连接真空泵

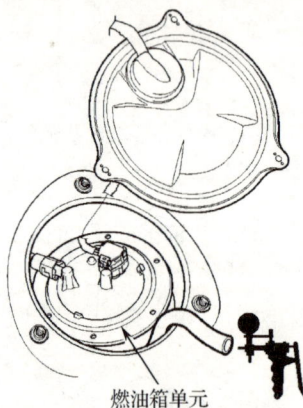

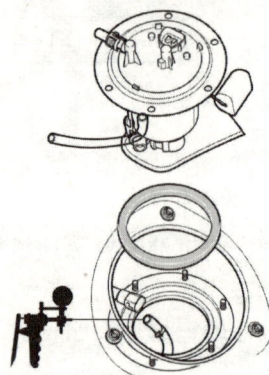

维修实例

故障现象: 一辆行驶里程约 8.9 万公里, 配置了 K24A6 发动机的 2008 年奥德赛 2.4L 轿车。该车冷车起动困难, 而热车怠速和加速工况正常。

故障诊断:

(1) 读取发动机故障码没有任何故障。

(2) 检查发动机点火火花有点弱, 更换 4 个点火线圈后, 起动发动机, 故障依旧。

(3) 检查燃油压力。当打开点火开关时, 压力表指示为 360kPa; 当关闭点火开关大约 15min 后, 保持压力为燃油保持压力, 即 230kPa 左右, 说明油压正常。

(4) 拆下喷油器进行清洗后, 起动发动机重新检查, 故障并没有好转。

(5) 由于冷起动困难, 而热车正常, 怀疑可能与发动机冷却液温度传感器有关, 拆下发动机冷却液温度传感器, 将其放置在温度不同的水中, 测试传感器 2 个端子之间的电阻, 结果发现电阻的变化与规范值不符合。

(6) 更换发动机冷却液温度传感器, 故障排除。

故障原因: 由于冷却液温度传感器阻值变化错误, 造成提供给发动机电子控制单元错误的信号, 引起发动机冷车起动困难。

第十五天　离　合　器

任务目标

1. 了解离合器的功能和组成。
2. 了解离合器常见的维修项目和实际操作。

知识准备

一、离合器的功能

离合器是使汽车发动机与传动系统分离或接合的一个总成，是用来接合或切断发动机动力的。在离合器接合时，发动机就与传动系统连接起来；在离合器分离时，发动机与传动系统就脱离连接。因此，在汽车起动、起步、换挡、制动及停车时，离合器都要根据情况需要进行分离或接合。

二、离合器的组成

离合器一般由飞轮、压板、离合器盘、分离轴承、离合器踏板等组成。以本田雅阁 2.4L 轿车为例，该车离合器的组成如图 15-1 所示。

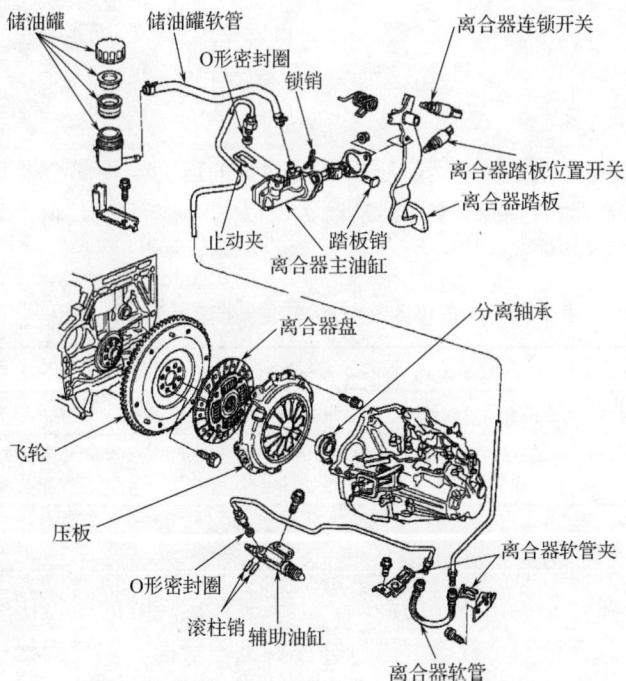

图 15-1　本田雅阁 2.4L 轿车离合器的组成

1. 离合器压板检测

离合器压板用弹簧将离合器盘紧压在飞轮上，从而传递驱动力。在分离时，压板使用连杆作用，使离合器盘与飞轮分离。以本田雅阁 2.4L 轿车为例，该车的离合器压板检测操作步骤如表 15-1 所示。

表 15-1　本田雅阁 2.4L 轿车离合器压板检测操作步骤

步　骤	操 作 方 法
1	如图 15-2 所示，检查压板表面是否有磨损、裂纹或烧蚀痕迹
2	如图 15-3 所示，用直尺和塞尺测量压板是否有翘曲变形，如果测得的翘曲超过维修极限，则更换压板

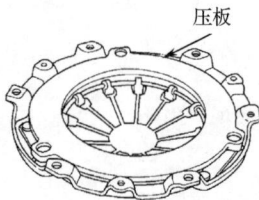

图 15-2　检查压板表面

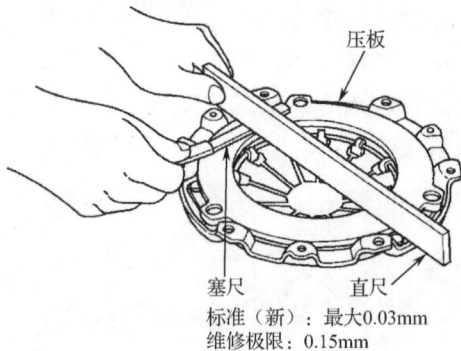

图 15-3　检查压板翘曲变形

2. 离合器盘检测

离合器盘安装在飞轮和压板中间，压板承受弹簧的压力，将离合器盘压住，使离合器盘与飞轮一起转动，离合器盘也称作离合器从动盘。以本田雅阁 2.4L 轿车为例，该车的离合器盘检测操作步骤如表 15-2 所示。

表 15-2　本田雅阁 2.4L 轿车离合器盘检测操作步骤

步　骤	操 作 方 法
1	如图 15-4 所示，检查离合器盘的厚度，如果测量的厚度低于维修极限，则更换离合器盘
2	如图 15-5 所示，测量从离合器盘衬片表面到两侧铆钉的铆钉深度，如果铆钉深度低于维修极限，应更换离合器盘

3. 飞轮检测

飞轮是一个圆形盘，安装在曲轴的后端，由于飞轮旋转时的惯性作用，能够储存发动机做功行程的能量，以供其他三个行程（进气行程、压缩行程、排气行程）的需要，同时也增加了曲轴旋转的平稳性。以本田雅阁 2.4L 轿车为例，该车的飞轮检测操作步骤如表 15-3 所示。

标准（新）：8.6～9.2mm
维修极限：6.0mm

图 15-4　检查离合器盘厚度

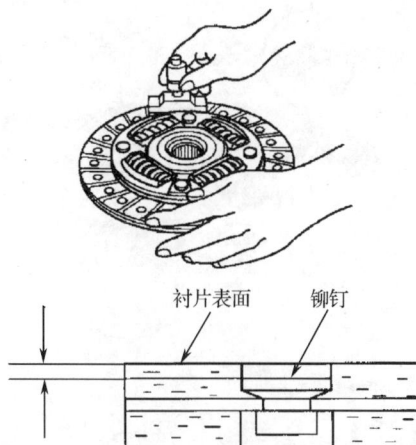

衬片表面　　铆钉

标准（新）：1.65～2.25mm
维修极限：0.7mm

图 15-5　检查铆钉深度

表 15-3　本田雅阁 2.4L 轿车飞轮检测操作步骤

步　骤	操 作 方 法
1	检查飞轮的齿圈轮齿是否磨损或损坏
2	检查飞轮上的离合器盘配合面是否有磨损、烧蚀或裂纹
3	如图 15-6 所示，将飞轮至少转动 2 周，用百分表测量飞轮跳动。转动时应推紧飞轮，如果测量值超过维修极限，则更换飞轮

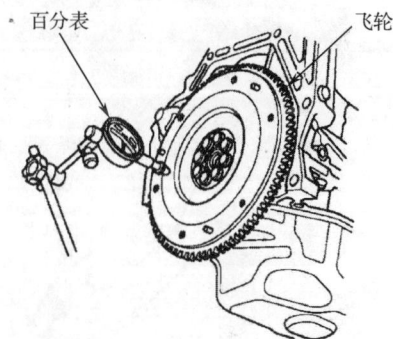

百分表　　　　　　　飞轮

标准（新）：最大0.05mm
维修极限：0.15mm

图 15-6　检查飞轮跳动

4．离合器膜片弹簧检测

离合器膜片弹簧的作用是施加压力在压板后面，使离合器盘紧压在飞轮上。以本田雅阁 2.4L 轿车为例，该车的离合器膜片弹簧检测操作步骤如表 15-4 所示。

表 15-4　本田雅阁 2.4L 轿车离合器膜片弹簧检测操作步骤

步　骤	操 作 方 法
1	如图 15-7 所示，用百分表检测膜片弹簧指端高度，如果测量值超出维修极限，则更换压板
2	如图 15-8 所示，检测膜片弹簧指端与分离轴承的接触面是否有磨损

5．离合器踏板自由行程

离合器踏板自由行程是指当离合器踏板踩下时，有一些自由行程，在这个距离内，离合器不发生作用，即分离轴承与离合器分离爪开始接触前的空隙。一般为 10～20mm，视具体车型不同而有所差别。具体规范值应查阅相应车型的维修手册。踏板自由行程的检测与调整如表 15-5 所示。

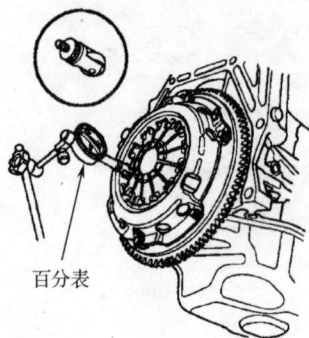

标准（新）：最大0.6mm
维修极限：0.8mm

图 15-7　检查膜片弹簧指端高度　　　　　图 15-8　膜片弹簧识别

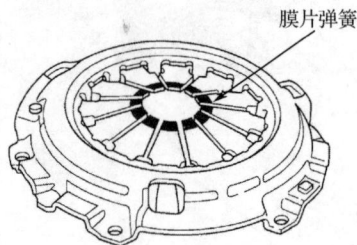

表 15-5　离合器踏板自由行程检测与调整

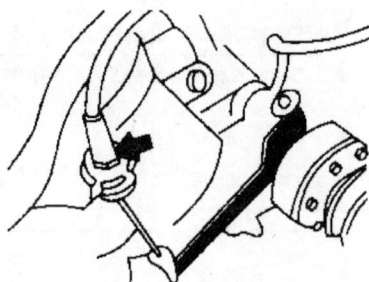

步　骤	操 作 方 法
1	用直尺抵在驾驶室底板上，先测量离合器踏板完全放松时的高度，再用手按压离合器踏板，等感到阻力增大时再测量离合器踏板高度，两次测量的高度差即为离合器踏板自由行程（见图15-9）
2	离合器踏板自由行程可通过图15-9中的调节螺母来进行调整

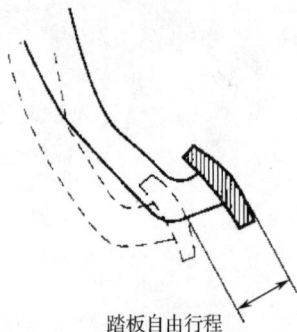

踏板自由行程

离合器踏板自由行程的检测　　　　　　　　　离合器踏板自由行程的调整

图 15-9　离合器踏板自由行程检测与调整

6. 离合器液压系统空气排放

离合器液压操纵系统经过检修后，管路内有可能混入空气，空气一旦进入管路系统，就会导致离合器踏板行程缩短，导致离合器分离不彻底，因此每当完成液压系统检修后，要执行离合器液压系统空气排放操作，将有可能混入管路中的空气排出，其操作步骤如表 15-6 所示。

表 15-6　离合器液压系统空气排放操作步骤

步　骤	操 作 方 法
1	把主缸储液罐中的制动液添加到规定高度，将车辆举升

续表

步　骤	操 作 方 法
2	在工作缸的放气阀上安装一个软管，软管接到一个装有制动液的容器内
3	排放空气时，需要 2 名技师协同。一人慢慢踩下离合器踏板几次，当感到踏板有阻力时踩住离合器踏板不动；另一人拧松放气阀，直至制动液流出，然后将放气阀拧紧
4	连续按照上述步骤操作几次，直至流出的制动液再也看不到气泡为止
5	完成空气排放操作后，要再次检查离合器踏板自由行程并视情况添加制动液

7．离合器油液液位检查和更换

离合器一般和制动液公用一个储液罐，因此检查离合器油液液位时，只需观察制动液储液罐上的油位标记即可，只要油位处于储液罐高限和低限标记之间，就可以判定离合器油液液位处于正常状态。

在车辆使用过程中，要根据使用说明书或维修手册上的说明对离合器油液执行检查和更换作业。以 MAZDA 6 轿车为例，离合器油液更换步骤如表 15-7 所示。

表 15-7　MAZDA 6 轿车离合器油液更换步骤

步　骤	操 作 方 法
1	用抽吸泵把离合器油液从储液罐中抽出
2	把离合器分泵上的排放塞帽拆下，然后在排放塞上连接塑料软管
3	把塑料软管的另一头放入容器中
4	慢慢踩动几次离合器踏板
5	保持离合器踏板踩下状态，用专用工具松开排放螺钉，使离合器油液排出（见图 15-10）
6	用专用工具将排放螺钉拧紧，使离合器油液不再流出
7	重复步骤 4 和步骤 5，直至排放出来的离合器油液变得清澈干净为止
8	将排放螺钉紧固至 5.9～8.8N·m
9	将储液罐内的油液添加到 MAX 标记处

操作时的注意事项：
● 执行离合器油液更换操作时要注意，不要把离合器油液滴落到汽车漆面上，如果滴落到漆面上，要立即清洗擦除。
● 泄放出来的离合器油液绝不要重新使用。
● 不要把几种不同类型的离合器油液混合在一起使用。

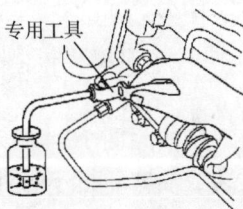

图 15-10　用专用工具松开排放螺钉

第十六天　手动变速器

任务目标

1. 了解手动变速器的作用和组成。
2. 了解手动变速器常见维修项目。

知识准备

1．手动变速器的作用

手动变速器又称机械式变速器，即必须用手拨动变速杆才能改变变速器内的齿轮啮合位置，改变传动比，从而达到变速的目的。轿车手动变速器大多为四挡或五挡有级式齿轮传动变速器，并且通常带同步器，换挡方便，噪声小。手动变速在操纵时必须踩下离合器，方可拨动变速杆。

2．手动变速器的组成

手动变速器一般由传动轴、倒挡装置、同步器、离合器和操纵机构等组成。以本田飞度轿车为例，该车手动变速器的组成如图 16-1 和图 16-2 所示。

实际操作

1．手动变速器油液检查与更换（以本田雅阁轿车为例）

检修手动变速器时，要检查手动变速器油液液位和油液是否被污染，如果油液脏污，则应予以更换。

（1）把车辆停放在水平地面上，关闭发动机。

（2）如图 16-3 所示，拆下手动变速器的加注塞和垫圈，检查油液状态，并确认油液处于正常的液面高度。

（3）如果检查时发现油液被污染，应按照图 16-4 所示，拆下放油塞，将手动变速器油液排放干净，然后换用新垫圈，重新安装放油塞。拆下加注塞，添加新的手动变速器油液。

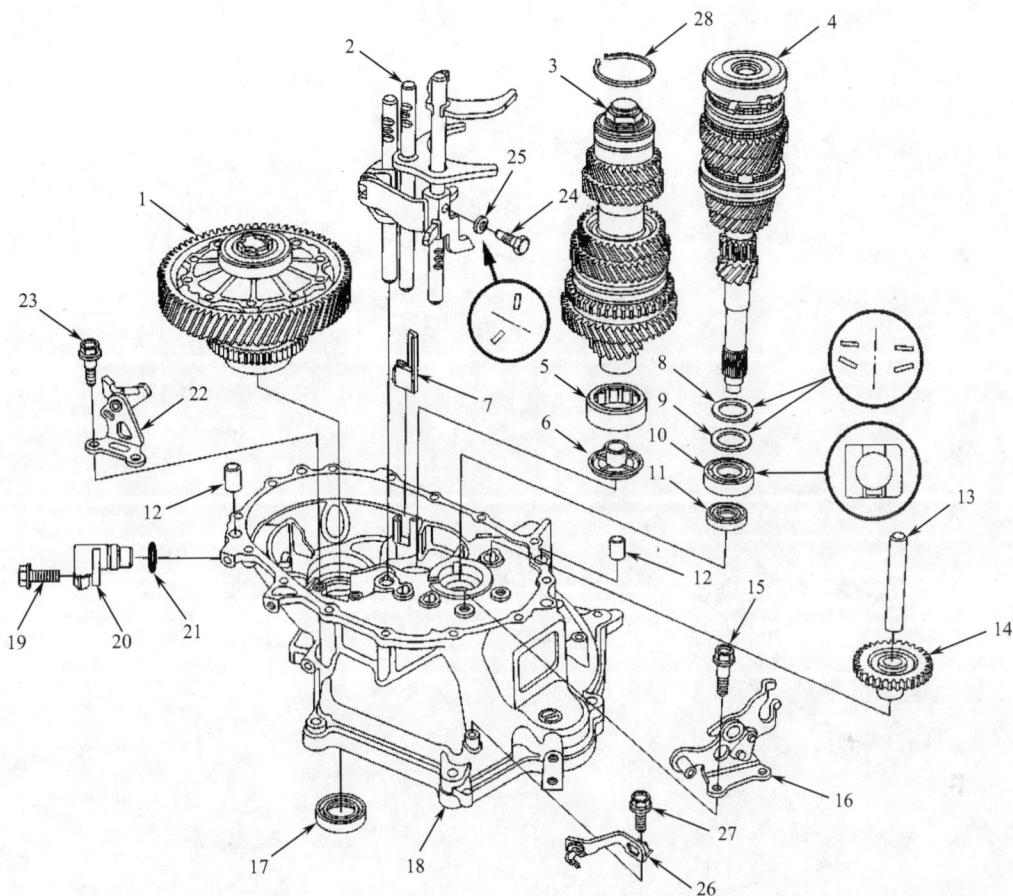

1-差速器总成；2-换挡拨叉总成；3-副轴总成；4-主轴总成；5-滚针轴承；6-机油导向板；7-磁铁；8-26mm 垫圈；

9-36mm 弹簧垫圈；10-滚珠轴承；11-26×40×7mm 油封；12-14×20mm 定位销；13-倒挡齿轮轴；14-倒挡中间齿轮；

15-6mm 专用螺栓，15N·m；16-倒挡换挡拨叉；17-35×58×8mm 油封；18-离合器壳体；19-6mm 法兰螺栓，9.8N·m；

20-车速传感器（VSS）；21-O 形圈；22-倒挡锁止凸轮；23-6mm 专用螺栓，15N·m；24-8mm 专用螺栓；

25-8mm 弹簧垫圈；26-通气管托架；27-6×1.0mm 法兰螺栓，12N·m；28-52mm 卡环。

图 16-1　飞度轿车手动变速器的组成（1）

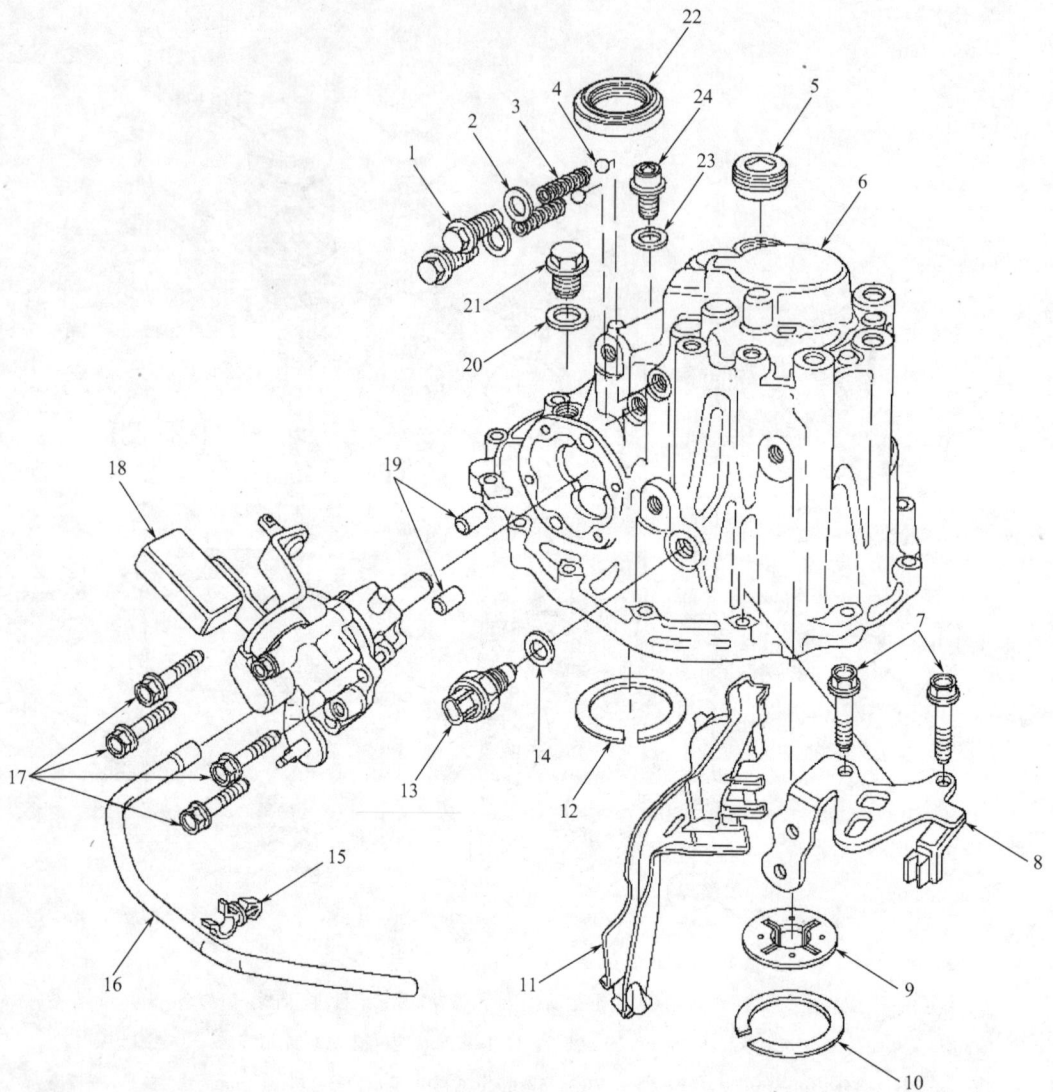

1-定位螺钉，22N·m；2-12mm 垫圈；3-弹簧；4-钢质滚珠；5-32mm 密封螺塞，25N·m；6-变速器壳体；7-8mm 法兰螺栓，27N·m；8-变速器吊钩；9-机油导向板；10-72mm 垫片；11-油槽板；12-72mm 垫片/80mm 垫片；13-倒车灯开关，29N·m；14-18mm 垫圈；15-通气管卡夹；16-通气管；17-6mm 法兰螺栓，12N·m；18-变速杆总成；19-8×1.0mm 定位销；20-20mm 垫圈；21-注油螺塞，44N·m；22-35×56×8mm 油封；23-14mm 垫圈；24-放油螺塞，39N·m。

图 16-2　飞度轿车手动变速器的组成（2）

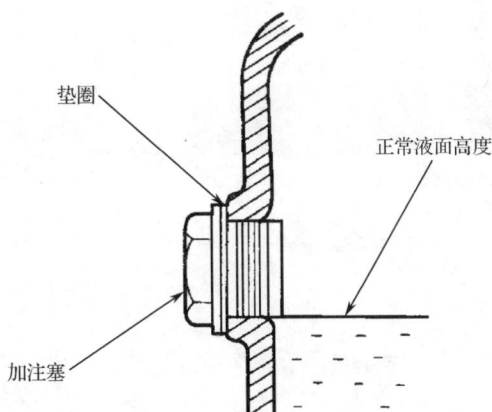

图 16-3 检查手动变速器油液

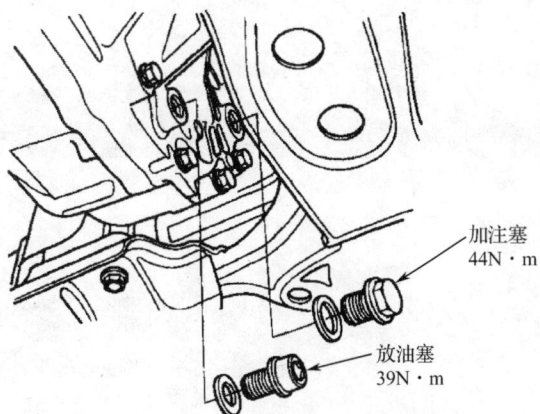

图 16-4 放油塞与加注塞识别

2. 倒挡拨叉间隙检查

手动变速器的倒挡拨叉与倒挡中间齿轮必须保持一定的间隙，以飞度轿车为例，该车的手动变速器倒挡拨叉间隙可按照图 16-5 所示检测。

3. 变速杆间隙检查

手动变速器变速杆与换挡杆之间要保持一定的间隙。以飞度轿车为例，该车手动变速器变速杆间隙可按照图 16-6 所示检测。

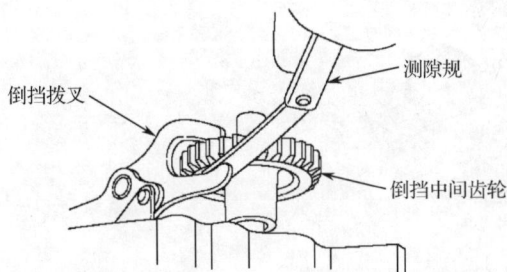

标准：1.30～1.90mm
维修极限：2.5mm

图 16-5 飞度轿车手动变速器倒挡拨叉间隙检测

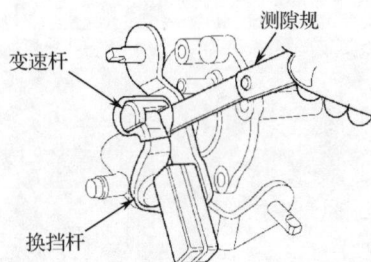

标准：0.05～0.35mm
维修极限：0.55mm

图 16-6 飞度轿车手动变速器变速杆间隙检测

4. 换挡拨叉间隙

检修手动变速器时，每个换挡拨叉和与之匹配的同步器齿套之间的间隙必须符合规范值。以飞度轿车为例，该车手动变速器换挡拨叉间隙检测如图 16-7 所示。

5. 主轴检查

检查齿轮表面的轴承表面是否有磨损或损坏，然后按照图 16-8 所示，测量主轴的 A、B、C、D、E 位置，如果测量值超出规范范围，应更换新的主轴。然后用 V 形架支撑主轴，按照图 16-9 所示测量主轴跳动量，如果跳动量超过维修极限，则更换土轴。

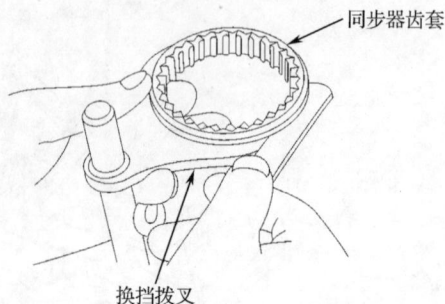

同步器齿套

换挡拨叉

标准：0.35～0.65mm
维修极限：1.0mm

图 16-7　飞度轿车手动变速器换挡拨叉间隙检测

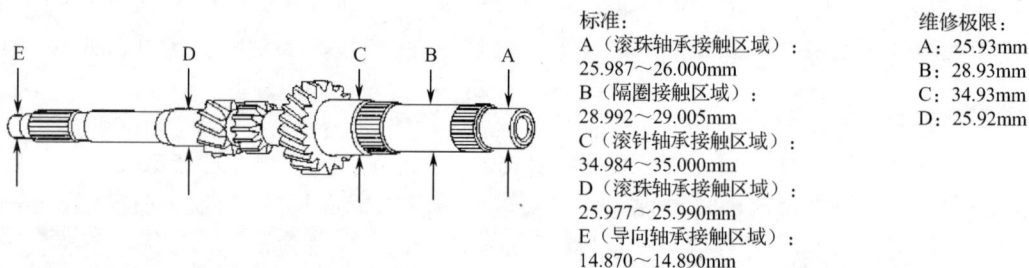

标准：	维修极限：
A（滚珠轴承接触区域）：25.987～26.000mm	A：25.93mm
B（隔圈接触区域）：28.992～29.005mm	B：28.93mm
C（滚针轴承接触区域）：34.984～35.000mm	C：34.93mm
D（滚珠轴承接触区域）：25.977～25.990mm	D：25.92mm
E（导向轴承接触区域）：14.870～14.890mm	

图 16-8　测量飞度轿车手动变速器主轴

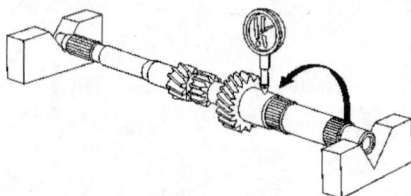

标准：最大0.02mm
维修极限：0.05mm

图 16-9　测量飞度轿车手动变速器主轴跳动量

6．副轴检查

检查齿轮的轴承表面是否有磨损或损坏，然后按照图 16-10 所示测量副轴的 A、B、C 位置，如果测量值超出规范范围，应更换新的副轴。然后用 V 形架支撑副轴，按照图 16-11 所示测量副轴跳动量，如果跳动量超过维修极限，则更换副轴。

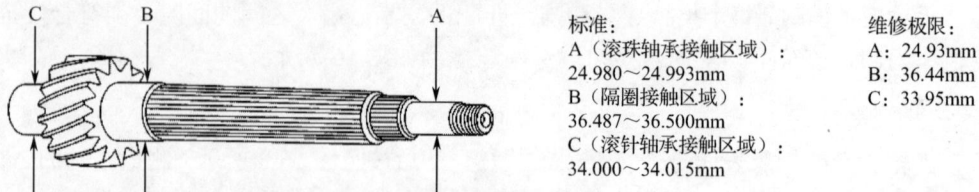

标准：	维修极限：
A（滚珠轴承接触区域）：24.980～24.993mm	A：24.93mm
B（隔圈接触区域）：36.487～36.500mm	B：36.44mm
C（滚针轴承接触区域）：34.000～34.015mm	C：33.95mm

图 16-10　测量飞度轿车手动变速器副轴

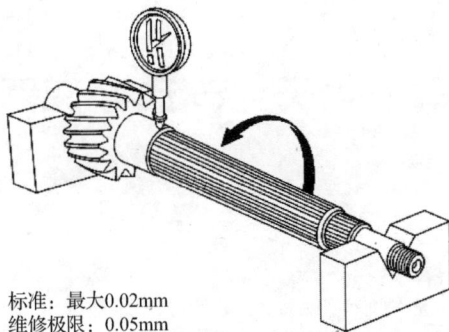

标准：最大0.02mm
维修极限：0.05mm

图 16-11　测量飞度轿车手动变速器副轴跳动量

7．同步器锁环与齿轮间隙检查

同步器锁环与齿轮间隙必须符合规范值。以飞度轿车为例，该车同步器锁环与齿轮间隙检测如图 16-12 所示。

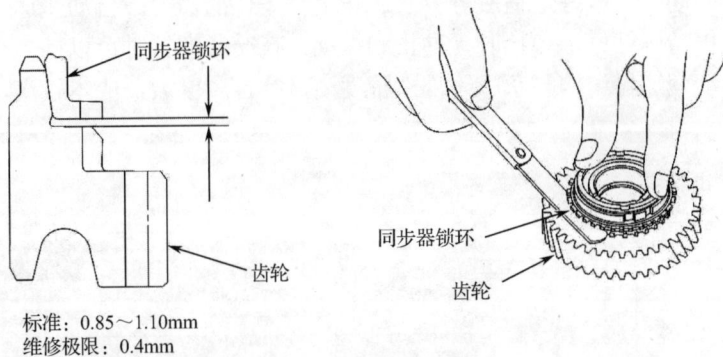

标准：0.85～1.10mm
维修极限：0.4mm

图 16-12　飞度轿车手动变速器同步器锁环与齿轮间隙检测

第十七天　自动变速器

任务目标

1. 了解自动变速器的作用和组成。
2. 了解自动变速器常见的维修项目和故障诊断方法。

知识准备

1. 自动变速器的作用与特点

自动变速器与手动变速器相比，可以自动变换传动比，调节或变换发动机动力传输性能，经济而方便地传递动力，较好地适应外界负载与道路条件的需要。自动变速器可以保证最佳的换挡规律，换挡精确性好，换挡时无冲击和振动，在交通拥挤时可以提高车辆行驶的安全性和可靠性。自动变速器结构复杂、零部件精度高、制造难度大，成本较高，相应的维修技术较为复杂。

2. 自动变速器类型（见图 17-1）

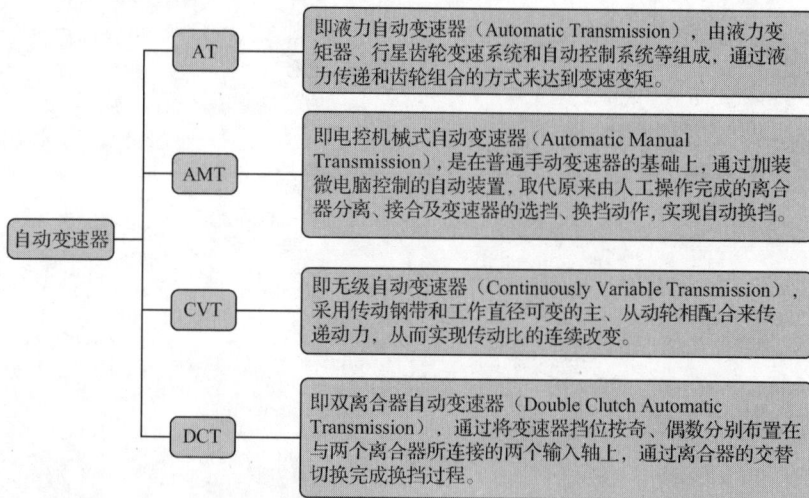

图 17-1　自动变速器类型

3. 电控液力自动变速器的组成

目前，在汽车上应用最广泛的就是电控液力自动变速器（AT），它一般由液力变矩器、行星齿轮变速系统、换挡执行器、液压控制系统和电子控制系统等组成，如图 17-2 所示。各个部件的功能说明如图 17-3 所示。

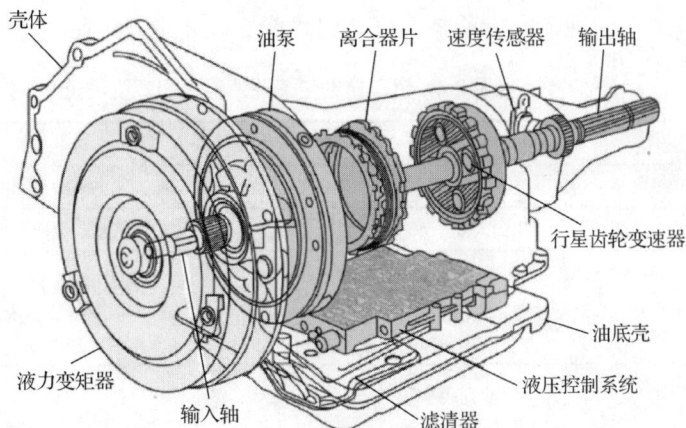

图 17-2　电控液力自动变速器的组成

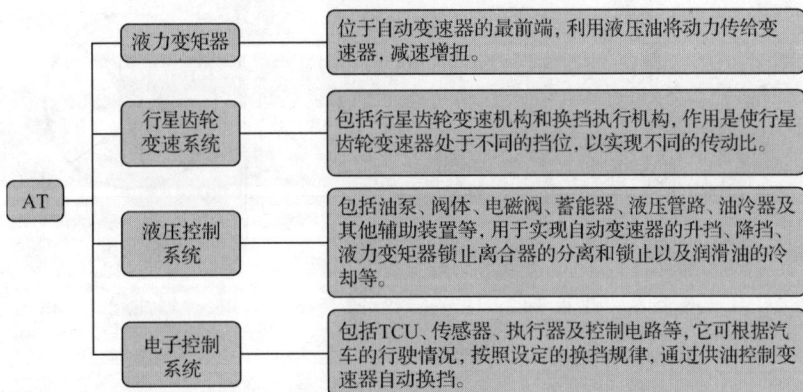

图 17-3　电控液力自动变速器部件功能说明

实际操作

1．自动变速器油液检查和更换

自动变速器油液液面高度对自动变速器工作性能影响极大。如果油液液面高度过低，则会使变速器油泵吸入空气，使空气混入油液内，导致变速器内液压元件工作不正常，会使自动变速器油液加速氧化，不能充分润滑和冷却变速器内的运动部件。如果油液液面过高，则变速器内的行星齿轮和其他旋转元件都会被浸泡在油液中，使油液被强烈搅拌而产生气泡。如果气泡进入液压控制装置，会导致液压下降；在车速较高时，过高的液面会使自动变速器内部压力增高，导致油液漏出。

（1）自动变速器油液液面高度检查（以本田雅阁 2.4L 轿车为例，见表 17-1）

表 17-1　雅阁 2.4L 轿车自动变速器油液液面高度检查

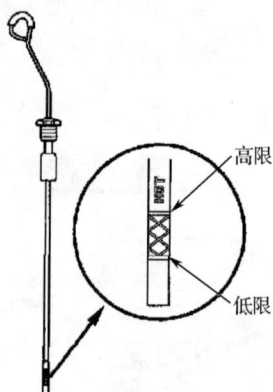

步　骤	操 作 方 法
1	把车辆停放在平整的地面上
2	起动发动机，将发动机预热到正常工作温度（发动机冷却风扇开始转动），然后关闭发动机
3	如图 17-4 所示，拔出自动变速器油尺，将油尺擦拭干净
4	将油尺重新插入自动变速器，然后拔出油尺，检查液面高度，油液高度应位于如图 17-5 所示的高限和低限刻度之间

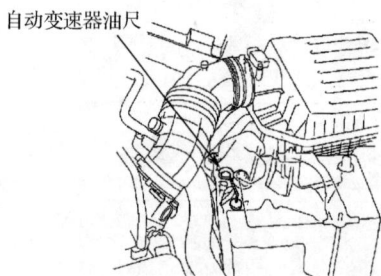

图 17-4　雅阁 2.4L 轿车自动变速器油尺识别　　　图 17-5　自动变速器油尺高限和低限刻度识别

（2）自动变速器油液品质检查

拔出自动变速器油尺后，要仔细查看自动变速器油尺上的油液，如果发现油液中混杂有金属碎屑，则说明自动变速器内部磨损过度，应及时检修自动变速器并更换新的自动变速器油液；如果发现自动变速器油液浑浊黏稠，则说明自动变速器内的换挡离合器发生烧蚀，应检修自动变速器并更换新的自动变速器油液；如果发现自动变速器油液中带有气泡，则说明自动变速器油液中混杂进了水分，应及时更换自动变速器油液。

（3）自动变速器油液更换（以本田雅阁 2.4L 轿车为例，见表 17-2）

表 17-2　自动变速器油液更换操作步骤

步　骤	操 作 方 法
1	把车辆停放在平整的地面上
2	起动发动机，将发动机预热到正常工作温度（发动机冷却风扇开始转动），然后关闭发动机
3	如图 17-6 所示，拆下自动变速器油液泄放塞，将自动变速器油液排放干净
4	重新安装自动变速器油液泄放塞，并更换新的密封垫圈
5	如图 17-4 所示，拔出自动变速器油液油尺，添加 2.5L 新的自动变速器油液，如果变速器进行了拆解大修，则添加量应为 6.5L
6	将油尺重新插回自动变速器，使油尺上的"ATF"标记朝向车辆前方（见图 17-7）
7	拔出油尺检查油液高度，确认油液高度处于如图 17-5 所示的高限和低限刻度之间

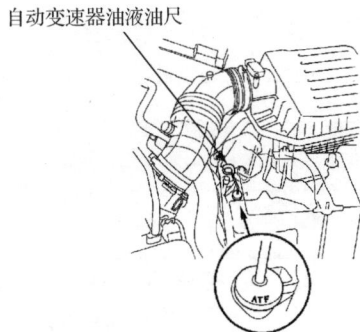

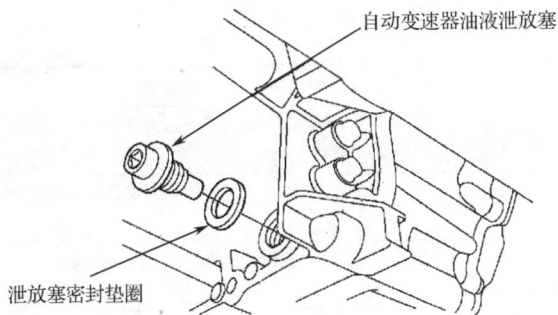

图 17-6　本田雅阁 2.4L 轿车自动变速器油液泄放塞识别　　　图 17-7　使油尺上的 ATF 标记朝向车辆前方

2．自动变速器油液过滤器检查和更换

如果接修车辆的自动变速器配备有自动变速器油液过滤器，维护时要仔细检查自动变速器油液过滤器是否有裂纹、破损，过滤器附近是否有油液泄漏现象，如果有，要及时更换自动变速器油液过滤器。以斯巴鲁傲虎轿车为例，该车自动变速器油液过滤器更换步骤如表 17-3 所示。

表 17-3　傲虎轿车自动变速器油液过滤器更换步骤

步　骤	操 作 方 法
1	用举升机举升车辆
2	用机油过滤器扳手把自动变速器油液过滤器拆下，如图 17-8 所示
3	在新的自动变速器油液过滤器的油封上薄薄涂抹一层自动变速器油液
4	用手把自动变速器油液过滤器安装上，注意安装时操作要轻柔，不要损坏油封
5	用机油滤清器扳手把自动变速器油液过滤器紧固
6	添加自动变速器油液
7	检查自动变速器油液液位是否合乎规范

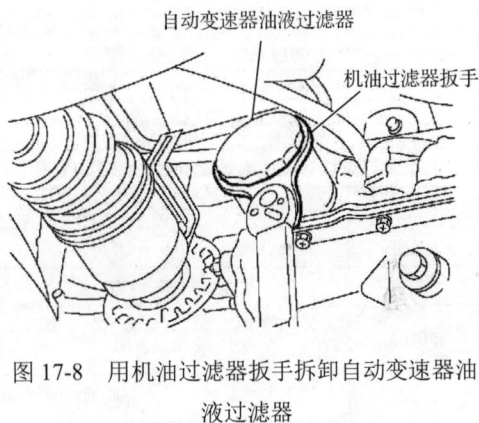

图 17-8　用机油过滤器扳手拆卸自动变速器油液过滤器

3．自动变速器故障自诊断测试

如果执行完自动变速器初步检查后仍存在故障，可使用故障诊断仪连接车辆仪表板下方的故障诊断连接器，执行故障自诊断检查，调出故障码，帮助查找故障发生部位。以本田雅阁轿车为例，可按照图 17-9 所示连接故障诊断仪，读取自动变速器系统的故障码。雅阁轿车自动变速器故障码含义如表 17-4 所示。

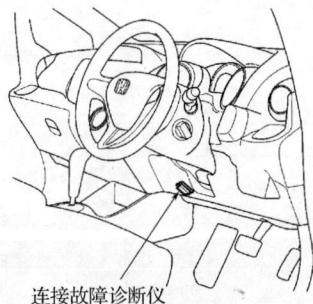

图 17-9　本田雅阁轿车故障诊断连接器位置

表 17-4　雅阁轿车自动变速器故障码含义

故 障 码	故障码含义	故 障 码	故障码含义
P0705	变速器挡位开关短路	P0847	3 挡离合器变速器油压开关短路或卡滞在 ON 位置
P0706	变速器挡位开关断路	P0848	3 挡离合器变速器油压开关断路或卡滞在 OFF 位置
P0711	ATF（自动变速器油液）温度传感器范围/性能故障	P0962	自动变速器离合器压力控制电磁阀 A 断路/短路
P0712	ATF（自动变速器油液）温度传感器电路短路	P0963	自动变速器离合器压力控制电磁阀 A 故障
P0713	ATF（自动变速器油液）温度传感器电路断路	P0966	自动变速器离合器压力控制电磁阀 B 断路/短路
P0716	主轴（输入轴）转速传感器电路故障	P0967	自动变速器离合器压力控制电磁阀 B 故障
P0717	主轴（输入轴）转速传感器无信号输入	P0970	自动变速器离合器压力控制电磁阀 C 断路/短路
P0718	主轴（输入轴）转速传感器间歇性故障	P0971	自动变速器离合器压力控制电磁阀 C 故障
P0721	中间轴（输出轴）转速传感器电路故障	P0973	换挡电磁阀 A 短路
P0722	中间轴（输出轴）转速传感器无信号输入	P0974	换挡电磁阀 A 断路
P0723	中间轴（输出轴）转速传感器间歇性故障	P0976	换挡电磁阀 B 短路
P0747	自动变速器离合器压力控制电磁阀 A 卡滞在 ON 位置	P0977	换挡电磁阀 B 断路
P0751	换挡电磁阀 A 卡滞在 OFF 位置	P0979	换挡电磁阀 C 短路
P0752	换挡电磁阀 A 卡滞在 ON 位置	P0980	换挡电磁阀 C 断路
P0756	换挡电磁阀 B 卡滞在 OFF 位置	P0982	换挡电磁阀 D 短路
P0757	换挡电磁阀 B 卡滞在 ON 位置	P0983	换挡电磁阀 D 断路
P0761	换挡电磁阀 C 卡滞在 OFF 位置	P0985	换挡电磁阀 E 短路
P0771	换挡电磁阀 E 卡滞在 OFF 位置	P0986	换挡电磁阀 E 断路
P0776	自动变速器离合器压力控制电磁阀 B 卡滞在 OFF 位置	P16C0	PCM（动力传动控制模块）未完成更新升级
P0777	自动变速器离合器压力控制电磁阀 B 卡滞在 ON 位置	P1717	自动变速器挡位开关 ATP RVS 开关断路
P0780	换挡控制系统故障	P1730	换挡控制系统故障（换挡电磁阀 A 或 D 卡滞在 OFF 位置；换挡电磁阀 B 卡滞在 ON 位置；换挡电磁阀 A、B 或 D 卡滞）
P0796	自动变速器离合器压力控制电磁阀 C 卡滞在 OFF 位置	P1731	换挡控制系统故障（换挡电磁阀 E 卡滞在 ON 位置；换挡电磁阀 E 卡滞；自动变速器离合器压力控制电磁阀 A 卡滞在 OFF 位置）
P0797	自动变速器离合器压力控制电磁阀 C 卡滞在 ON 位置	P1732	换挡控制系统故障（换挡电磁阀 B 或 C 卡滞在 ON 位置；换挡电磁阀 B 或 C 卡滞）
P0842	2 挡离合器变速器油压开关短路或卡滞在 ON 位置	P1733	换挡控制系统故障（换挡电磁阀 D 卡滞在 ON 位置；自动变速器离合器压力控制电磁阀 C 卡滞在 OFF 位置）
P0843	2 挡离合器变速器油压开关断路或卡滞在 OFF 位置	P1734	换挡控制系统故障（换挡电磁阀 B 或 C 卡滞在 OFF 位置；换挡电磁阀 B 或 C 卡滞）

将故障码读取出来后，根据读取到的故障码，查询维修手册中相应故障码的处理步骤执行故障诊断操作。

4．自动变速器机械系统测试

（1）失速测试。该项测试的目的在于通过检测自动变速器处于 D 或 R 挡位时发动机最大转速来检查发动机与变速器的综合性能，包括发动机输出、液力变矩器导轮及单向离合器功能、齿轮变速系统及离合器、制动器是否打滑。测试时，用三角木抵住前后车轮，安装好发动机转速表，拉起手制动器，起动发动机，用力踩下制动踏板，将自动变速器换挡杆设置到 D 挡位，然后彻底踩下加速踏板，读出失速时的发动机转速，在 D 挡位完成测试后，再在 R 挡位执行同样的测试，最后根据测试结果进行分析，找出影响变速器性能的原因。

（2）时间滞后测试。发动机怠速运行时进行换挡，从开始换挡到感觉到振动时会有一个时间过程，这称为时间滞后，进行时间滞后测试的目的是检查自动变速器的离合器、制动器是否过度磨损并鉴别施加在各个离合器、制动器的工作液压是否适当。测试时，拉起手制动器，起动发动机，检查发动机怠速是否合乎规范，然后将换挡杆从 N 挡位拨到 D 挡位，用秒表计算从换挡到感觉到振动的时间（应低于 1.2s）；同样地将换挡杆从 N 挡位拨到 R 挡位，用秒表计算滞后时间（应低于 1.5s）；这两项测试均要在变速器油液达到正常温度时进行三次，然后取平均值；每测一次的时间间隔要在 1min 以上，试验结束后可根据测试结果进行分析，找出故障原因。

（3）液压测试。该项测试是用来检查自动变速器液压控制装置中的各个阀是否受到适当的液压作用。测试时，首先使自动变速器油液达到正常的工作温度，然后在自动变速器相应的测试孔上连接液压表，用三角木抵住车辆的 4 个车轮，拉起手制动器，起动发动机，彻底踩下制动踏板，分别测量 D 挡位和 R 挡位时怠速与失速状态的油压，将测量结果与规范值进行对比，进行分析并找出故障原因。

（4）路试。自动变速器道路试验的目的是为了测试各个离合器、制动器的工作情况，测试的结果是诊断这些部件是否过度磨损的重要依据。在完成自动变速器维修后，也需要执行路试，来检验维修效果。执行路试测试时，应使用自动变速器的每个挡位，检查是否打滑（发动机转速在非换挡时出现突然升速现象），换挡时是否有尖锐噪声。打滑表明自动变速器的离合器、制动器或单向离合器有问题。

5．自动变速器电控系统测试

此项测试主要是按照维修手册上的系统电路图检查线束导线及各个连接器是否有短路、断路、接地或接触不良问题，检查自动变速器的各个电子元件是否损坏或失效。其检测方法和内容可依照相应车型的维修手册执行。以丰田凯美瑞轿车为例，该车自动变速器控制模块的功能是否正常可通过检测控制模块端子的电压值进行鉴别，如图 17-10 和表 17-5 所示。

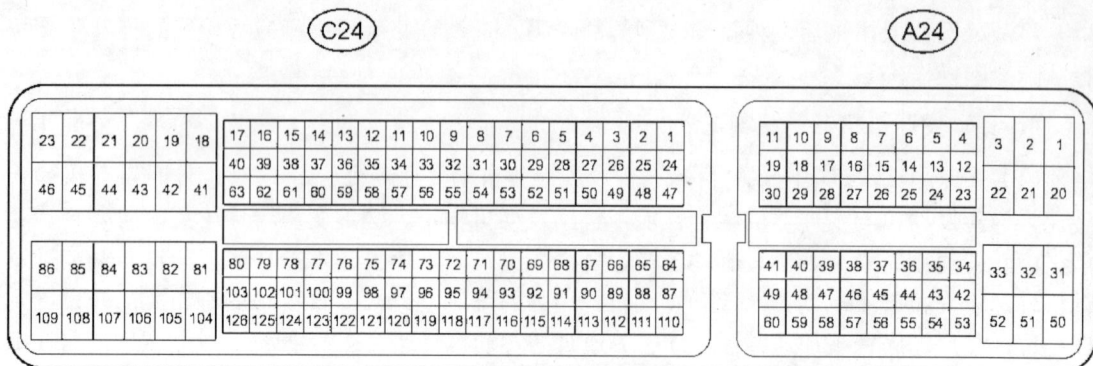

图 17-10　丰田凯美瑞轿车自动变速器控制模块端子识别

表 17-5　丰田凯美瑞轿车自动变速器控制模块检测

测 量 端 子	说　　明	检 测 条 件	检 测 值
C24-56 与 C24-104	D 挡位开关信号	点火开关设置在 ON 位置，换挡杆设置在 D，4 挡位	10～14V
		点火开关设置在 ON 位置，换挡杆设置在其他挡位	低于 1V
C24-53 与 C24-104	R 挡位开关信号	点火开关设置在 ON 位置，换挡杆设置在 R 挡位	10～14V
		点火开关设置在 ON 位置，换挡杆设置在其他挡位	低于 1V
A24-8 与 C24-104	车速信号	车辆行驶速度为 20km/h	脉冲信号
A24-36 与 C24-104	制动灯开关信号	踩下制动踏板	7.5～14V
		释放制动踏板	低于 1.5V
A24-26 与 C24-104	3 挡挡位开关信号	点火开关设置在 ON 位置，换挡杆设置在 3 挡位	10～14V
		点火开关设置在 ON 位置，换挡杆设置在其他挡位	低于 1V
C24-55 与 C24-104	2 挡挡位开关信号	点火开关设置在 ON 位置，换挡杆设置在 2 挡位	10～14V
		点火开关设置在 ON 位置，换挡杆设置在其他挡位	低于 1V
C24-74 与 C24-104	L 挡挡位开关信号	点火开关设置在 ON 位置，换挡杆设置在 L 挡位	10～14V
		点火开关设置在 ON 位置，换挡杆设置在其他挡位	低于 1V
C24-73 与 C24-104	P 挡挡位开关信号	点火开关设置在 ON 位置，换挡杆设置在 P 挡位	10～14V
		点火开关设置在 ON 位置，换挡杆设置在其他挡位	低于 1V
C24-54 与 C24-104	N 挡挡位开关信号	点火开关设置在 ON 位置，换挡杆设置在 N 挡位	10～14V
		点火开关设置在 ON 位置，换挡杆设置在其他挡位	低于 1V
C24-52 与 C24-104	P/N 挡挡位开关信号	点火开关设置在 ON 位置，换挡杆设置在 P 或 N 挡位	10～14V
		点火开关设置在 ON 位置，换挡杆设置在其他挡位	低于 1V
C24-79 与 C24-104	DSL 电磁阀信号	车速为 65km/h	脉冲
		点火开关设置在 ON 位置	低于 1V
C24-78 与 C24-104	S4 电磁阀信号	点火开关设置在 ON 位置	低于 1V
		变速器设置在 5 挡位位置	10～14V
		换挡杆设置在其他挡位	低于 1V

续表

测量端子	说　明	检测条件	检测值
C24-58 与 C24-59	SL2 电磁阀信号	发动机怠速	脉冲
C24-57 与 C24-77	SL1 电磁阀信号	发动机怠速	脉冲
C24-101 与 C24-102	转速传感器（NC）信号	车速为 30km/h，变速器设置在 3 挡，发动机转速为 1400r/min	脉冲
C24-125 与 C24-124	转速传感器（NT）信号	车速为 20km/h	脉冲
C24-76 与 C24-75	SLT 电磁阀	发动机怠速运行	脉冲
C24-72 与 C24-95	PWR 开关信号	点火开关设置在 ON 位置，模式选择开关设置在 ON 位置	0~1.5V
		点火开关设置在 ON 位置，模式选择开关设置在 OFF 位置	10~14V

第十八天 转向系统

任务目标

1. 了解汽车转向系统的作用和组成。
2. 了解汽车转向系统常见的维修项目和操作方法。

知识准备

1. 汽车转向系统的功能

汽车转向系统的功能就是保证汽车按照驾驶员的意愿改变和恢复汽车行驶方向。

2. 汽车转向系统的分类

汽车转向系统分为机械式转向系统和动力转向系统两大类。机械式转向系统是指以汽车驾驶员的体力作为转向能源的转向系统。在机械式转向系统中，所有传递力量的部件都是机械的，如图 18-1 所示。机械式转向系统结构简单，但使用起来比较费力。

动力转向系统是指以发动机或电动机的动力作为主要的转向能源的转向系统。动力转向系统不仅使转向操作轻松省力，还能有效吸收路面对前轮产生的冲击，因此现代轿车已经很少采用机械式转向系统，而普遍采用动力转向系统。动力转向系统主要分为液压动力转向和电动助力转向。液压动力转向系统主要组成部分有油泵、油管、压力流体控制阀、V 形传动皮带、储油罐等。这种动力转向方式是将一部分发动机动力输出转化成转向油泵压力，对转向系统施加辅助作用力，从而使车轮转向，如图 18-2 所示。

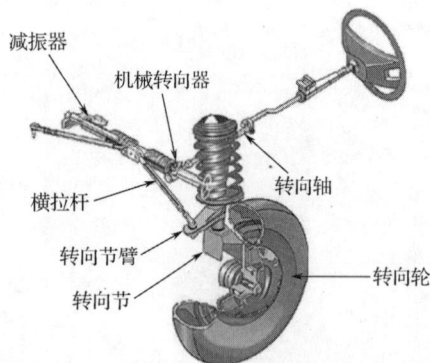

图 18-1 机械式转向系统

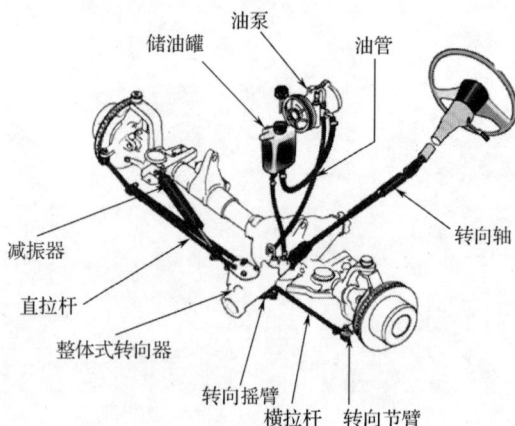

图 18-2 液压动力转向系统

电动助力转向系统是采用电动机作为动力元件驱动汽车转向机构进行助力转向的。驾驶员转动方向盘时，转矩传感器产生电压信号输送到电控单元，电控单元结合车速信号产生控制指令控制电动机的运转，给转向机构提供适当的助力。电动助力转向系统的组成如图 18-3 所示。

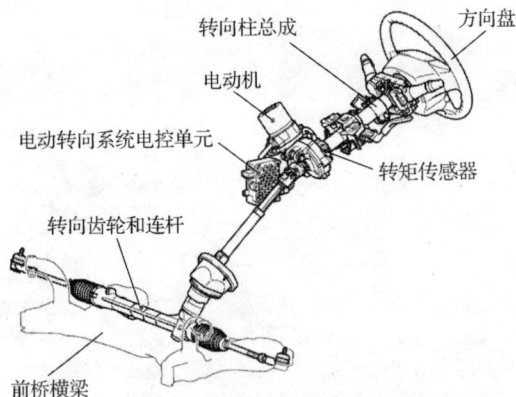

图 18-3　电动助力转向系统的组成

实际操作

1. 方向盘转向间隙检测（讴歌 RL 轿车）

方向盘转向间隙必须保持在规范范围内，转向间隙过大会导致转向不灵活，影响行车安全。

（1）转动方向盘，把前轮转到正前方位置。

（2）如图 18-4 所示，在前轮不移动的情况下，测量方向盘向左和向右的转动量。

（3）规范值应为 0～10mm。

（4）如果测出的转向间隙值超出规范范围，应调节齿条导向机构。

2. 动力转向助力检查（讴歌 RL 轿车）

（1）检查动力转向系统储液罐液位，确保液位处于正常范围。

（2）起动发动机，怠速运行，将方向盘从一个极限位置转到另一个极限位置，重复操作几次，来预热部件和动力转向液。

（3）把弹簧秤连接到方向盘上，发动机保持怠速运转状态，如图 18-5 所示，拉动弹簧秤，当方向盘开始转动时读取弹簧秤的测量值。

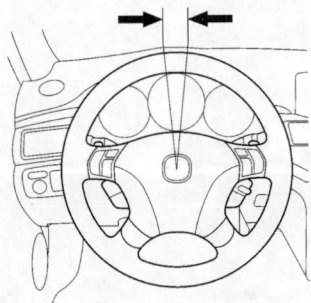

（4）方向盘初始转动力量应为 30N。

图 18-4　测量方向盘转向间隙

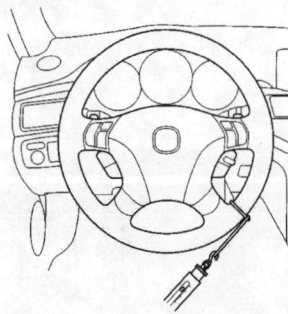

图 18-5　测量动力转向助力

3. 转向连杆和转向器检查（讴歌 RL 轿车，见图 18-6）

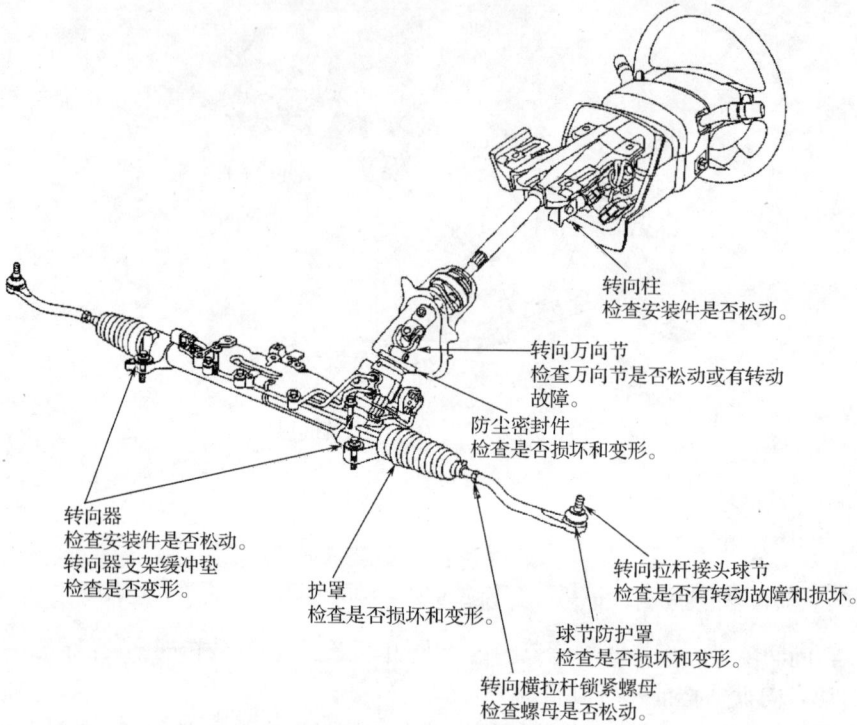

图 18-6　讴歌 RL 轿车转向连杆和转向器部件识别和检查项目

4. 齿条导向机构调节（讴歌 RL 轿车）

（1）使车轮朝向正前方。

（2）如图 18-7 所示，用扳手松开齿条导向螺钉锁紧螺母，然后拆下齿条导向螺钉。

（3）把导向螺钉上的旧密封胶清理干净，在螺钉的螺纹处涂抹新的密封胶，然后将导向螺钉放置到转向器上。

（4）如图 18-8 所示，先把齿条导向螺钉紧固到 25N·m，然后松开，再把齿条导向螺钉紧固至 3.9N·m，然后转回 15°±5°。

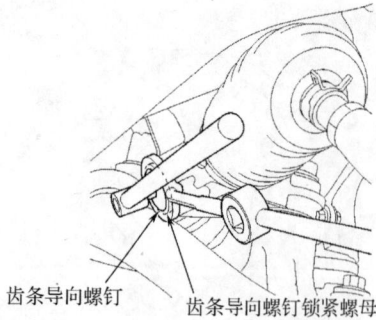

图 18-7　齿条导向螺钉锁紧螺母和导向螺钉识别

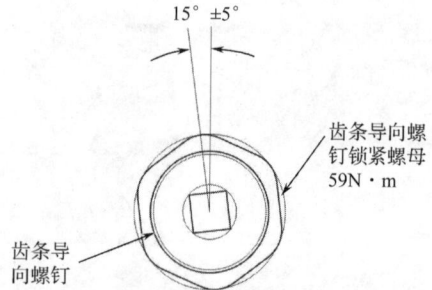

图 18-8　紧固导向螺钉

（5）用扳手把齿条导向螺钉锁紧螺母紧固到 59N·m。

5．动力转向液液位检查（讴歌 RL 轿车）

（1）如图 18-9 所示，定期检查动力转向液储液罐。

（2）如果液位不足，要选用符合规范的动力转向液进行添加，直至储液罐内的动力转向液达到上限标志位置。

6．动力转向液更换（讴歌 RL 轿车）

（1）如图 18-10 所示，把动力转向液储液罐抬起。

（2）断开储液罐的回液软管，在断开的回液软管上连接一条软管，将连接软管的末端放入合适的容器中。

（3）起动发动机怠速运行，把方向盘从一个极限位置转动到另一个极限位置，反复操作数次，直至动力转向油液不再从软管中流出为止。

（4）关闭发动机，把流到容器中的动力转向油液废弃。

（5）重新安装储液罐上的回液软管。

（6）加注新的动力转向液，直至液面高度达到储液罐上的上限标志。

（7）起动发动机以较高的怠速运行，把方向盘从一个极限位置转动到另一个极限位置，反复操作数次，使动力转向系统中的空气彻底放出。

（8）重新检查动力转向液液位，如有必要，进行添加。

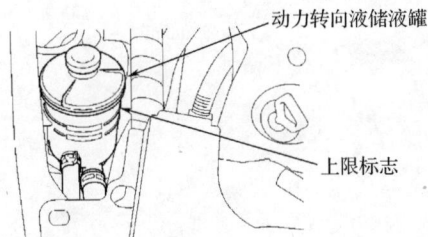

图 18-9　动力转向液储液罐及液位标志识别

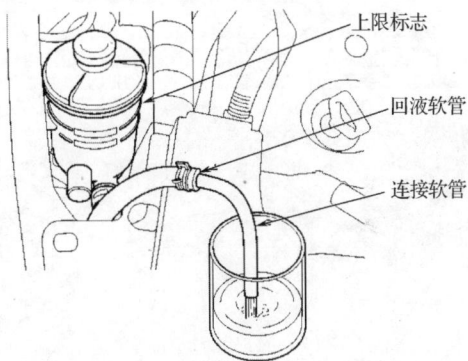

图 18-10　动力转向液排放

7．动力转向泵维修

动力转向泵结构精密，部件加工精度高，在维修检查中，一旦发现内部重要部件出现磨损、变形，即应更换整个动力转向泵。以讴歌 RL 轿车为例，该车动力转向泵部件识别与检查如图 18-11 所示，在维修中，一旦发现图中标有*号的部件磨损或变形，应将转向泵作为一个总成予以更换。

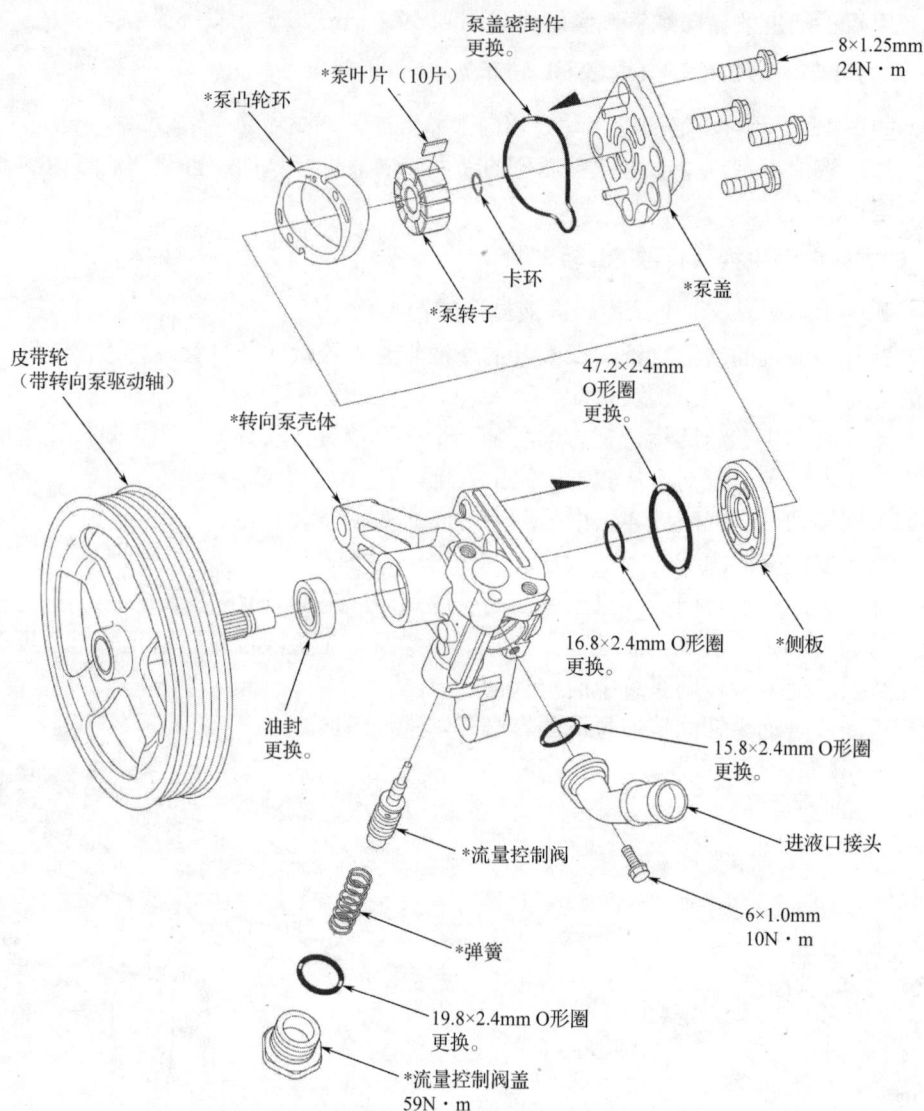

泵盖密封件
更换。

*泵凸轮环

*泵叶片（10片）

8×1.25mm
24N·m

卡环

*泵转子

*泵盖

皮带轮
（带转向泵驱动轴）

*转向泵壳体

47.2×2.4mm
O形圈
更换。

16.8×2.4mm O形圈
更换。

*侧板

油封
更换。

15.8×2.4mm O形圈
更换。

进液口接头

*流量控制阀

6×1.0mm
10N·m

*弹簧

19.8×2.4mm O形圈
更换。

*流量控制阀盖
59N·m

图 18-11　讴歌 RL 轿车动力转向泵部件识别与检查

8．转向器维护

　　维护转向器时，应按照维修手册的部件分解图将转向器分解，将部件用溶剂清洗干净并用压缩空气吹干，然后将密封件更换。以讴歌 RL 轿车为例，该车转向器部件分解如图 18-12所示。

O形圈
更换。

5 N·m

步进阀电动机

法兰螺栓
18N·m

阀壳

滚珠轴承

卡环
更换。

轴套

轴套密封环
更换。

阀密封环（如果配有）
更换。

阀油封
更换。O形圈
更换。

油缸管路

喇叭口螺母
15N·m

O形圈
更换。

齿轮轴

喇叭口螺母
15N·m

O形圈
更换。

油缸管路

齿轮油封
更换。

垫圈
更换。

油缸接头
108N·m

转向器壳体

锁紧螺母

导向螺钉

弹簧

导向机构

齿轮螺母
25N·m

头塞
59N·m

油缸接头密封件
更换。

O形圈
更换。

活塞密封环
更换。

转向齿条

油缸接头密封件
更换。

护圈
更换。

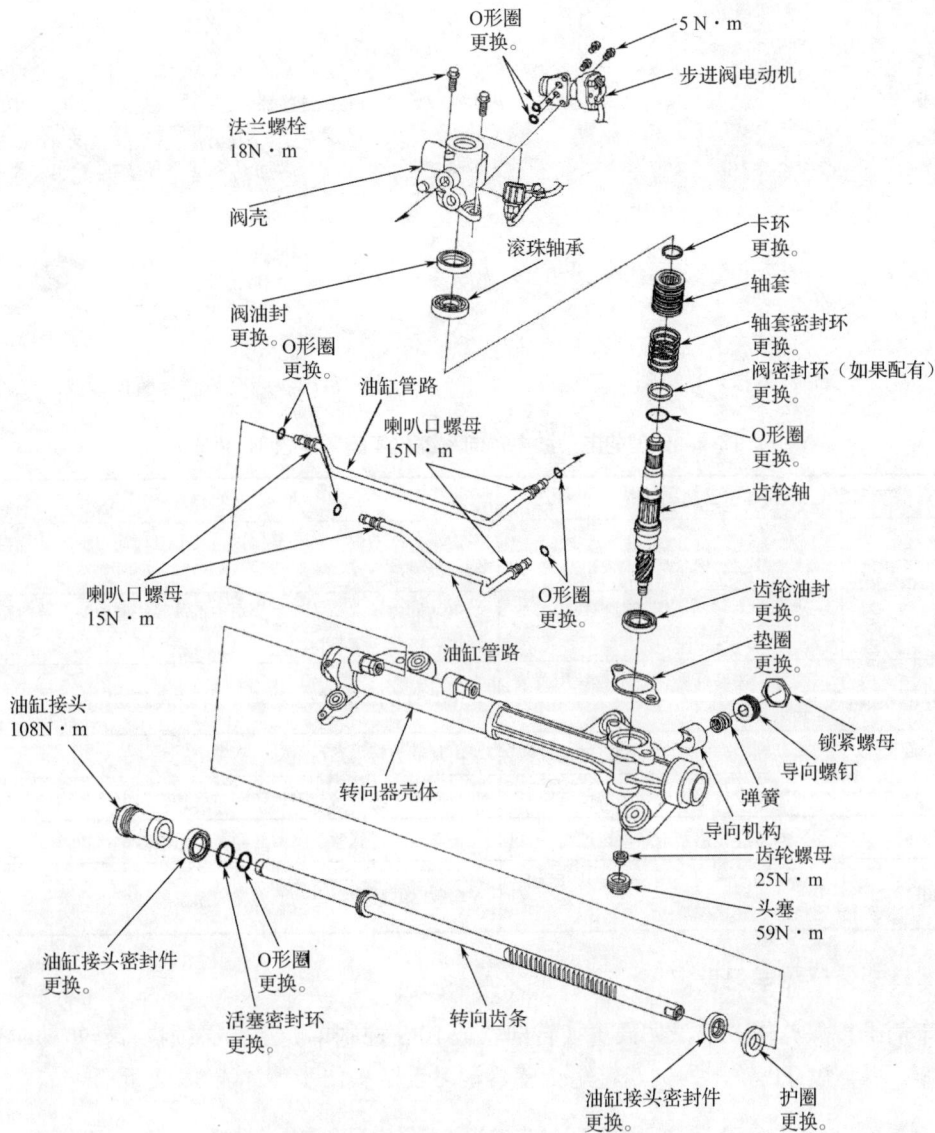

图 18-12　讴歌 RL 轿车转向器部件分解

9. 电动助力转向系统故障码读取

当 EPS（电动助力转向系统）指示灯点亮时，如图 18-13 所示，表示电动助力转向系统有故障，应执行电动助力转向系统故障码读取操作，调取故障码进行分析。将故障诊断仪连接到故障诊断连接器上，将点火开关转至 ON 位置，即可用故障诊断仪读取电动助力转向系统故障码。故障诊断连接器如图 18-14 所示，典型的电动助力转向系统故障码如表 18-1 所示。

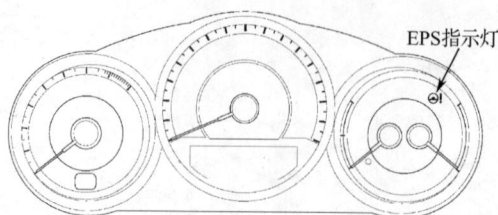

图 18-13 EPS 故障指示灯识别（讴歌 TL 轿车）

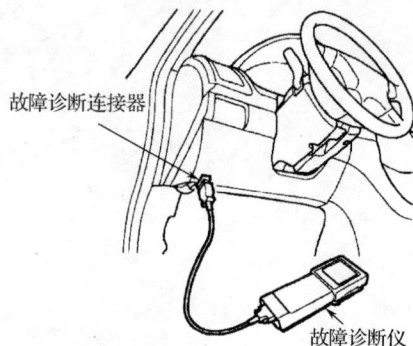

图 18-14 连接故障诊断仪读取故障码

表 18-1 典型的电动助力转向系统故障码（讴歌 TL 轿车）

故 障 码	故障码含义	可能的故障原因
B1238	电动助力转向装置故障	由于持续的静态转向等原因，使得电动助力转向装置内的液压泵内部温度过高
B1342	电动助力转向系统控制模块内部故障	电动助力转向系统控制模块内部故障；电动助力转向系统控制模块连接器连接不良
B2477	电动助力转向系统控制模块配置设定错误	电动助力转向系统控制模块配置未能正确完成
C1099	电动助力转向系统电动机转速过低	电动助力转向系统电动机故障
C1955	转向角度传感器电路电动压过低	转向角度传感器故障；转向角度传感器电路故障
C1956	转向角度传感器电路电压过高	转向角度传感器故障；转向角度传感器电路故障
U2011	电动助力转向系统控制模块传送异常信息	车载网络故障；电动助力转向系统控制模块故障

10. 转矩传感器学习设定

在车辆维护保养作业中，如果更换转向器或 EPS 控制单元后，必须执行转矩传感器学习设定操作。以讴歌 TL 轿车为例，转矩传感器学习设定操作步骤如表 18-2 所示。

表 18-2 讴歌 TL 轿车转矩传感器学习设定操作步骤

步 骤	操 作 方 法
1	注意：在环境温度高于 20℃时执行设定操作。 将点火开关设置到 LOCK 位置
2	如图 18-14 所示，将故障诊断仪连接到故障诊断连接器上
3	把点火开关设置到 ON 位置
4	确认故障诊断仪与车辆和 EPS 通信正常
5	在故障诊断仪上的 EPS 系统测试选项中选择 "MISCELLANEOUS TEST（其他测试项目）"，然后选择 "TORQUE SENSOR LEARN（转矩传感器学习）" 选项
6	按照故障诊断仪的屏幕操作提示执行学习设定操作
7	设定完毕后，将点火开关设置到 LOCK 位置

第十九天 制动系统

任务目标

1. 了解汽车常规制动系统的组成和作用。
2. 了解汽车 ABS（防抱死制动系统）的作用和组成。
3. 了解制动系统常见的维修项目和操作。

知识准备

1. 常规制动系统的组成

典型的常规制动系统由制动总泵、制动软管和管路、前后制动器、制动踏板等组成，如图 19-1 所示。

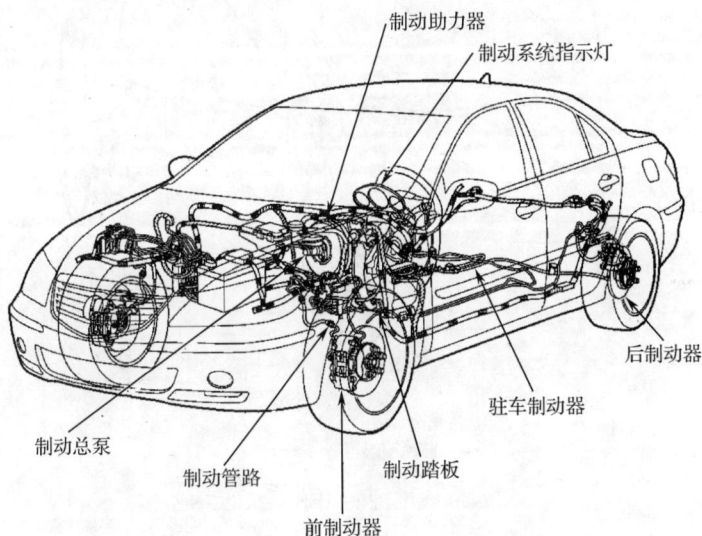

图 19-1　典型的常规制动系统的组成

2. 常规制动部件的作用（见表 19-1）

表 19-1　常规制动部件的作用

部件名称	作用
制动踏板	制动力施加元件，驾驶员踩下制动踏板，踩踏力通过制动总泵转换为液压力，作用到制动系统上
制动助力器	利用发动机进气真空作为动力源，产生制动助力作用
制动总泵	负责将驾驶员踩踏制动踏板的力量转换为液压力的元件，它包括一个储存制动液的储存罐和一个产生液压力的液压缸，将液压力通过制动油管传递到各个车轮的制动分泵

部 件 名 称	作　　用
制动管路	也称制动油管，负责传递制动液的动力
制动器	制动力的执行元件

3. ABS 系统说明与组成

ABS 系统就是在原常规制动系统的基础上，增加了一套防止车轮制动抱死的控制系统，属于汽车上的主动安全系统，其作用是在车辆制动时，防止车轮抱死在路面上滑拖，提高汽车制动过程中的方向稳定性和转向控制能力并有效缩短制动距离，使汽车制动更为方便有效。ABS 系统一般由轮速传感器、制动压力调节器和 ABS 控制模块等组成。以本田飞度轿车为例，该车 ABS 系统的组成如图 19-2 所示。

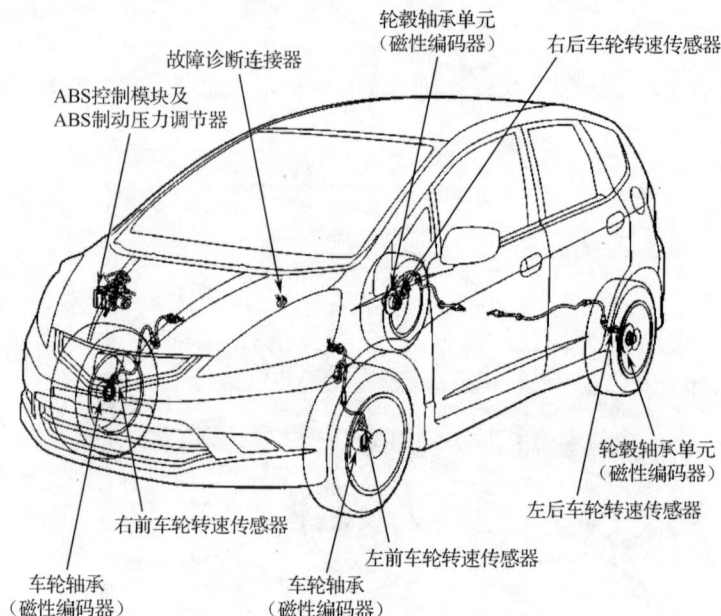

图 19-2　飞度轿车 ABS 系统的组成

轮速传感器是 ABS 系统中最主要的传感器，用来检测车轮运动状态，获取车轮转速信号。

ABS 控制模块俗称 ABS 控制电脑，负责接收轮速传感器发送来的轮速信号并进行计算，参考车速、车轮加速度（减速度）、滑移率等信号，输出控制指令给 ABS 制动压力调节器。此外，ABS 控制模块还具备监测功能，当 ABS 系统发生故障时，会使 ABS 系统停止工作，恢复常规制动并点亮车辆仪表板上的 ABS 警示灯，提醒驾驶员及时到维修厂维修 ABS 系统。

制动压力调节器是 ABS 系统中的主要执行器，其作用是接收 ABS 控制模块的指令，驱动调节器中的电磁阀动作，对制动器的压力进行调节，使制动压力增大、保持或减小，实现制动压力的控制功能。

1. 制动踏板高度检查

制动踏板的高度必须保持在规范范围内。以本田飞度轿车为例，该车制动踏板高度检查操作步骤如表19-2所示。

表19-2 本田飞度轿车制动踏板高度检查操作步骤

步骤	检查方法	制动踏板高度规范值
1	拆下驾驶员侧仪表板底盖	
2	逆时针转动制动踏板位置开关（见图19-3中的A），并将其向后拉，直至不再与制动踏板接触	
3	向后拉动地板垫，在隔振垫上找到切口（见图19-3中的B），在踏板衬垫（见图19-3中的D）中央，测量制动踏板到地板的高度（见图19-3中的C）	手动变速器车型为139mm，自动变速器车型为138mm
4	如果测量值不符合规范值，则按照图19-4所示，松开推杆锁紧螺母，用钳子将推杆旋入或旋出，从而使制动踏板达到规范高度	

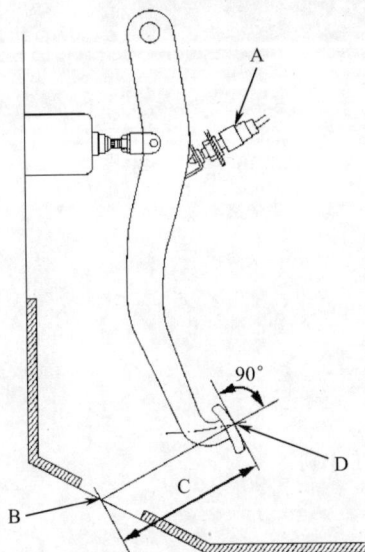

图19-3 测量制动踏板高度

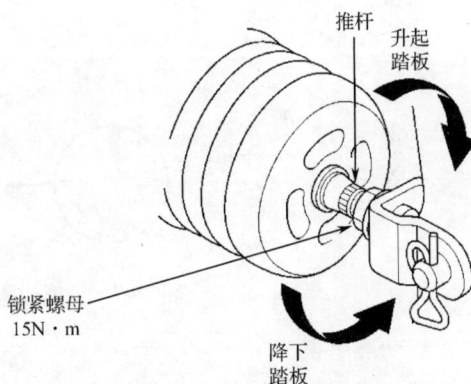

图19-4 调节制动踏板高度

2. 制动踏板自由行程检测

制动踏板的自由行程必须处于规范范围内，如果自由行程不足，就会导致制动器拖滞。以飞度轿车为例，检测该车型的制动踏板自由行程时，首先要将点火开关设置到LOCK位置，然后按照图19-5所示，用手推动制动踏板，检查制动踏板的行程，如果行程不在规范范围内，则调整制动踏板位置开关，使行程符合规范。

3．驻车制动器锁止检测

车辆的驻车制动器必须运行可靠，在维修时，必须检查驻车制动器的情况。以本田飞度轿车为例，如图 19-6 所示，以 196N 的力拉动驻车制动器拉杆，如果驻车制动器工作正常，应在 6～8 次"咔哒"声内锁止。

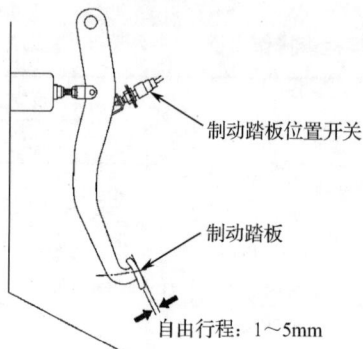

图 19-5　检测制动踏板自由行程

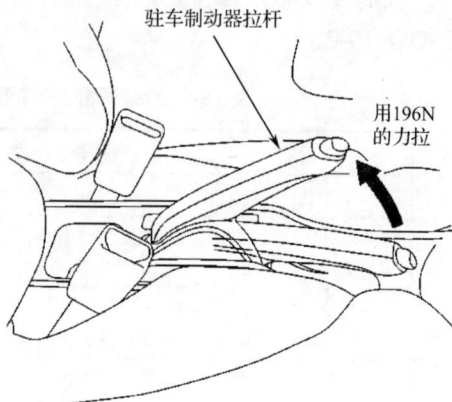

图 19-6　检测驻车制动器

4．制动液液位检查与制动液更换

（1）制动液液位检查

制动液液位应保持在制动液储液罐上标记的 MIN 和 MAX 位置之间，如图 19-7 所示。

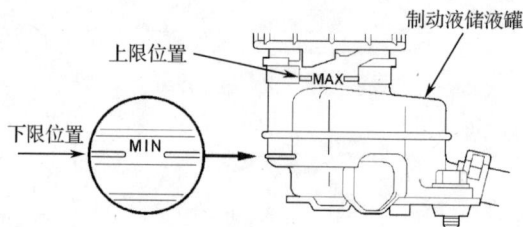

图 19-7　储液罐和液面高度标志识别

（2）制动液更换

维护时，应根据车辆使用说明书上规定的车辆行驶里程或时间间隔定期更换车辆的制动液（见表 19-3）。

表 19-3　车辆制动液更换操作步骤

步　骤	操 作 方 法
1	将车辆置于地沟上或用举升机举起
2	两名技师配合操作，一位技师在车下，摘掉放液口上的橡胶防尘帽，将预备好的透明软管两端分别装在放液口和废液收集瓶中，之后用扳手逆时针方向松开放液口螺塞，同时车上的另一位维修技师反复踩制动踏板。此时，制动液会从放液口喷出，查看制动液储液罐内的液面，要随液面下降添加新制动液。待出油清亮后拧紧放油口螺塞

续表

步　　骤	操 作 方 法
3	车上的技师反复踩动制动踏板，然后踩下踏板不要松开。车下的技师松开放液口螺塞，待制动液喷净后拧紧并通知车上人松开。以上操作反复数次直到放出的制动液中无气泡。查看制动液储液罐内的液面，要随液面下降添加新制动液
4	对其他车轮重复步骤1～3的操作
5	四个轮更换完成后路试，如发现制动踏板发软、不灵敏，请重复步骤3进行放气操作

5. 制动系统排放空气操作

更换好新的制动液后，要执行制动系统放气操作，将有可能混入制动系统中的空气排放干净，以免在制动时发生气阻，导致制动失灵而影响行车安全。以飞度轿车为例，该车制动系统排放空气操作步骤如表 19-4 所示。

表 19-4　飞度轿车制动系统排放空气操作步骤

步　　骤	检 查 方 法
1	确认制动液储液罐中的制动液液面高度达到图 19-7 的上限位置
2	慢慢踩下制动踏板几次，然后施加稳定的压力
3	按照图 19-8 所示的排放空气顺序，把放气管连接到制动系统放气螺钉上，对制动钳或车轮的制动缸放气，如图 19-9 所示
4	重新加注制动液，使制动液高度达到上限位置
5	对每个制动回路均重复放气操作，直至制动液中不再出现气泡为止

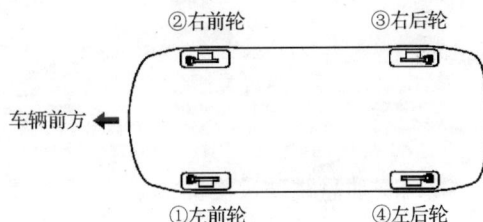

图 19-8　制动系统排放空气顺序

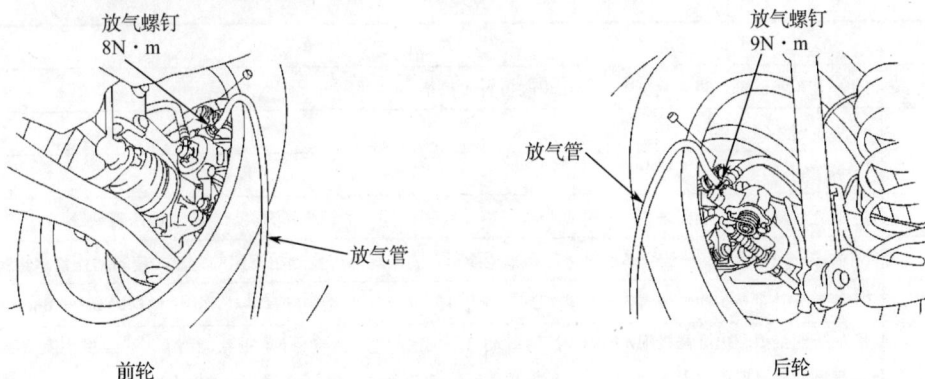

图 19-9　放气螺钉和放气管识别

6. 制动片厚度检查

对制动系统进行检修时，要检测制动片的厚度，如果发现厚度已经超过维修极限，应更换新的制动片。以本田飞度轿车为例，该车前轮制动片厚度检查操作步骤如表 19-5 所示。

表 19-5 飞度轿车前轮制动片厚度检查操作步骤

步　骤	检 查 方 法
1	举升车辆前部，将安全支架放置在正确位置支撑车辆
2	拆下前车轮
3	如图 19-10 所示，检查内制动片和外制动片的厚度（不包括底板厚度）
4	如果测量值超出维修极限，则将前制动片作为一个组件进行更换
5	如果测量值符合规范范围，则清理制动盘和车轮内侧的接合面，然后安装前轮

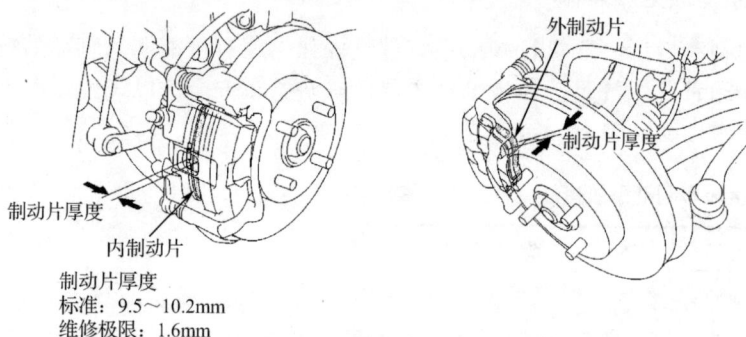

外制动片

制动片厚度

制动片厚度

内制动片

制动片厚度
标准：9.5～10.2mm
维修极限：1.6mm

图 19-10　测量前轮制动片厚度

7. 制动盘跳动量检查

制动盘的跳动量必须符合规范，否则会影响制动效果。以本田飞度轿车为例，该车前轮制动盘跳动量检查操作步骤如表 19-6 所示。

表 19-6 飞度轿车前轮制动盘跳动量检查操作步骤

步　骤	检 查 方 法
1	举升车辆前部，将安全支架放置在正确位置支撑车辆
2	拆下前车轮
3	拆下制动片
4	检查前轮制动盘表面是否有损坏或裂纹，将前轮制动盘彻底清洁并清除制动盘上的所有铁锈
5	如图 19-11 所示，安装合适的平垫圈和车轮螺母，将车轮螺母紧固至规定的力矩，使制动盘紧靠轮毂
6	把百分表对着制动盘放置，在距离制动盘外缘 10mm 处，测量制动盘跳动量，维修极限为 0.04mm
7	如果测量值超出维修极限，应用车床对制动盘表面执行修整，修整时，前轮制动盘最小厚度不能低于 19mm，如果制动盘厚度小于 19mm，则必须更换新的前轮制动盘
8	如果测量值符合规范，则安装制动片
9	清理制动盘和车轮内侧的接合面，然后安装前轮

8. 制动盘厚度和平整度检查

以本田飞度轿车为例，该车前轮制动盘厚度和平整度检查操作步骤如表 19-7 所示。

表 19-7　飞度轿车前轮制动盘厚度和平整度检查操作步骤

步　骤	检 查 方 法
1	举升车辆前部，将安全支架放置在正确位置支撑车辆
2	拆下前车轮
3	拆下制动片
4	如图 19-12 所示，在制动盘上大约间隔 45°，距离制动盘外缘 10mm 的 8 个测量点上，使用千分尺测量制动盘厚度，如果测量值低于制动盘表面维修极限，则更换制动盘
5	检查制动盘平整度，把 8 个测量点的测量值加以对比，最大允许差值不能超过 0.015mm
6	如果制动盘平整度超出维修极限，应用车床对制动盘表面执行修整，修整时，前轮制动盘最小厚度不能低于 19mm，如果制动盘厚度小于 19mm，则必须更换新的前轮制动盘
7	安装制动片
8	清理制动盘和车轮内侧的接合面，然后安装前轮

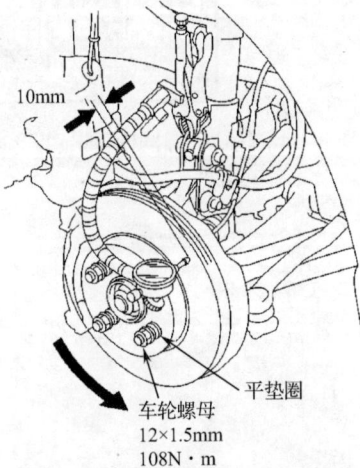

图 19-11　测量前轮制动盘跳动量　　　　图 19-12　测量前轮制动盘厚度和平整度

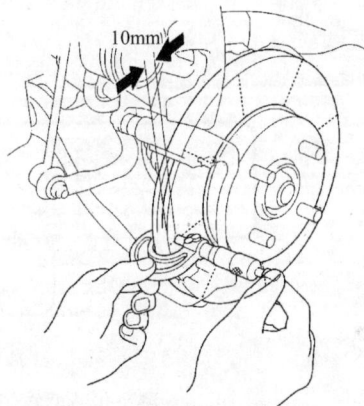

9．制动总泵检查

以讴歌 RL 轿车为例，该车制动总泵的检查项目如图 19-13 所示。一旦发现部件出现问题，即应将制动总泵作为一个总成进行更换。

10．ABS 制动系统轮速传感器检测（以丰田凯美瑞轿车为例）

（1）如图 19-14 所示，找到轮速传感器，断开传感器接头，确认传感器线束接头与传感器端子之间没有锈蚀或脏污。

（2）如图 19-15 所示，测量右前轮速传感器端子 1 和 2 之间的电阻，在温度为 20℃时，电阻规范值应为 1400～1800Ω。

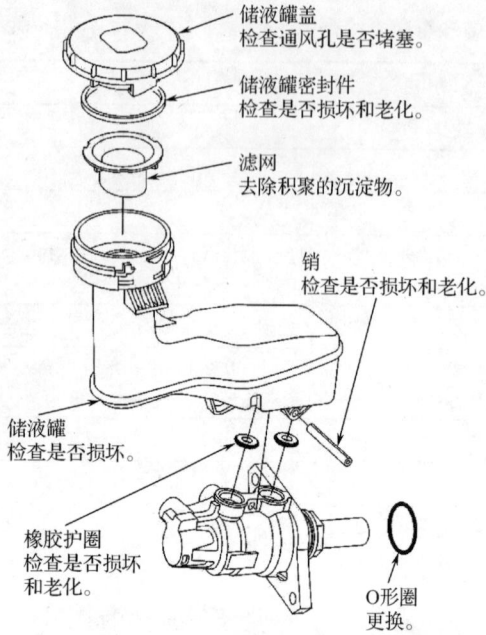

储液罐盖
检查通风孔是否堵塞。

储液罐密封件
检查是否损坏和老化。

滤网
去除积聚的沉淀物。

销
检查是否损坏和老化。

储液罐
检查是否损坏。

橡胶护圈
检查是否损坏
和老化。

O形圈
更换。

图 19-13　讴歌 RL 轿车制动总泵部件识别和检查项目

图 19-14　轮速传感器位置识别

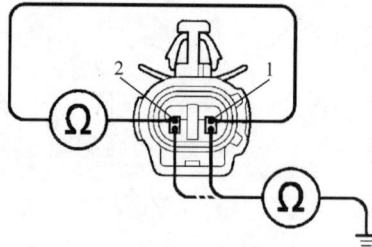

图 19-15　测量传感器端子之间的电阻

第二十天　悬架系统、车轮与轮胎

任务目标

1. 了解汽车悬架系统的作用和组成。
2. 了解汽车悬架系统常见的维修项目。
3. 了解车轮和轮胎的作用。
4. 了解车轮和轮胎常见的维修项目。

知识准备

1. 悬架系统的作用和组成

汽车悬架系统是车身与车轮之间一切传力连接装置的总称，它的作用是把路面作用于车轮上的垂直反力（支承力）、纵向反力（牵引力和制动力）和侧向反力以及这些反力所造成的力矩都传递到车身上，以保证车辆的正常行驶。悬架系统一般由弹性元件、减振器和导向机构三部分组成，如图 20-1 所示。

由于汽车行驶的路面不可能绝对平坦，路面作用在车轮上的垂直反力往往是冲击性的，特别是在坑洼路面行驶时，这种冲击力将达到很大的数值。冲击力传到车身时，有可能造成汽车机件的早期损坏；冲击力传递给车内的乘员时，也会使乘员感到极不舒适。为了缓和冲击，在汽车行驶系统中，除采用充气轮胎以外，在车辆的悬架中还必须安装弹性元件（螺旋弹簧或钢板弹簧等），使车身与车轮之间保持弹性联系，缓和冲击。弹性元件受到冲击后，会发生振动，持续的

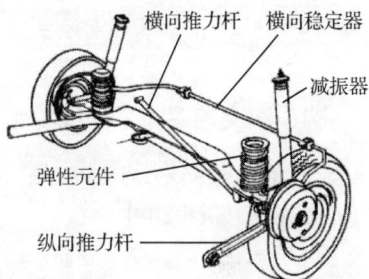

图 20-1　悬架系统的组成

振动会使驾驶员和乘员都感到不适和疲劳，因此悬架系统还配备有减振器，使这种振动迅速衰减；车辆在行驶中，车轮相对于车身跳动时，车轮（特别是转向轮）的运动轨迹应符合一定的要求，否则就会影响汽车的操纵稳定性，因此悬架系统中还配备有导向机构（图 20-1 中的横向和纵向推力杆）。为了防止车身在转向等情况下发生过大的横向侧倾，在悬架系统中还配备有辅助的弹性元件——横向稳定器。

2. 车轮的作用与组成

（1）作用：
- 支承整车质量。
- 缓和和衰减由路面传来的冲击力。
- 产生驱动力和制动力。
- 提供汽车转向行驶时需要的侧向力，保持车轮正确的直线行驶方向。

（2）组成：车轮由轮毂、轮辋和轮辐等组成，如图 20-2 所示。

3. 轮胎的作用及组成

（1）作用：

● 与车轮一起承受汽车的质量。

● 缓和路面冲击，衰减振动，提高乘坐的舒适性和平顺性。

● 保障车轮和路面有良好的附着性，以提高车辆的动力性、制动性和通过性。

（2）组成：目前汽车使用最广的轮胎是充气式轮胎，这种轮胎主要由外胎、内胎和垫带等组成，如图 20-3 所示。

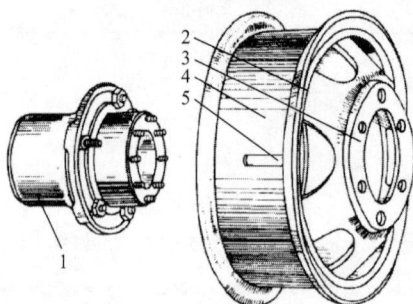

1-轮毂；2-挡圈；3-轮辐；4-轮辋；5-气门嘴出口。

图 20-2　车轮的组成

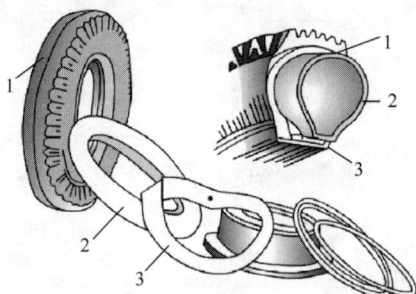

1-外胎；2-内胎；3-垫带。

图 20-3　充气轮胎的组成

4. 斜交轮胎与子午线轮胎

汽车轮胎如果按照胎体帘线排列方向划分，可分为斜交轮胎和子午线轮胎两种，这两种轮胎的结构如图 20-4 所示。

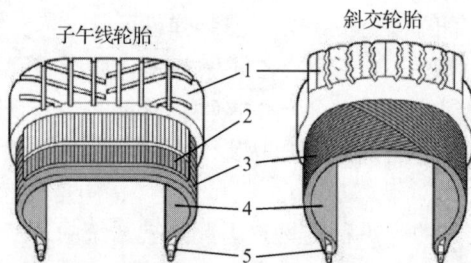

1-胎面；2-带（刚性缓冲层）；3-胎体（十字交叉板）；4-内胎；5-胎圈钢丝。

图 20-4　轮胎结构

从图 20-4 中可以看出，子午线轮胎胎体的帘线排列不是相互交叉排列的，而是与外胎断面接近平行，像地球子午线排列，帘线角度小，一般为 0°，胎体帘线之间没有维系交点。与斜交轮胎相比，子午线轮胎胎面变形较小，有很好的附着和转弯性能。斜交轮胎的帘线与子午线轮胎帘线不同，是按斜线交叉排列的，与子午线轮胎相比，斜交轮胎弹性好，但转弯性能稍差。

轮胎的规格、性能和构造均可通过查看轮胎侧壁上的国际标准化组织轮胎编码加以识别，如图 20-5 所示。

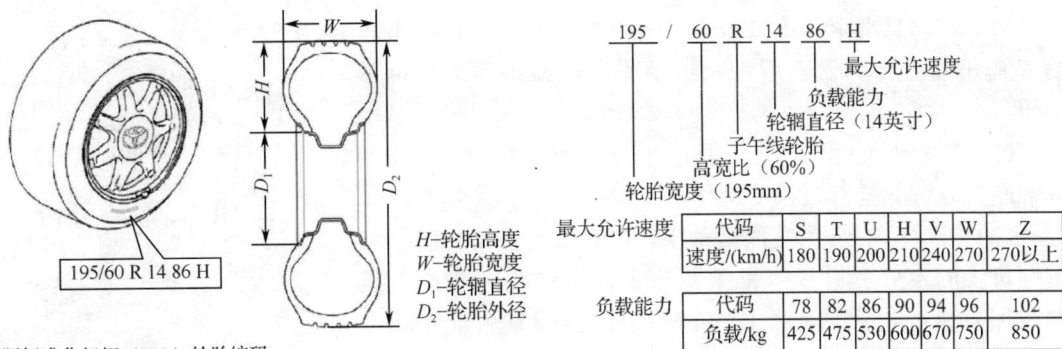

H-轮胎高度
W-轮胎宽度
D_1-轮辋直径
D_2-轮胎外径

国际标准化组织（ISO）轮胎编码

195 / 60 R 14 86 H

最大允许速度
负载能力
轮辋直径（14英寸）
子午线轮胎
高宽比（60%）
轮胎宽度（195mm）

最大允许速度	代码	S	T	U	H	V	W	Z
	速度/(km/h)	180	190	200	210	240	270	270以上

负载能力	代码	78	82	86	90	94	96	102
	负载/kg	425	475	530	600	670	750	850

图 20-5　轮胎编码识别

实际操作

1. 球头更换

球头更换参见图 4-13 和表 4-2 的说明。

2. 检查车轮轴承轴向间隙

对车辆的悬架系统进行检查时，要检测车轮轴承轴向间隙，如果超出规范值，应更换轮毂轴承单元。以讴歌 RL 轿车为例，该车车轮轴承轴向间隙检查操作步骤如表 20-1 所示。

表 20-1　车轮轴承轴向间隙检查操作步骤

步　骤	操　作　方　法
1	举升车辆，将安全支架放置在恰当位置，把车辆支撑住
2	拆下车轮
3	如图 20-6 所示，安装平垫圈和车轮螺母，将螺母紧固至规定力矩，使制动盘紧靠轮毂
4	如图 20-6 所示，把百分表紧靠轮毂法兰放置，内外移动制动盘，测量轴承轴向间隙
5	轴向间隙的规范值为 0～0.05mm，如果超出规范值，应更换轮毂轴承单元

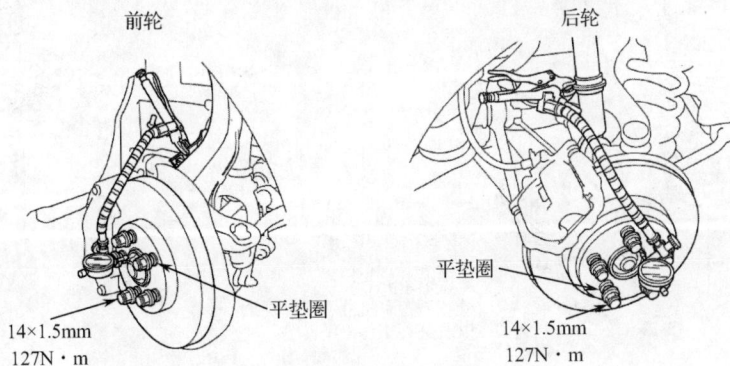

前轮

后轮

平垫圈
14×1.5mm
127N·m

平垫圈
14×1.5mm
127N·m

图 20-6　测量车轮轴承轴向间隙

3. 悬架减振器/支柱弹簧分解检查（以本田飞度轿车为例）

（1）从前悬架上拆下减振器，如图 20-7 所示，用弹簧压缩工具压缩支柱弹簧，用六角扳手固定住减振器轴，拆下螺母。

（2）卸去支柱弹簧压缩工具的压力，按照图 20-8 所示的分解图，分解并检查减振器部件。

（3）把螺母安装到减振器轴端，然后按照图 20-9 所示，在螺母上固定好套筒扳手和 T 形把手，按住 T 形把手，压缩减振器总成，然后停止压缩，检查减振器是否能在一个完整的行程中平稳地压缩和伸展，当停止压缩时，减振器应能平稳持续地伸展。如果不能，应更换新的减振器。如果在检查过程中发现有漏油、异常噪声或卡滞，也应更换新的减振器。

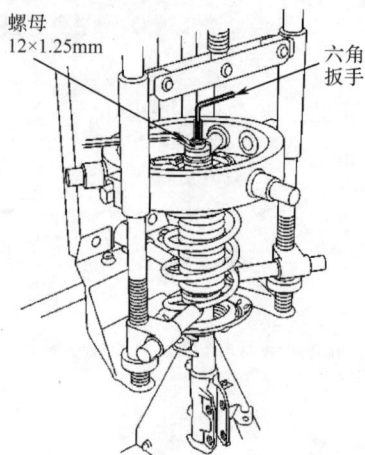

图 20-7　压缩支柱弹簧

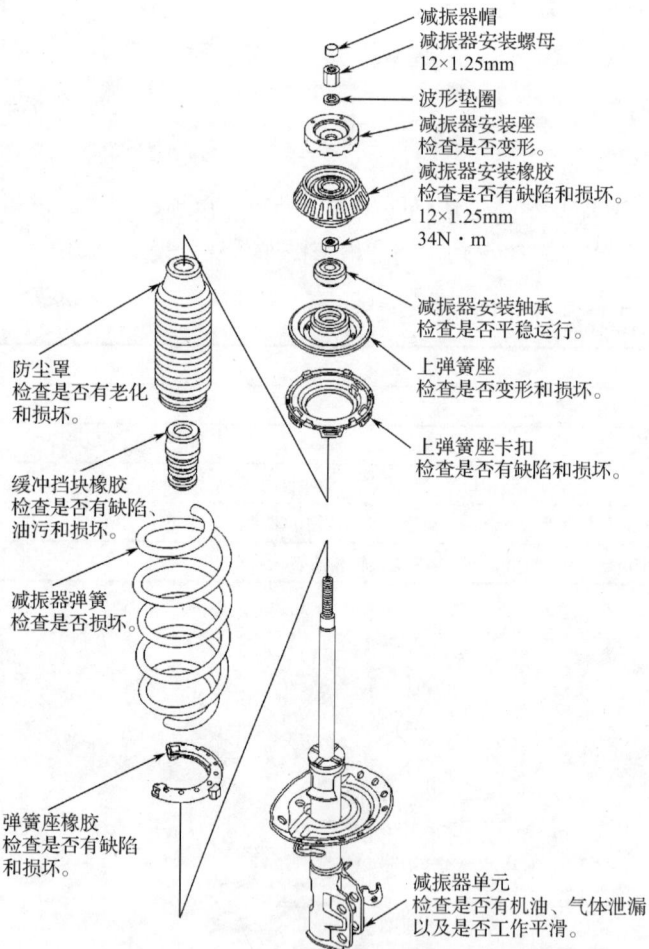

图 20-8　前悬架减振器部件分解和检查

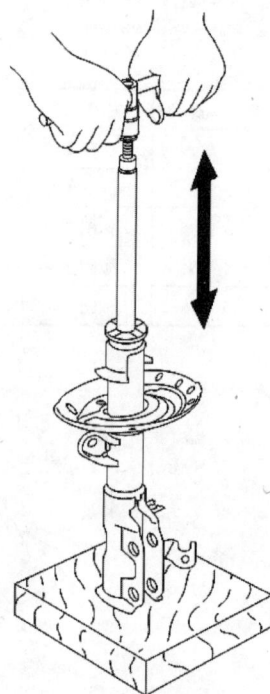

图 20-9　检查前悬架减振器

4．后悬架弹簧拆卸与检查（以本田飞度轿车为例）

（1）举升车辆后部，把安全支架放置到合适的位置，牢固地支撑住车辆。

（2）拆下后车轮。

（3）如图 20-10 所示，把轮速传感器和传感器支撑条从轴臂两侧拆下，但不要断开传感器线束接头。

（4）如图 20-11 所示，把地板式千斤顶放置到轴臂两侧下弹簧座下方，举升千斤顶，直至悬架开始压缩。

（5）如图 20-11 所示，拆下连接轴臂和减振器的安装螺栓。

（6）逐渐降低千斤顶。

（7）拆下后悬架弹簧及安装橡胶，如果发现弹簧和安装橡胶有破损，应予以更换，如图 20-12 所示。

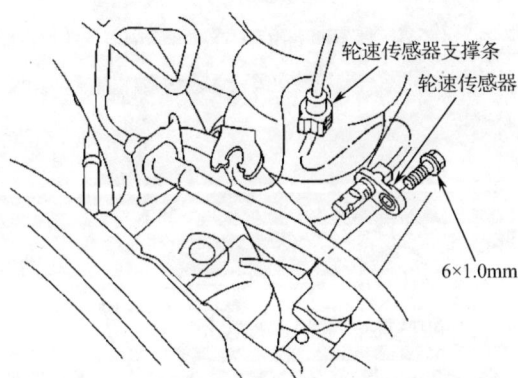

图 20-10　拆下轮速传感器

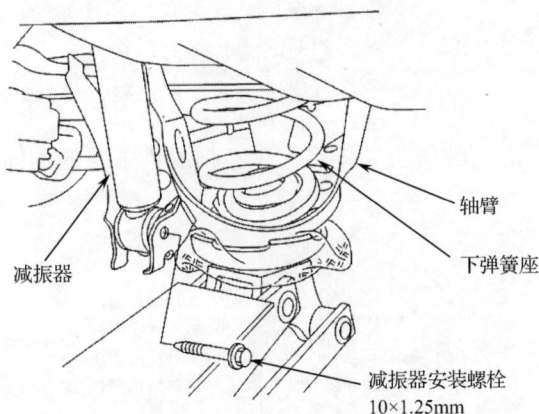

图 20-11　安装千斤顶并拆卸减振器的安装螺栓

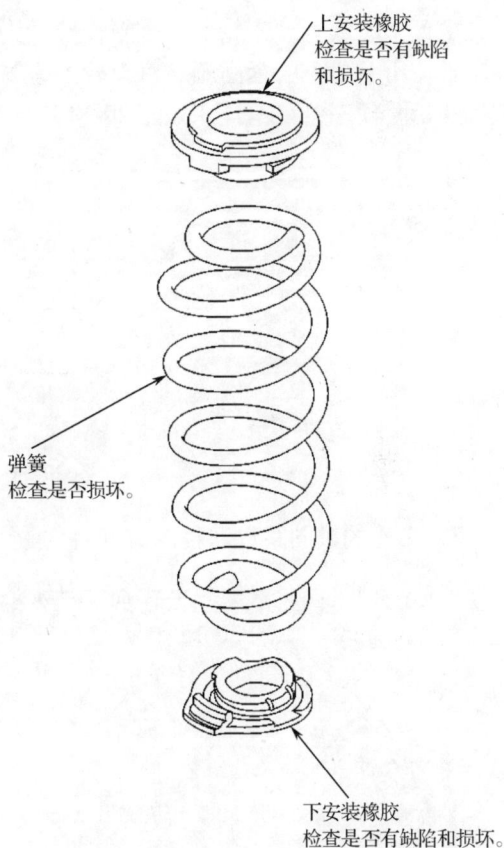

图 20-12　检查后悬架弹簧和安装橡胶

5．车轮换位

车辆行驶一定的里程后，为了使车辆的 4 个轮胎磨损均匀，需要执行车轮换位操作，如图 20-13（a）所示。如果车辆使用的车轮为带有方向要求的车轮，则只能做前后更换，即左前轮只能和左后轮进行车轮换位，在前轮只能和右后轮进行车轮换位，如图 20-13（b）所示。车型不同，车轮的换位方法也有所差异，应参考具体车型的维修手册执行换位操作。

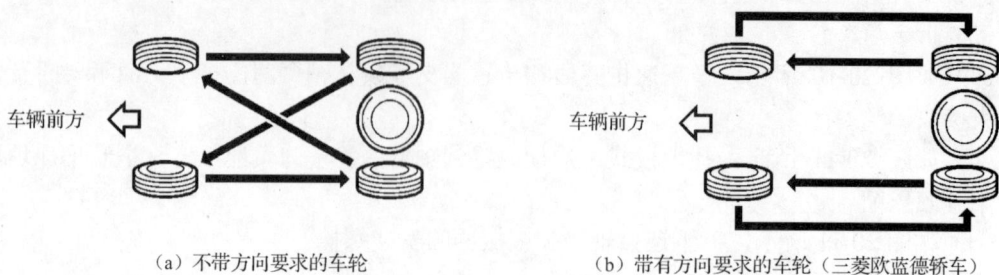

（a）不带方向要求的车轮　　　　　（b）带有方向要求的车轮（三菱欧蓝德轿车）

图 20-13　轿车车轮换位

6. 车轮螺母紧固顺序

更换车轮或拆卸车轮后，重新安装时为了使车轮的各个螺母紧固均匀，要按照维修手册或车辆使用手册上的紧固顺序对车轮的紧固螺母执行紧固操作。根据车轮螺母数量的不同，螺母的紧固顺序也有差异，如图 20-14 所示。

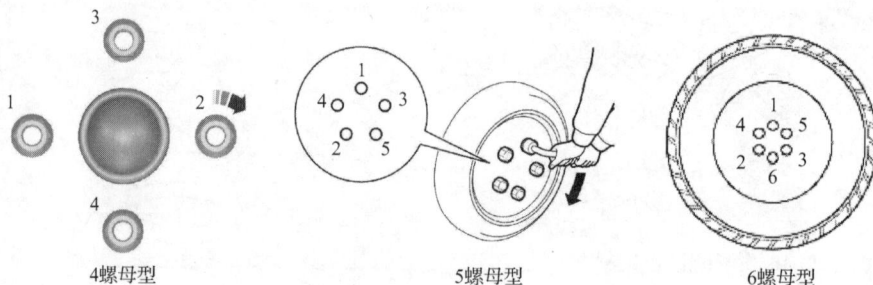

4螺母型　　　　　　　5螺母型　　　　　　　6螺母型

图 20-14　螺母紧固顺序

7. 车轮的轴向跳动和径向跳动

维护车辆时，需要检测车辆各个车轮是否变形，维修工要使用测量工具测量车轮的轴向跳动和径向跳动，如图 20-15 所示。

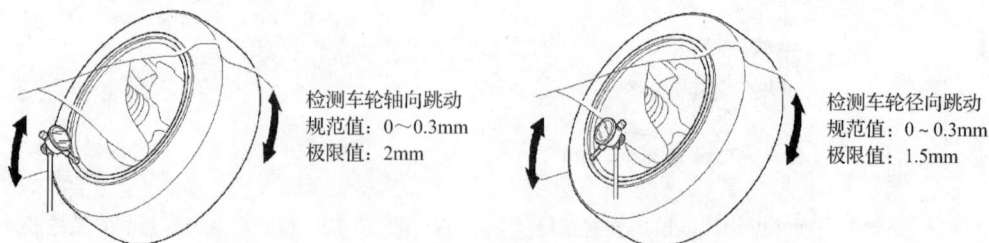

检测车轮轴向跳动
规范值：0～0.3mm
极限值：2mm

检测车轮径向跳动
规范值：0～0.3mm
极限值：1.5mm

图 20-15　讴歌 TL 轿车车轮轴向跳动和径向跳动测量

8. 轮胎压力监测系统重新设置

轮胎压力监测系统是利用安装在每一个轮胎里的压力传感器来直接测量轮胎的气压，利用无线发射器将压力信息从轮胎内部发送到中央接收器模块上的系统，然后对各轮胎气压数据进行显示。该系统的构成（以本田飞度轿车为例）如图 20-16 所示。当轮胎气压太低或漏气时，系统会自动报警。当更换轮胎的压力传感器或执行车轮换位后，需要对轮胎压力监测系统执行重新设置操作，使轮胎压力监测系统重新识别并记忆各个轮胎的压力传感器信号。以美国 LINCOLN（林肯）NAVIGATOR（航海家）轿车为例，该车轮胎压力传感器重新设置操作步骤如表 20-2 所示。

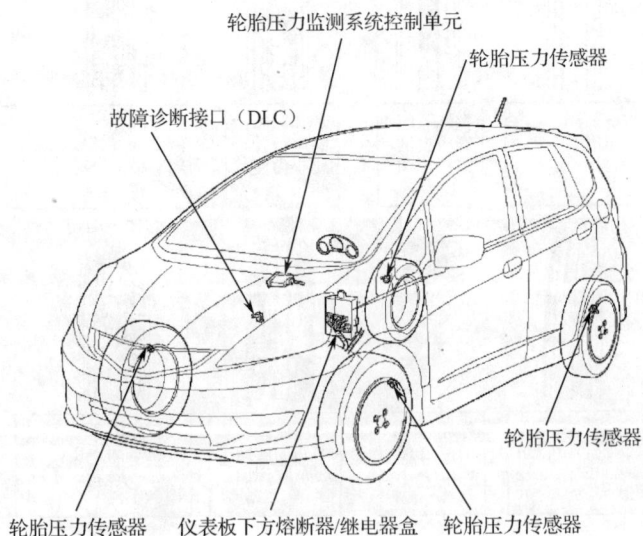

图 20-16　本田飞度轿车轮胎压力监测系统构成

表 20-2　NAVIGATOR（航海家）轿车轮胎压力传感器重新设置操作步骤

步　骤	操　作　方　法
1	将点火开关转到 OFF 位置
2	连续 3 次将点火开关从 OFF 位置转到 RUN 位置，最后使点火开关位于 RUN 位置。 点火开关每次转动的间隔时间不能超过 1min
3	踩下并释放制动踏板
4	将点火开关转到 OFF 位置
5	连续 3 次将点火开关从 OFF 位置转到 RUN 位置，最后使点火开关位于 RUN 位置。 点火开关每次转动的间隔时间不能超过 1min
6	如果复位模式顺利进入，喇叭会发出一声鸣响并且 TPMS 指示灯也会闪烁。信息中心（如果配备）显示"TRAIN LF TIRE"，将磁铁放在左前轮胎压力传感器的气门嘴上，当轮胎压力传感器被 TPMS 模块识别后，喇叭会短促鸣响一声
7	从喇叭鸣响开始算起 2min 内，将磁铁放置在右前轮胎压力传感器的气门嘴处。 注意：如果轮胎压力传感器复位过程中 VSM（TPMS 模块与 VSM 集成在一起）没有识别出任何一个轮胎压力传感器，则喇叭会鸣响 2 次，并且信息中心（如果配备）也会显示"TIRE NOT TRAINED REPEAT"必须重新进行复位程序
8	对右后轮胎和左后轮胎进行复位程序时，重复步骤 7 的操作。当轮胎压力传感器复位程序完成时，喇叭会鸣响一声，信息中心（如果配备）也会显示"TIRE TRAINING MODE COMPLETE"

9.轮胎花纹磨损痕迹判断

车辆在维护中，可以根据轮胎花纹的磨损痕迹来判定轮胎磨损异常的故障原因，并进行相应的检查和处理，如图 20-17 所示。

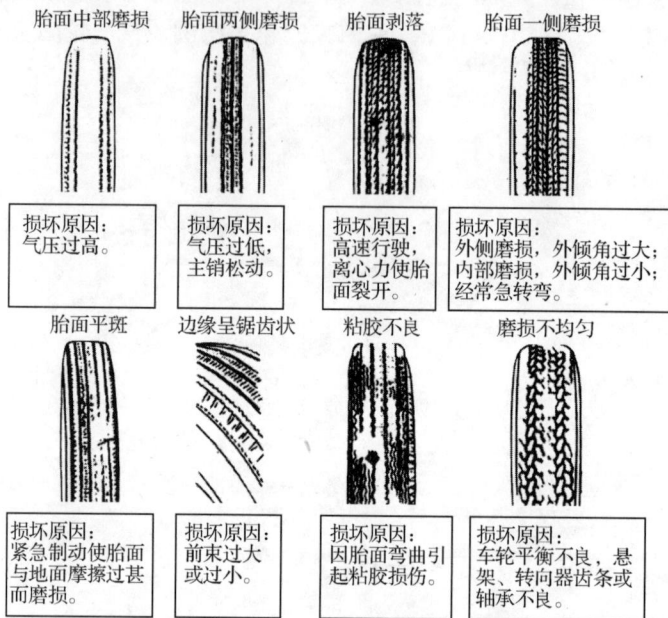

胎面中部磨损	胎面两侧磨损	胎面剥落	胎面一侧磨损
损坏原因： 气压过高。	损坏原因： 气压过低， 主销松动。	损坏原因： 高速行驶， 离心力使胎 面裂开。	损坏原因： 外侧磨损，外倾角过大； 内部磨损，外倾角过小； 经常急转弯。
胎面平斑	边缘呈锯齿状	粘胶不良	磨损不均匀
损坏原因： 紧急制动使胎面 与地面摩擦过甚 而磨损。	损坏原因： 前束过大 或过小。	损坏原因： 因胎面弯曲引 起粘胶损伤。	损坏原因： 车轮平衡不良，悬 架、转向器齿条或 轴承不良。

图 20-17　轮胎不规则磨损故障原因

第二十一天　差速器与半轴

任务目标

1. 了解差速器的作用和构造。
2. 了解半轴的作用。
3. 了解差速器和半轴常见的维修项目。

知识准备

1. 差速器的作用

差速器的作用就是在左侧和右侧车轮之间产生转速差，当车辆转弯时，使外侧车轮比内侧车轮转动得速度快，从而保证车辆能顺利转弯。

2. 差速器的分类

按照差速器部件构造的不同，大致分为三种，即锥齿轮式差速器、行星齿轮式差速器和斜齿圆柱齿轮式差速器，如图 21-1 所示。

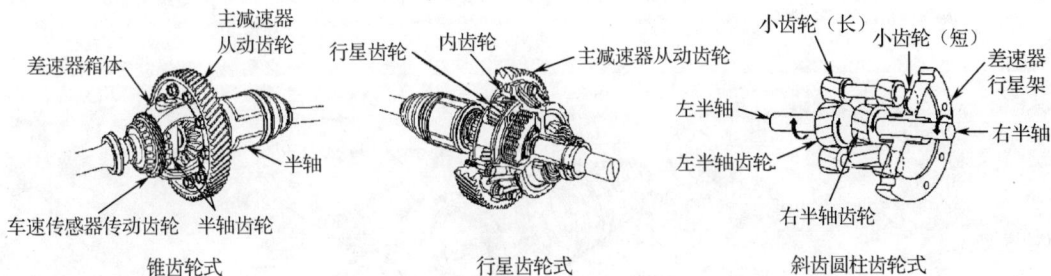

图 21-1　差速器的分类及组成

3. 半轴的作用及组成

半轴是将动力从差速器传到驱动车轮的钢质轴，每侧车轮分别由各自的半轴驱动。在后轮驱动车辆上，半轴和主减速器都被封闭在驱动桥的桥壳里，对其进行支撑和保护。每个半轴与差速器内一侧的半轴齿轮连接，半轴内端用花键与半轴齿轮滑动配合。当半轴齿轮转动时，通过花键带动与之连接的半轴，使其以相同的转速转动。以本田雅阁 3.0L 轿车为例，该车半轴的组成如图 21-2 所示。

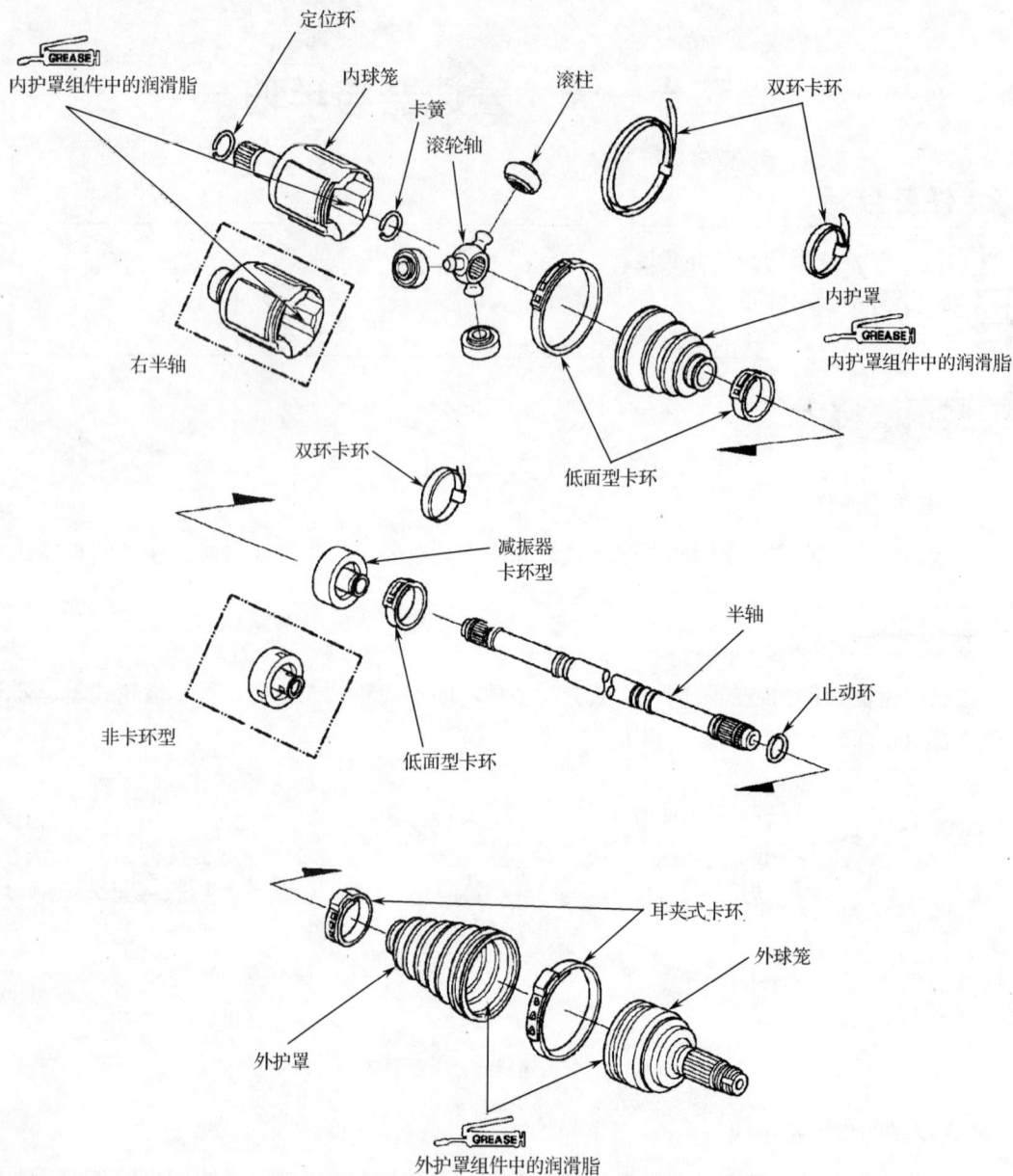

定位环

内护罩组件中的润滑脂

内球笼

卡簧

滚柱

滚轮轴

双环卡环

内护罩

内护罩组件中的润滑脂

右半轴

双环卡环

低面型卡环

减振器
卡环型

半轴

止动环

非卡环型

低面型卡环

耳夹式卡环

外球笼

外护罩

外护罩组件中的润滑脂

图 21-2　本田雅阁 3.0L 轿车半轴的组成

实际操作

1. 差速器油液液位检查

对车辆维护保养时，要检查差速器油液液位是否处于规范范围。以凯迪拉克 CTS 3.6L 轿车为例，该车差速器油液液位检查操作步骤如表 21-1 所示。

表 21-1　凯迪拉克 CTS 3.6L 轿车前桥差速器油液液位检查操作步骤

步　骤	操 作 方 法
1	举升车辆，举升点位置如图 21-3 所示
2	把差速器油液加注塞附近的尘土清理干净
3	如图 21-4 所示，取下差速器油液加注塞
4	检查差速器油液，在正常情况下，油液高度应与差速器油液加注孔底部保持齐平，最低也不能低于加注孔底部 6mm
5	如果发现油液液位过低，应加注差速器油液
6	重新安装好差速器油液加注塞，将其紧固至 39N·m
7	降下车辆

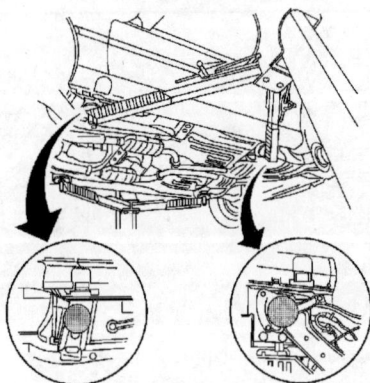

图 21-3　举升点位置识别

差速器油液加注塞

图 21-4　前桥差速器油液加注塞识别

2. 差速器油液更换

在维护保养中，应根据维修手册或使用手册上的说明按照行驶里程和期限对差速器油液执行更换作业。以凯迪拉克 CTS 3.6L 轿车为例，该车差速器油液更换操作步骤如表 21-2 所示。

表 21-2　凯迪拉克 CTS 3.6L 轿车差速器油液更换操作步骤

步　骤	操 作 方 法
1	举升车辆，举升点位置如图 21-3 所示
2	将前桥差速器放油塞处擦拭干净
3	如图 21-5 所示，松开前桥差速器上的放油塞
4	放置好接油盘，拆下放油塞，将前桥差速器油液放出
5	将前桥差速器油液放油塞重新安装到前桥差速器上，并紧固至 39N·m
6	把前桥差速器油液加注塞附近的尘土清理干净，加注塞位置如图 21-4 所示
7	加注差速器油液，确认油液高度符合规范
8	重新安装好前桥差速器油液加注塞，将其紧固至 39N·m

步　骤	操　作　方　法
9	如图21-6所示,将后桥差速器油液放油塞处的尘土清理干净
10	放置好接油盘,拆下放油塞,将后桥差速器油液放出
11	重新安装好后桥差速器油液放油塞,将其紧固至39N·m
12	把后桥差速器油液加注塞附近的尘土清理干净,加注塞位置如图21-7所示
13	拆下后桥差速器油液加注塞,加注差速器油液
14	检查后桥差速器油液液位,在正常情况下,油液高度应与差速器油液加注孔底部保持齐平,最低也不能低于加注孔底部6mm
15	重新安装好后桥差速器油液加注塞,将其紧固至39N·m
16	降下车辆

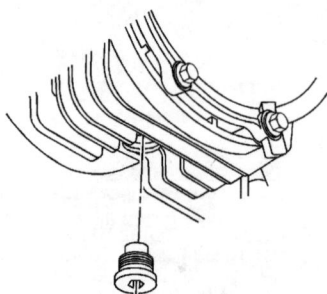

图21-5　前桥差速器放
油塞识别

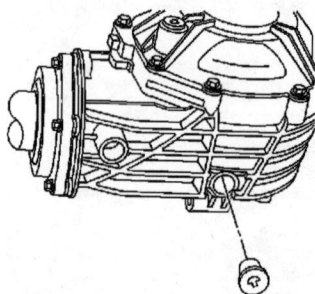

图21-6　后桥差速器放
油塞识别

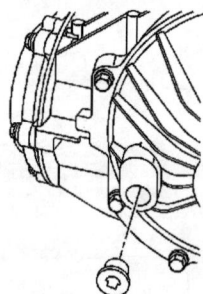

图21-7　后桥差速器油液加
注塞识别

3. 半轴护罩的维护和检查

以本田雅阁2.4L轿车为例,该车半轴护罩如图21-8所示。对该车半轴进行维护检修时,要检查半轴内护罩和外护罩是否有裂纹、损坏;护罩内是否发生润滑脂泄漏、护罩卡环是否松动,如果发现有异常情况,应立即更换半轴护罩和护罩卡环。

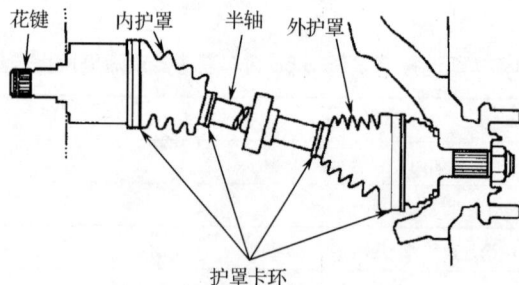

图21-8　雅阁2.4L轿车半轴护罩

4. 检查半轴

如图21-8所示,用手转动半轴,仔细查看花键和接头,确认花键和接头不会过于松动;确认半轴没有扭曲或裂纹,如果发现半轴有扭曲或裂纹,必须予以更换。

5. 半轴的拆卸和分解

以本田雅阁 3.0L 轿车为例，该车半轴的拆卸和分解操作步骤如表 21-3 所示。

表 21-3　雅阁 3.0L 轿车半轴拆卸和分解操作步骤

步　骤	操 作 方 法
1	拧松车轮螺母
2	拉起驻车制动器，如图 21-9 所示，用千斤顶抬起前部车身，然后用安全支架支撑车体
3	拆卸车轮螺母和前车轮
4	如图 21-10 所示，扳起半轴螺母上的锁耳，将半轴螺母拆下
5	排空变速器油液，换装新的垫圈，重新安装排放塞
6	如图 21-11 所示，用六角扳手固定住稳定器球头销，拆下凸缘螺母，拆下下臂上的前稳定器连杆
7	如图 21-12 所示，拆下自锁螺母、12mm 凸缘螺母、10mm 凸缘螺母和减振器拨叉
8	如图 21-13 所示，将下臂球头槽形螺母上的开口销拆下，然后将槽形螺母拆下
9	如图 21-13 所示，使用球头拆卸器，使球头和下臂脱离
10	如图 21-14 所示，向外拉转向节，然后用塑料锤把前轮毂上的外球笼拆下
11	如图 21-15 所示，用撬杆把左半轴差速器上的内球笼撬出
12	如图 21-16 所示，用冲头和锤子把右半轴内球笼从中间轴上推出
13	如图 21-17 所示，拆卸内球笼定位环
14	如图 21-18 所示，拆卸护罩卡环
15	如图 21-19 所示，在每个滚柱和内球笼上做好标记，以便识别滚柱和凹槽在内球笼中的准确位置。然后将内球笼拆下，放置在维修用毛巾上，将滚柱从内球笼上拆下时，不要让滚柱掉落
16	如图 21-20 所示，在滚柱和滚轮轴上做好标记，以便识别滚柱在滚轮轴上的位置，然后拆下滚柱，拆卸卡簧；在滚轮轴和半轴上做好标记，以便识别滚轮轴在半轴上的位置，拆下滚轮轴
17	如图 21-21 所示，在半轴花键上包裹胶带，以防损坏半轴护罩
18	拆下半轴内护罩，然后拆下胶带
19	如图 21-22 所示，用螺丝刀撬起耳夹式护罩卡环上的 3 个凸耳，将外球笼侧耳夹式护罩卡环拆下
20	如图 21-23 所示，将外护罩滑向内球笼侧
21	如图 21-24 所示，在与外球笼端部相同位置上的半轴上做好标记
22	如图 21-25 所示，用虎钳夹紧半轴，用专用工具将外球笼拆下
23	从虎钳上取下半轴
24	如图 21-26 所示，把半轴上的止动环拆下
25	如图 21-27 所示，用胶带包裹半轴花键，以防损坏护罩
26	拆卸半轴外护罩，将胶带拆下

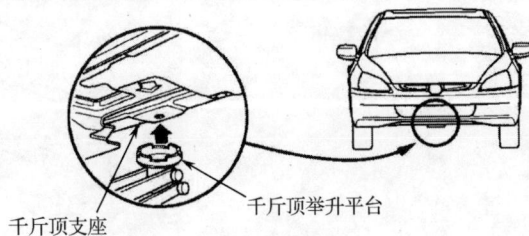

千斤顶支座　　千斤顶举升平台

图 21-9　用千斤顶支起前部车身

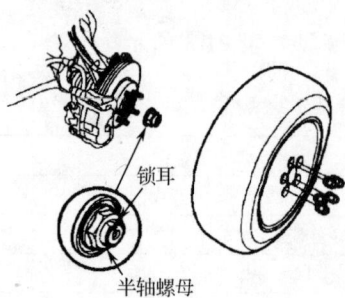

锁耳

半轴螺母

图 21-10　半轴螺母和锁耳识别

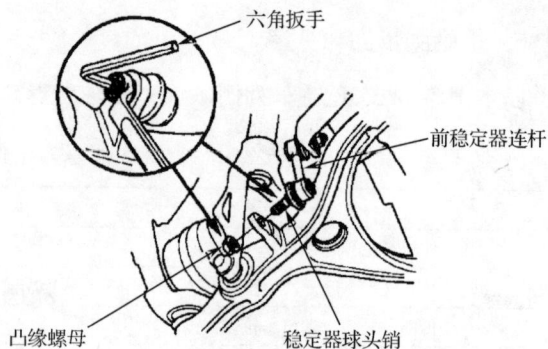

六角扳手

前稳定器连杆

凸缘螺母　　稳定器球头销

图 21-11　拆卸凸缘螺母和前稳定器连杆

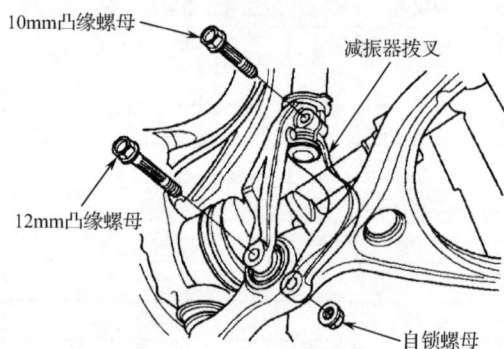

10mm凸缘螺母

减振器拨叉

12mm凸缘螺母

自锁螺母

图 21-12　拆卸自锁螺母、凸缘螺母和
减振器拨叉

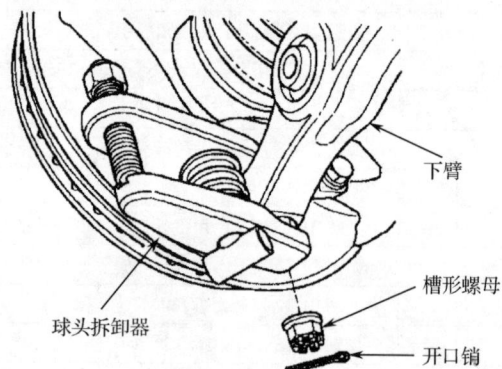

下臂

槽形螺母

开口销

球头拆卸器

图 21-13　球头拆卸器、下臂球头槽形螺母和
开口销识别

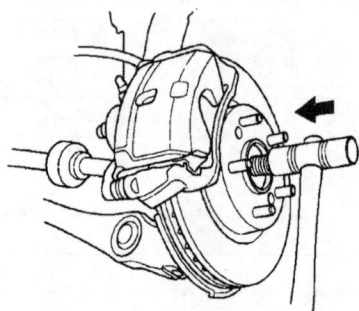

图 21-14　用塑料锤拆卸外球笼

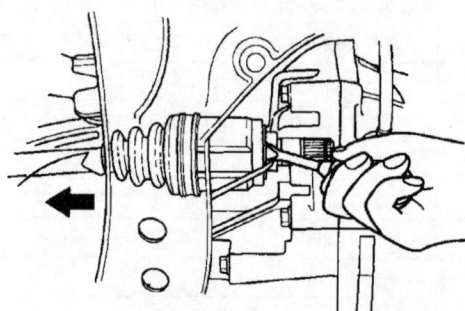

图 21-15　撬出左半轴差速器上的内球笼

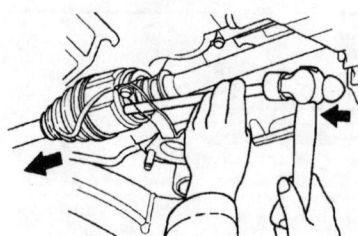

图 21-16　拆下右半轴内球笼

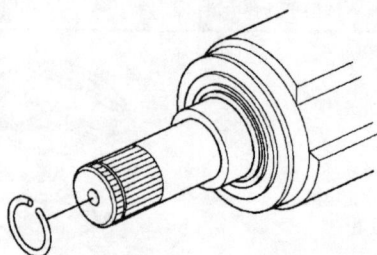

图 21-17　内球笼定位环识别

焊接型

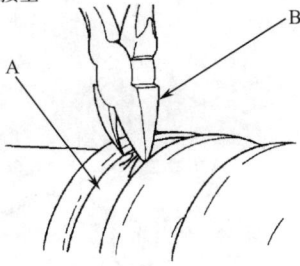

双环型

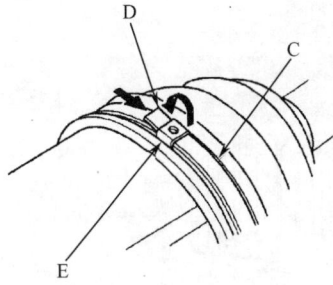

低面型

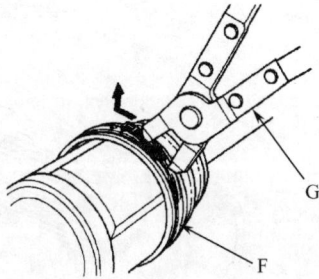

- 如果护罩卡环是焊接型（A），则钳断护罩卡环。
- 如果护罩卡环是双环型（C），则拔起卡环弯头
  （D），将其推进卡环夹（E）内。
- 如果护罩卡环是低面型（F），则用市面上可购
  买到的护罩卡环钳（G）挤压护罩卡环。

图 21-18　拆卸半轴护罩卡环

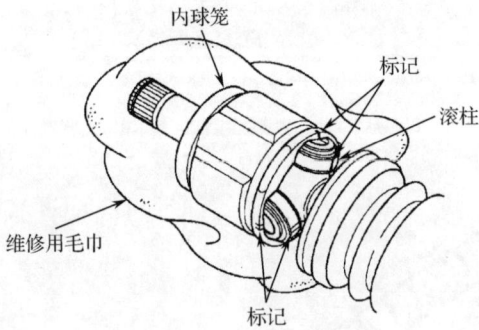

图 21-19　拆卸内球笼

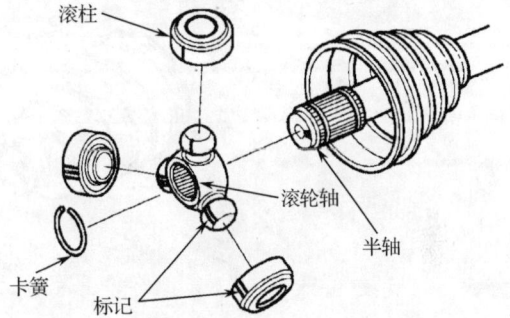

图 21-20　滚柱、滚轮轴、卡簧、半轴识别

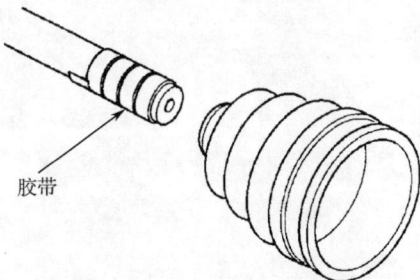

图 21-21　在半轴花键上包裹胶带

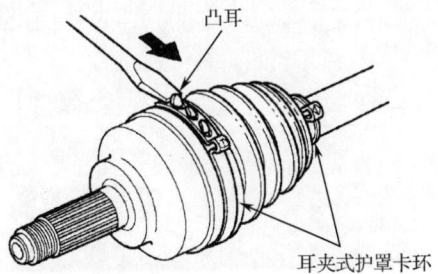

图 21-22　拆卸外护罩卡环

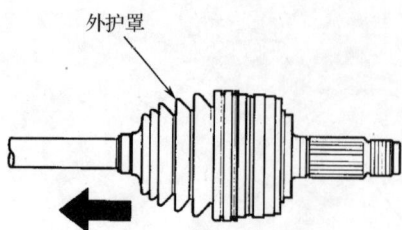

图 21-23　外护罩识别

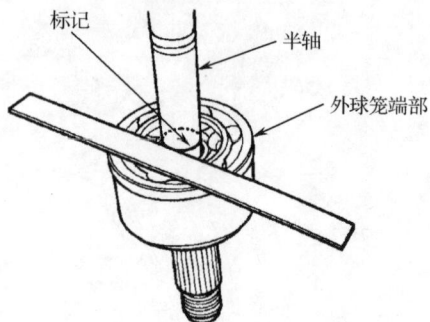

图 21-24　外球笼端部、半轴、标记识别

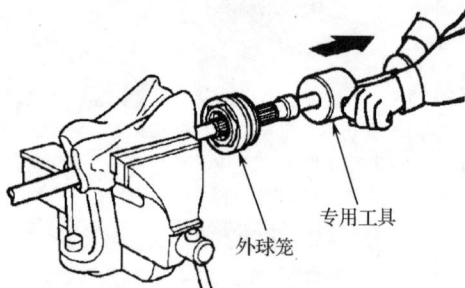

图 21-25　拆卸外球笼

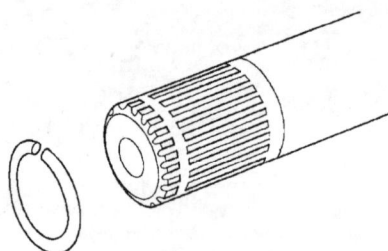

图 21-26　拆下半轴止动环

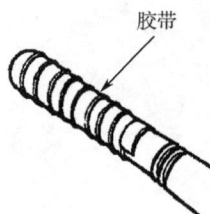

图 21-27　用胶带包裹半轴花键

第二十二天　安全带与安全气囊

任务目标

1. 了解汽车安全带的作用和组成。
2. 了解汽车安全气囊的作用和组成。
3. 了解安全带和安全气囊常见的维修项目。

知识准备

1. 汽车安全带的作用和组成

目前，汽车普遍配备三点式座椅安全带，座椅安全带是一种重要的被动式安全装置，在车辆发生碰撞时可以把驾驶员和乘员牢牢固定在座椅上，防止发生二次碰撞或甩出车外，可以有效地保护驾驶员和乘客的安全。汽车安全带一般由安全带、安全带锁扣、安全带收紧器等组成，如图22-1所示。

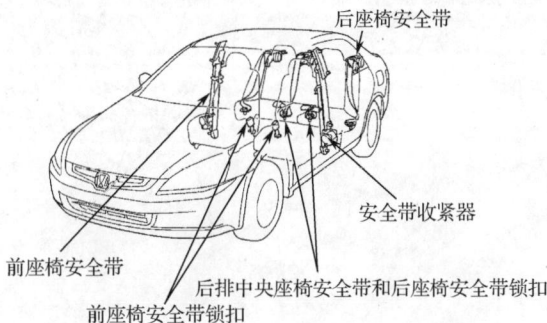

图 22-1　汽车安全带的组成（本田雅阁轿车）

2. 安全气囊系统的作用和组成

车辆在行驶过程中发生碰撞时，汽车与汽车或汽车与障碍物之间的碰撞称为一次碰撞。一次碰撞后，汽车速度将发生剧烈变化，驾驶员和乘员会受到惯性力的作用而向前运动，并与车内的方向盘、挡风玻璃或仪表板等部件发生碰撞，这种碰撞称为二次碰撞。在车辆碰撞事故中，导致驾驶员和乘员遭受伤害的主要原因是二次碰撞。为了减轻或避免驾驶员和乘员在二次碰撞中遭受伤害，汽车装备了座椅安全带和安全气囊等被动保护装置。设计安全气囊的宗旨是：在汽车发生一次碰撞与二次碰撞之间的短暂时间（约 120ms）内，在驾驶员和乘员与车内构件之间迅速铺垫一个气垫，如图22-2所示，使驾驶员和乘员的头部和胸部压在充满气体的气垫上，

图 22-2　典型的安全气囊
（奔驰 S600 轿车）

利用气囊本身的阻尼作用来吸收人体惯性力产生的动能，达到保护人体的目的。

安全气囊系统（SRS）主要由碰撞传感器、SRS 指示灯、安全气囊控制单元和安全气囊组件等组成，如图 22-3 所示。

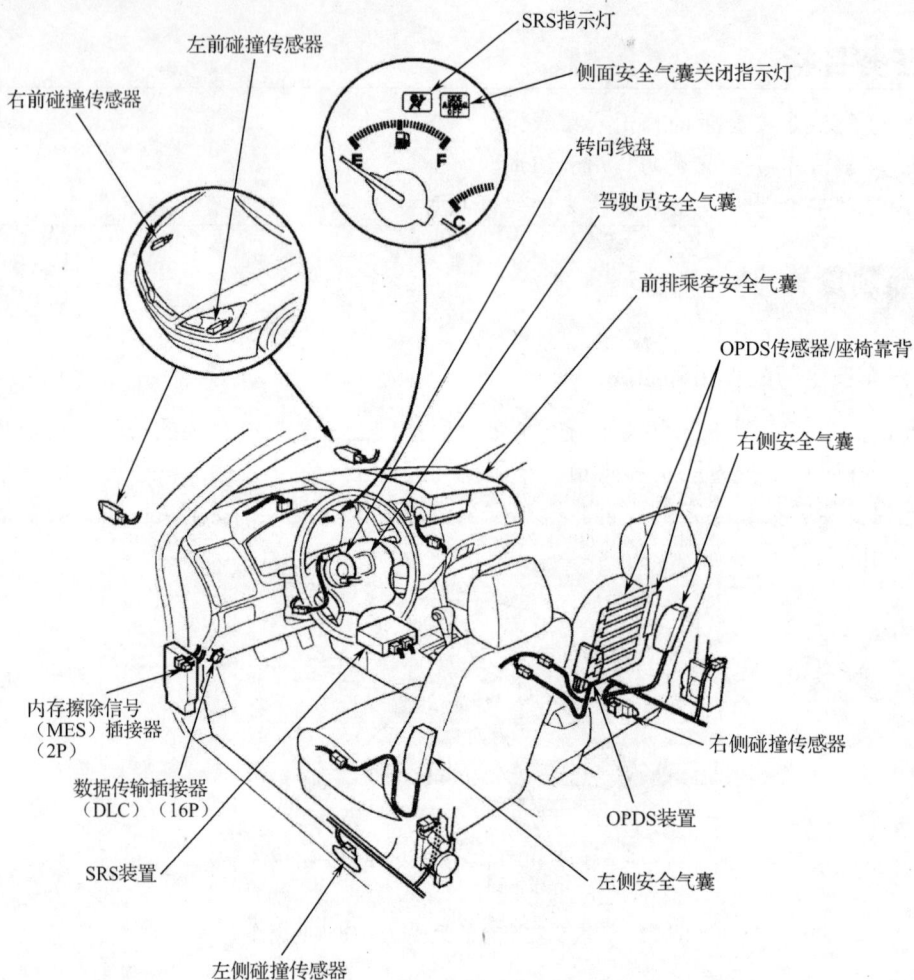

图 22-3　安全气囊系统的组成（本田雅阁轿车）

3. 安全气囊维护注意事项

气囊一旦在碰撞中膨开，就不能修理或继续使用，必须更换新的安全气囊。以本田飞度轿车为例，该车安全气囊维护注意事项如下。

（1）搬运气囊。搬运气囊时要拿稳，轻拿轻放，不可摔落，放置时要使气囊衬垫面朝上，不要在气囊上放置任何东西，如图 22-4 所示。

不可摔落　　　　　　　　　　　　　　　衬垫面朝上放置

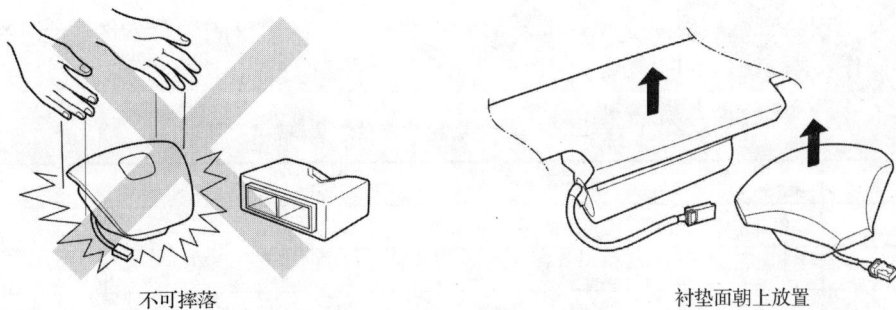

图 22-4　安全气囊搬运和放置

（2）不要使安全气囊沾染油液、水、润滑脂、清洁剂等液体，如图 22-5 所示。

（3）安全气囊存放时要远离高温物体，如图 22-6 所示。

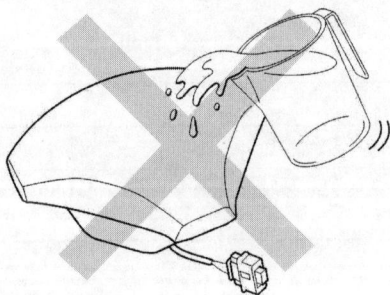

图 22-5　不要把大量液体洒落到安全气囊上　　　　图 22-6　安全气囊要远离高温物体

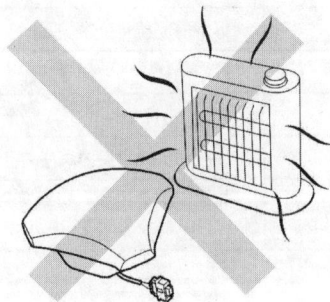

（4）在对安全气囊进行更换或检查作业时，不要站在气囊前面，如图 22-7 所示。

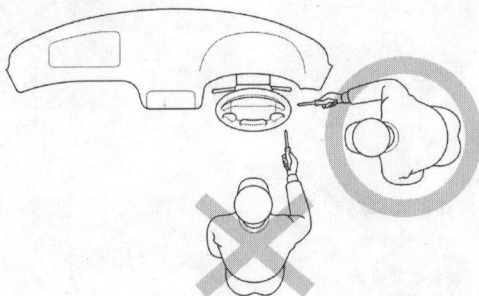

图 22-7　不要站在气囊前面执行气囊拆卸、检查和更换作业

实际操作

1. 座椅安全带更换

在车辆维护中，要检查所有座椅安全带的状况，安全带上如果有污垢沉积，要及时用热水和肥皂把安全带上的污垢清除干净，防止污垢沉积对安全带织物产生腐蚀，影响安全带强

度。如果发现安全带有破裂、磨损，要及时予以更换。以本田雅阁轿车为例，该车前座椅安全带更换操作步骤如表 22-1 所示。

表 22-1　本田雅阁轿车前座椅安全带更换操作步骤

步　骤	操 作 方 法
1	断开车辆蓄电池的负极电缆，等待 3min 以上
2	把前座椅向前滑动到极限位置
3	如图 22-8 所示，把下部固定装置外罩往回拉，把外罩固定螺栓拆下
4	拆卸中柱下部装饰件
5	如图 22-9 所示，拆卸上部固定装置外罩，拆卸上部固定装置外罩螺栓
6	如图 22-10 所示，断开安全带收紧器线束插接器；拆下收紧器上部和下部装配螺栓，拆下前座椅安全带和收紧器
7	拆下前座椅安全带护罩
8	拆卸中柱下部装饰件
9	如图 22-11 所示，拆卸安全带肩部固定器调节装置
10	按照与拆卸相反的顺序将新的安全带安装上去
11	如图 22-12 所示，检查安全带收紧器，当把安全带收紧器倾斜到偏离安装位置 15° 时，安全带不应被锁止；当倾斜 40° 时，安全带应锁止

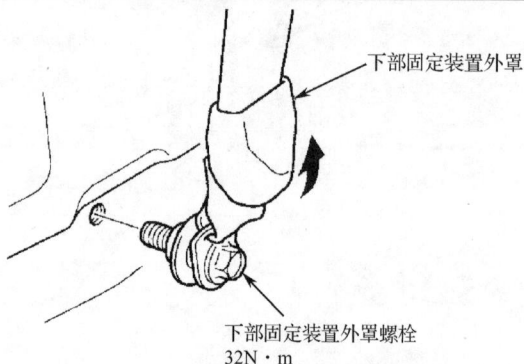

图 22-8　拆卸下部固定装置外罩螺栓

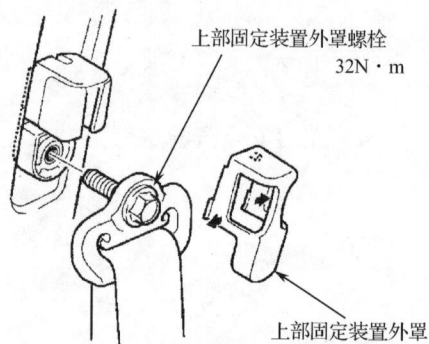

图 22-9　拆卸上部固定装置外罩和固定螺栓

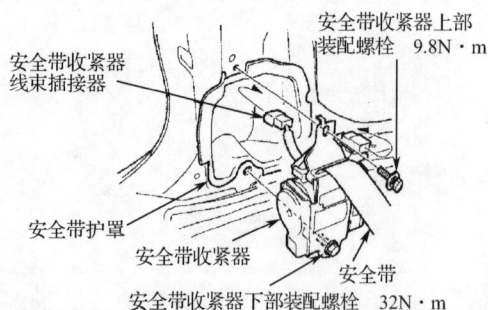

图 22-10　收紧器线束插接器、装配螺栓、安全带、
收紧器和护罩识别

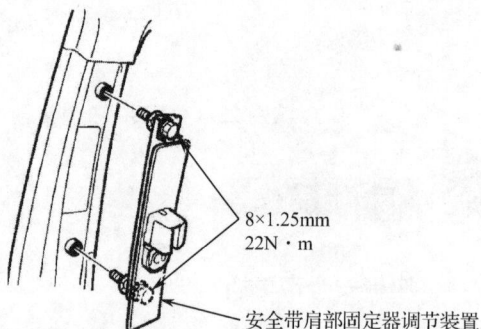

图 22-11　安全带肩部固定器
调节装置

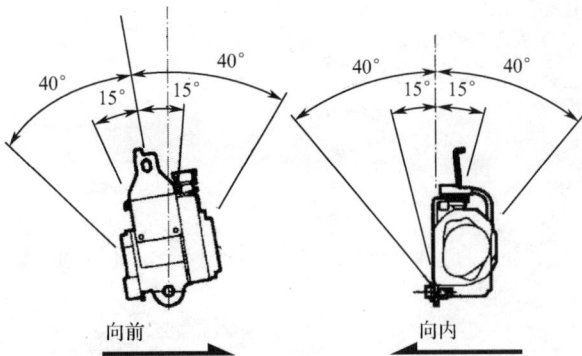

图 22-12 检查安全带收紧器锁止功能

2. 座椅安全带锁扣检查和更换

对座椅安全带进行维护时，要仔细检查座椅安全带锁扣是否牢固，如果发现锁扣有裂纹或变形，必须执行更换。以本田雅阁轿车为例，该车座椅安全带锁扣更换操作步骤如表 22-2 所示。

表 22-2 本田雅阁轿车座椅安全带锁扣更换操作步骤

步 骤	操 作 方 法
1	断开车辆蓄电池的负极电缆，等待 3min 以上
2	拆下前座椅
3	如图 22-13 所示，断开安全带开关插接器，松开导线扎带
4	如图 22-14 所示，拆下中间固定装置螺栓和安全带锁扣
5	如图 22-15 所示，从座椅上拆下安全带开关线束
6	按照与拆卸相反的顺序安装新的安全带锁扣，并依照图 22-16 所示，将垫圈按照图示顺序安装到中间固定装置的螺栓上

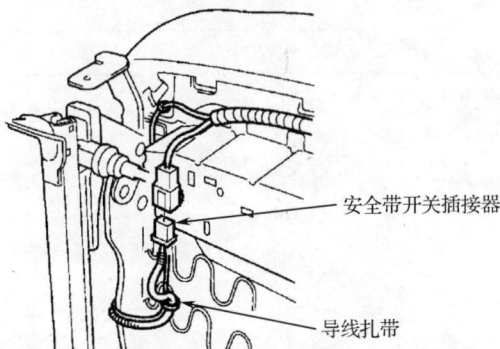

图 22-13 安全带开关插接器和导向扎带识别

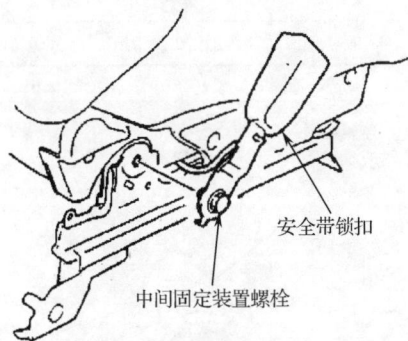

图 22-14 中间固定装置螺栓和安全带锁扣识别

223

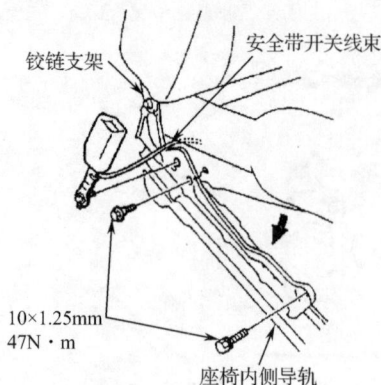

图 22-15　拆下安全带开关线束

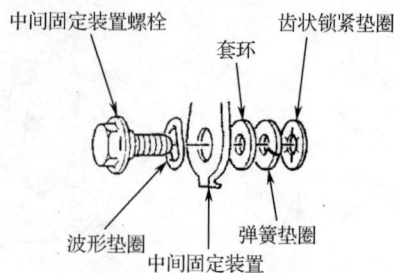

图 22-16　安装垫圈到中间固定装置螺栓上

3．安全气囊更换

安全气囊在碰撞事故中膨开后，要更换新的安全气囊。以飞度轿车为例，该车驾驶员安全气囊更换操作步骤如表 22-3 所示。

表 22-3　飞度轿车驾驶员安全气囊更换操作步骤

步　　骤	操 作 方 法
1	断开车辆蓄电池的负极电缆，等待 3min 以上
2	如图 22-17 所示，把维修盖板从方向盘上拆下，然后断开驾驶员安全气囊插接器和喇叭开关插接器
3	如图 22-18 所示，用扳手把 2 个梅花螺栓拆下
4	如图 22-18 所示，拆下安全气囊
5	如图 22-19 所示，把新的驾驶员安全气囊安装到方向盘上，安装新的梅花螺栓
6	确保方向盘和喇叭垫之间的间隙符合图 22-20 的规范值
7	如图 22-17 所示，重新连接驾驶员安全气囊插接器、喇叭开关插接器，盖好维修盖板
8	重新连接蓄电池负极电缆
9	如图 22-21 所示，在故障诊断接口上连接本田车系故障诊断仪，清除安全气囊系统的故障码

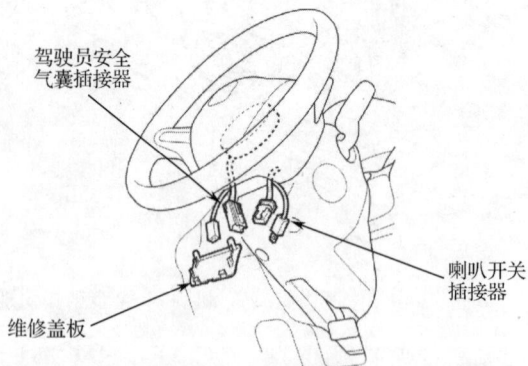

图 22-17　维修盖板、驾驶员安全气囊插接器和喇叭开关插接器识别

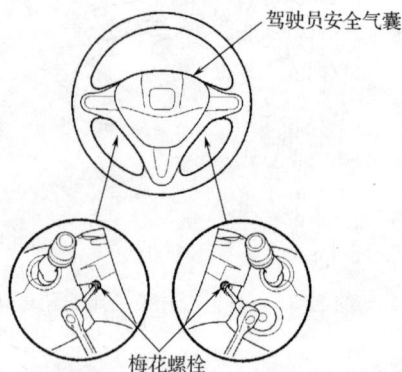

图 22-18　梅花螺栓和驾驶员安全气囊识别

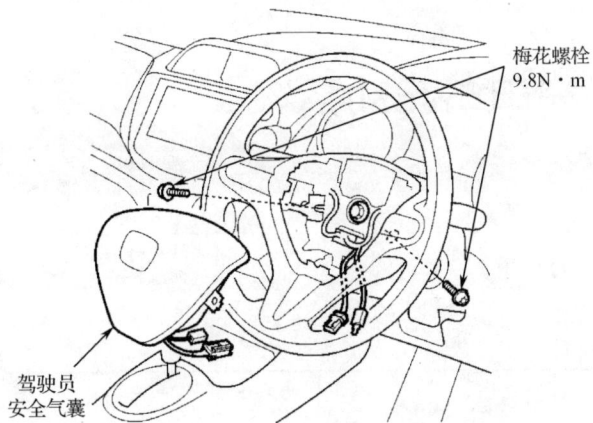

图 22-19 更换新的驾驶员安全气囊和新的梅花螺栓

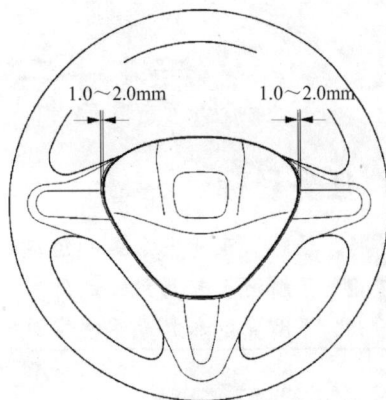

图 22-20 方向盘与喇叭垫之间的间隙规范范围

梅花螺栓
9.8N·m

驾驶员
安全气囊

1.0~2.0mm   1.0~2.0mm

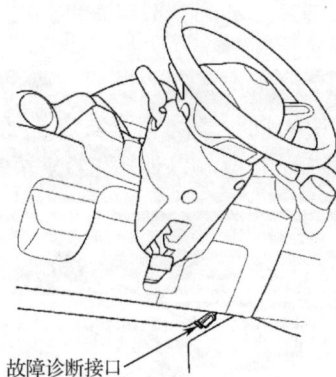

故障诊断接口

图 22-21 故障诊断接口位置识别

第二十三天　充电与起动系统

任务目标

1. 了解汽车充电系统的组成和各部件的作用。
2. 了解汽车起动系统的作用和组成。
3. 了解充电和起动系统常见的维修项目。

知识准备

1. 充电系统的组成

充电系统主要由点火开关、交流发电机（内装电压调节器）、充电指示灯、蓄电池等部件组成。发动机运转时，发动机传动皮带带动交流发电机运行，发电机发电后产生交流电，经过整流变为直流电后对蓄电池进行充电。以讴歌 ZDX 轿车为例，该车充电系统的组成如图 23-1 所示。

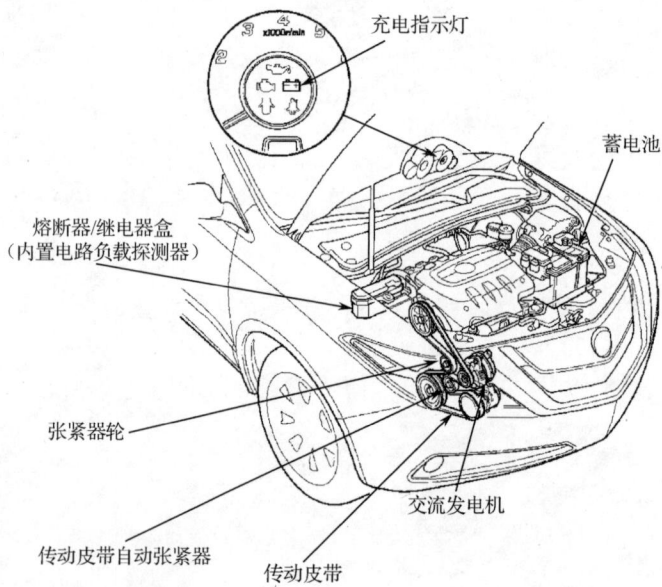

图 23-1　讴歌 ZDX 轿车充电系统的组成

2. 充电系统各部件的作用

（1）交流发电机

交流发电机是一种将机械能转变为电能，产生交流电的电机装置。交流发电机在汽车上使用时，所产生的交流电经过整流器整流，变成直流电后供蓄电池充电和汽车上的用电设备使用。汽车上使用的交流发电机均配有电压调节器，在发电机转速产生变化时能自动调节发电机的输出电压并使其保持稳定。以本田雅阁轿车为例，该车发电机的组成如图 23-2 所示。

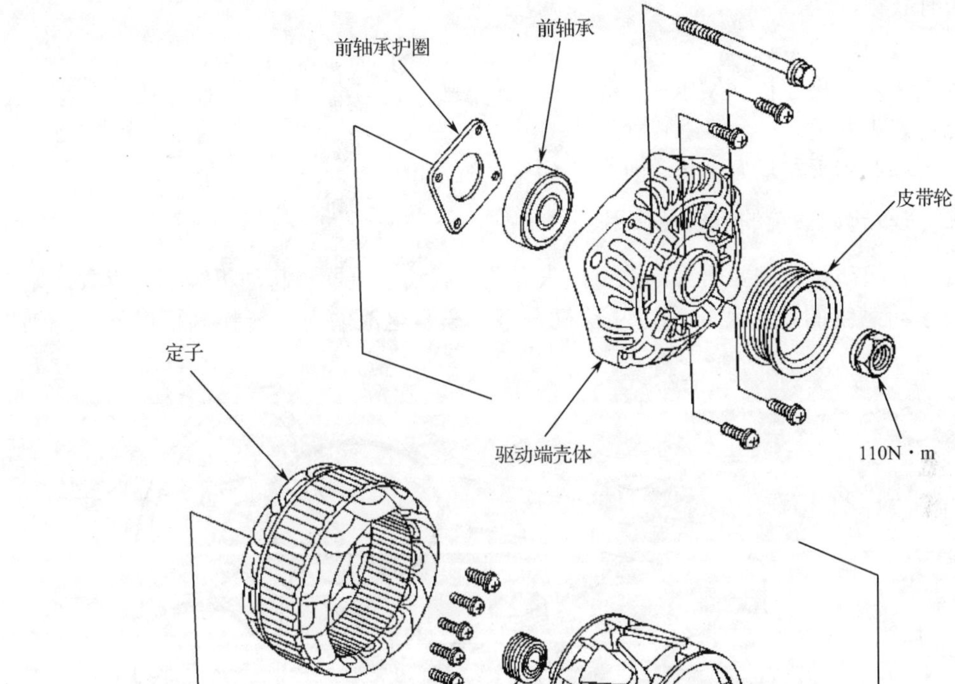

图 23-2　汽车发电机的组成（本田雅阁轿车）

（2）电压调节器

电压调节器安装在汽车交流发电机内，又称稳压器，其基本作用是：当发动机的转速处于正常情况时，保持发电机输出电压在规范范围内。

（3）充电指示灯

充电指示灯用来指示汽车充电系统的工作情况；当指示灯点亮时，表示蓄电池的供电或充电系统有故障。

（4）蓄电池

当汽车发动机停机或发电机不发电时，蓄电池负责向汽车的电器设备供电或起动发动机。

（5）点火开关

点火开关用来起动发动机，使汽车的发电机发电。

3．汽车起动系统的组成及作用

汽车的起动系统主要由蓄电池、点火开关、起动继电器、起动机等部件组成，如图 23-3 所示。起动系统的作用就是通过起动机，将汽车蓄电池的电能转换为机械能，起动发动机运转。

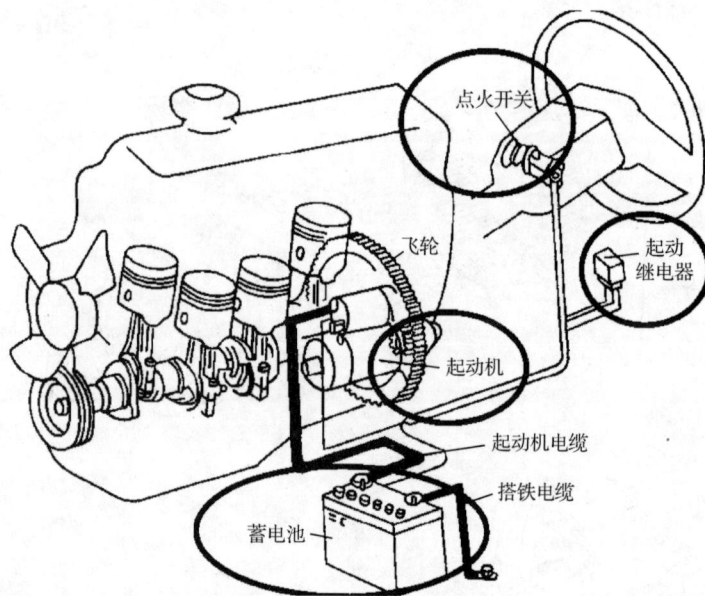

图 23-3　起动系统的组成

实际操作

1．汽车蓄电池测试

汽车蓄电池利用化学作用产生电流并存储电能，汽车的起动机、点火线圈、车灯、喇叭等均由蓄电池供电。蓄电池本身由汽车发动机上的发电机充电；也可以在维修时将蓄电池从汽车上拆下，用充电器进行充电。以本田雅阁 2.4L 轿车为例，该车蓄电池检测方法如表 23-1 所示。

表 23-1　本田雅阁轿车蓄电池检测方法

步　骤	操 作 方 法	规 范 值
1	准备好蓄电池检测仪（检测仪配有量程为 0～18V 的电压表，量程为 0～100A 和 0～500A 的安培表，一个 0～300W 的碳板变阻器）和一台 12V 蓄电池充电器（具备 50A 的快速充电能力和 5A 的慢速充电能力）	
2	目视检查蓄电池壳体是否有损坏、破裂或蓄电池端子是否发生松动，如果有，应更换蓄电池	
3	检查蓄电池的指示器。如果指示器指示蓄电池液短缺，可撕下蓄电池扎带，拆下蓄电池盖，加入蒸馏水，然后重新装上蓄电池盖和扎带。如果指示器指示蓄电池电荷过低，则转入步骤 4	
4	将蓄电池连接到蓄电池检测仪上，施加 3 倍于蓄电池额定电流时的负载，检测蓄电池负载容量	当负载施加达到 15s 时，蓄电池电压应保持在 9.6V 以上
5	如果测量的数值在 6.5～9.6V 之间，则将蓄电池连接至 12V 蓄电池充电器上，以 40A 的初始标准充电 3min。在整个充电的 3min 内，查看蓄电池电压，如果电压高于 15.5V，则说明蓄电池已经损坏，应予以更换	最高电压应低于 15.5V
6	如果检测的蓄电池负载容量低于 6.5V，可将蓄电池连接到 12V 蓄电池充电器上，以 5A 的电流慢速充电，直至蓄电池指示器显示充满为止；然后再次测试负载能力：如果所测的电压在 9.6V 以上，说明蓄电池已经正常，可将蓄电池重新安装好；如果慢速充电后进行负载测试后的电压仍然低于 6.5V，则说明蓄电池损坏，应予以更换	

2. 蓄电池电解液液面高度检查

　　汽车蓄电池的电解液高度应处于图 23-4 所示的上限和下限之间，如果很难确定液面高度，可以拆下蓄电池的一个通气孔孔塞进行查看。如果电解液液位高度过低，应添加蒸馏水；有些车辆的蓄电池可以通过蓄电池上的蓄电池指示器查看液位和蓄电池状况，根据指示器的颜色判定液位和蓄电池状况是否正常。

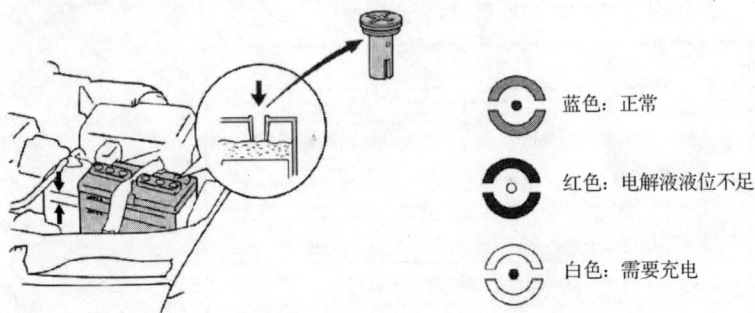

蓝色：正常

红色：电解液液位不足

白色：需要充电

图 23-4　蓄电池电解液液面高度和蓄电池状况检查

3. 蓄电池端子断开和重新连接

（1）蓄电池端子断开操作

车辆在维护保养时有时要断开蓄电池端子。以讴歌 TL 轿车为例，要按照表 23-2 所示的操作步骤执行操作。

表 23-2　讴歌 TL 轿车蓄电池端子断开操作步骤

步　骤	操 作 方 法
1	确认车辆的点火开关设置在 LOCK 或 OFF 位置
2	保存好车辆的音响系统防盗代码
3	把蓄电池的负极电缆（见图 23-5）断开
4	断开蓄电池的正极电缆

（2）蓄电池端子重新连接操作

以讴歌 TL 轿车为例，要按照表 23-3 所示的操作步骤执行操作。

表 23-3　讴歌 TL 轿车蓄电池端子重新连接操作步骤

步　骤	操 作 方 法
1	清洁蓄电池端子
2	对蓄电池进行测试，确认蓄电池性能良好
3	如图 23-5 所示，把蓄电池的正极电缆连接到蓄电池
4	连接蓄电池的负极电缆
5	在蓄电池端子上涂抹多用途润滑脂，防止蓄电池端子发生腐蚀
6	输入音响系统防盗代码并设置好电子时钟的时间

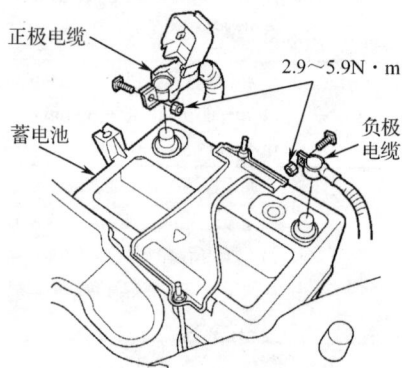

图 23-5　蓄电池电缆识别

4．交流发电机检查

（1）交流发电机初步检查

检修充电系统前，先要按照表 23-4 所示的步骤执行初步检查。

表 23-4　交流发电机初步检查步骤

步　骤	检 查 项 目
1	检查发电机驱动皮带。发电机是由发动机的传动皮带进行驱动的，如果传动皮带过松，则会影响发电机的发电量；而皮带如果过紧，则会导致发电机轴承过早损坏。因此，发动机传动皮带必须保持合适的挠度。可使用皮带张紧力测试器来测量传动皮带张紧力是否符合规范，如图 23-6 所示
2	检查发电机、调节器的线束连接是否牢固可靠
3	检查蓄电池的电缆和极柱是否正常
4	检查蓄电池有无充电不足或过充迹象

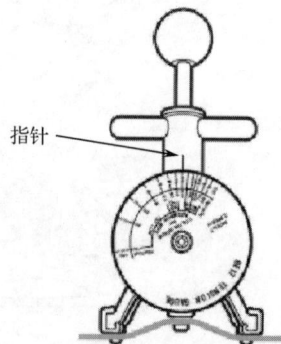

图 23-6　用皮带张紧力测试器测量传动皮带张紧力

（2）交流发电机部件分解检查

将交流发电机部件分解（见图 23-2）后，可按照表 23-5 中的检查步骤执行检查。

表 23-5　　交流发电机部件检查步骤

步　骤	检 查 项 目
1	部件分解后，先把分解的部件清洁干净。通过使前、后轴承在转子轴上旋转的方法，检查轴承是否有噪声、晃动或转动不灵活，如果有上述情况，应更换轴承
2	目视检查定子和转子有无烧蚀的迹象，如果有，应予以更换
3	目视检查壳体是否有裂纹，如果有，应更换该部件
4	检查电刷长度，如果发现不符合规范值，则必须更换电刷

5．起动机检查

（1）起动机部件分解与部件检查

汽车所用的均为直流起动机，用蓄电池带动。当起动发动机时，起动机的小齿轮与发动机飞轮的环齿轮啮合，使曲轴转动。起动机的组成与检测步骤（以雅阁 2.4L 轿车为例）分别如图 23-7 和表 23-6 所示。

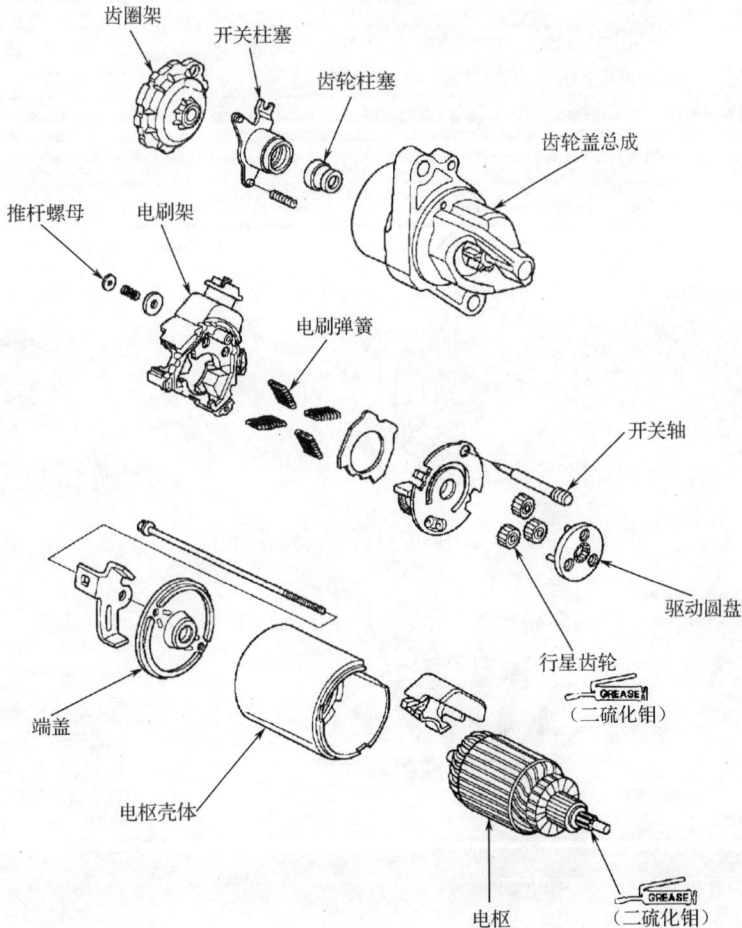

图 23-7　雅阁 2.4L 轿车起动机的组成

表 23-6　雅阁 2.4L 轿车起动机检测步骤

步　骤	操 作 方 法
1	把起动机从车上拆下，如图 23-7 所示将起动机分解
2	检查电枢表面是否有接触永久磁铁而造成的磨损或损坏，如图 23-8 所示，如果发现有磨损，则必须更换电枢
3	如图 23-9 所示，检查换向器表面，如果表面脏污或烧蚀，可用 500 号或 600 号砂纸修整打磨，把脏污或烧蚀去除
4	如图 23-10 所示，测量换向器直径，如果超出维修极限，则更换电枢
5	如图 23-11 所示，测量换向器振摆，如果超出维修极限，则更换电枢
6	如图 23-12 所示，检查云母层厚度（见图 23-12 中的 A），如果云母层过高（见图 23-12 中的 B），应使用钢锯将云母切至正确的厚度。换向器片之间的云母层（见图 23-12 中的 C）应彻底清除，切口不应过窄、过浅或呈 V 形断面（见图 23-12 中的 D）
7	如图 23-13 所示，检查换向器片之间电路的导通性。如果不导通，应予以更换
8	如图 23-14 所示，用电枢测试仪检查电枢，把钢锯片放在电枢铁芯上，在铁芯转动时，如果钢锯片被吸到铁芯上或出现振动，说明电枢发生短路，应予以更换
9	如图 23-15 所示，用欧姆表检查换向器与电枢铁芯之间是否导通，如果导通，应更换电枢；用欧姆表检查换向器与电枢轴之间是否导通，如果导通，应更换电枢
10	如图 23-16 所示，测量起动机电刷长度，如果长度低于维修极限，应更换电刷架总成
11	如图 23-17 所示，检查电刷 A 与电刷 B 之间是否存在导通，如果导通，应更换电刷架总成
12	如图 23-18 所示，检查起动机行星齿轮和齿圈，如果发现磨损或损坏，应予以更换

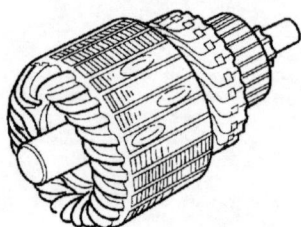

图 23-8　检查电枢表面

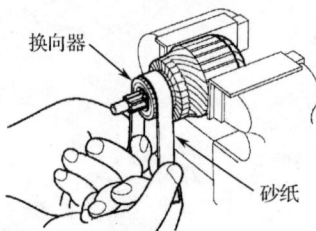

换向器
砂纸

图 23-9　用砂纸打磨换向器表面

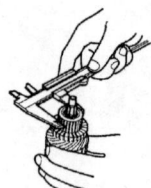

标准（新）：28.0～28.1mm
维修极限：27.5mm

图 23-10　测量换向器直径

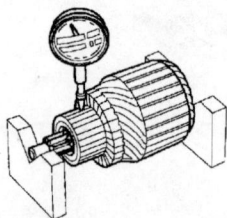

标准（新）：0.02mm
维修极限：0.05mm

图 23-11　测量换向器振摆

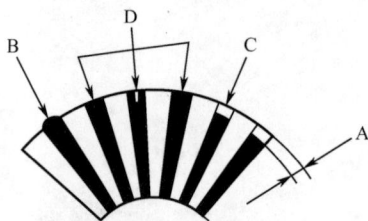

标准（新）：0.4～0.5mm
维修极限：0.15mm

图 23-12　检查云母厚度

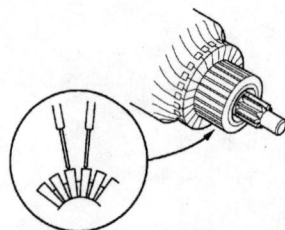

图 23-13　检查换向器片之间电路导通性

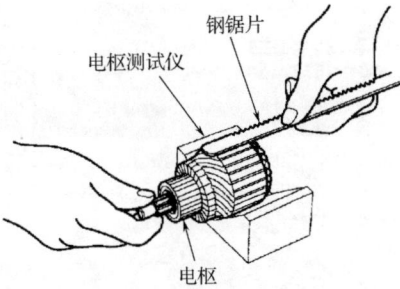

图 23-14　用电枢测试仪
检查电枢

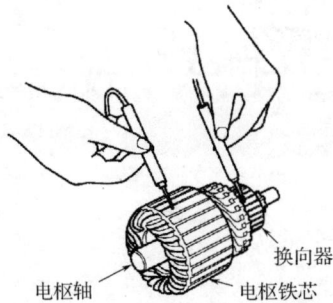

图 23-15　检测换向器与电枢铁芯和
电枢轴之间的导通性

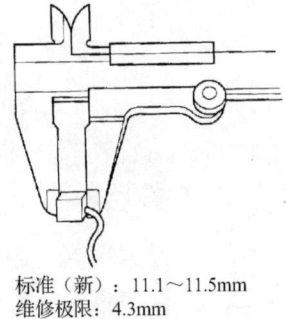

标准（新）：11.1～11.5mm
维修极限：4.3mm

图 23-16　测量起动机
电刷长度

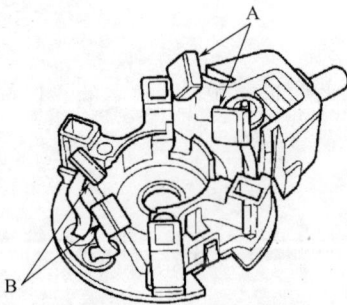

图 23-17　测量电刷 A 和 B 之间的导通性

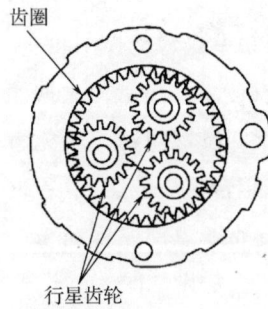

图 23-18　检查行星齿轮和齿圈

（2）起动机性能测试（见表 23-7）

表 23-7　起动机性能测试操作步骤

步　骤	操 作 方 法
1	把起动机从车辆上拆下
2	用虎钳把起动机固定牢固
3	如图 23-19 所示，用电缆连接蓄电池（连接时间不要超过 5s），用欧姆表检查端子 B 与起动机壳体之间是否导通，如果导通，说明起动机工作正常
4	如图 23-20 所示，断开蓄电池连接，用欧姆表检查端子 B 与起动机壳体之间是否导通，如果不导通，说明起动机工作正常
5	如图 23-21 所示，连接蓄电池和起动机，确认起动机转动，用电流表测量起动电流，应为 80A 或更低；如果测量值符合规范，则说明起动机工作正常

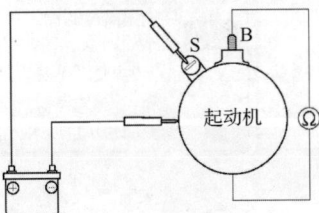

图 23-19　连接蓄电池用
欧姆表测量

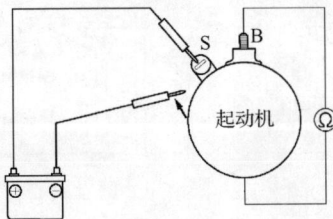

图 23-20　断开蓄电池用
欧姆表测量

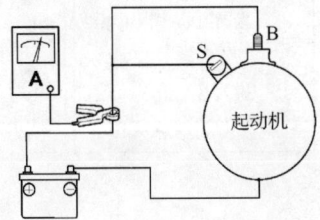

图 23-21　用电流表测量起动机
起动电流

第二十四天 仪表与警示信息

任务目标

1. 了解汽车组合仪表的功能。
2. 了解汽车仪表板显示屏常见的警示信息。

知识准备

1. 汽车组合仪表的作用

汽车组合仪表是用来指示汽车运行及汽车主要组成部件的工作状态的，以便驾驶员及时了解车辆状况，发现问题、避免事故，保障车辆正常运行。

2. 汽车组合仪表的组成

汽车组合仪表一般由环境表、发动机转速表、燃油表、车速表、信息显示屏和符号提示灯等部件组成，如图 24-1 所示。

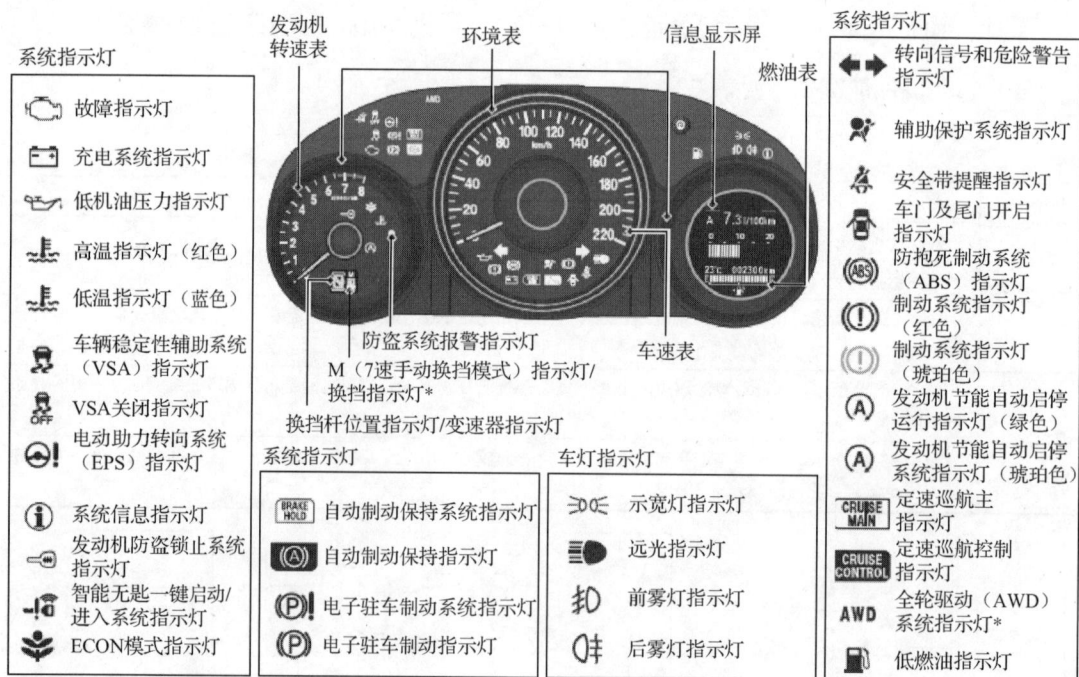

系统指示灯

- 故障指示灯
- 充电系统指示灯
- 低机油压力指示灯
- 高温指示灯（红色）
- 低温指示灯（蓝色）
- 车辆稳定性辅助系统（VSA）指示灯
- VSA关闭指示灯
- 电动助力转向系统（EPS）指示灯
- 系统信息指示灯
- 发动机防盗锁止系统指示灯
- 智能无匙一键启动/进入系统指示灯
- ECON模式指示灯

发动机转速表、**环境表**、**信息显示屏**、**燃油表**、**车速表**

防盗系统报警指示灯
M（7速手动换挡模式）指示灯/换挡指示灯*
换挡杆位置指示灯/变速器指示灯

系统指示灯

- 自动制动保持系统指示灯
- 自动制动保持指示灯
- 电子驻车制动系统指示灯
- 电子驻车制动指示灯

车灯指示灯

- 示宽灯指示灯
- 远光指示灯
- 前雾灯指示灯
- 后雾灯指示灯

系统指示灯

- 转向信号和危险警告指示灯
- 辅助保护系统指示灯
- 安全带提醒指示灯
- 车门及尾门开启指示灯
- 防抱死制动系统（ABS）指示灯
- 制动系统指示灯（红色）
- 制动系统指示灯（琥珀色）
- 发动机节能自动启停运行指示灯（绿色）
- 发动机节能自动启停系统指示灯（琥珀色）
- 定速巡航主指示灯
- 定速巡航控制指示灯
- 全轮驱动（AWD）系统指示灯*
- 低燃油指示灯

图 24-1 广汽本田缤智轿车组合仪表识别

1. 用组合仪表的信息显示屏查看发动机机油油位

新款路虎揽胜轿车等车型的发动机近年来采用了无油尺发动机设计，维修人员可以通过操作仪表板上的多功能显示屏来查看发动机机油油位（见表 24-1）。

表 24-1　无油尺发动机机油油位检查操作步骤

步　骤	操　作　方　法
1	起动发动机，运行 10min，然后关闭发动机
2	确保变速器挡位设置到 P 挡，将发动机舱盖打开并支起
3	把点火开关设置到 ON 状态
4	如图 24-2 所示，按下方向盘上的导引按钮，进入组合仪表选项菜单
5	如图 24-3 所示，按下 OK 按钮，执行确认
6	如图 24-4 所示，按下方向盘上的导引按钮，进入"OIL LEVEL DISPLAY（机油油位显示）"选项
7	如图 24-5 所示，按下 OK 按钮执行确认
8	如图 24-6 所示，在 2s 内按动 2 次定速巡航功能取消按钮
9	显示屏会返回到行车电脑中的常规显示
10	如图 24-7 所示，按下 OK 按钮，即可显示发动机机油油位

图 24-2　使用导引按钮进入仪表板选项菜单

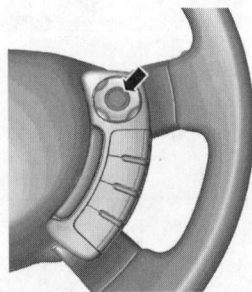

图 24-3　OK 按钮识别

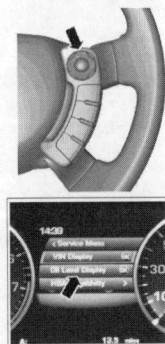

图 24-4　使用导引按钮进入"OIL LEVEL DISPLAY"选项

图 24-5　按下 OK 按钮执行确认

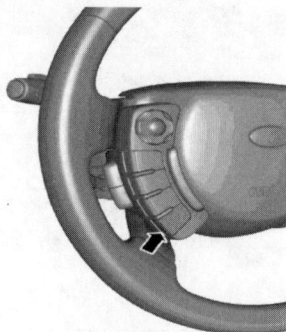

图 24-6　定速巡航功能取消按钮识别

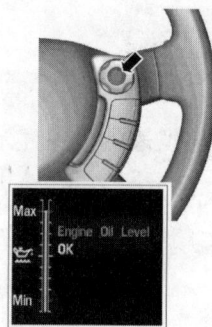

图 24-7　按下 OK 按钮显示油位

2.　使用仪表板归零按钮执行保养灯归零操作（以路虎神行者轿车为例）

操作步骤和方法参见表 9-2。

3.　了解汽车仪表板信息显示屏的显示内容（以奔驰 S500 轿车为例，见表 24-2）

表 24-2　驾驶员信息中心提示说明（节选）

显 示 信 息	中 文 释 义	故障原因及处理方法
DISTRONIC CURRENTLY UNAVAILABLE	DISTRONIC（限距控制系统）现在不能使用	DISTRONIC 过热，DISTRONIC 护盖上有污垢（如雪、泥等），遭遇恶劣天气（暴雨、浓雾）致使 DISTRONIC 功能减弱等均会导致出现该提示信息。应及时清洁 DISTRONIC 护盖上的泥垢
DISTRONIC INOPERATIVE	DISTRONIC 无法运行	DISTRONIC 发生故障，应及时送交维修厂检修
DISTRONIC PASSIVE	DISTRONIC 未工作	驾驶员踩下了加速踏板，DISTRONIC 不再对车速进行控制，可松开加速踏板
DISTRONIC ---km/h	DISTRONIC---千米/小时	驾驶员在车速不足 30km/h 时试图启用 DISTRONIC 时会出现该提示信息，应将车速提高至 30km/h 以上后再启用 DISTRONIC
DISTRONIC PLUS CURRENTLY UNAVAILABLE	增强版 DISTRONIC 目前无法使用	安装在散热器格栅内的增强版限距控制系统护盖脏污（比如被雪、泥污染），应及时清洁；雷达传感器系统受到电磁辐射干扰导致限距控制系统目前无法正常工作；大雨或浓雾天气也会影响限距控制系统，降低系统的工作性能，导致显示屏出现该提示
DISTRONIC PLUS INOPERATIVE	增强版 DISTRONIC 无法运行	增强版 DISTRONIC 发生故障，应及时送交维修厂进行检修
DISTRONIC PLUS PASSIVE	增强版 DISTRONIC 未工作	驾驶员踩下了加速踏板，导致增强版 DISTRONIC 不再对车速进行控制，可松开加速踏板
DISTRONIC AND SPEEDTRONIC INOPERATIVE	DISTRONIC 和 SPEEDTRONIC（电子限速功能）停止运行	DISTRONIC 和 SPEEDTRONIC 发生故障，应及时送交维修厂进行检修
DISTRONIC PLUS AND SPEEDTRONIC INOPERATIVE	增强版 DISTRONIC 和 SPEEDTRONIC 停止运行	增强版 DISTRONIC 和 SPEEDTRONIC 发生故障，应及时送交维修厂进行检修
ONLY SELECT POSITION P WHEN VEHICLE IS STATIONARY	只能在车辆处于停止状态时才能挂入 P 挡	当驾驶员在车辆处于行驶状态时试图把换挡杆挂入 P 挡时出现该提示信息，应停车后再将换挡杆挂入 P 挡

第二十五天　点 火 系 统

任务目标

1. 了解汽车点火系统的作用和类型。
2. 了解汽车点火系统常见的维修项目。

知识准备

1. 汽车点火系统的作用

汽车点火系统的作用在发动机处于各种转速和负荷时，均能在恰当的时刻向发动机提供足够的电压，使火花塞能产生足以点燃气缸内混合气的火花，使发动机做功。

2. 汽车点火系统的类型（见表25-1）

表 25-1　汽车点火系统的类型

分类方法	名　称	说　明
按点火能量的储存方式分类	电感储能式电子点火系统	也称电感放电式电子点火系统，即点火系统产生的电火花的能量以磁场的形式储存在点火线圈中。这种类型的点火系统在汽车中广泛采用
	电容储能式电子点火系统	也称电容放电式电子点火系统，即点火系统产生的电火花的能量以电场的形式储存在储能电容器中。这种类型的点火系统在汽车中应用较少，主要应用于赛车上
按信号发生器的原理分类	电磁感应式电子点火系统	一般由分电器轴驱动的导磁转子转动，改变磁路磁阻，使感应线圈的磁通量发生变化而产生点火电压信号。丰田车系的很多车型就采用此类点火系统
	霍尔效应式电子点火系统	一般由分电器轴驱动的导磁转子转动，依据霍尔元件所通过的磁通量的变化而产生点火信号。大众车系广泛采用这种点火系统
	光电式电子点火系统	一般由分电器轴驱动的遮光转子转动，通过遮挡和穿过发光二极管光线的变化使光敏三极管产生点火信号。日产车系很多车型采用过这种点火系统
按点火初级电路的控制方式分类	传统点火系统	也称蓄电池点火系统，由断电器的触点（俗称"白金"）来控制点火初级电路的接通和切断。这种点火系统结构简单，成本低廉；但工作可靠性差，故障率高，目前已经淘汰
	电子点火系统	也称晶体管点火系统，由晶体管来控制初级电路的接通和切断，工作可靠性高，体积小，点火时间精确。桑塔纳车型应用过这种点火系统，目前这种点火系统正在被计算机控制点火系统所取代
	计算机控制点火系统	也称微机（电脑）控制点火系统，由计算机（发动机电控单元）根据各个传感器的输入信号，经过运算和处理，来控制点火初级电路的接通和切断。这种点火系统可根据发动机的各种工况的变化来调整点火提前角，使发动机获得良好的动力性、经济性和排放性能。这种点火系统是目前最先进的点火系统，在现代新型轿车中应用最为广泛
按高压电的配电方式分类	机械配电点火系统	也称分电器点火系统，在传统点火系统和电子点火系统中曾经广泛应用
	计算机配电点火系统	也称直接点火系统，这种点火系统将各个气缸的火花塞直接与点火线圈的次级绕组连接，在计算机控制下，各个次级绕组产生的高压电直接加到各个气缸的火花塞上，依照发动机点火顺序控制各个气缸的火花塞点火。目前生产的轿车广泛采用这种点火方式

3．典型的计算机控制（发动机控制电脑）点火系统组成（见图 25-1）

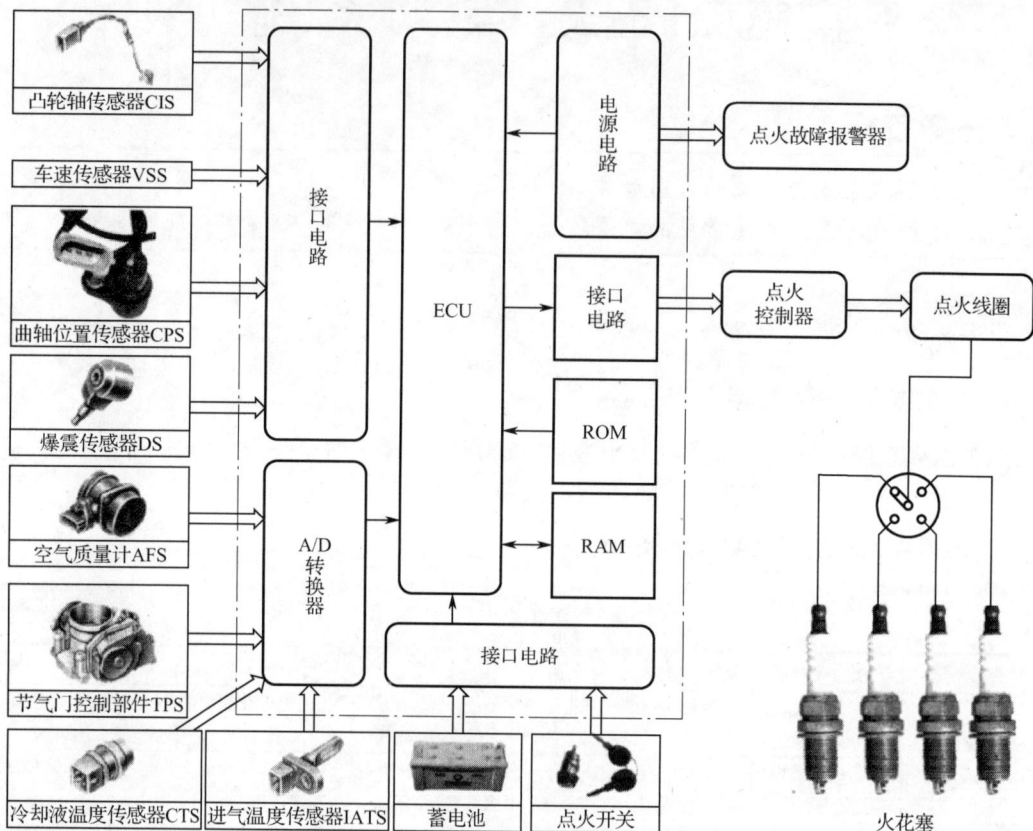

图 25-1　典型的计算机控制点火系统组成

实际操作

1．检查火花塞外观和间隙

以讴歌 RL 轿车为例，对火花塞执行维护时，要按照图 25-2 所示的检查项目进行检查，并测量火花塞间隙是否符合规范。

2．检查火花塞性能

采用火花塞测试仪测试火花塞性能，参见图 3-2。

3．调节火花塞间隙

调节火花塞间隙参见图 3-3。

4．点火正时检查

检查方法参见图 3-9 和表 3-2 的操作说明。

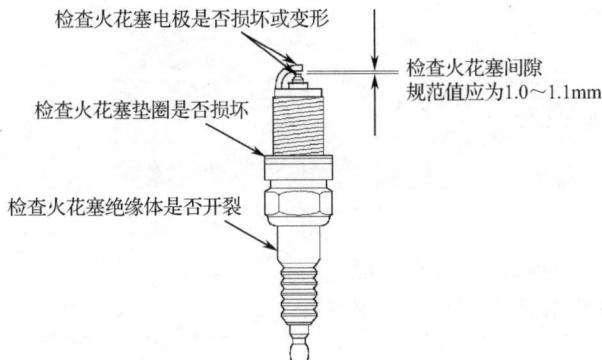

图 25-2　检查火花塞

5．测量点火次级线圈电阻

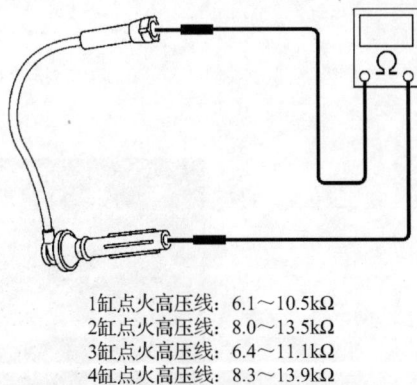

可采用欧姆表测量点火次级线圈的电阻，将测量值与规范值进行对比；如果测量值过低，则说明存在短路故障。以斯巴鲁 IMPREZA（翼豹）轿车为例，该车点火次级线圈电阻测量方法如表 25-2 所示。

表 25-2　斯巴鲁 IMPREZA（翼豹）轿车点火次级线圈电阻测量方法

步　骤	操　作　方　法
1	如图 25-3 所示，用欧姆表测量图中 A 和 B 之间的电阻，规范值应为 12.8（1±15%）kΩ
2	如图 25-3 所示，用欧姆表测量图中 C 和 D 之间的电阻，规范值应为 12.8（1±15%）kΩ

6．点火高压线的检查和维护

首先检查点火高压线是否受，端子是否有变形、烧损或锈蚀，如果有，要更换新的点火高压线。如果点火高压线外观正常，则使用欧姆表测量点火高压线电阻。以翼豹轿车为例，该车点火高压线电阻检测如图 25-4 所示。

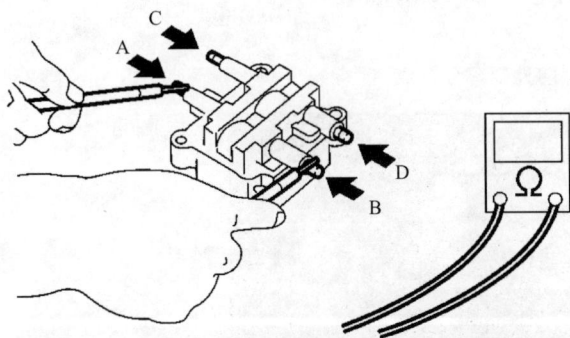

1缸点火高压线：6.1～10.5kΩ
2缸点火高压线：8.0～13.5kΩ
3缸点火高压线：6.4～11.1kΩ
4缸点火高压线：8.3～13.9kΩ

图 25-3　测量点火次级线圈电阻　　　　图 25-4　翼豹轿车点火高压线电阻检测

第二十六天 照明系统

任务目标

1. 了解汽车照明系统的组成和功能。
2. 了解汽车照明系统常见的维修项目。

知识准备

1. 汽车照明系统的组成

汽车照明系统一般由车身外部车灯、车内照明灯及车灯控制开关等部件组成，具有道路照明和信号表示（转向、倒车、危急告警）的作用。

2. 车身外部车灯组成及功能说明

外部车灯由各种外部车灯和车灯控制开关组成，如图 26-1 和图 26-2 所示。

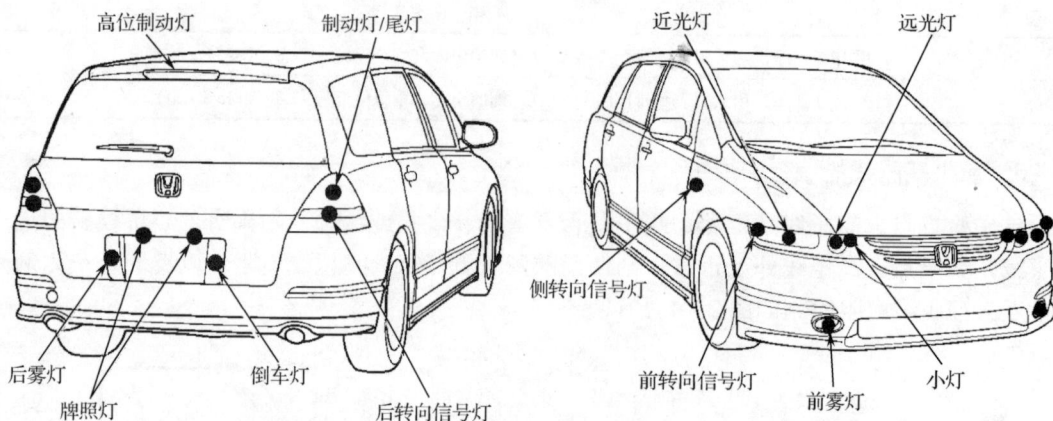

图 26-1 典型的外部车灯组成

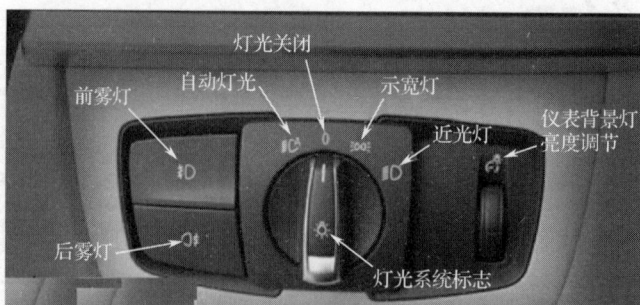

图 26-2 车灯控制开关

外部车灯功能说明如表 26-1 所示。

表 26-1　外部车灯功能说明

车　　灯	功　　能
近光灯	对车辆前方道路进行照明，对来车驾驶员和其他道路使用者不造成眩目或不舒适感的灯具
远光灯	对车辆前方远距离道路进行照明的灯具
转向信号灯	用于向其他道路使用者表明车辆将向左或向右转向的灯具
制动灯	向车辆后方的其他道路使用者表示车辆正在制动的灯具
牌照灯	对汽车牌照进行照明的灯具
前示廓灯	从车辆前方观察，表明车辆存在和宽度的灯具，俗称小灯
后示廓灯	从车辆后方观察，表明车辆存在和宽度的灯具
倒车灯	对车辆后方进行照明并警告其他道路使用者，本车正在或即将倒车的灯具
前雾灯	用于改善车辆在雾、雪、雨或尘埃情况下道路照明的灯具
后雾灯	在大雾情况下，从车辆后方观察，使车辆更为易见的灯具

3．汽车内部车灯组成

汽车内部车灯主要由仪表板背景照明、顶灯、梳妆镜照明灯、杂物箱照明灯、行李箱照明灯、门控灯等组成。

实际操作

1．灯泡规格识别与更换

在车辆维修检查操作中，如果发现车灯灯泡损坏，要查询维修手册或使用手册，用型号和功率相同的灯泡进行更换。以本田奥德赛轿车为例，该车车灯灯泡车灯规格如表 26-2 所示，灯泡的拆卸方法如图 26-3 所示。

表 26-2　奥德赛轿车车灯灯泡规格

车　　灯	灯泡功率规格	车　　灯	灯泡功率规格
远光灯	55W	后雾灯	21W
近光灯	55W	牌照灯	5W
小灯	5W	高位制动灯	21W
侧转向信号灯	5W	顶灯	8W
前转向信号灯	21W	前排地图灯	5W
后转向信号灯	21W	后排地图灯	8W
制动灯/尾灯	21W/5W	行李箱照明灯	5W
倒车灯	21W	车门踏步灯	3.8W
前雾灯	55W	梳妆镜照明灯	1.8W

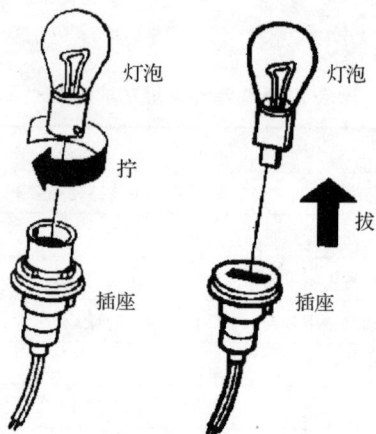

图 26-3　灯泡的拆卸方法

2．前照灯调节

车辆在使用过程中，有时由于颠簸或其他原因，会造成前照灯照射光束产生误差，影响照明效果，因此在维护时需要对前照灯进行检查和调节。以本田雅阁轿车为例，该车前照灯调节方法如表 26-3 所示。

表 26-3　雅阁轿车前照灯调节方法

步　　骤	操　作　方　法
1	将汽车行驶到平坦场地停好
2	检查车轮的轮胎压力，确认所有车轮轮胎压力均在规范范围内
3	如图 26-4 所示，把前照灯外部透镜擦拭干净，使操作者能清楚地看到前照灯的中心点
4	把车停放到屏幕或墙前，使前照灯与屏幕保持 7.5m 的距离，如图 26-5 所示，让驾驶员坐在驾驶座椅上
5	开启前照灯近光照射
6	如图 26-6 所示，确认前照灯近光照射在屏幕或墙上的明暗截止线与车灯高度相同
7	如果检查时发现明暗截止线与车灯高度不同，则要按照图 26-7 所示，支起发动机舱盖，用螺丝刀转动前照灯调节螺钉，使前照灯近光照射在屏幕或墙上的明暗截止线与车灯高度相同

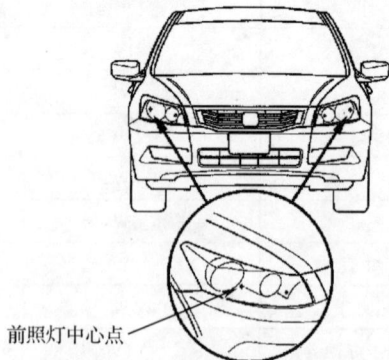

图 26-4　前照灯中心点识别

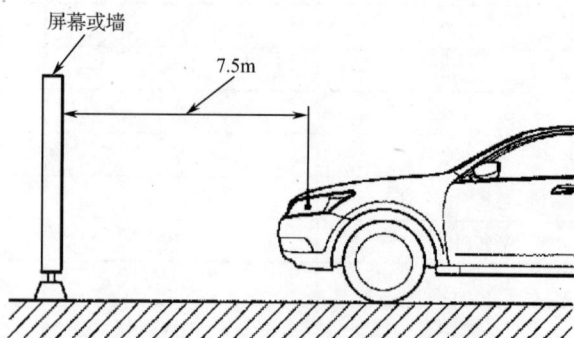

图 26-5　将车停放到屏幕或墙前

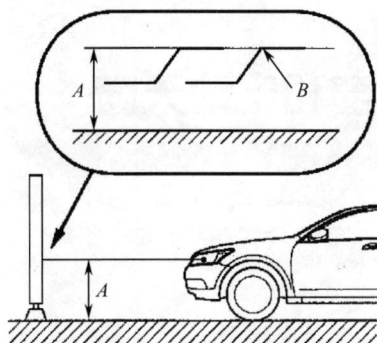

A-前照灯高度；B-前照灯明暗截止线

图 26-6　车灯照射的明暗截止线与车灯高度相同

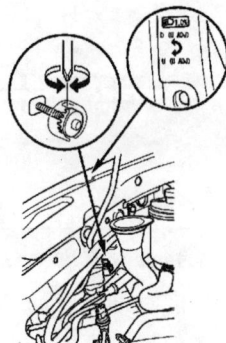

图 26-7　用螺丝刀调节前照灯

第二十七天　电动车窗和电动天窗

任务目标

1. 了解电动车窗的功能和组成。
2. 了解电动天窗的功能和组成。
3. 了解电动车窗和电动天窗常见的维修项目。

知识准备

一、电动车窗

1. 电动车窗的功能

电动车窗是指以电为动力使车窗玻璃自动升降的车窗。驾驶员或乘员操纵开关接通车窗升降电动机的电路，电动机产生动力通过一系列的机械传动，使车窗玻璃按要求进行升降。其功能有：手动升降、自动升降、车窗锁止、防夹保护、延时操作升降、门锁联动关闭等，如表 27-1 所示。

表 27-1　电动车窗功能说明

功　能	说　明
手动升降	当电动车窗开关按向手动位置（如一半位置）时，按着车窗开关，车窗玻璃会升降；松开车窗开关，玻璃会自动停止
自动升降	当电动车窗开关按向自动位置（极限位置）时，按一下，车窗玻璃会自动升降到极限位置，中途玻璃不会自动停止，除非出现卡滞或人为操作开关
车窗锁止	当操作"车窗锁止"功能后，除驾驶员车窗外，所有车窗玻璃升降功能失效
防夹保护	当车窗上升遇有障碍时，能自动检测出由障碍所引起的阻力，且自动停止车窗的关闭，并将车窗玻璃向下移动 50mm，以避免伤害人体
延时操作升降	有的车上装有延时开关，在点火开关断开约 10min 内（不同汽车时间不同），在车门打开以前，仍有电流供给，使驾驶员和乘客能关闭车窗及操纵其他辅助设备
门锁联动关闭	如果驾驶员自车内走出而忘记关闭车窗，不需要再进入车内关窗，可以在车外通过中央门锁系统，将车窗自动关闭

2. 电动车窗的组成

电动车窗主要由车窗玻璃、车窗玻璃升降器、电动机和车窗操作开关等部件组成，如图 27-1 所示。

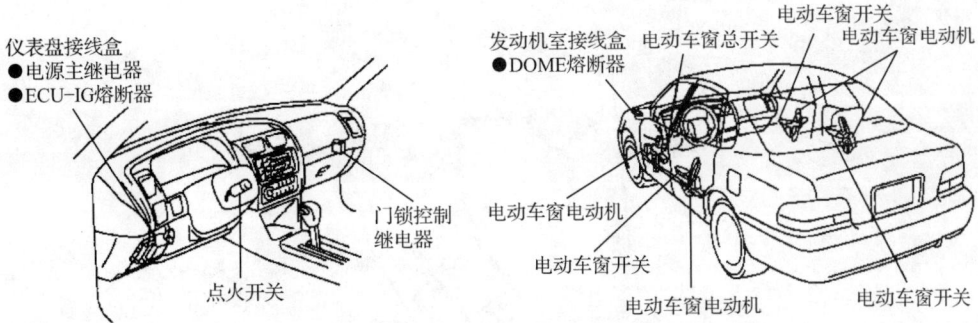

图 27-1　电动车窗的组成

3．电动车窗各部件的功能

（1）电动机

电动车窗的电动机是双向的，有永磁式，也有双绕组串联式。每个车门有一个电动机，通过开关控制电动机中的电流方向，即电枢的旋转方向随电流方向的改变而改变，使电动机按不同的电流方向进行正转或反转，从而控制玻璃的升降。另外，为了防止电动机过载，在电路或电动机内装有一个或多个热敏电路开关，用来控制电流，当车窗玻璃上升到极限位置或由于结冰而使车窗玻璃不能自由移动时，即使操纵控制开关，热敏开关也会自动断路，避免电动机通电时间过长而被烧坏。

（2）操作开关

电动车窗的操作开关主要有车窗总开关（主开关）、车窗分开关等。电动车窗总开关控制整个电动车窗系统，即可以控制所有车窗。每个车窗的电动机都要通过总开关搭铁，即电流不但通过每个车窗上的分开关，还通过驾驶员车门的总开关；断开总开关上的锁止开关，分开关就不起作用。车窗分开关安装在每个车门上，控制各自车窗玻璃；在车窗锁止开关锁止时，分开关不起作用；有些车型只有当点火开关在"ON"或"ACC"位置时，分开关才起作用。

（3）车窗玻璃升降器

电动车窗玻璃升降器有交臂式、绳轮式和软轴式等几种，如图 27-2～图 27-4 所示。其中绳轮式和交臂式电动车窗升降器使用较为广泛。

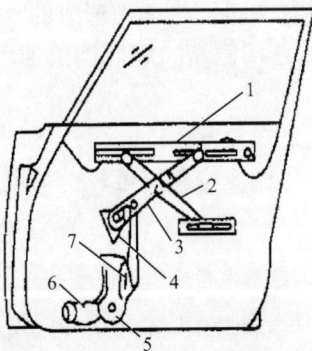

1-玻璃安装槽板；2-从动臂；3-主动臂；4-托架；
5-平衡弹簧；6-电动机；7-扇形齿轮。

图 27-2　交臂式车窗玻璃升降器

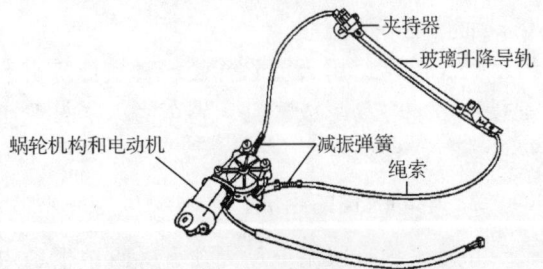

图 27-3　绳轮式车窗玻璃升降器

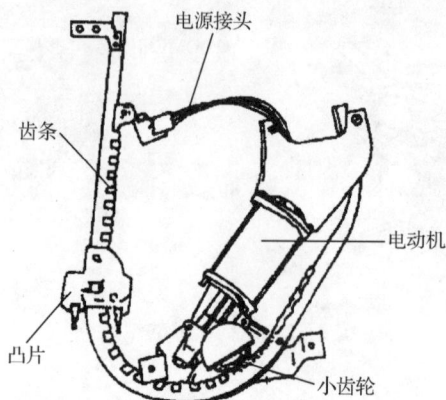

图 27-4　软轴式车窗玻璃升降器

对于交臂式车窗玻璃升降器，电动机的输出部分是一个小齿轮，经啮合的扇形齿轮片，通过交臂式升降机构，带动玻璃沿导轨作上下运动。

对于绳轮式车窗玻璃升降器，电动机的输出部分是一个塑料绳轮，绳轮上绕有钢丝绳，钢丝绳上装有滑块。电动机驱动绳轮，带动钢丝绳卷绕，钢丝绳上的滑块带动玻璃，使之沿导轨上下运动。采用绳轮式的汽车有奥迪、桑塔纳等。

对于软轴式车窗玻璃升降器，电动机的输出部分也是一个小齿轮，通过与软轴上的齿（近似于齿条）相啮合，驱动软轴卷绕，带动玻璃沿导轨做上下运动。

二、电动天窗

1. 汽车天窗的作用

（1）通风换气。换气是汽车加装天窗的最主要目的。天窗是利用负压换气的原理，依靠汽车在行驶时气流在车顶快速流动形成负压，将车内污浊的空气抽出，由于不是直接进风，而是将污浊的空气抽出，以及新鲜空气从进气口补充的方式进行通风换气，车内气流极其柔和，没有风直接吹在身上的不适感觉，也不会有尘土卷入。

（2）节能。在炎热的夏天，只需打开天窗，利用车辆行驶过程中车顶形成的负压抽出燥热的空气就可达到快速换气降温的目的，使用这种方法比使用汽车空调降温的速度快 2～3 倍，而且还节约燃油。

（3）除雾。用天窗除雾是一种快捷除雾的方法。特别是在夏秋两季，雨水多，湿度大，前挡风玻璃容易形成雾气。驾车者只需打开车顶天窗至后翘通风位置，可轻易消除前挡风玻璃的雾气，保证行车安全。

2. 电动天窗的组成

电动天窗一般由电动天窗开关继电器、电动天窗电动机、电动天窗开关和天窗总成等部件组成。以本田雅阁轿车为例，该车电动天窗的组成及电动天窗总成部件识别分别如图 27-5 和 27-6 所示。

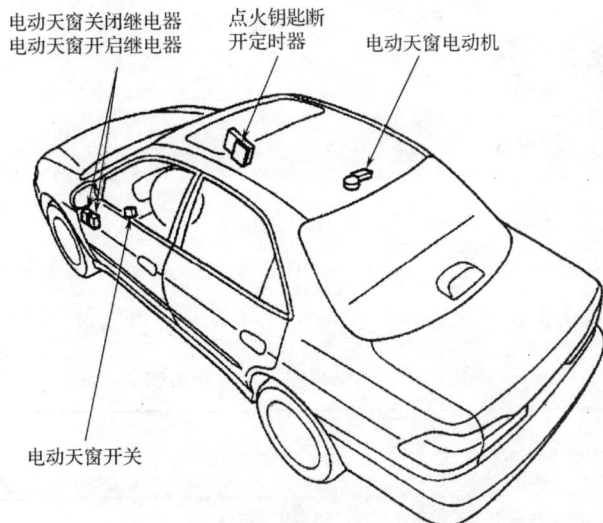

图 27-5　雅阁轿车电动天窗的组成

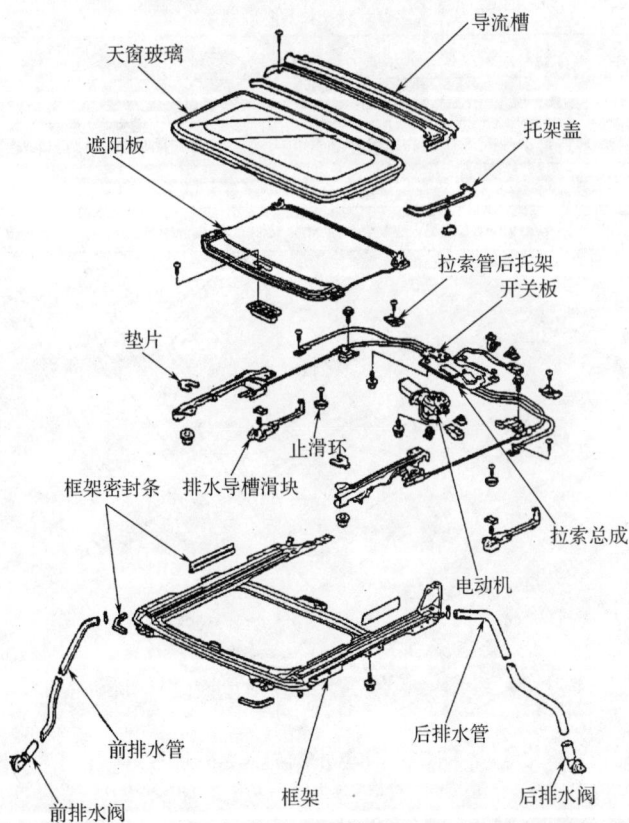

图 27-6　雅阁轿车电动天窗总成部件识别

一、电动车窗维修

1．电动车窗设定（以马自达 ATENZA 轿车为例）

维修保养过程中如果断开过蓄电池或切断过电动车窗的电源，恢复供电后要按照表 27-2 所示的操作步骤执行电动车窗设定操作，使电动车窗恢复一键自动开关功能。

表 27-2　电动车窗设定操作步骤

步　骤	操　作　方　法
1	把点火开关设置到 ON 状态
2	如图 27-7 所示，按下驾驶员车窗开关，使驾驶员车窗完全开启
3	抬起驾驶员车窗开关，使驾驶员车窗完全关闭，车窗关闭后继续保持开关的抬起状态，持续 2s
4	如图 27-7 所示，按下右前乘客车窗开关，使右乘顾客车窗完全开启
5	抬起右前乘客车窗开关，使右前乘客车窗完全关闭，车窗关闭后继续保持开关的抬起状态，持续 2s
6	如图 27-7 所示，按下左乘客车窗开关，使左乘客车窗完全开启
7	抬起左后乘客车窗开关，使左后乘客车窗完全关闭，车窗关闭后继续保持开关的抬起状态，持续 2s
8	如图 27-7 所示，按下右后乘客车窗开关，使右后乘客车窗完全开启
9	抬起右后乘客车窗开关，使右后乘客车窗完全关闭，车窗关闭后继续保持开关的抬起状态，持续 2s

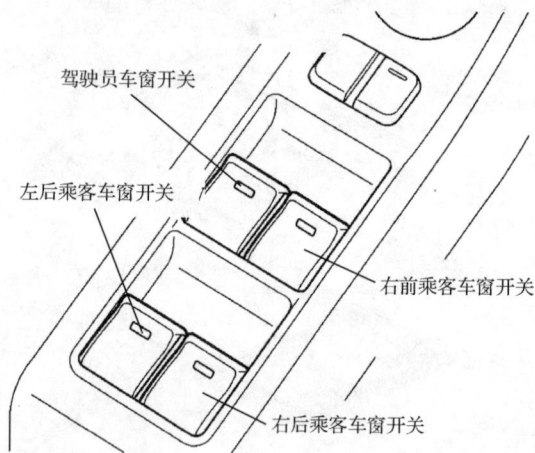

图 27-7　电动车窗开关识别

2．车窗玻璃调整

车窗玻璃发生错位后要调节玻璃位置。以本田飞度轿车为例，该车车窗玻璃调整步骤如表 27-3 所示。

表 27-3　飞度轿车车窗玻璃调整步骤

步　骤	操 作 方 法
1	把车辆停放在坚实平坦的地面上
2	拆卸车门和车门塑料盖
3	如图 27-8 所示，小心移动玻璃，直至看到玻璃安装螺栓
4	将玻璃安装螺栓松开
5	推动玻璃，使玻璃紧靠着槽，然后将安装螺栓紧固
6	检查玻璃移动是否平稳顺畅
7	如图 27-9 所示，将玻璃完全升起，确认玻璃和玻璃升降槽接触均匀
8	固定车门塑料盖，确保塑料盖外圈密封良好
9	如图 27-10 所示，用直径 12mm 的软管连接自来水，在距离车辆 300mm 处向车身喷水，确认调节后的车窗玻璃没有漏水现象
10	重新安装车门

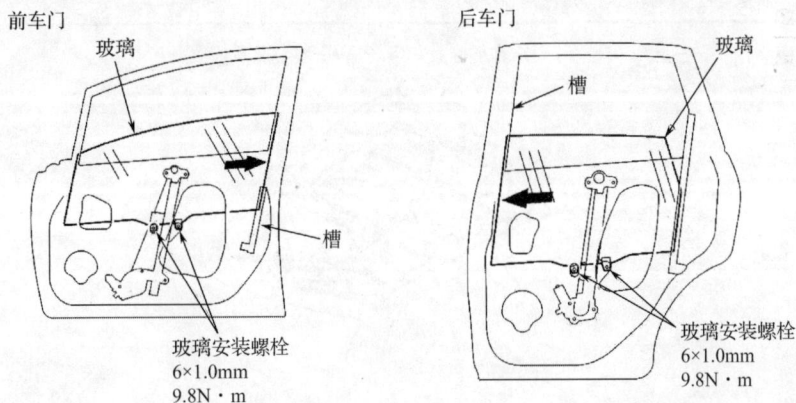

图 27-8　玻璃和安装螺栓识别

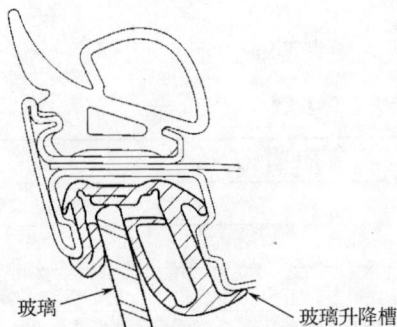

图 27-9　检查玻璃和玻璃升降槽的接合情况

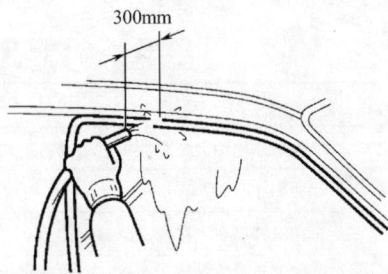

图 27-10　检查车窗玻璃水密性

二、电动天窗维修

1. 电动天窗关闭和开启力量检查

（1）电动天窗关闭力检查

维护时应注意检查电动天窗是否具备足够的关闭力量，如果检查后发现天窗关闭力量不足，应查看天窗电动机齿轮和内部拉索是否破裂或损坏。以雅阁轿车为例，该车电动天窗关闭力检测步骤如表 27-4 所示。

表 27-4　本田雅阁轿车电动天窗关闭力检测步骤

步　骤	操　作　方　法
1	如图 27-11 所示，把一块维修用布放置在打开的电动天窗玻璃前边缘
2	在维修用布上挂上一个弹簧秤
3	让另外一名维修人员配合操作，按下电动天窗开关使天窗关闭，当天窗玻璃受到弹簧秤的拉动而停止移动时，读取弹簧秤的测量读数，然后迅速松开天窗开关和弹簧秤
4	将测量值与规范值进行对比，规范值应为 200～290N

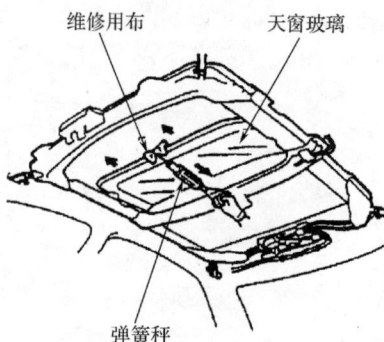

图 27-11　测量电动天窗关闭力

（2）电动天窗开启力检查

以雅阁轿车为例，该车电动天窗开启力检测步骤如表 27-5 所示。

表 27-5　本田雅阁轿车电动天窗开启力检测步骤

步　骤	操　作　方　法
1	先操作电动天窗开关将电动天窗玻璃打开少许
2	如图 27-11 所示，把一块维修用布放置在打开的电动天窗玻璃前边缘
3	在维修用布上挂上一个弹簧秤
4	用手拉动弹簧秤，直至天窗玻璃移动为止，规范值应小于等于 40N；如果测量值大于 40N，应检查天窗玻璃滑块与导轨之间是否有异物阻塞，或者天窗玻璃导块与天窗框架之间的间隙是否过小而导致开启阻力过大

2. 电动天窗紧急开启方法

当车辆发生故障，导致车辆供电中断，不能用电动天窗电动机开启天窗时，可采用手动

方式打开天窗进行维修检查。以宝马 X5 轿车为例，该车电动天窗紧急开启操作步骤如表 27-6
所示。

表 27-6　宝马 X5 轿车电动天窗紧急开启操作步骤

步　骤	操　作　方　法
1	打开位于车内后视镜上方的眼镜盒
2	如图 27-12 所示，用随车工具中的内六角扳手，插入预留的开口内，转动扳手即可开启天窗

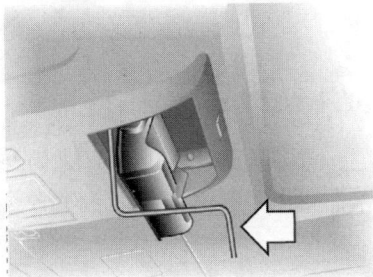

图 27-12　插入六角扳手手动开启天窗

3．电动天窗初始化设定

在维修过程中如果断开过车辆的蓄电池，维修完毕重新连接蓄电池后，要执行电动天窗
初始化设定操作，使电动天窗能恢复正常工作。以日产 QUEST（贵士）轿车为例，该车电动
天窗初始化设定操作步骤如表 27-7 所示。

表 27-7　贵士轿车电动天窗初始化设定操作步骤

步　骤	操　作　方　法
1	将点火开关设置到 ON 位置
2	如果天窗处于打开状态，则按照图 27-13 所示，按住天窗关闭开关，将天窗完全关闭，直至天窗向上倾斜
3	松开天窗开关，然后再次按住天窗关闭开关，持续 10s 以上
4	天窗停止移动后，在 4s 内松开关闭开关，然后再次按下关闭开关，天窗将自动打开一次
5	天窗停止移动后，在 0.5s 内松开关闭开关

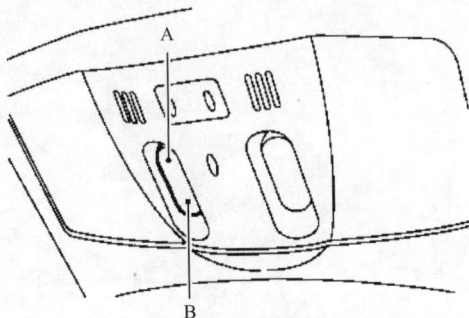

A-天窗开启开关；B-天窗关闭开关。

图 27-13　电动天窗开关识别

第二十八天 空调系统

任务目标

1. 了解汽车空调系统的组成和各个部件的功能。
2. 了解汽车空调系统常见的维修项目。

知识准备

1. 空调系统的组成

汽车上安装空调系统的目的是调节车内的温度、湿度，改善车内空气的流动，提高空气清洁度。空调的制冷系统对车内空气或由外部进入车内的新鲜空气进行冷却或除湿，使车内空气变得凉爽舒适；空调暖风系统对车内空气或由外部进入车内的新鲜空气进行加热，达到取暖和除湿的目的；空调通风系统将车外的新鲜空气吸入车内，起到通风和换气的作用，也可以有效防止玻璃起雾；空调的空气净化系统负责除去车内空气中的尘埃、臭味、烟气及其他有害气体，使车内空气清洁；空调的控制系统可对制冷和暖风系统的温度、压力进行控制，同时对车内空气温度、风量、吹风流向进行控制。以本田飞度轿车为例，该车空调系统部件识别如图 28-1～图 28-3 所示。

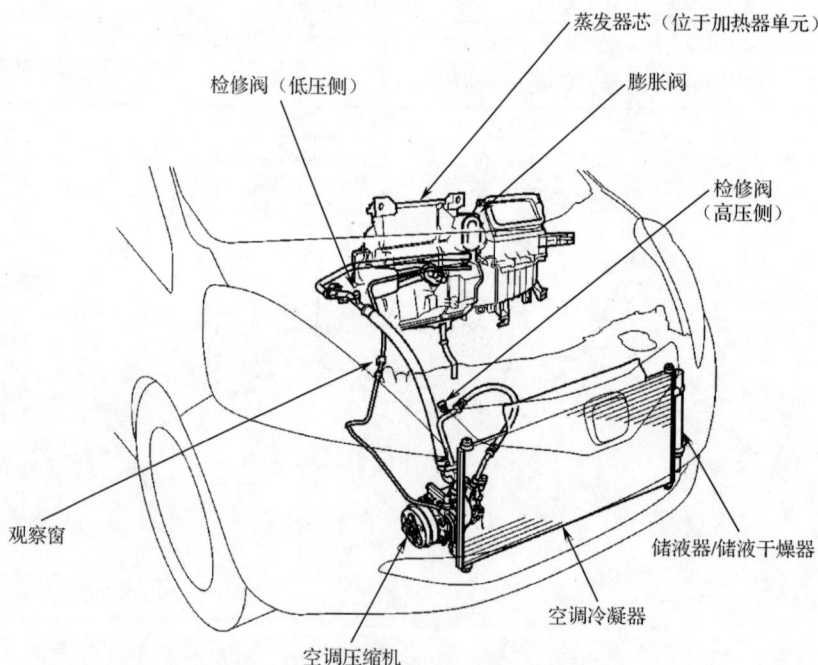

图 28-1　飞度轿车空调系统部件识别（1）

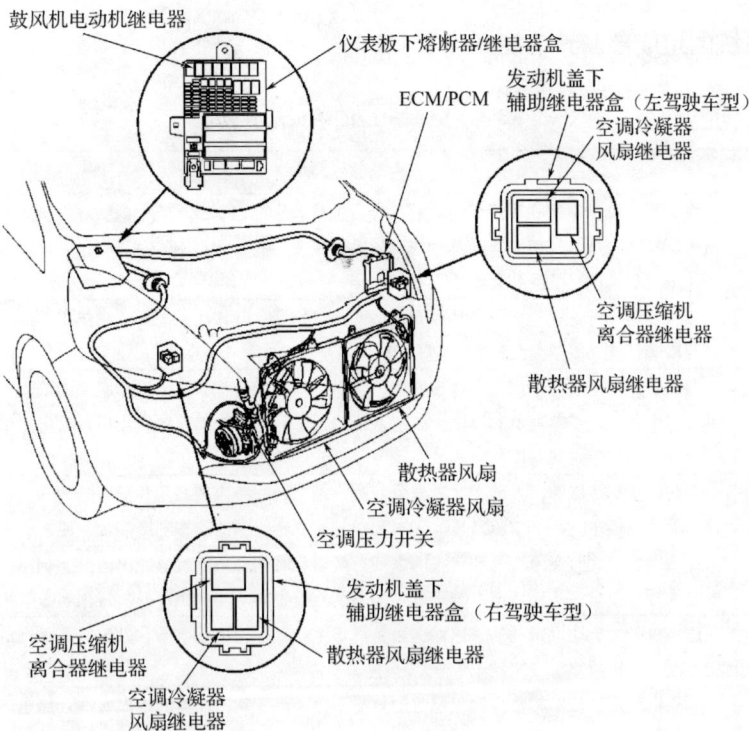

鼓风机电动机继电器

仪表板下熔断器/继电器盒

ECM/PCM

发动机盖下
辅助继电器盒（左驾驶车型）

空调冷凝器
风扇继电器

空调压缩机
离合器继电器

散热器风扇继电器

散热器风扇

空调冷凝器风扇

空调压力开关

发动机盖下
辅助继电器盒（右驾驶车型）

空调压缩机
离合器继电器

散热器风扇继电器

空调冷凝器
风扇继电器

图 28-2　飞度轿车空调系统部件识别（2）

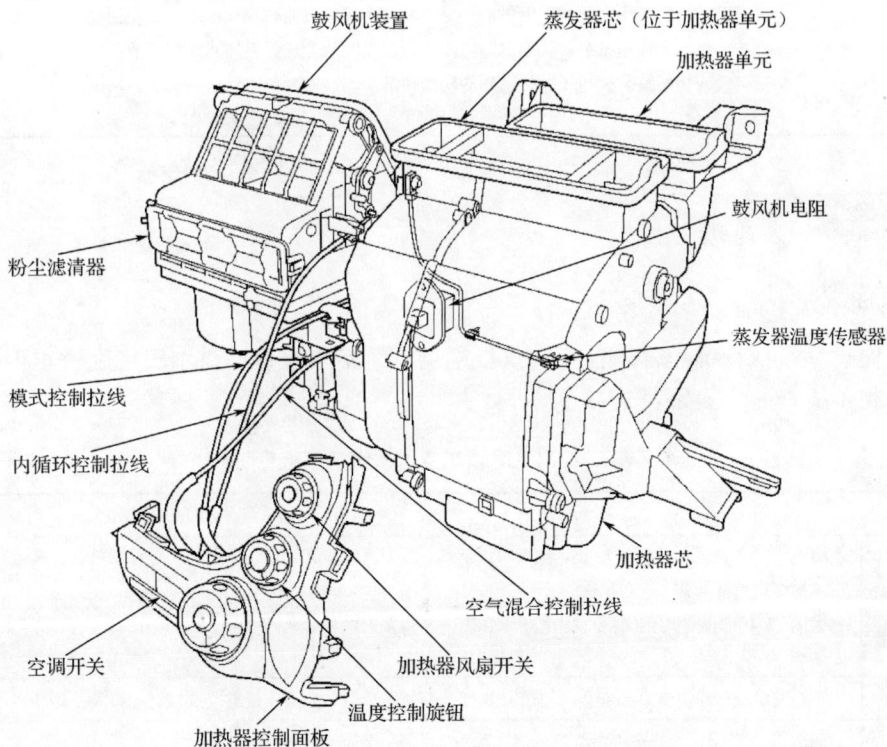

鼓风机装置

蒸发器芯（位于加热器单元）

加热器单元

鼓风机电阻

粉尘滤清器

蒸发器温度传感器

模式控制拉线

内循环控制拉线

加热器芯

空气混合控制拉线

空调开关

加热器风扇开关

温度控制旋钮

加热器控制面板

图 28-3　飞度轿车空调系统部件识别（3）

2. 空调系统的组成部及其功能（见表 28-1）

表 28-1 空调系统的组成及其功能

部 件 名 称	功 能
空调压缩机	空调压缩机是空调制冷系统的心脏，负责维持制冷剂在制冷系统中的循环，吸入来自蒸发器的低温、低压制冷剂蒸气，压缩制冷剂蒸气使其压力和温度升高，并将制冷剂蒸气送往冷凝器。压缩机是制冷系统中低压和高压、低温和高温的分界线
冷凝器	冷凝器是一种由管子和散热片组合而成的热交换器，其作用是把压缩机排出的高温、高压制冷剂蒸气进行冷却，使其凝结为高压制冷剂液体
蒸发器	蒸发器是制冷装置中产生和输出冷气的设备，其作用是把来自热力膨胀阀的低温、低压液态制冷剂在其管道中蒸发，使蒸发器和周围空气的温度降低，同时对空气起减湿作用，减湿后的空气由鼓风机吹入车内，即可使车内获得冷气
膨胀阀	膨胀阀也称节流阀，安装在蒸发器入口处，是空调制冷系统高压与低压的分界点，负责把来自储液干燥器的高压液态制冷剂节流减压，调节和控制进入蒸发器的液态制冷剂量，使之适应制冷负荷的变化
储液干燥器	储液干燥器安装在冷凝器和膨胀阀之间，负责临时储存从冷凝器流出的液态制冷剂，保证制冷剂流动的连续性和稳定性。还可滤除制冷剂中的杂质，吸收制冷剂中的水分，防止制冷系统管路脏堵和冰塞
鼓风机	鼓风机是靠电动机带动的气体输送设备，对空气进行较小的增压，以便将冷空气送到所需的车舱内或将冷凝器四周的热空气吹到车外
加热器	加热器使用加热器芯作为加热空气的热交换器，由发动机加热的冷却液进入加热器芯，将鼓风机风扇吸入的冷空气加热
空调压缩机离合器	目前，现代轿车所用的空调系统一般是由汽车发动机驱动运行的，为了使空调系统的开启和关闭不影响汽车发动机的工作，空调压缩机的主轴不与汽车发动机曲轴直接相连，而是通过空调压缩机电磁离合器把发动机动力传递给空调压缩机。电磁离合器受空调开关、温控器、空调放大器、压力开关等控制，负责接通或切断发动机与压缩机之间的动力传递，一般安装在空气压缩机的前端面，成为压缩机总成的一部分

实际操作

1. 初步检查

在对空调系统执行维护时，首先要执行空调系统初步检查。以本田飞度轿车为例，该车空调系统初步检查的步骤如表 28-2 所示。

表 28-2 飞度轿车空调系统初步检查

步 骤	操 作 方 法
1	将点火开关设置到 LOCK 位置，检查空调部件、压力管路和软管是否有脏污，查看管路接头是否有制冷剂或空调压缩机机油泄漏
2	如图 28-4 所示，检查空调冷凝器，用水和清洁剂将黏附在冷凝器散热片上的异物清理干净，并使冷凝器彻底干燥
3	检查发动机传动皮带，查看传动皮带张紧度是否符合规范。如果皮带有裂纹或破损，要及时予以更换
4	如图 28-5 所示，检查车辆粉尘过滤器。如果有堵塞，则予以更换

续表

步　骤	操　作　方　法
5	起动发动机，开启空调系统，等待几分钟，使其恢复正常
6	确认空调在当鼓风机风扇处于除 OFF 以外的其他位置时均可运行
7	检查并确认空调压缩机离合器接合，压盘应当与皮带轮以相同的速度转动；当空调压缩机离合器接合时，检查并确认空调压缩机风扇和散热器风扇工作（见图 28-6）
8	当空调压缩机离合器接合或分离、空调开关开启或关闭时，检查并确认发动机怠速正确

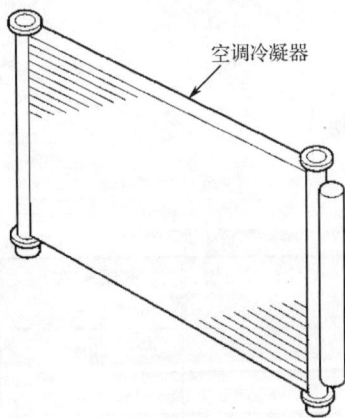

图 28-4　清理冷凝器散热片

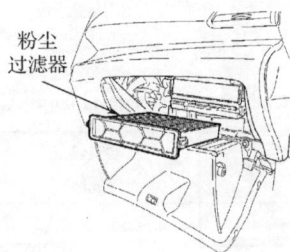

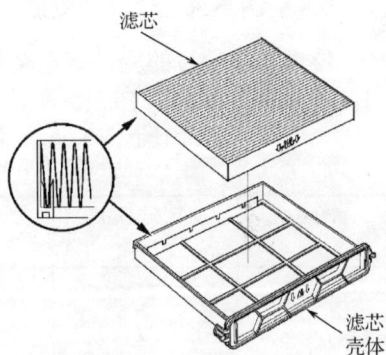

图 28-5　检查粉尘过滤器

2. 制冷剂回收

在维修过程中，如果需要回收制冷剂，可使用制冷剂回收/循环/充注机，将它连接到空调系统的高压检修口和低压检修口上，如图 28-7 所示。执行操作时要确保操作场所通风良好，避免吸入制冷剂。

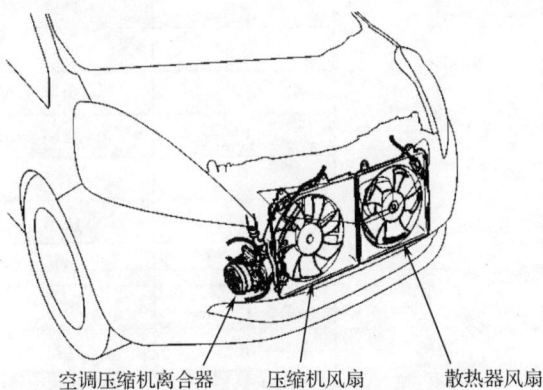

图 28-6　检查空调压缩机离合器、压缩机风扇和散热器风扇

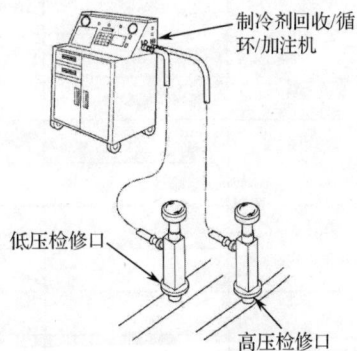

图 28-7　连接制冷剂回收/循环/充注机

3. 制冷系统抽真空

对制冷系统抽真空的目的是为了排除制冷系统内的空气和水气。在对制冷系统执行维修

或更换元件时，空气会进入制冷系统，进入系统的空气中也包含有一定量的水蒸气，会导致制冷系统膨胀阀冰堵、冷凝压力升高、系统零部件发生腐蚀，因此对制冷系统检查后，在未加入制冷剂之前，要执行系统抽真空操作。产生真空后就会降低水的沸点，使水在较低温度下沸腾后，以蒸气形式从系统中抽出。如图 28-7 所示，连接制冷剂回收/循环/充注机，按照操作说明执行制冷系统抽真空操作。

4．加注制冷剂

当制冷系统抽真空后达到要求并确认制冷系统没有泄漏后，可使用制冷剂回收/循环/充注机按照图 28-7 连接制冷系统，把规定数量的制冷剂加注到制冷系统中。

5．空调系统工作性能测试

该项测试的目的就是检查空调工作性能是否正常。以凯越轿车为例，该车空调系统性能测试的方法如表 28-3 所示。

表 28-3　凯越轿车空调系统性能测试方法

相对湿度 /%	环境空气温度 /℃	低压侧压力 /kPa	发动机转速 / (r/min)	中心空调管空气温度/℃	高压侧压力 /kPa
20	21	179		7	1103
	27	165		8	1462
	32	179		9	1910
	38	228		14	2296
30	21	179		7	1103
	27	165		8	1517
	32	186		10	1951
	38	234		15	2406
40	21	179		8	1117
	27	179		9	1565
	32	200	2000	11	2034
	38	255		17	2510
50	21	179		8	1117
	27	179		9	1620
	32	221		13	2096
	38	490		19	2620
60	21	186		8	1138
	27	179		9	1696
	32	234		15	2234
	38	303		22	2710

续表

相对湿度/%	环境空气温度/℃	低压侧压力/kPa	发动机转速/（r/min）	中心空气管空气温度/℃	高压侧压力/kPa
70	21	186		9	1179
	27	193		10	1793
	32	248		16	2275
	38	324		24	2765
80	21	186	2000	9	1227
	27	207		12	1834
	32	255		17	2337
90	21	186		9	1227
	27	207		12	1875
	32	262		18	2344
测试条件：如图 28-8 所示，连接空调歧管压力计，把车门和发动机罩打开，空调接通，循环模式，最冷和最高鼓风机转速，无阳光，风速为 8km/h。					

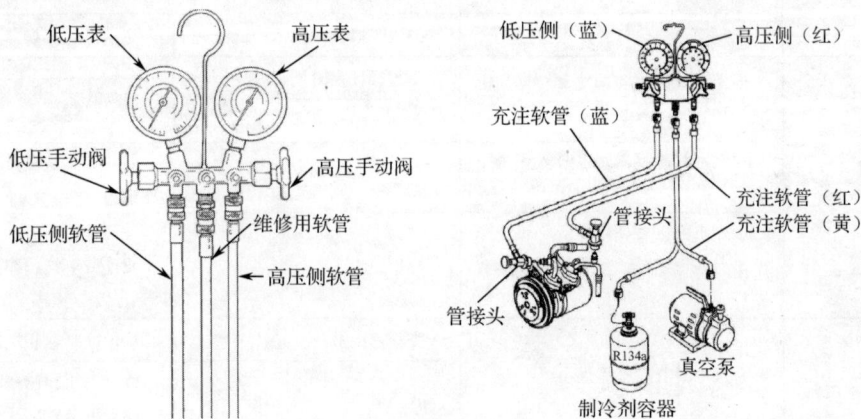

图 28-8　空调歧管压力计及其连接

如果测量值不符合表 28-3 中的规范值，可参照表 28-4 执行诊断。

表 28-4　凯越轿车空调压力异常诊断处理

测试结果	相关症状	可能原因	排除方法
高压压力过高	在关闭压缩机后，压力先是迅速下降，然后逐渐下降	系统中有空气	回收、抽真空并重新加注定量的空调制冷剂
	冷凝器过热	系统中的制冷剂过多	回收、抽真空并重新加注定量的空调制冷剂
	通过冷凝器的气流过小或没有气流	冷凝器或散热器片堵塞	清理冷凝器或散热器翅片
		冷凝器或散热器风扇工作不正常	检查电压和风扇转速检查风扇转向
	冷凝器连接管过热	系统中的制冷剂流动受阻	确定堵塞位置并修理

续表

测试结果	相关症状	可能原因	排除方法
高压压力过低	冷凝器不热	系统缺制冷剂	检查系统是否泄漏 重新加注制冷剂
	在压缩机停机后，高压和低压迅速平衡	压缩机泄压阀有故障	修理或更换压缩机
	低压侧压力表高于正常值	压缩机密封有故障	
	膨胀阀出口未结霜	膨胀阀有故障	更换膨胀阀
	低压侧压力表指示真空	系统有湿气	回收、抽真空并重新加注制冷剂
低压压力过低	冷凝器不热	系统缺制冷剂	修理泄漏位置，回收、抽真空并重新加注制冷剂
	膨胀阀未结霜，低压管路不凉	膨胀阀有故障	更换膨胀阀
	低压表指示真空	膨胀阀冻结	
	排气温度过低，气流出口受阻	膨胀阀冻结	清理堵塞的蒸发器壳体排水管路
	膨胀阀结霜	膨胀阀堵塞	清理或更换膨胀阀
	储气干燥器出口凉，进口热	储气干燥器堵塞	更换储气干燥器
低压压力过高	低压软管和单向阀比蒸发器周围凉	膨胀阀开启时间过长	更换膨胀阀
		毛细管松动	
	用水冷却冷凝器时，吸入压力下降	系统中制冷剂过多	回收、抽真空并重新加注制冷剂
	压缩机停机后高压和低压迅速平衡，而在压缩机运行时压力表读数不稳定	衬垫故障	修理或更换压缩机
低压压力和高压压力均过高	通过冷凝器的气流过小	冷凝器或散热器翅片堵塞	清理冷凝器和散热器
		散热器冷却风扇工作异常	检查电压和风扇转速 检查风扇转向
	冷凝器过热	系统中制冷剂过多	回收、抽真空并重新加注制冷剂
低压压力和高压压力均过低	低压软管和金属端部位比蒸发器凉	低压软管堵塞或扭结	修理或更换低压软管
	膨胀阀周围的温度比储气干燥器周围低	高压软管堵塞	修理或更换高压软管

6. 空调制冷剂量的检查

很多车辆在空调系统上安装有观察窗，也称视液镜，可以通过观察视液镜来判断系统内的制冷剂量是否合适。首先起动发动机，将发动机转速稳定在1500～2000r/min，把空调开关设置到最大制冷状态，将风机转速设置到最大，开动空调5min后，观察视液镜（见图28-9），检查方法如表28-5所示。

清晰透明　　　偶有气泡　　　大量气泡　　　条纹、黑脏　　　白浊　　　有气泡且白浊

图 28-9　用视液镜检查制冷剂

表 28-5　通过观察视液镜检查制冷剂量的方法

现　　象	结　　论	处 理 方 法
视液镜下一片清晰，送风口有冷气吹出，当发动机转速提高或降低时，可能有少量气泡出现，关闭空调后随即起泡，然后渐渐消失	制冷剂量合适	
视液镜下有少量气泡出现，或每隔 1～2s 就可看到气泡	制冷剂量不足	执行系统检漏并补充制冷剂
视液镜下一片清晰，送风口有冷气吹出，关闭空调后 15s 内不起泡	制冷剂量过多	释放一些制冷剂
视液镜下看到很多泡沫或气泡消失，视液镜内呈现油雾状或出现机油条纹	制冷剂量严重不足	执行系统检漏，并维修泄漏部位，重新加注适量制冷剂
视液镜下观察到云堆状现象	干燥剂已分散并随制冷剂流动	更换干燥剂

7．空调系统泄漏检查

汽车空调制冷系统的各个部件和管路均采用可拆式连接，压缩机也是开式结构，而空调制冷剂的渗透能力很强，因此制冷系统的泄漏很难避免。根据统计，在汽车空调不制冷或制冷不足的故障中，有 70%～80%的故障原因都是由于系统泄漏造成的。因此在汽车空调系统维修工作中，使用检漏仪器对容易发生泄漏的部位（比如拆修过的制冷系统部件及连接部位，压缩机轴封，检修阀，制冷系统管路及其连接部位，冷凝器散热片等）进行泄漏检查，是一个非常重要的环节。使用空气系统检漏仪器执行泄漏检查的操作方法参见表 5-6 和表 5-7。

8．空调压缩机皮带检查

在执行空调系统维护保养中要检查压缩机皮带是否有破裂、磨损等现象，如果发现压缩机皮带有图 28-10 所示的现象，应立即予以更换。

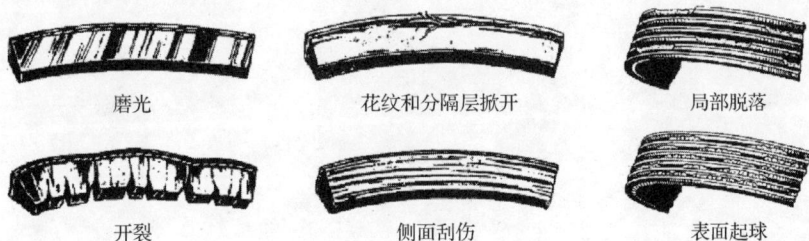

磨光　　　　　　花纹和分隔层掀开　　　　　　局部脱落

开裂　　　　　　侧面刮伤　　　　　　表面起球

图 28-10　检查空调压缩机皮带